海事司法文库 5

丛书总主编 ◎ 霍 敏

合规指引与风险防治

船舶工程卷（二）

海事审判典型案例应用导则建设项目

吴锦标　马　奔 ◎ 主编

人民法院出版社

图书在版编目（CIP）数据

合规指引与风险防治. 船舶工程卷. 二 / 吴锦标，马奔主编. -- 北京：人民法院出版社，2024.6
（海事司法文库 / 霍敏总主编）
ISBN 978-7-5109-4164-1

Ⅰ. ①合… Ⅱ. ①吴… ②马… Ⅲ. ①船舶工程－海事法规－案例－中国 Ⅳ. ①D993.5

中国国家版本馆CIP数据核字(2024)第106712号

合规指引与风险防治——船舶工程卷（二）

吴锦标　马　奔　主编

策划编辑	李安尼　赵芳慧
责任编辑	张　艺
封面设计	尹苗苗
出版发行	人民法院出版社
地　　址	北京市东城区东交民巷27号（100745）
电　　话	（010）67550667（责任编辑）　67550558（发行部查询）
	65223677（读者服务部）
客服QQ	2092078039
网　　址	http://www.courtbook.com.cn
E－mail	courtpress@sohu.com
印　　刷	三河市国英印务有限公司
经　　销	新华书店
开　　本	787毫米×1092毫米　1/16
字　　数	436千字
印　　张	25
版　　次	2024年6月第1版　2024年6月第1次印刷
书　　号	ISBN 978-7-5109-4164-1
定　　价	80.00元

版权所有　侵权必究

海事司法文库
编辑委员会

名誉主任　霍　敏
主　　任　程德智　耿　涛
执行主任　吴锦标　马　奔
副 主 任　宋俊文　欧阳明程　张冬青　段恒宋
委　　员　（按姓氏笔画）
　　　　　于文斌　王爱玲　牛　萌　曲　直　吕延铭
　　　　　刘小娜　李　华　李培合　李雪莲　杨　丹
　　　　　张　波　张　勇　张先立　陈　永　秦　涛
　　　　　郭俊莉　郭彦滨　曹照勇　薛明友　薛稳山

海事司法文库
"合规指引与风险防治"课题组

主　编　吴锦标（青岛海事法院）
　　　　　马　奔（山东大学）
统　稿　李　宁（山东法官培训学院）
　　　　　牛　萌（青岛海事法院）

编写人（按姓氏笔画）

于　昊	于文斌	万贵良	马维东	王　欣
王　浩	王小玫	王可可	王妍娥	王晓斐
王爱玲	王睿琦	牛　萌	田　琨	匡　浩
匡普宇	毕德强	曲燕军	吕延铭	吕晨昊
庄　敏	庄雪莉	刘　坤	刘　昭	刘小娜
刘文文	刘振华	孙　鹏	孙学燕	孙恬静
李　宁	李　华	李　军	李亚男	李俊锋
李培合	李雪莲	杨　俊	杨雨涵	杨振楠
杨紫琼	肖秀雯	余晓龙	宋　萍	宋仪倩
宋俊文	张　波	张　勇	张　静	张先立
陈　超	范峻恺	林　丹	周　洁	周黛娜
孟政宪	赵忆雪	查璎娟	段琪祺	娄雅灵
秦　涛	袁子丰	原浩洋	徐雨均	郭郑超
郭俊莉	郭彦滨	曹照勇	崔婷婷	梁晓晓
葛晓琳	韩　军	曾兆薇	褚　茜	樊羽萌
薛明友	薛稳山			

序

建设海洋强国，是以习近平同志为核心的党中央着眼国家发展大局提出的时代使命。山东是海洋大省，海洋资源丰度指数居全国前列。2024年5月，习近平总书记视察山东时指出，"要发挥海洋资源丰富的得天独厚优势，经略海洋、向海图强，打造世界级海洋港口群，打造现代海洋经济发展高地"，[①]为山东进一步推进海洋强省建设指明了前进方向、提供了根本遵循。

近年来，在山东省委的坚强领导和最高人民法院的有力指导下，山东法院坚持以习近平新时代中国特色社会主义思想为指导，统筹推进国内法治和涉外法治，依法平等保护中外当事人合法权益，不断提升涉外商事海事司法公信力，形成了一批国际广泛认可、社会影响深远的涉外商事海事典型案例。司法案例是最鲜活的法律体现，是最生动的法治教科书。《海事司法文库·合规指引与风险防治》系列丛书深挖海事精品案件规则价值，将海事司法案例规则予以提炼、整理并集结、编纂成册，为涉外涉海纠纷解决、企业经营风险防范化解等提供司法依据。

海事司法文库编纂是山东法院深入践行习近平法治思想，服务保障高水平对外开放的生动实践。当今世界正经历百年未有之大变局，国际规则体系正在加速重构，制度型开放成为新一轮高水平对外开放的核心指向。海事司法文库广泛收录涉及全球82个国家和地区的案例，提炼裁判要旨800余条，

[①]《习近平在山东考察时强调 以进一步全面深化改革为动力 奋力谱写中国式现代化山东篇章》，载《人民日报》2024年5月25日，第1版。

主动对接国际高标准经贸规则，统筹国内法治和涉外法治，强化国际法与国内法的有效衔接，实现规则标准"软联通"，为持续营造市场化法治化国际化一流营商环境提供有力司法保障。

海事司法文库编纂是山东法院深入践行"抓前端、治未病"理念，积极参与社会治理的生动实践。司法案例是全社会共同的"法治产品"。"一个案例胜过一打文件"，这生动、深刻阐释了案例的重要功能。海事司法文库将具有参考示范意义的海事案例予以梳理公布，有利于充分发挥司法裁判的评价、指引、教育功能，有利于引导各类涉海主体学习法律、运用法律，增强法治意识、明晰行为边界，合法有序参与海洋活动，防范规避风险，推动企业更好地"走出去""引进来"。

海事司法文库编纂是山东法院加强府院联动，推动司法与行政良性互动、优势互补、效能叠加的生动实践。在法治轨道上推进海洋强省建设是一项系统工程，需要政府和法院同向发力、同频共振。山东高院联合省政府召开全省府院联动第一次协调会议，推动省政府出台建立县级以上府院联动联席会议制度的意见，有效衔接依法行政和公正司法，促进法治政府建设水平和司法工作水平"双提高"。海事司法文库编纂工作得益于青岛市政府的大力支持，是青岛海事法院四十年来司法智慧的结晶，也是山东法院充分运用府院联动工作机制的重要成果。

希望本丛书能够为企业健康发展提供法治支撑，为行业规则制定提供有益参考，为山东经济繁荣提供司法助力。下一步，山东法院将深入学习贯彻习近平总书记视察山东重要讲话精神，坚定扛牢"走在前、挑大梁"的使命担当，坚持依法履职、公正司法，努力为打造高水平对外开放新高地贡献司法智慧，为谱写中国式现代化山东篇章供给司法动能。

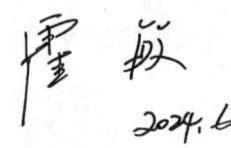
2024.6

前　言

习近平总书记指出："加强涉外法治建设既是以中国式现代化全面推进强国建设、民族复兴伟业的长远所需，也是推进高水平对外开放、应对外部风险挑战的当务之急。"①当前，我国正处在实现中华民族伟大复兴的关键时期，世界百年未有之大变局加速演进，必须更好发挥法治固根本、稳预期、利长远的保障作用。海事司法作为涉外法治、海洋法治的重要载体，是对接全球资源、加速要素循环、推动法治交流的重要手段，在新时代担负着维护国家海洋权益、规范海洋经济秩序、推动全球海洋治理朝着更加公正合理方向发展的职责使命。

作为国家设立的专司涉外、涉海审判的司法机关，青岛海事法院依法适用国内法、国际公约及条约、国际惯例开展审判工作，每年审理大量涉外、涉海案件，案件数量、种类覆盖全球80多个国家和地区，全球视野是海事司法的重要基础。作为中国特色社会主义法治体系的重要组成部分，海事司法具有审理案件全球性、适用法律全球性、司法协作全球性、裁决效力全球性的司法特性，是统筹国内法治与涉外法治，展示中国特色社会主义司法制度优越性的重要窗口。当前，海运贸易量占全球贸易总量的90%以上，历史和实践充分证明，经济强国必定是海洋强国、航运强国，海事法院通过发挥职能作用，切实调整规范了以港口、航运、贸易、金融行业为主的法律关系，

---

① 《习近平在中共中央政治局第十次集体学习时强调　加强涉外法制建设　营造有利法治条件和外部环境》，载《人民日报》2023年11月29日，第1版。

海洋意识是海事司法的核心和关键。当前，国际航运中心东移已成为不争的事实，海事司法更加应该突出中心视阈，围绕全球海洋治理、海洋经济、海洋科技、海洋法治以及海洋生态环境利用和保护，结合引领型现代海洋城市、国际航运中心建设，努力打造国际海事争议解决优选地。深入践行司法为民理念，贯彻人类命运共同体、海洋命运共同体理念，平等保护中外当事人合法权益，在涉外、涉海案件中释放中国特色涉外法治理念、主张和成功实践，彰显厚生境界。

当前，国际竞争越来越体现为制度之争、规则之争。海事司法因其独特的涉外性、涉海性，审判工作中既要适用我国法律，也要适用外国法、国际公约、条约和国际惯例，由此而形成的裁判规则天然具有国际规则属性，在对接高标准国际经贸规则，稳步扩大规则、规制、管理、标准等制度型开放方面发挥着重要的法治引领、法治保障作用。市场经济本质上是法治经济，法治资源的有效运用必然带动涉外、涉海资源的高度富集与科学配置，船舶扣押与拍卖、海事强制令等海事司法专属职能作为反制部分国家"长臂管辖"和经济制裁措施的重要工具，是海事司法发挥涉外涉海资源配置功能的重要途径。海事司法坚持"条约信守"原则，适用国际条约承认与执行外国仲裁裁决，适用双边司法协助条约承认与执行外国法院判决。与此对应，海事司法的裁判结果在国际社会也能够得到广泛的承认与执行，这是海事司法发挥全球海洋争端解决机制功能的重要方面。海事法院的每一起涉外案件都涵盖诸多涉外法律关系，是涉外法治人才培养与发挥作用的重要实践基地。

"一个案例胜过一打文件。"为深入贯彻落实习近平总书记视察山东重要讲话重要指示精神，坚持依法履职、突出规则引领，为涉外涉海纠纷解决、企业经营风险防范化解提供司法依据、标准供给、国际经贸规则参考和研究资料，我们组织开展《海事司法文库·合规指引与风险防治》系列丛书编纂工作。编辑委员会由山东省高级人民法院党组书记、院长、二级大法官霍敏担任名誉主任、总主编，青岛市委常委、政法委书记程德智，青岛市委常委、副市长耿涛担任编委会主任，青岛海事法院党组书记、院长、一级高级法官吴锦标，山东大学政治学与公共管理学院院长、教授、博士生导师马奔担任主编。本丛书旨在深入挖掘海事司法案例在服务高质量发展和高水平对外开放方面的制度性优势，助力打造市场化、法治化、国际化一流营商环境，着力为中国式现代化山东实践贡献海洋法治力量。

海事司法文库"合规指引与风险防治"课题组

2024年5月

目 录

船舶扣押

001　1. 利比里亚某公司申请诉前扣押"尼某莎"轮案
　　　　——准许被扣押船舶继续运营
　　　　　关键词：民事　诉前财产保全　船舶扣押　剩余航次

005　2. 洋浦中某运船务有限公司诉张某某、邹某某申请海事请求保全错误损害赔偿纠纷案
　　　　——错误扣押船舶及损害赔偿的认定
　　　　　关键词：民事　海事请求保全错误　错误扣押船舶　损害赔偿

014　3. 王某静等17名"鹏某"轮全体船员诉天津中某海运有限责任公司、天津天某海运有限公司船员劳务合同纠纷案
　　　　——以限制船舶处分等方式允许该船舶继续营运的司法适用
　　　　　关键词：民事　船员劳务合同　船员工资　船舶扣押　司法救助　携带扣押令航行

019　4. 烟台某局申请诉前扣押"福某鹅"轮案
　　　　——诉前扣船申请人担保的审查与缓扣措施的采取
　　　　　关键词：民事　诉前财产保全　担保金额　船舶扣押　缓扣措施

023　5. 交通部某海上救助打捞局申请诉前扣押"雷某尼"轮案
　　　　——被申请人担保的审查与认定
　　　　　关键词：民事　诉前财产保全　海上救助　被申请人　担保　船舶扣押

027 | 6. 大连长海县某岛渔业总公司申请诉前扣押"阿某号"轮案
　　——诉前扣船制度的应用
　　　　关键词：民事　诉前财产保全　海事请求　可扣押船舶　程序

033 | 7. 香港某航运有限公司诉苏联某航运公司船舶碰撞损害责任纠纷案
　　——海事诉前保全中能够要求被申请人提供反担保以解除已有保全措施
　　　　关键词：民事　诉前财产保全　被申请人　反担保　解除扣押

船舶抵押

040 | 8. 德国某贷款银行诉萨某恩有限公司船舶抵押合同纠纷案
　　——平等保护涉外船舶抵押合同纠纷中中外当事人合法权益
　　　　关键词：民事　船舶抵押

046 | 9. 山东荣成农村商业银行股份有限公司某支行诉泰某企业股份有限公司、第三人田某某等债权人代位权纠纷案
　　——抵押权物上代位性的认定
　　　　关键词：民事　船舶碰撞　船舶抵押　第三人代位诉讼

051 | 10. 日照某农村商业银行股份有限公司诉刘某志等船舶营运借款合同纠纷案
　　——借款合同公告催收的效力
　　　　关键词：民事　借款合同　公告　催收

061 | 11. 希腊某银行诉蓝色某海运有限公司船舶抵押合同纠纷案
　　——涉外海事案件中外国法的查明及适用
　　　　关键词：民事　船舶抵押　域外民事关系法律适用

066 | 12. 现代某重工有限公司、现代某株式会社诉大某公司船舶抵押合同纠纷案
　　——依据国外法设立的船舶抵押权的行使
　　　　关键词：民事　船舶抵押　管辖权　债权登记与分配　外国法查明

070 | 13. 山东荣成农村商业银行股份有限公司某支行诉李某钊等船舶抵押合同纠纷案
　　——物的担保与人的担保并存时实现债权担保顺位的确定
　　　　关键词：民事　船舶抵押合同　保证合同　保证期间

076　14. 大某造船海洋株式会社申请承认和执行关于"C"轮造船合同纠纷的仲裁裁决案
　　　——申请承认外国海事仲裁裁决
　　　　关键词：司法协助　外国仲裁裁决　船舶建造

084　15. 中国银行股份有限公司某支行诉庄某某、毕某某、日照润某远洋渔业有限公司船舶抵押合同纠纷案
　　　——借款合同中实现债权的费用及违约金等的认定
　　　　关键词：民事　船舶抵押　抵押登记　优先受偿　诉讼费用　违约金

091　16. 大某造船海洋株式会社诉西某克凌公司船舶抵押合同纠纷案
　　　——依据船旗国法律设立生效的船舶抵押权的优先受偿效力
　　　　关键词：民事　船舶抵押　优先受偿权

096　17. 青岛华商某融资担保有限公司诉青岛海某游艇旅游有限公司等追偿权纠纷案
　　　——如何从法律关系来认定海事法院的管辖范围
　　　　关键词：民事　担保追偿权　从法律关系　管辖

101　18. 中国光大银行某支行诉烟台海某船务有限责任公司等船舶抵押合同纠纷案
　　　——一项债权上多项担保责任的承担认定
　　　　关键词：民事　船舶抵押　合同关系认定　多项担保责任

船舶拍卖

109　19. 无棣港湾某服务有限公司诉丁某某其他海事海商纠纷案
　　　——船舶拍卖前后所发生费用负担认定
　　　　关键词：民事　船舶拍卖　竞买人　费用负担

113　20. 青岛某港集装箱码头有限责任公司诉浩某船务有限公司、深圳市某达海运有限公司、王某民港口作业纠纷案
　　　——不同债权在船舶拍卖价款中分配顺序的认定
　　　　关键词：民事　港口作业　债权性质　债权分配

125　21. 广东某律师事务所上海分所诉哈尔克某有限公司服务合同纠纷案
　　　——保全债权分配所得款项保障涉外案件的执行
　　　　关键词：民事　服务合同　债权分配　财产保全

133	22. "明某"轮全体船员诉明某海运有限公司船员劳务合同纠纷案 ——在船方弃船且船舶滞留国外的情况下我国海事司法管辖权的获取 关键词：民事　船员劳务合同　船员工资　船舶优先权　船舶扣押　拍卖船舶　债权分配

船舶租赁

140	23. 海阳某风电公司诉上海某工程公司、新加坡某公司、我国香港某公司、黄某船舶租用合同纠纷案 ——准确识别"三无"外籍船舶 关键词：民事　船舶租用合同　船舶扣押　"三无"外轮　多元化解　能源安全
145	24. 烟台辰某海运有限公司诉平潭明某海运有限公司航次租船合同纠纷案 ——关于定金之订约确认与损害补偿功能的审查认定 关键词：民事　航次租船合同　定金　合同成立　单方解除　定金罚则
154	25. 嘉某盛航运（海南）有限公司诉宁波外某散杂货物流有限公司航次租船合同纠纷案 ——运输产生的滞期费责任承担认定 关键词：民事　航次租船合同　合同约定　滞期费
158	26. 烟台港德某供应链管理有限公司诉王某娣、烟台福某建材有限公司船舶租用合同纠纷案 ——单方解除权的行使和出资人滥用权利承担民事责任的司法认定 关键词：民事　船舶租用合同　单方解除权　通知解除　出资人　滥用权利　连带责任
169	27. 山东运某海运有限公司诉平潭综合实验区钧某海运有限公司水路货物运输合同纠纷案 ——受载时间顺延应在合理范围内 关键词：民事　水路货物运输合同　违约责任　受载时间顺延　不可抗力
174	28. 陕西某控融资租赁有限公司诉青岛某航水产有限公司等融资租赁合同纠纷案 ——船舶融资租赁法律关系的识别 关键词：民事　融资租赁合同　船舶所有权　借贷　法律关系

| 185 | 29. 青岛芸某源船务有限公司诉山东胜某隆能源有限公司航次租船合同纠纷案
——没有取得国内水路运输经营资质的承运人签订的航次租船合同效力及责任承担
关键词：民事　航次租船合同　合同效力　无效法律后果

| 189 | 30. 南通中某风电工程技术有限公司诉山东裕某海洋工程有限公司航次租船合同纠纷案
——航次租船合同下信赖利益损失的审查认定
关键词：民事　航次租船合同　合同变更　合同解除权　信赖利益损失　赔偿责任

| 200 | 31. 青岛盛世某海上旅游有限公司诉青岛国际某俱乐部有限公司、青岛某集团有限公司船舶泊位租赁合同纠纷案
——可得利益损失的审查认定
关键词：民事　船舶泊位租赁合同　可得利益损失的认定

| 214 | 32. 郑某诉王某海上船屋租赁合同纠纷案
——海上船屋租赁合同效力、租金条款及新冠肺炎疫情下租金减免的审查认定
关键词：民事　海上船屋租赁合同　合同效力　租金条款　新冠肺炎疫情下租金减免　审查认定

| 224 | 33. 北京某旅行社公司、北京某旅行社公司山东分公司诉某邮轮公司申请财产保全错误损害责任纠纷案
——财产保全错误损害赔偿责任的认定
关键词：民事　财产保全错误　侵权责任　损害赔偿

| 231 | 34. 信某海事有限责任公司诉荣成市连某渔业有限公司航次租船合同纠纷案
——租船人何时应承担亏舱费、改港费
关键词：民事　航次租船合同　亏舱费　改港费

| 237 | 35. 青岛龙某海洋生态养殖有限公司诉李某、李某某光船租赁合同纠纷案
——光船租赁合同中交付及适航法律关系的认定
关键词：民事　光船租赁合同　交付　适航　举证责任

| 241 | 36. 信某海事有限责任公司诉青岛某洋渔业有限公司航次租船合同纠纷案
——航次租船合同中对于承运人损失的赔偿责任分担与认定
关键词：民事　航次租船合同　托运人　承运人　滞期费

251	37. 青岛瑞某物流有限公司诉天津福某船务有限公司航次租船合同纠纷案
	——沿海航次租船合同纠纷请求权诉讼时效的法律适用
	关键词：民事　航次租船合同　沿海航次租船合同　诉讼时效
256	38. 山东滨州博某建设工程有限公司诉苏某某船舶租用合同纠纷案
	——超航区租用内河船舶合同效力的认定及可得利益的处理
	关键词：民事　船舶租用合同　强制性规定　无效合同　期待利益
262	39. 唐某铁矿（塞拉利昂）有限公司、非洲铁某和港某服务（塞拉利昂）有限公司诉青岛山某航运有限公司、蓝某有限公司、中国外某山东有限公司海上货物运输合同纠纷案
	——合同违约下的责任承担及违约金的调整
	关键词：民事　海上货物运输合同　违约金　合同的相对性
274	40. 某国际控股有限公司诉常州凯某特国际贸易有限公司航次租船合同纠纷案
	——国际海上承运人货物留置权的认定和实现
	关键词：民事　航次租船合同　承运人　货物留置权
281	41. 上海某航运有限公司诉蓝某有限责任公司、青岛某航运有限公司定期租船合同纠纷案
	——定期租船合同提前解除的相互求偿
	关键词：民事　定期租船合同　租金计算　合同解除
290	42. 荣成市海某有限公司诉烟台瑞某船舶燃料有限公司光船租赁合同以及被告反诉原告返还保证金和赔偿损失纠纷案
	——光船租赁合同中出租人实际交付船舶义务的认定
	关键词：民事　光船租赁合同　承租人　实际交付船舶义务　法定解除权
298	43. 渤海某有限公司诉海南某旅游股份有限公司船舶租用合同纠纷案
	——原告诉讼请求是否具备诉的利益的认定
	关键词：民事　船舶租用合同　切舱　承租　包船　确认之诉
304	44. 海某海运（香港）有限公司诉南京诚某船务有限公司、李某某航次租船合同纠纷案
	——航次租船合同中的债务主体及相关费用的认定
	关键词：民事　航次租船合同　交易习惯　债务承担主体

| 314 | 45. 洋浦海某航运有限责任公司诉青岛市恒某热电有限公司航次租船合同纠纷案
——船舶装卸时间和滞期费的认定
关键词：民事　航次租船合同　滞期费的认定

| 324 | 46. 槐某奇诉吴江市某疏浚建筑有限公司船舶租用合同纠纷案
——合同相对人应证明代理行为符合表见代理的构成要件
关键词：民事　船舶租用合同　代理行为　表见代理

| 333 | 47. 新某铸管股份有限公司诉中国环某国际运输有限公司、东某海运公司航次租船合同纠纷案
——航次租船合同关系与海上货物运输合同关系并存时责任主体的确定和责任承担
关键词：民事　航次租船合同　租约与运输合同共存　责任主体和责任承担

| 338 | 48. 河北骄某船务有限公司诉德州开某进出口有限公司航次租船合同纠纷案
——航次租船合同项下代位权的行使
关键词：民事　航次租船合同　代位权　滞期费　留置货物

| 345 | 49. 烟台市某工商总公司诉姜某光船租赁合同纠纷案
——船舶租赁合同的融资性质认定
关键词：民事　船舶租赁合同　融资租赁合同　出租人　承租人　租赁物所有权

| 350 | 50. 中央某株式会社诉陕西某进出口公司航次租船合同纠纷案
——滞期费金额认定
关键词：民事　航次租船合同　滞期费　不可抗力

| 355 | 51. 青岛正某航务公司诉莱阳市某贸易公司航次租船合同纠纷案
——航次租船合同效力认定及滞期费计算规则
关键词：民事　航次租船合同　合同效力　滞期损失　滞期费

| 360 | 52. 福建省惠安县长某航运有限公司诉中国某工业品进出口公司青岛办事处、中国某工业品进出口公司定期租船合同纠纷案
——实际租船日期的认定
关键词：民事　定期租船合同　延期租船

| 366 | 53.青岛远某运输公司诉中国新某建筑材料进出口公司航次租船合同纠纷案
——航次租船合同出租人的识别及运费、滞期费的认定
关键词：民事　航次租船合同　运费　滞期费

| 371 | 54.塞某航运有限公司诉嘉某士航运有限公司航次租船合同纠纷案
——船舶适航、适货的认定
关键词：民事　定期租船合同　船舶适航　船舶适货　海事声明　拍卖船舶　债权分配

| 378 | 后　记

船舶扣押

1. 利比里亚某公司申请诉前扣押"尼某莎"轮案
——准许被扣押船舶继续运营

【合规提示】

本案是一起船舶扣押后准许继续运营的海事请求保全案件。扣押船舶是当事人维护自身合法权益的有力武器,但也不能沦为助长滥用诉权的工具。扣押船舶后,会影响整个航运或租约链条多方利害关系人的利益,各方应本着"双赢、共赢"理念,配合法院采取限制船舶处分或者抵押等方式允许船舶继续营运,积极参加和解调解,实质性化解矛盾纠纷,避免损失扩大、实现各方互利共赢。

【案件信息】

1. 裁判文书字号

(2019)鲁72财保108号

2. 当事人

申请人:利比里亚某公司

被申请人:某控股私人有限公司

3. 关键词

民事　诉前财产保全　船舶扣押　剩余航次

【裁判要旨】

海事法院裁定对船舶实施保全后,经海事请求人同意,可以采取限制船舶处分或者抵押等方式允许该船舶继续营运。

【基本案情】

申请人利比里亚某公司因马绍尔群岛籍油轮"尼某莎"轮船东"一船两卖"违约，在伦敦仲裁前向青岛海事法院申请扣押船舶，并请求责令"尼某莎"轮船舶所有人和／或光船承租人提供 500 万美元担保。

青岛海事法院于 2019 年 3 月 11 日作出（2019）鲁 72 财保 108 号民事裁定：一、准许申请人利比里亚某公司提出的海事请求保全申请。二、扣押"尼某莎"轮船舶所有人和／或光船承租人所有或经营的停泊于青岛港（锚地）的马绍尔群岛籍"尼某莎"轮。三、责令船舶所有人和／或光船承租人提供 500 万美元的现金担保或其他可靠担保。四、申请人利比里亚某公司应当在 30 日内提起诉讼或者仲裁，逾期不起诉或者仲裁的，本院将解除海事请求保全。当日，青岛海事法院发出（2019）鲁 72 财保 108 号扣押船舶命令，将该轮扣押于青岛港。

"尼某莎"轮原计划于青岛卸下 13 万余吨原油后，继续前往天津卸剩余的 17 万吨，如无法如期前往天津卸货，将产生滞期费 3 万美元／天，且将导致交付迟延、工厂停产。经各方当事人协商，申请人同意"尼某莎"轮前往天津卸货，船东同意继续履行原船舶买卖合同，将该轮卖给申请人。

青岛海事法院于 2019 年 4 月 9 日作出（2019）鲁 72 财保 108 号之一号民事裁定：一、准许被申请人某控股私人有限公司所有的马绍尔群岛籍"尼某莎"轮继续营运，完成自中华人民共和国青岛港经天津港至秦皇岛港的航次。二、将被申请人某控股私人有限公司所有的马绍尔群岛籍"尼某莎"轮继续扣押于秦皇岛港。当日，青岛海事法院发出（2019）鲁 72 财保 108 号之一号扣押船舶命令，于 2019 年 4 月 20 日将该轮继续扣押于秦皇岛港。

青岛海事法院于 2019 年 4 月 25 日作出（2019）鲁 72 财保 108 号解除扣押船舶命令，对该轮解除扣押。

【裁判说理】

争议焦点：扣押船舶后是否准许被扣押船舶继续营运。

青岛海事法院认为：申请人因船舶买卖合同产生的纠纷属于《海事诉讼特别程序法》第 21 条第 22 项规定的可以申请扣押船舶的海事请求，申请人据以申请扣押被申请人所有或经营的船舶符合法律规定，应予准许。依照

《海事诉讼特别程序法》第 27 条规定，海事法院裁定对船舶实施保全后，经海事请求人同意，可以采取限制船舶处分或者抵押等方式允许该船舶继续营运。《最高人民法院关于适用〈中华人民共和国海事诉讼特别程序法〉若干问题的解释》第 29 条规定，海事法院根据《海事诉讼特别程序法》第 27 条的规定准许已经实施保全的船舶继续营运的，一般仅限于航行于国内航线上的船舶完成本航次。本案中，"尼某莎"轮尚需完成剩余航次前往天津港卸载 15 万余吨原油，并抵达秦皇岛港检验。申请人同意该轮继续营运，为减轻当事人及利害关系人的损失，法院准许"尼某莎"轮继续营运完成我国国内的剩余航次前往天津港卸货后抵达秦皇岛港，并将该轮继续扣押于秦皇岛港。该轮自中华人民共和国青岛港经天津港至秦皇岛港期间的风险由申请人自行负担。

依照《海事诉讼特别程序法》第 28 条第 2 款规定，海事请求人在 30 日内提起诉讼或者申请仲裁以及在诉讼或者仲裁过程中申请扣押船舶的，扣押船舶不受 30 日扣押期限的限制。本案中，申请人在扣押期限内提起了伦敦仲裁，且追加了担保，故申请人关于继续扣押该轮的申请符合法律规定，应予准许。后因当事人达成和解，申请人申请解除扣押，法院依法予以解除扣押。

【法官后语】

该案系活用《海事诉讼特别程序法》第 27 条，在扣押外轮后准许继续营运并解除扣押的特别案件，是着力构建国际化法治化便利化营商环境、依法保护外国当事人和利害关系人合法权益的典型案例。

《海事诉讼特别程序法》第 27 条规定："海事法院裁定对船舶实施保全后，经海事请求人同意，可以采取限制船舶处分或者抵押等方式允许该船舶继续营运。"本案系激活《海事诉讼特别程序法》第 27 条的司法实践，在伦敦仲裁前司法扣押船舶后，法院准许船舶继续营运并调解成功，在我国尚属首例，是海事法院积极履行《承认及执行外国仲裁裁决公约》义务，支持外国仲裁的生动体现。以"双赢、共赢"理念促成和解，为来自中国、希腊、新加坡、印度、阿联酋、巴西等"一带一路"共建国家、金砖国家的当事人和货主、租船人、抵押人等利害关系人避免了巨额损失，化解了连环诉讼或仲裁风险，有效防止了"一案结多案生"，赢得了赞扬和尊重。新船东特意将船名更名为"尊重"（RESPECT），向中国法官和中国法治致以崇高的敬意。

该案的成功处理体现了海事法院着力构建国际化法治化便利化营商环境、依法保护外国当事人和利害关系人合法权益的成果，树立了中国司法的良好国际形象。

【相关法条】

《中华人民共和国海事诉讼特别程序法》（2000年7月1日施行）

第十二条　海事请求保全是指海事法院根据海事请求人的申请，为保障其海事请求的实现，对被请求人的财产所采取的强制措施。

第十四条　海事请求保全不受当事人之间关于该海事请求的诉讼管辖协议或者仲裁协议的约束。

第二十一条　下列海事请求，可以申请扣押船舶：

（一）船舶营运造成的财产灭失或者损坏；

（二）与船舶营运直接有关的人身伤亡；

（三）海难救助；

（四）船舶对环境、海岸或者有关利益方造成的损害或者损害威胁；为预防、减少或者消除此种损害而采取的措施；为此种损害而支付的赔偿；为恢复环境而实际采取或者准备采取的合理措施的费用；第三方因此种损害而蒙受或者可能蒙受的损失；以及与本项所指的性质类似的损害、费用或者损失；

（五）与起浮、清除、回收或者摧毁沉船、残骸、搁浅船、被弃船或者使其无害有关的费用，包括与起浮、清除、回收或者摧毁仍在或者曾在该船上的物件或者使其无害的费用，以及与维护放弃的船舶和维持其船员有关的费用；

（六）船舶的使用或者租用的协议；

（七）货物运输或者旅客运输的协议；

（八）船载货物（包括行李）或者与其有关的灭失或者损坏；

（九）共同海损；

（十）拖航；

（十一）引航；

（十二）为船舶营运、管理、维护、维修提供物资或者服务；

（十三）船舶的建造、改建、修理、改装或者装备；

（十四）港口、运河、码头、港湾以及其他水道规费和费用；

（十五）船员的工资和其他款项，包括应当为船员支付的遣返费和社会保险费；

（十六）为船舶或者船舶所有人支付的费用；

（十七）船舶所有人或者光船承租人应当支付或者他人为其支付的船舶保险费（包括互保会费）；

（十八）船舶所有人或者光船承租人应当支付的或者他人为其支付的与船舶有关的佣金、经纪费或者代理费；

（十九）有关船舶所有权或者占有的纠纷；

（二十）船舶共有人之间有关船舶的使用或者收益的纠纷；

（二十一）船舶抵押权或者同样性质的权利；

（二十二）因船舶买卖合同产生的纠纷。

第二十七条 海事法院裁定对船舶实施保全后，经海事请求人同意，可以采取限制船舶处分或者抵押等方式允许该船舶继续营运。

承办人：张　波

编写人：张　波　杨雨涵

2. 洋浦中某运船务有限公司诉张某某、邹某某申请海事请求保全错误损害赔偿纠纷案

——错误扣押船舶及损害赔偿的认定

【合规提示】

本案系一起原告被侵权人主张被告一侵权责任人错误扣船造成其经济损失、被告二应承担连带责任的海事保全损害赔偿纠纷案件。对于被侵权人而言，主张侵权责任人承担赔偿责任必须符合法定要件，即行为的违法性、损害结果事实、因果关系和主观过错的构成要件；须遵守诚信原则，及时告知

相关事实，保证合同继续履行。原告隐瞒船舶已经被解除扣押的事实，故不符合错误扣船导致损失的构成要件。对于侵权责任人而言，提起海事请求保全措施，须确保船舶的所有人是其海事请求的同一人；申请保全错误与否的判断标准是被申请人在案件判决后是否承担与其保全措施数额相当的责任。

【案件信息】

1. 裁判文书字号

（2010）青海法海商初字第47号、（2012）鲁民四终字第76号

2. 当事人

原告：洋浦中某运船务有限公司

被告：张某某、邹某某

3. 关键词

民事　海事请求保全错误　错误扣押船舶　损害赔偿

【裁判要旨】

1. 申请保全错误与否以被申请人在案件判决后是否承担与其保全措施数额相当的责任为依据。

2. 原告主张被告承担赔偿责任必须符合法定要件，即行为的违法性、损害结果事实、因果关系和主观过错的构成要件。

【基本案情】

洋浦中某运船务有限公司（以下简称中某运公司）诉称：海口海事法院判决其向闽某公司支付30万元及承担诉讼费5800元，以及其为解除扣押一事进行复议及听证花费的12 006元差旅费，均系被告张某某错误申请扣船所致，请求判令张某某赔偿中某运公司损失317 806元及诉讼费用；因被告邹某某为被告张某某的财产保全申请提供担保，请求判令被告邹某某承担连带责任。

张某某辩称：（1）被告申请保全没有错误；（2）中某运公司的损失与被告申请保全之间无直接因果关系；（3）原告本身存在过错。

邹某某辩称：同意张某某的上述三点辩论意见。另外，认为：（1）中某运公司与闽某公司之间恶意串通虚构船舶买卖合同，不应由张某某承担任何

赔偿责任。（2）假设张某某海事保全申请错误，中某运公司主张的全部损失也不属于《最高人民法院关于适用〈中华人民共和国海事诉讼特别程序法〉若干问题的解释》（以下简称《海诉法司法解释》）第24条规定的海事保全申请错误的赔偿范围。

法院经审理查明：2009年6月12日，张某某起诉利某公司、中某运公司及邹某某非法留置船载设备至青岛海事法院，案号为（2009）青海法烟海事初字第28号。6月22日，张某某申请该院扣押中某运公司所属的"中某运壹号"轮。邹某某以其经营的烟台经济技术开发区大季家某宾馆为张某某提供担保。该院同日裁定扣押船舶，后应张某某申请变更保全措施为"活扣"。6月29日，中某运公司申请复议，该院于7月10日作出了复议决定书，认为中某运公司的异议理由成立，决定解除对"中某运壹号"轮的查封"活扣"。11月23日，该院经审查认为该案所涉系机械租赁合同关系，因此裁定将其移送至烟台经济技术开发区人民法院，该院予以受理，案号为（2010）开商初字第78号。2010年5月31日，被告张某某向烟台经济技术开发区人民法院提出撤诉申请，该院裁定予以准许。

2009年6月21日，中某运公司与闽某公司签订《购船合同》，约定"中某运壹号"轮转让价为355万元，交船期为2009年7月1日。合同签订后，闽某公司依约支付了30万元购船定金。因"中某运壹号"于6月22日被青岛海事法院扣押，中某运公司认为无法如约交船，于2009年7月5日向闽某公司退还30万元购船定金。闽某公司遂在海口海事法院起诉原告，要求解除《购船合同》并要求中某运公司双倍返还定金，即要求再支付30万元。2009年8月21日，海口海事法院经审理作出（2009）海商初字第63号民事判决书，判令解除《购船合同》并且中某运公司向闽某公司支付30万元及承担诉讼费5800元。2009年9月18日，中某运公司履行该判决项下的义务即向闽某公司支付人民币305 800元。在船舶扣押期间，原告为解除扣押一事进行复议及听证花费了12 006元差旅费。

青岛海事法院于2011年8月5日判决驳回原告中某运公司对被告张某某、邹某某的诉讼请求。宣判后，中某运公司不服提起上诉，山东省高级人民法院于2012年3月4日作出（2012）鲁民四终字第76号民事判决，判决驳回上诉，维持原判。

【裁判说理】

争议焦点：(1) 张某某申请采取扣押船舶的海事请求保全措施是否错误；(2) 中某运公司的损失与张某某错误申请扣船之间是否存在因果关系；(3) 两被告主张的原告过错是否存在；(4) 原告的损失是否符合法律规定。

青岛海事法院认为：

一、张某某申请采取扣押船舶的海事请求保全措施是否错误

申请保全是否错误的判断以被申请人在案件判决后是否承担与其保全措施数额相当的责任为依据。本案中，张某某在诉讼中申请保全，并且在法院依其申请采取保全措施后又撤回诉讼，其行为即构成申请保全错误。但是本案张某某提出的为海事请求保全，保全措施为扣押船舶，我国《海事诉讼特别程序法》第21条对于扣押船舶列出了22项规定，对于申请人申请扣押船舶的，海事法院负有审查的义务。根据复议决定书以及移送管辖民事裁定书的结果，张某某提出的扣押船舶申请，船舶的所有人并非其海事请求的同一人，甚至张某某的请求也不属于海事请求，因此，张某某的非海事请求得以扣押船舶，错误并非在张某某一人。

二、中某运公司的损失与张某某错误申请扣船之间是否存在因果关系

根据海口海事法院（2009）海商初字第63号民事判决书的记载，2009年7月29日，闽某公司向海口海事法院提起诉讼。该院于2009年8月21日进行开庭审理，中某运公司在该案的答辩意见中辩称船舶被青岛海事法院扣押，无法履行合同，正在积极处理善后事宜，待承租人支付其违约金后可以视情况给予闽某公司一定补偿。根据青岛海事法院复议决定书的记载，青岛海事法院在2009年7月10日即作出解除争议船舶扣押的决定。中某运公司在海口海事法院审理的案件中，隐瞒船舶已被解除扣押，船舶的买卖关系已经可以履行的事实，造成海口海事法院认定船舶已不能交付，从而判决解除合同，由中某运公司承担违约责任。对于中某运公司承担的定金双倍返还责任，是由中某运公司隐瞒事实而致，张某某申请扣押船舶错误与中某运公司的损失没有法律和事实上的联系。张某某、邹某某无须对中某运公司主张的损失承担责任。

三、两被告主张的原告过错是否存在

其一，关于原告未提供担保的问题。本院在（2009）青海法海事初字第

28-2号民事裁定书中责令中某运公司向本院提供90万元人民币现金担保或者相等数额由中华人民共和国境内的金融或者保险机构加保的担保。因此，担保的提供属于法律文书确定的中某运公司的义务而非权利，中某运公司如果及时提供担保，本院可以及时解除对船舶的扣押，中某运公司在明知如果违约会产生违约责任的情形下有避免损失扩大的义务，而及时向本院提供担保可以减少违约的损失。而且按照《海诉法司法解释》第24条的规定，如果张某某申请扣押船舶错误，中某运公司为使船舶解除扣押而提供担保所支出的费用在法定的赔偿范围之内。因此，中某运公司应当及时提供担保。其二，关于原告未及时提出复议申请的问题。本院于2009年6月22日扣押了船舶，中某运公司于6月25日收到有关文书。该公司于2009年6月21日与闽某公司签订买卖合同，约定7月1日交接船舶。中某运公司在已经知道船舶被扣押的情形下仍于6月26日收取了闽某公司的定金30万元，而其在不能提供担保的情形下应当及时提出复议申请，请求本院解除扣押，但其直至2009年6月29日距离合同约定的交接日前2天才向本院提出复议申请，证明其怠于行使权利而导致损失扩大。其三，关于原告不持有船舶证书而影响买卖合同的履行问题。中某运公司与利某公司于6月12日签订的退租及交接协议第6条中载明，船舶证书中尚有船舶国籍证书、船舶签证簿、船舶最低安全配员证书、船舶安全检查记录簿、船舶检验证书等因在船员手中尚未理顺，未进行交接。中某运公司与闽某公司6月21日签订的买卖合同第6条中载明交船时应将该船所有的船舶证书交给闽某公司。由此可见，中某运公司因为不能顺利获得船舶证书而对买卖合同不能顺利履行也存有过错。因此，两被告关于原告也存有过错的抗辩理由成立。

四、原告的损失是否符合法律规定

按照《海诉法司法解释》第24条规定，申请扣押船舶错误造成的损失，包括因船舶被扣押在停泊期间产生的各项维持费用与支出、船舶被扣押造成的船期损失和被申请人为使船舶解除扣押而提供担保所支出的费用。该损失的范围是明确的、限定的，不包括因为扣押船舶错误造成的船东履约不能的定金损失、诉讼费损失和差旅费损失，因此原告主张的损失不在法律规定的赔偿范围之内。

综上，张某某申请采取扣押船舶的海事请求保全措施错误，中某运公司的损失与张某某错误申请扣船之间存在因果关系，中某运公司在海事请求保全过程中也存有过错，但因中某运公司主张的损失不在法律规定的赔偿范围之内，故中某运公司对两被告的诉讼请求没有法律依据，法院不予支持。

山东省高级人民法院二审驳回上诉，维持原判。

【法官后语】

实践中，随着扣船案件的增多，错误扣船现象时有发生。我国《海事诉讼特别程序法》第20条规定："海事请求人申请海事请求保全错误的，应当赔偿被请求人或者利害关系人因此所遭受的损失。"但是，法律虽然规定了错误扣船的赔偿责任，却没有规定错误扣船认定标准，司法解释对此也没有明确。各国法院在审理错误扣船的案件时，主要采取两种标准：一是主观归责标准说。主观标准是指申请人的行为是否构成错误扣船，并赔偿被申请人因此所受的损失，取决于申请扣船人是否具有主观上的过错，即恶意或重大过失，而非以申请人在本诉中的实体海事请求能否成立来确定。二是客观归责标准说。客观标准指不符合"扣船的实质要件"而申请扣船。

从《海事诉讼特别程序法》的文义来看，似乎不以申请扣船人主观过失为要件，只要扣船在客观上被证明是"错误"的，申请人就应当赔偿被请求人或利害关系人因此所遭受的损失。在我国现行立法并未明确错误扣船的认定标准的情况下，司法实务中更多地采取了客观归责标准。按照客观归责标准，错误扣船是指不符合"扣船的实质要件"而申请扣押船舶的行为，申请人应该对被申请人因其船舶被扣押而遭受的损失承担相应的经济赔偿责任。所谓"扣船的实质要件"，是指诉前申请扣船的条件，即申请人应当具有海事请求，被申请人应当对该海事请求负有责任，被扣押船舶属于可扣押的范围。如果申请人在扣船之后提起的诉讼被海事法院驳回，即被判定不享有海事请求权，或者被申请人对其海事请求不负有责任，或者当事人在诉讼中采取保全措施后撤回起诉或申请人申请诉前保全后未予起诉，或者被扣押船舶不属于可扣押的范围，则可断定申请人的扣船申请没有满足上述"扣船的实质要件"，申请人不具有船舶扣押权，其申请扣船的行为构成错误扣船。对张某某申请扣船行为是否错误两审法院的认识是一致的，有所区别的是二审法院认为在对扣船行为的审查过程中海事法院有义务审查是否构成海事请求权，是否属于可以扣押船舶的范围，对审查不当导致扣船错误法院也有一定的过错。

不可否认，申请人向法院提出扣船申请后，无论该请求有无事实根据，也不论其是否合法，法院都应进行审查，并相应地作出准予扣船或不准予扣船的裁定。在裁定准予扣船的情况下，如果最终证明该扣船是错误的，则说明法院的上述审查存在过错，但这并不意味着裁定法院需对被请求人承担赔偿责任。这是因为，根据《海事诉讼特别程序法》第20条和《民事诉讼法》第96条之规定，扣船由请求人申请，因而该错误扣船的有关损失自应由请求人向被请求人赔偿，而对案涉法院则仅需根据错案追究制度追究办案人的错案责任。

然而，追究行为的民事责任必须满足一定的要件，即行为的违法性、损害结果事实、因果关系和主观过错的构成要件，两审法院都从这个角度论述了两被告是否应承担赔偿责任。不同的是，对损失与错误扣船行为之间是否存在因果关系的认定有所不同。在民商法学中，因果关系理论是一个较为复杂的问题，但在错误扣船关系中，违法行为与损害事实之间因时间上的先后性、连续性以及通常情况下错误扣船的必然致害性，使得两者之间的因果关系即两者之间存在必然的、内在的、本质的联系通常是显而易见的。对于本案而言，中某运公司所主张的因错误扣船导致的不能按期交船的双倍返还定金损失是因其违反诚信原则，隐瞒船舶已经被解除扣押的事实，故不是错误扣船导致的损失。2012年8月31日修正的《民事诉讼法》第13条增加了"民事诉讼应当遵循诚实信用原则"，中某运公司在海口海事法院的诉讼中未能按照该"帝王原则"诚信地进行诉讼，所以二审法院的认定是更符合案件的实际情形的。

【相关法条】

1.《中华人民共和国海事诉讼特别程序法》（2000年7月1日施行）

第二十条　海事请求人申请海事请求保全错误的，应当赔偿被请求人或者利害关系人因此所遭受的损失。

第二十一条　下列海事请求，可以申请扣押船舶：

（一）船舶营运造成的财产灭失或者损坏；

（二）与船舶营运直接有关的人身伤亡；

（三）海难救助；

（四）船舶对环境、海岸或者有关利益方造成的损害或者损害威胁；为预防、减少或者消除此种损害而采取的措施；为此种损害而支付的赔偿；为恢复环境而实际采取或者准备采取的合理措施的费用；第三方因此种损害而蒙受或者可能蒙受的损失；以及与本项所指的性质类似的损害、费用或者损失；

（五）与起浮、清除、回收或者摧毁沉船、残骸、搁浅船、被弃船或者使其无害有关的费用，包括与起浮、清除、回收或者摧毁仍在或者曾在该船上的物件或者使其无害的费用，以及与维护放弃的船舶和维持其船员有关的费用；

（六）船舶的使用或者租用的协议；

（七）货物运输或者旅客运输的协议；

（八）船载货物（包括行李）或者与其有关的灭失或者损坏；

（九）共同海损；

（十）拖航；

（十一）引航；

（十二）为船舶营运、管理、维护、维修提供物资或者服务；

（十三）船舶的建造、改建、修理、改装或者装备；

（十四）港口、运河、码头、港湾以及其他水道规费和费用；

（十五）船员的工资和其他款项，包括应当为船员支付的遣返费和社会保险费；

（十六）为船舶或者船舶所有人支付的费用；

（十七）船舶所有人或者光船承租人应当支付或者他人为其支付的船舶保险费（包括互保会费）；

（十八）船舶所有人或者光船承租人应当支付的或者他人为其支付的与船舶有关的佣金、经纪费或者代理费；

（十九）有关船舶所有权或者占有的纠纷；

（二十）船舶共有人之间有关船舶的使用或者收益的纠纷；

（二十一）船舶抵押权或者同样性质的权利；

（二十二）因船舶买卖合同产生的纠纷。

第二十三条 有下列情形之一的，海事法院可以扣押当事船舶：

（一）船舶所有人对海事请求负有责任，并且在实施扣押时是该船的所有人；

（二）船舶的光船承租人对海事请求负有责任，并且在实施扣押时是该船的光船承租人或者所有人；

（三）具有船舶抵押权或者同样性质的权利的海事请求；

（四）有关船舶所有权或者占有的海事请求；

（五）具有船舶优先权的海事请求。

海事法院可以扣押对海事请求负有责任的船舶所有人、光船承租人、定期租船人或者航次租船人在实施扣押时所有的其他船舶，但与船舶所有权或者占有有关的请求除外。

从事军事、政府公务的船舶不得被扣押。

2.《中华人民共和国合同法》(2021年1月1日废止)

第一百三十二条　出卖的标的物，应当属于出卖人所有或者出卖人有权处分。

法律、行政法规禁止或者限制转让的标的物，依照其规定。

对应新法：

《中华人民共和国民法典》(2021年1月1日施行)

第五百九十七条　因出卖人未取得处分权致使标的物所有权不能转移的，买受人可以解除合同并请求出卖人承担违约责任。

法律、行政法规禁止或者限制转让的标的物，依照其规定。

3.《中华人民共和国民事诉讼法》(2007年10月28日修正)

第六十四条　当事人对自己提出的主张，有责任提供证据。

当事人及其诉讼代理人因客观原因不能自行收集的证据，或者人民法院认为审理案件需要的证据，人民法院应当调查收集。

人民法院应当按照法定程序，全面地、客观地审查核实证据。

第一百一十七条　人民法院派出人员进行调查时，应当向被调查人出示证件。

调查笔录经被调查人校阅后，由被调查人、调查人签名或者盖章。

对应新法：

《中华人民共和国民事诉讼法》(2023年9月1日修正)

第六十七条　当事人对自己提出的主张，有责任提供证据。

当事人及其诉讼代理人因客观原因不能自行收集的证据，或者人民法院认为审理案件需要的证据，人民法院应当调查收集。

人民法院应当按照法定程序，全面地、客观地审查核实证据。

第一百三十三条　人民法院派出人员进行调查时，应当向被调查人出示证件。

调查笔录经被调查人校阅后，由被调查人、调查人签名或者盖章。

4.《最高人民法院关于适用〈中华人民共和国海事诉讼特别程序法〉若干问题的解释》（2003年2月1日施行）

第二十四条 申请扣押船舶错误造成的损失，包括因船舶被扣押在停泊期间产生的各项维持费用与支出、船舶被扣押造成的船期损失和被申请人为使船舶解除扣押而提供担保所支出的费用。

承办人：王爱玲
编写人：王爱玲

3. 王某静等17名"鹏某"轮全体船员诉天津中某海运有限责任公司、天津天某海运有限公司船员劳务合同纠纷案
—— 以限制船舶处分等方式允许该船舶继续营运的司法适用

【合规提示】

本案系17名在船船员诉新老船东拖欠船员工资等费用纠纷案件。船公司因经营问题被船东改制并被兼并，船舶锚泊青岛港一年余，其间船舶管理、伙食及油物料供应等出现不正常，港口、船舶、船员处于不安全状态，全体船员对新老船东提起诉讼并申请扣押、拍卖船舶。诉讼期间，对谁该为诸船员的债务担责，以及合同期满船员拒不下船等问题发生争执。海事法院在扣押船舶的同时主动承担扣押期间的伙食油物料供应，又经法院主持多方调解，新的光船承租人主动参加诉讼，达成在法院监管下允许船舶携带扣押令航行，分期分批以光船租赁租金偿还债务的调解协议。案涉船舶被海事行政机关列为"不安全因素"进行管理的教训提示船东：在所有权变更期间，更要关注对船舶、船员的管理。因为船舶不仅是固定资产，更是生产工具，是维系航

运企业、船员、航运安全等方面的关键要素。

【案件信息】

1. 裁判文书字号

（1999）青海法海商初字第 338 号

2. 当事人

原告（反诉被告）：王某静等 17 名"鹏某"轮船员

被告（反诉原告）：天津中某海运有限责任公司、天津天某海运有限公司

3. 关键词

民事　船员劳务合同　船员工资　船舶扣押　司法救助　携带扣押令航行

【裁判要旨】

1. 我国《海商法》第 21 条、第 22 条特别设定了船员劳务费用之债对本船享有船舶优先权，因此诸船员可以基于船舶优先权向本船的登记船东主张权利。《海商法》第 28 条规定了海事优先权的行使要以扣押船舶为先决条件。

2. 我国《海事诉讼特别程序法》第 27 条规定："海事法院裁定对船舶实施保全后，经海事请求人同意，可以采取限制船舶处分或者抵押等方式允许该船舶继续营运。"以新的光船承租人主动加入诉讼，并启动携带扣押令航行的"活扣押"模式，是以船舶运营费用破解所有问题的关键所在。

【基本案情】

"鹏某"轮登记船东为天津天某海运有限公司（以下简称天某海运）。因经营状况欠佳，1997 年 11 月 6 日经政府主管部门批复开始被中某国际经济集团（以下简称中某集团）以承担债务方式对天某海运实施兼并。由于种种原因，直至本案成讼，整个兼并工作尚未结束，两公司的兼并纠纷尚未了断。

"鹏某"轮的管理权移交天津中某海运有限责任公司（以下简称中某海运），但就新旧债务的承担与解决等问题，两船东均处于不愿承担责任的状态，中某集团与天某海运的上级公司（天津市某总社）亦处于不愿追加资金的态势，导致"鹏某"轮在青岛港胶州湾内锚地抛锚一年多，船舶存在严重的安全、海洋污染隐患，其间两度被海上交通部门扣押长达十余月，船舶不能营运，债务却日益增多，青岛海监局对该轮实施重点监控。

1998年，王某静等17人相继与中某海运签订聘用合同，在中某海运所属的"鹏某"轮上工作。因经营问题，船东拖欠船员工资及劳务报酬。船东无力支付代理费用，无人供应燃油，致全船停电，供水中断，船员的日常生活无法保证，机匠刘某良因摸黑作业，致左手一手指被切断，落下终身的残疾。

1999年11月16日，王某静等17名"鹏某"轮船员（以下简称诸原告）诉至青岛海事法院，要求中某海运、天某海运支付所拖欠的船员工资、伙食费、差旅费、医药费等费用743 068.18元，并申请扣押"鹏某"轮。同日，法院奔赴青岛港锚地依法将在此锚泊了一年余的"鹏某"轮予以扣押。

中某海运辩称：对诸原告的船员合同基本无异议，但诸原告无权主张合同期满后的工资。理由如下：（1）聘期内出现情势变更事由，即"鹏某"轮长期处于被扣押之中，没有任何的营运收入，中某海运自身经济状况恶劣，短期内根本无法解决船员工资问题，其间仍筹集并发放了部分船员工资等费用；（2）诸原告在合同期满后未按照合同约定办理下船手续，也不续签聘用合同，以拖欠工资为由拒绝下船，非法滞留船上至今，已严重侵犯了其对船舶行使管理调度的权利，导致"鹏某"轮无法投入正常的营运，并造成巨额的船期损失，也增加了其他相关费用。中某海运对诸原告的侵权行为提出反诉，请求：（1）判令诸原告立即停止侵权行为，即刻下船，以排除妨碍，恢复中某海运对"鹏某"轮的管理使用调度权利；（2）判令诸原告赔偿因拒不下船侵权行为给中某海运造成的船期损失46 740美元，及增加的燃油费人民币123 000元、代理费10 000元、交通费4000元及利息等。

"鹏某"轮被扣押后，为尽快解决船舶、港口安全及船员生计问题，法官赶往天津往返两被告及其上级公司了解情况，秉持着对船舶这一航运生产链最关键环节的珍视，大胆提出激活企业来归还债务的"以水养鱼"多赢调解思路，并迅速开始在两被告及其上级公司、诸船员之间反复做大量思想工作，展开了多轮斡旋与调解，增强中某海运保住国有资产不流失的信心，推进其为寻找新的启动资金促使船舶营运的步伐。随着大连某诚船舶有限公司（以下简称大连某诚）这一新光租人的出现，"鹏某"轮的船舶代理亦相应变更，原船舶代理费之债凸显。1999年11月29日，山东省远某国际船舶代理公司诉中某海运、中益集团的（1999）青海法海商初字第361号船舶代理费纠纷案件成讼。矛盾再次加剧与升级，诸船员提交了卖船申请，新的光租人信心全无。案件承办人迅速召集大连某诚、诸原告、两被告,再次就两案件一并调解;并大胆进行将大连某诚作为案外人主动加入诉讼,将其调解达成的付款责任直接写入本案及船舶代理费纠纷两案件调解书、"鹏某"轮携带扣押令航行至债务履行完毕的两项司法实践探索。各方当事人均自愿达成调解协议。

【裁判说理】

争议焦点:(1)诸原告应当向谁主张权利;(2)船舶被滞留是否构成情势变迁;(3)诸原告聘期期满后拒不下船的性质;(4)关于船舶"活扣押"的创新运用。

青岛海事法院认为:

1.关于诸原告向合同相对人、登记船东共同主张权利的问题。诸原告与中某海运之间基于船员聘用合同形成聘用关系,诸原告可以向雇主中某海运主张船员工资、劳务费用等权利;同时,我国《海商法》第21条、第22条特别设定了船员劳务费用之债对船舶享有优先权,诸原告可以就其船员劳务费用直接向登记船东天某海运主张权利。因此,本案诸原告选择向合同相对人、登记船东主张权利的行为是符合法律规定的。

2.关于船舶被扣押是否构成合同的情势变迁问题。船舶经营中难免存在风险,海上交通安全机关会对船舶安全特别关注,船舶因安全隐患被当局滞留或者因经营问题被法院扣押,是船舶经营者应当评估的运营风险,通常也会在船员聘用合同中约定看船工资标准,以应对不可预知的经营风险。本案中的船舶长期被当局滞留的情况虽然是经营原因导致,但实际已构成以看船工资标准支付船员工资及劳务费用的状况。

3.关于诸原告在聘用合同到期后拒不下船的认定。在合同到期没有续聘的情况下,船方有权要求更换船员,被更换的船员应当听从船方的指令下船,不能以未得到工资为由拒不下船。本案中,船方没能提供更换船员的相关证明,为维护船舶、港航的安全,在没有替代船员的情况下,到期船员没有下船的行为也符合航海习惯,所产生的船员工资、劳务费用等应当在合理的范围内予以支持。

4.关于船舶的"活扣押"问题。为防止船舶被扣导致船载货物迟延交付等引发连环纠纷,避免损失扩大,允许携带扣押令航行的"活扣押"在海事司法实践中应运而生。1999年12月25日颁布、2000年7月1日起施行的《海事诉讼特别程序法》第27条作出"海事法院裁定对船舶实施保全后，经海事请求人同意，可以采取限制船舶处分或者抵押等方式允许该船舶继续营运"的进一步规范。

青岛海事法院以调解方式结案，当事人在生效调解书约定的履行债务期间内，在法院监督下，如期履行了全部调解义务。

【法官后语】

本案发生在《海事诉讼特别程序法》颁布前夕，承办法官大胆尝试，在防范"活扣押"期间船舶风险、破解船舶监管难点的前提下，在诸原告许可的情况下，允许船舶携带扣押令继续营运。案件审结后，经过半年余的努力，全部案涉债务履行完毕。"以水养鱼"的执法理念，打造了一案盘活一国有企业、诸原告及船舶代理的合法权益得到有效保护的经典案例，彰显了青岛海事法院的人道主义精神与海事司法的担当。

因为允许船舶携带扣押令航行的监管过程难度极大，船舶营运过程中风险众多，所以2003年1月6日公布、自2003年2月1日起施行的《最高人民法院关于适用〈中华人民共和国海事诉讼特别程序法〉若干问题的解释》第29条规定："海事法院根据海事诉讼特别程序法第二十七条的规定准许已经实施保全的船舶继续营运的，一般仅限于航行于国内航线上的船舶完成本航次。"此司法解释出台后，海事司法实践中就不再有船舶较长时间内携带扣押令航行的情况。本案也就成为青岛海事司法实践中的孤本案例。

【相关法条】

1.《中华人民共和国海商法》（1993年7月1日施行）

第二十一条　船舶优先权，是指海事请求人依照本法第二十二条的规定，向船舶所有人、光船承租人、船舶经营人提出海事请求，对产生该海事请求的船舶具有优先受偿的权利。

第二十二条　下列各项海事请求具有船舶优先权：

（一）船长、船员和在船上工作的其他在编人员根据劳动法律、行政法规或者劳动合同所产生的工资、其他劳动报酬、船员遣返费用和社会保险费用的给付请求；

……

第二十八条　船舶优先权应当通过法院扣押产生优先权的船舶行使。

2.《中华人民共和国海事诉讼特别程序法》（2000年7月1日施行）

第二十七条　海事法院裁定对船舶实施保全后，经海事请求人同意，可以采取限制船舶处分或者抵押等方式允许该船舶继续营运。

3.《最高人民法院关于适用〈中华人民共和国海事诉讼特别程序法〉若干问题的解释》（2003年2月1日施行）

第二十九条　海事法院根据海事诉讼特别程序法第二十七条的规定准许已经实施保全的船舶继续营运的，一般仅限于航行于国内航线上的船舶完成本航次。

承办人：郭彦滨

编写人：郭彦滨

4. 烟台某局申请诉前扣押"福某鹅"轮案
——诉前扣船申请人担保的审查与缓扣措施的采取

【合规提示】

本案系一起诉前财产保全纠纷案件，双方就扣押船舶是否要求申请人提供担保以及什么情况下法院可以采取缓扣措施存在争议。本案发生之时，适用最高人民法院1986年发布的《关于诉讼前扣押船舶的具体规定》。该规定第3条对申请人提供担保没有强制性规定，法院可以据案情需要决定申请人是否应提供担保及担保的具体数额。现行有效的《海事诉讼特别程序法》规定与之基本一致，其第16条明确规定："海事法院受理海事请求保全申请，可以责令海事请求人提供担保，海事请求人不提供的，驳回其申请。"因此，目前船舶扣押申请人是否提供担保，仍由法院结合案件具体情况加以确定。

【案件信息】

1. 裁判文书字号

（1992）青海法海事初字第 5 号

2. 当事人

申请人：烟台某局

被申请人：信某实业股份有限公司

3. 关键词

民事　诉前财产保全　担保金额　船舶扣押　缓扣措施

【裁判要旨】

本案发生时适用的《最高人民法院关于诉讼前扣押船舶的具体规定》对申请人提供担保没有强制性规定，法院可以据案情需要决定申请人是否应提供担保及担保的具体数额。另，对于是否可以采取缓扣措施，不仅需要对案涉双方的具体情况进行综合分析，还要在符合法律规定的基础上，考虑法律效果与社会效果的统一。

【基本案情】

1992年3月27日，申请人烟台某局向青岛海事法院递交了海事请求保全申请书，申请扣押被申请人所属的停泊在烟台港的"福某鹅"轮，要求被申请人提供100万美元的担保。

申请人称：1992年2月23日11时41分，"福某鹅"轮在靠泊烟台港21号泊位作业时，由于船方给车较迟，造成"福某鹅"轮船首碰撞在该泊位1+085米处，造成陆上2号门机附属设备、轨道、路面及其他设施多处损坏；水下设施撞损严重，码头卸荷板、胸墙移位，第108号沉箱已失去承重能力，第109沉箱局部撞损，均需重新修复。以上损失约为98万美元。申请人在向海事法院提出扣押船舶申请的同时，向法院提供了10万美元的担保。

【裁判说理】

争议焦点：扣押船舶案件中，是否要求申请人提供担保以及什么情况下法院可以采取缓扣措施。

青岛海事法院认为，本案是一起涉台诉前扣押船舶案件，在本案审理过程中，主要从两个方面进行考量：（1）是否要求申请人提供担保。本案发生时适用最高人民法院1986年发布的《关于诉讼前扣押船舶的具体规定》。该规定第3条对申请人提供担保没有强制性规定，法院可以据案情需要决定申请人是否应提供担保及担保的具体数额。考虑到在本案申请人申请海事法院扣押船舶之前，被申请人信某实业股份有限公司（以下简称信某实业公司）已通过中国人民保险公司某分公司于3月17日向申请人烟台某局提供了100万美元的担保，但是申请人一直心存疑虑，遂于27日向海事法院申请对"福某鹅"轮实施司法扣押。为使被申请人因申请人申请错误所造成的损失得到赔偿，法院决定由申请人提供10万美元的担保。（2）是否采用缓扣措施。考虑到本案被申请人是我国台湾地区公司，且在申请人向青岛海事法院申请扣船后，被申请人积极与申请人协商，并向法院说明情况。为解除被申请人的疑虑，保护台商的权益，青岛海事法院决定在作出准予保全申请的同时，暂缓下达扣押船舶命令，仅向船长和其代理送达民事裁定书，并告知裁定书的第二项内容暂缓执行。

1992年3月28日，青岛海事法院裁定：准予申请人对被申请人海事请求保全的申请，自即日起扣押被申请人所属"福某鹅"轮，并责令被申请人提供100万美元的担保。但是同日，青岛海事法院去烟台下达了准许保全申请通知书和民事裁定书，通过烟台外某代理公司将裁定书送达被申请人所属"福某鹅"轮，裁定书第二项内容暂缓执行，暂不送达扣押船舶命令。被申请人接到青岛海事法院的民事裁定书后，于1992年3月29日通过布利塔尼亚船舶保赔协会（The Britannia Steam Ship Insurance Association Limited）委托中国人民保险公司某分公司向青岛海事法院提供了100万美元的担保。接到此担保后，青岛海事法院于当日下达裁定，停止前述民事裁定书中第二项内容的执行，解除对"福某鹅"轮的扣押。

【法官后语】

本案发生时适用的《最高人民法院关于诉讼前扣押船舶的具体规定》在1994年失效，并被1994年7月6日最高人民法院发布的《关于海事法院诉讼前扣押船舶的规定》代替。根据1994年规定第4条第5项的规定，申请人申请扣船必须向海事法院提供担保。该规定施行多年后被1999年12月25日发布、目前仍现行有效的《海事诉讼特别程序法》代替。而在《海事诉讼特别程序法》第 16 条关于申请人提供担保的规定中，又重新采用了与 1986 年《最高人民法院关于诉讼前扣押船舶的具体规定》第 3 条基本一致的条文，即海事法院可以责令申请人提供担保，在赋予了法官更多自由裁量权的同时，也有助于对当事人合法权益的更好保护。

【相关法条】

《最高人民法院关于诉讼前扣押船舶的具体规定》（1994 年 7 月 6 日废止）

三、申请扣押船舶的程序

……

海事法院在裁定准予扣船前，可以令申请人提供担保，以赔偿被申请人因申请人申请错误所造成的损失。申请人拒绝提供担保的，驳回其申请。

担保的种类、方式和金额由海事法院决定。

对应新法：

《中华人民共和国海事诉讼特别程序法》（2000 年 7 月 1 日施行）

第十六条　海事法院受理海事请求保全申请，可以责令海事请求人提供担保，海事请求人不提供的，驳回其申请。

承办人：冯立奇

编写人：刘振华　褚　茜

5. 交通部某海上救助打捞局申请诉前扣押"雷某尼"轮案
——被申请人担保的审查与认定

📖【合规提示】

本案系一起诉前财产保全纠纷案件，双方对被申请人担保的审查与认定存在争议。对于海上救助或者其他形成债权债务关系的行为而言，为保证债权的实现，在出现负有债务一方可能隐匿转移财产或者其他可能导致不能偿还债务的情况时，一定要及时申请财产保全。对于申请船舶扣押来说，也有需要特殊注意的，要看是否具备法定的海事请求。而对于海上救助类型案件，申请人主张的被申请人担保，一般应由船东代表船方和货主提供，船东与货主之间如何分担救助费用，则依后续协商，这样可以使船舶尽快解除扣押，最大限度地保证问题及时解决。

📖【案件信息】

1. 裁判文书字号

（1990）青海法海商初字第 19 号

2. 当事人

申请人：交通部某海上救助打捞局

被申请人：罗马尼亚 N 航运公司

3. 关键词

民事　诉前财产保全　海上救助　被申请人　担保　船舶扣押

📖【裁判要旨】

针对海上救助类型案件，关于申请人主张的被申请人担保是否必须由被申请人提供，建议遇到此类情况时，应由船东代表船方和货主提供担保，以便使船舶尽快解除扣押，船东与货主之间如何分担救助费用，应后续另行协商确定。

【基本案情】

1990年12月18日，申请人向青岛海事法院提出扣押船舶申请，申请扣押被申请人所属的停泊在烟台港的"雷某尼"轮。

申请人称：1990年12月2日7时20分至12月5日19时，申请人应烟台外某代理公司的申请，对被申请人罗马尼亚N航运公司所属的"雷某尼"轮进行救助；救助成功后，该轮船长与申请人签署救助成功确认书。申请人于1990年12月7日向船东发出提供救助担保金的通知，但被申请人长期未提供任何担保并要驶离烟台港。为使救助报酬得到偿付，申请人申请扣押该轮，要求被申请人提供80万美元的担保。

申请人向青岛海事法院提供了中国工商银行某市分行出具的20万美元的信用担保。

【裁判说理】

争议焦点：扣押船舶案件中，申请人主张的被申请人担保是否必须由被申请人提供，以及如果裁定由被申请人提供担保，其担保应当向谁提供。

青岛海事法院认为：申请人（救助人）为保证救助报酬得以实现，申请扣押被救助船舶，并提供了相应的救助成功确认书等证据证明其救助报酬请求权的真实性，海事法院经审查准许了其申请。本案在审查过程中，主要存在两个焦点问题。

一、申请人主张的被申请人担保是否必须由被申请人提供

申请人在扣押船舶申请书中要求被申请人即船东提供担保，而在申请人与被申请人签订的劳氏救助合同中约定船东应尽最大努力督促货方提供担保，也就是说，救助合同债务人包括船方和货方，申请人的救助报酬应由船、货两方按获救比例偿付，所以从理论上说，担保也应由双方按获救比例分别提供。但在实践中，确定获救比例等事项需要时间，若待船、货方搞明白了再提供担保势必会延长船舶的被扣押时间，对船方和货方都不利。建议遇到此类情况时，应由船东代表船方和货主提供担保，以便使船舶尽快解除扣押。至于船东与货主之间如何分担救助费用，是二者之间的事情，应由二者另行

协商确定。

二、被申请人的担保应当向谁提供

就担保而言，只要担保人和被担保人明确，担保内容真实、可靠，担保函提交给谁并没有法律上的意义，仅仅是司法程序中的可操作性问题，《最高人民法院关于诉讼前扣押船舶的具体规定》对此没有明确规定，实则也没有必要规定，在个案中应当由法院根据案件实际情况自行判断和确认。本案中，被申请人的担保直接提供给了申请人，也正因如此，申请人申请撤回对被申请人的扣船申请，最终双方之间的扣船纠纷也得以成功解决。

1990年12月20日，青岛海事法院裁定：准予申请人对被申请人海事请求保全的申请，自即日起扣押被申请人所属"雷某尼"轮，并责令被申请人提供80万美元的担保。同日，法院到烟台扣押了该轮。申请人于1990年12月24日以被申请人已向申请人提供了双方约定的担保为由，向海事法院提出申请解除对罗马尼亚N航运公司所属"雷某尼"轮的扣押。青岛海事法院于当日裁定准予申请人的申请，并下达解除扣押船舶命令，解除了对该船的扣押。

【法官后语】

救助合同是救助人与被救助人之间签订的，由一方进行救助行为，另一方支付救助报酬的合同。其中，"劳氏救助合同格式"是国际上使用最广泛的一种救助合同格式，是为保证在危急情况下能够签订较公平合理的救助合同，而由航运界制定的救助合同格式。本案案涉双方采取了劳氏合同的形式，规定船东应尽最大努力督促货方提供担保，也就是说，救助合同债务人包括船方和货方，那么担保也应由双方按获救比例分别提供，实务中若明确比例后再提供担保势必会延长船舶的被扣押时间，对船方和货方都不利，可以采取如本案的处理方式，先由船东代表船方和货主提供担保，以便使船舶尽快解除扣押，提高问题解决效率，将损失降低到最小。至于被申请人的担保应当向谁提供，当时的法律并无明文规定。2000年7月1日起施行的《海事诉讼特别程序法》第74条对此作出规定，即被请求人的担保可以提交给海事法院，也可以提供给海事请求人。

【相关法条】

《最高人民法院关于诉讼前扣押船舶的具体规定》(1994年7月6日废止)

三、申请扣押船舶的程序

……在准予扣船的裁定中应责令被申请人提供担保……

六、扣押船舶与诉讼

扣押船舶的海事法院对于根据该海事请求提起的诉讼具有管辖权。

被申请人提供担保使被扣押船舶获释后,争议双方也可按原定的管辖协议向其他有管辖权的法院提起诉讼、或按原定的仲裁协议提交仲裁。

……

对应新法:

《中华人民共和国海事诉讼特别程序法》(2000年7月1日施行)

第十三条 当事人在起诉前申请海事请求保全,应当向被保全的财产所在地海事法院提出。

第十四条 海事请求保全不受当事人之间关于该海事请求的诉讼管辖协议或者仲裁协议的约束。

第十六条 海事法院受理海事请求保全申请,可以责令海事请求人提供担保。海事请求人不提供的,驳回其申请。

第十九条 海事请求保全执行后,有关海事纠纷未进入诉讼或者仲裁程序的,当事人就该海事请求,可以向采取海事请求保全的海事法院或者其他有管辖权的海事法院提起诉讼,但当事人之间订有诉讼管辖协议或者仲裁协议的除外。

第七十四条 海事请求人的担保应当提交给海事法院;被请求人的担保可以提交给海事法院,也可以提供给海事请求人。

承办人:蒋连新

编写人:刘振华 褚 茜

6. 大连长海县某岛渔业总公司申请诉前扣押"阿某号"轮案
——诉前扣船制度的应用

📚【合规提示】

本案系一起诉前财产保全纠纷案件,双方对船舶的扣押条件存在争议。对于申请船舶扣押来说,首先,要看是否具备法定的海事请求。海事请求权是法定的,不是任何请求都能提起诉前扣船申请,唯有法律明确规定的海事请求当事人方能申请扣押船舶,1999年12月25日通过的《海事诉讼特别程序法》第21条规定的海事请求共有22项。其次,要看申请扣押的船舶是否属于可扣押船舶范围。《海事诉讼特别程序法》第23条规定可以扣押当事船舶的情形为五类。最后,要看程序是否合法。申请人可以参照《海事诉讼特别程序法》第三章海事请求保全的一般规定,特别是第15条、第16条的相关规定申请船舶扣押。

📚【案件信息】

1. 裁判文书字号

(1987)青海法海事初字第8号

2. 当事人

申请人:大连长海县某岛渔业总公司

被申请人:日本某海运有限公司

3. 关键词

民事 诉前财产保全 海事请求 可扣押船舶 程序

📚【裁判要旨】

审查是否对船舶进行扣押,应同时考虑是否具备法定的海事请求、申请扣押的船舶是否属于可扣押船舶范围、程序是否合法。

【基本案情】

1987年6月3日，申请人申请扣押停泊在烟台港的被申请人所属的巴拿马籍"阿某号"轮，要求被申请人提供人民币122万元的信用担保。其主要理由与根据如下：被申请人日本某海运有限公司所属巴拿马籍"阿某号"轮于1987年5月21日17时50分在东经122°57′、北纬37°20′将申请人大连长海县某岛渔业总公司所属的在正常作业中的"辽长渔××××号"撞沉，造成四人死亡、全船灭失的严重后果。事故发生后，5月24日，申请人向烟台港务监督递交了船舶海事报告书，5月26日正式申请烟台港务监督对此次海事事故予以调解处理。根据"阿某号"轮案件情况，申请人又于5月27日10时30分向烟台港监递交了《关于要求"阿某号"轮提供现金担保的声明》，要求"阿某号"船东提供人民币142万元的担保，船东仅付了20万元的预付现金，其余122万元的担保一直未提供。为保证经济损失得到赔偿，申请人向青岛海事法院提出扣船申请。申请人出具了保证书，称如因申请人申请错误，而使被申请人遭受损失，申请人愿意承担赔偿责任。

【裁判说理】

争议焦点：扣押船舶的条件。

青岛海事法院认为：审查是否扣押案涉船舶应主要考虑三个方面要素。第一，是否具备法定的海事请求。海事请求权是法定的，不是任何请求都能提起诉前扣船申请，唯有法律明确规定的海事请求当事人方能申请扣押船舶。而本案中依据的是《最高人民法院关于诉讼前扣押船舶的具体规定》第1条的规定。该条把海事请求权定义为与海运船舶的建造、买卖、租赁、营运、操作、救助以及船舶的所有权、占有权、抵押权、优先受偿权等有关的或者由此产生的索赔权利，并列举了20类具体请求权。本案申请人依船舶碰撞发生海难事故造成损害而产生的请求权申请扣押船舶符合上述规定。但值得注意的是，1999年12月25日通过的《海事诉讼特别程序法》第21条将海事请求扩展至22项。第二，申请扣押的船舶是否属于可扣押船舶范围。根据《最高人民法院关于诉讼前扣押船舶的具体规定》第2条的规定，申请人只能申请扣押对海事请求负有责任的人所有的当事船舶或其所有的其他船舶，而不能扣押责任人经营、租用的他人所有的船舶。本案申请人申请扣押的船舶属责任人日本某海运公司所有，且属当事船舶，故符合规定要求。但从整体上看，该规定范围较1952年《统一海船扣押若干规定的国际公约》限制更严格，故在后来生效的《海事诉讼特别程序法》中将可以扣押当事船舶的情形扩展至五类。第三，程序是否合法。本案依据的是《最高人民法院关于诉讼前扣押船舶的具体规定》第3条的规定。申请人申请扣押船舶应当提交书面申请，并向海事法院提供具有海事请求权的证据，但对申请人提供担保没有设立强制性规定，可由海事法院自行掌握。但通常实践中为避免因申请人申请错误造成被申请人损失等情况，通常会要求申请人提供担保。本案中，申请人以保证的形式担保，依法亦属得当。《海事诉讼特别程序法》第15条、第16条的相关规定与前述扣船规定的立法原意基本相同。

基于以上分析，青岛海事法院以裁定方式结案，认定申请人之申请符合法律规定，对停泊在中国烟台港的巴拿马籍"阿某号"轮予以扣押，责令被申请人向本院提供人民币122万元的信用担保（不包括被申请人已预付的20万元现金）。

【法官后语】

本案是一起典型的涉外诉前扣押船舶案件，申请人依船舶碰撞造成人身伤亡及船舶灭失致严重损害而产生的海事请求权，向海事法院申请扣押肇事船舶。

本案适用的为最高人民法院1986年制定公布的《关于诉讼前扣押船舶的具体规定》。虽然该规定现已失效，但本案发生之时，1982年10月1日起施行的《民事诉讼法（试行）》并没有关于诉前财产保全的规定。因此，该规定系在我国首次确立起了诉前财产保全制度，不仅是对《民事诉讼法（试行）》财产保全制度的重大发展，更标志着诉讼前扣押船舶制度在中国正式确立。

【相关法条】

《最高人民法院关于诉讼前扣押船舶的具体规定》（1994年7月6日废止）

海事请求权人在提起海事诉讼之前，可以申请法院对有关船舶实行扣押，以保全其海事请求权的行使……

一、海事请求权的范围

海事请求权是指与海运船舶的建造、买卖、租赁、营运、操作、救助以及船舶的所有权、占有权、抵押权、优先受偿权等有关的或者由此产生的索赔权利，例如：

1. 因船舶发生碰撞或者发生其他事故造成损害而产生的请求权；

……

二、可扣押船舶范围

具有前条所列海事请求权之一的当事人可以向我国海事法院申请扣押发生该海事请求的当事船舶，但有两个条件，一是该当事船舶的所有人应对该海事请求负有责任，二是除为行使优先受偿权申请扣船外，该当事船舶在申请扣押时和发生海事请求时必须属于同一船舶所有人；也可以申请扣押对该海事请求负有责任的船舶所有人、经营人或者承租人现时所拥有的其他船舶，但如海事请求是由船舶所有权、抵押权或者船舶的经营、收益分配引起的，只能申请扣押当事船舶。

……

三、申请扣押船舶的程序

申请扣押船舶，不受当事人间关于该海事请求在管辖、仲裁或适用法律方面的协议的约束。

海事请求权人申请扣押船舶应向海事法院提交书面申请，并提供具有海事请求权的证据，如物权或债权凭证，合同，提单，理货报告，装卸记录，海事报告，船舶受损报告，货物检验报告，污染海域情况报告，货物灭失、损坏通知书，照片等。

……

海事法院在裁定准予扣船前，可以令申请人提供担保，以赔偿被申请人因申请人申请错误所造成的损失。申请人拒绝提供担保的，驳回其申请。

担保的种类、方式和金额由海事法院决定。

对应新法：

《中华人民共和国海事诉讼特别程序法》（2000 年 7 月 1 日施行）

第六条　海事诉讼的地域管辖，依照《中华人民共和国民事诉讼法》的有关规定。

下列海事诉讼的地域管辖，依照以下规定：

（一）因海事侵权行为提起的诉讼，除依照《中华人民共和国民事诉讼法》第二十九条至第三十一条的规定以外，还可以由船籍港所在地海事法院管辖；

（二）因海上运输合同纠纷提起的诉讼，除依照《中华人民共和国民事诉讼法》第二十八条的规定以外，还可以由转运港所在地海事法院管辖；

（三）因海船租用合同纠纷提起的诉讼，由交船港、还船港、船籍港所在地、被告住所地海事法院管辖；

（四）因海上保赔合同纠纷提起的诉讼，由保赔标的物所在地、事故发生地、被告住所地海事法院管辖；

（五）因海船的船员劳务合同纠纷提起的诉讼，由原告住所地、合同签订地、船员登船港或者离船港所在地、被告住所地海事法院管辖；

（六）因海事担保纠纷提起的诉讼，由担保物所在地、被告住所地海事法院管辖；因船舶抵押纠纷提起的诉讼，还可以由船籍港所在地海事法院管辖；

（七）因海船的船舶所有权、占有权、使用权、优先权纠纷提起的诉讼，由船舶所在地、船籍港所在地、被告住所地海事法院管辖。

第十三条　当事人在起诉前申请海事请求保全，应当向被保全的财产所在地海事法院提出。

第十四条　海事请求保全不受当事人之间关于该海事请求的诉讼管辖协议或者仲裁协议的约束。

第十五条　海事请求人申请海事请求保全，应当向海事法院提交书面申请。申请书应当载明海事请求事项、申请理由、保全的标的物以及要求提供担保的数额，并附有关证据。

第十六条　海事法院受理海事请求保全申请，可以责令海事请求人提供担保。海事请求人不提供的，驳回其申请。

第二十一条　下列海事请求，可以申请扣押船舶：

（一）船舶营运造成的财产灭失或者损坏；

（二）与船舶营运直接有关的人身伤亡；

（三）海难救助；

（四）船舶对环境、海岸或者有关利益方造成的损害或者损害威胁；为预防、减少或者消除此种损害而采取的措施；为此种损害而支付的赔偿；为恢复环境而实际采取或者准备采取的合理措施的费用；第三方因此种损害而蒙受或者可能蒙受的损失；以及与本项所指的性质类似的损害、费用或者损失；

（五）与起浮、清除、回收或者摧毁沉船、残骸、搁浅船、被弃船或者使其无害有关的费用，包括与起浮、清除、回收或者摧毁仍在或者曾在该船上的物件或者使其无害的费用，以及与维护放弃的船舶和维持其船员有关的费用；

（六）船舶的使用或者租用的协议；

（七）货物运输或者旅客运输的协议；

（八）船载货物（包括行李）或者与其有关的灭失或者损坏；

（九）共同海损；

（十）拖航；

（十一）引航；

（十二）为船舶营运、管理、维护、维修提供物资或者服务；

（十三）船舶的建造、改建、修理、改装或者装备；

（十四）港口、运河、码头、港湾以及其他水道规费和费用；

（十五）船员的工资和其他款项，包括应当为船员支付的遣返费和社会保险费；

（十六）为船舶或者船舶所有人支付的费用；

（十七）船舶所有人或者光船承租人应当支付或者他人为其支付的船舶保险费（包括互保会费）；

（十八）船舶所有人或者光船承租人应当支付的或者他人为其支付的与船舶有关的佣金、经纪费或者代理费；

（十九）有关船舶所有权或者占有的纠纷；

（二十）船舶共有人之间有关船舶的使用或者收益的纠纷；

（二十一）船舶抵押权或者同样性质的权利；

（二十二）因船舶买卖合同产生的纠纷。

第二十三条 有下列情形之一的，海事法院可以扣押当事船舶：

（一）船舶所有人对海事请求负有责任，并且在实施扣押时是该船的所有人；

（二）船舶的光船承租人对海事请求负有责任，并且在实施扣押时是该船的光船承租人或者所有人；

（三）具有船舶抵押权或者同样性质的权利的海事请求；

（四）有关船舶所有权或者占有的海事请求；

（五）具有船舶优先权的海事请求。

海事法院可以扣押对海事请求负有责任的船舶所有人、光船承租人、定期租船人或者航次租船人在实施扣押时所有的其他船舶，但与船舶所有权或者占有有关的请求除外。

从事军事、政府公务的船舶不得被扣押。

承办人：蒋连新
编写人：刘振华　褚　茜

7. 香港某航运有限公司诉苏联某航运公司船舶碰撞损害责任纠纷案

——海事诉前保全中能够要求被申请人提供反担保以解除已有保全措施

【合规提示】

本案系一起海上货物承运人诉其他海上货物承运人的海上船舶碰撞纠纷案件，双方对中华人民共和国法院是否对本案具有管辖权以及海事财产保全的程序产生争议。对于因船舶碰撞受损的承运人，应及时根据海上货物运输规程的要求前往距离事发地最近的港口靠岸检修。若最初靠岸地位于我国境内，则依照相关国际条约与我国法律的规定，最初靠岸地人民法院对该海上船舶碰撞案件具有管辖权。受损方为保证加害方对其赔偿的实际履行能力，可首先向最初靠岸地人民法院申请海事财产保全，对涉事船舶予以扣押或对加害方名下的其他财产予以查封，从而最大化弥补因船舶碰撞事故导致的损失。对于加害方，应当积极配合我国相关法院对相关案件的审理，并积极履行裁判所确定的义务。

【案件信息】

1. 裁判文书字号

（1985）青海法海事初字第 2 号

2. 当事人

原告：香港某航运有限公司

被告：苏联某航运公司

3. 关键词

民事　诉前财产保全　被申请人　反担保　解除扣押

【裁判要旨】

1. 1982年《民事诉讼法（试行）》第 27 条规定："因船舶碰撞或者其他海事损害事故追索损害赔偿的诉讼，由受害船舶最初到达地、加害船舶被扣留地或者加害船舶籍港所在地人民法院管辖"；《联合国海洋法公约》第 28 条第 3 款规定：第 2 款不妨害沿海国按照其法律为任何民事诉讼的目的而对在领海内停泊或驶离内水后通过领海的外国船舶从事执行或加以逮捕的权利。据此，发生海上船舶碰撞事故后受害船舶最初的到达地、加害船舶的被扣留地或者加害船舶船籍港所在地的人民法院均可对当事船舶适用所在国法律行使民事案件管辖权。保全程序作为《民事诉讼法》专章规定的民事诉讼程序的一部分，包含在民事诉讼管辖权内，人民法院有权依受害方申请对加害方采取保全措施。

2. 《最高人民法院关于设立海事法院几个问题的决定》第 3 条规定了海事法院的受案范围，其中第 15 款规定，海事法院可以受理"因海事、海商等纠纷，起诉前一方当事人申请采取保全措施扣押船舶的案件"。此规定表明保全案件属于人民法院独立处理的案件种类，当事人提起保全申请并非必然要求以当事人提起诉讼作为前提，且在人民法院采取诉前保全措施后未按期提起诉讼也并非将保全申请与诉讼行为相关联，其属于当事人诉讼行为选择与诉讼后果的自由处分，因此人民法院能够将海事财产保全案件作为独立案件处理。

【基本案情】

原告香港某航运有限公司诉称：原告所属的巴拿马船籍"美某"轮在北纬37°、东经122°的位置与被告所属的苏联船籍"季某"轮碰撞，因碰撞导致船舶右舷四舱形成一个宽约34公尺的大洞，驾驶台塌陷，船舶倾斜30°，全体船员逃离船舶，大副被压至重伤。后"美某"轮由中国打捞公司从事故地点拖至烟台港等候处理。原告向法院申请诉前财产保全，要求扣留"季某"轮以获取赔偿。

经审理查明：1985年5月1日凌晨，巴拿马籍"美某"轮（船东香港某航运有限公司，总吨3963.12吨，载重吨5410吨，总长109.40米，主机马力4050马力，最大航速15节，1963年造于荷兰）自香港驶往天津新港，空载航行。5月1日是雾天，0300时，"美某"轮航至山东高角（37°24′N，122°42′.3E）后改向至307°，0520时左右，值班大副电话告诉船长，现在能见度恶劣，已从2海里降至0。船长起床后，还未登上驾驶台，船舶右舷已与苏联籍"季某"轮船首相撞，时间约0535时。

"季某"轮属苏联某航运公司（以下简称苏联船），船籍港为苏联敖德萨，船长154米，总登记吨6442.52吨，载重吨10 568吨，主机马力7800马力，最大航速15节，1961年造于波兰。苏联船长递交的《海事声明》称，该轮在天津新港卸货后，于4月30日14时启航，开往越南海防，22时，能见度降至1链（185.2米），减速为10~11节，23时过老铁山航道。5月1日0529时，雷达观测发现有一船舶，当时苏联船的航向为122°。雷达观测认为，来船航向约为300°，航速约14节，两船的最近会遇距离为6~7链。按照1972年《国际海上避碰规则公约》，该轮急欲改向为152°，当航向变为143°时与来船相撞，时间约0535时，位置为37°26′.5N，122°51′.5E。

这次事故中，"美某"轮驾驶台右前方被撞开一条长约11米，宽约7米的大豁口，第四舱严重进水，写作台半边塌陷，其25名船员除大副一人受重伤、一加油长受轻伤外，其他人无伤亡。苏联船船首线以上受轻微损伤，左锚失落在"美某"轮驾驶台甲板上，无人身伤亡。此案未发生漏油事故。

事故发生后，"美某"轮船长要求苏联船长立即救助遇难船员，并将遇难船员送至烟台港。由于当时有雾，苏联船长对航路不熟悉，故误驶威海港。5月2日才到达烟台港。

"美某"轮于 5 月 3 日凌晨（2：05）被烟台救捞局"烟救 2 号"和"烟救 10 号"拖轮拖至烟台港锚地。苏联船到港以后，"美某"轮船长根据船东指示，于 5 月 3 日向青岛海事法院申请扣船，并通过烟台外某代理公司电告我院。

1985 年 5 月 8 日，青岛海事法院裁定责令苏联船船东在 5 日内提供 55 万美元的担保，届时如拒不提供，对该轮即予扣押。5 月 9 日，苏联船船东保赔协会已按"美某"轮船东的要求提供担保，并达成了协议。

【裁判说理】

争议焦点：(1)我国是否拥有管辖权；(2)扣船可否作为独立民事案件进行处理。

青岛海事法院认为：

一、关于本案我国是否拥有管辖权的问题

其一，我国《民事诉讼法（试行）》第 27 条规定："因船舶碰撞或者其他海事损害事故追索损害赔偿的诉讼，由受害船舶最初到达地、加害船舶被扣留地或者加害船舶籍港所在地人民法院管辖。"受害船舶已到达我国港口，而烟台港在本院的管辖范围之内。其二，符合有关的国际法规定。《联合国海洋法公约》第 28 条第 3 款规定：第 2 款不妨害沿海国按照其法律为任何民事诉讼的目的而对在领海内停泊或驶离内水后通过领海的外国船舶从事执行或加以逮捕的权利。尽管公海上船舶受船旗国管辖是国际法中的一项基本原则，但本款规定却认可了沿海国按照其法律，为了民事诉讼的目的，对在领海内停泊的船舶实施管辖权的权利。其三，符合国际惯例。根据 1952 年在布鲁塞尔签订的《关于扣留海运船舶的国际公约》第 2 条的规定，可以因船舶碰撞造成的损害对在缔约国管辖区域内的其他缔约国船舶予以扣留。我国虽不是该公约的缔约国，但参加该公约的国家有四十多个。许多国家有船舶碰撞民事管辖权方面的专门规定，主张我国法院对本案的管辖权与有关国际公约和某些国家的规定是不矛盾的。"美某"轮已向我国法院申请扣船，根据我国的有关法律规定，本院有权管辖。

二、关于扣船可否作为一个独立案件的问题

在本案中，原告即申请人只想由我国法院扣船，强制对方提供担保，而损害赔偿的实体纠纷不准备在我国解决。(1)从理论上讲，申请扣船案件具有其他案件的一般特征，申请人与本案有直接的利害关系，有明确的被告、具体的诉讼请求和事实根据。（2）从实际情况看，申请人只要求扣留对方船舶，促使其提供担保，而不想通过法院解决实体纠纷的情况在我国法院是经常碰到的，如果硬要申请人向法院起诉后再申请扣船，达到其目的后，再由申请人撤诉，这样既手续烦琐、耽误时间，也给申请人造成许多不便。（3）最高人民法院在《关于设立海事法院几个问题的决定》第3条规定了海事法院的受案范围，其中第15款规定，海事法院可以受理"因海事、海商等纠纷，起诉前一方当事人申请采取保全措施扣押船舶的案件"。因此，本院在决定立案时，没有要求申请人必须起诉，被申请人提供了担保或双方达成了协议，即命令将扣押的船舶放行而结案。

1985年5月6日，青岛海事法院作出裁定：一、准予申请人"美某"轮船长对"季某"轮船东要求诉讼保全的申请；二、责令被申请人"季某"轮船东在五日内准备提供担保。因原告已接受被告提供的担保，1985年5月9日，青岛海事法院作出裁定：准予原告撤销扣船的申请，并通知有关部门放行被告所属"季某"号轮。

【法官后语】

海事法院是我国对外开放的窗口与纽带，国际航运业开放共赢的现状决定了海事海商案件将更多地涉及域外当事人利益。海上船舶保全类案件在我国海事法院受理的案件中占据相当份额，海事海商案件具有法律关系复杂、法律适用文本杂乱、涉及案件标的额较大等特点，能否从中立角度查明案件事实，是否能够无关国籍、平等对待各方当事人，是否能够正确适用法律、法规、国际公约、国际惯例等，均是当事人需考量的重要因素。从长远角度来看，国家法律的完备程度、审判人员的总体素质、法院作出裁判的总体公正性等，关乎案件当事人对我国司法环境的总体评价，更关乎我国对外的整体形象。

海事海商案件，最重要的是明晰何为"海事请求"（maritime claim）。从法教义学出发，广义上，《海商法》第1条"为了调整海上运输关系、船舶关系、维护当事人各方的合法权益，促进海上运输和经济贸易的发展，制定本法"的规定，即明确我国立法认为任何基于海上运输关系和船舶关系而提出的请求都可以称为海事请求，此为海商法意义上的海事请求。狭义上，《海事诉讼特别程序法》专章规定海事请求保全制度，此为海诉法意义上的海事请求。按照法秩序统一的基本观点，二者对于海事请求的表述仅为其基于部门法目的的不同价值解读，而并非其原有内涵不同。我国《海商法》于1993年7月1日正式施行，《海事诉讼特别程序法》于2000年7月1日正式施行，在此之前仅有1982年10月1日施行的《民事诉讼法（试行）》对财产保全进行了规定。但我国民事诉讼法当时仍处于探索阶段，限于立法技术水平，对被保全人提供反担保并未作出规定，也无相关法律原则适用。在无法律可供适用的情况下，国际惯例成为人民法院裁量案件的重要参考依据。1952年在布鲁塞尔签订的《关于扣留海运船舶的国际公约》第2条规定：可以因船舶碰撞造成的损害对在缔约国管辖区域内的其他缔约国船舶予以扣留。虽然我国并非该公约的缔约国，但参加该条约的国家具有一定数量，且域外各国在其民事诉讼相关法律中均有船舶碰撞民事管辖权方面的专门规定，可以认为船舶碰撞情形下能够对加害方船舶予以扣留是一项国际惯例，主张我国法院对本案的管辖权与有关国际公约和某些国家的规定并不矛盾。

民事财产保全属于预防性、临时性救济措施，并不是通常的救济方法，其目的在于确保申请人债权的顺利实现。为防止被申请人在生效裁判确定前实施转移、毁损、隐匿等减损履行债务能力的行为，以司法强制力保全被申请人责任财产，可以最大限度地避免申请人遭受被申请人责任财产不当减损所引发的债权二次伤害的风险，从而保障申请人债权的实现。财产保全应遵循对当事人利益影响较小原则。船舶是海上运输的最重要载体，其不仅具有财产属性，对船东而言其也为营收工具。故从保障保全申请人诉讼权利与被申请人合理营收的角度出发，基于财产保全措施保障申请人债权实现目的，在我国法律于当时并未详尽规定反担保解除保全的情况下，赋予被申请方提供反担保以解除对案涉船舶保全的权利，体现了司法公正与法治精神。

同时，该案是青岛海事法院首例船舶扣押案件，也是全国首例海事诉前保全案件。此案的审理不仅为完善我国民事诉讼中的财产保全制度提供了司法实践，也为后来最高人民法院制定关于诉前扣押船舶的相关规定作出了贡献。正是这些海事司法初期的有益探索，使海事法官积累了丰富的审判经验，相关的法律、法规、司法解释也逐步完善，我国海事司法的国际公信力日益提高。

📚【相关法条】

《中华人民共和国民事诉讼法（试行）》（1991年4月9日废止）

第九十二条 人民法院对于可能因当事人一方的行为或者其他原因，使判决不能执行或者难以执行的案件，可以根据对方当事人的申请，或者依职权作出诉讼保全的裁定。

人民法院接受当事人诉讼保全的申请后，对情况紧急的，必须在四十八小时内作出裁定，并开始执行。

对应新法：

《中华人民共和国民事诉讼法》（2023年9月1日修正）

第一百零四条 利害关系人因情况紧急，不立即申请保全将会使其合法权益受到难以弥补的损害的，可以在提起诉讼或者申请仲裁前向被保全财产所在地、被申请人住所地或者对案件有管辖权的人民法院申请采取保全措施。申请人应当提供担保，不提供担保的，裁定驳回申请。

人民法院接受申请后，必须在四十八小时内作出裁定；裁定采取保全措施的，应当立即开始执行。

……

承办人：冯立奇

编写人：郭郑超　赵忆雪　杨　俊

船舶抵押

8. 德国某贷款银行诉萨某恩有限公司船舶抵押合同纠纷案
——平等保护涉外船舶抵押合同纠纷中中外当事人合法权益

【合规提示】

本案是一起涉外船舶抵押合同纠纷。德国某贷款银行对"狮某"轮享有抵押权,有权从其处置价款中优先受偿。除此之外,船员的船员工资亦具有优先权,有权从船舶拍卖价款中优先受偿。

【案件信息】

1. 裁判文书字号

(2020)鲁72民初1845号

2. 当事人

原告:德国某贷款银行

被告:巴拿马萨某恩有限公司

3. 关键词

民事　船舶抵押

【裁判要旨】

案涉合同约定适用利比里亚法,需要通过外交部有关部门查明法律条文,并准确适用外国法。船舶抵押合同依照利比里亚法律登记,合法有效。

【基本案情】

2020年4月30日以来，先后有7家境外当事人和1家香港公司向青岛海事法院申请扣押利比里亚籍"狮某"轮，申请人涉及德国、巴拿马、爱沙尼亚、爱尔兰、瑞典、塞浦路斯和中国香港。扣押船舶后，船东未在法定时间内提供担保，并最终弃船，德国某贷款银行申请拍卖船舶。青岛海事法院发出公告，要求债权人在规定时间内登记债权。其间，上述8家涉外当事人和"狮某"轮21名外籍船员向青岛海事法院登记债权并提起诉讼，进行海事债权确认。纠纷涉及船舶抵押借款合同、船舶保险合同、船舶物料备品供应合同等，案涉标的超过2000万美元。

2012年4月18日，原告作为贷款人与被告及"萨某福"轮所有权人萨某福有限公司（以下简称萨某福公司）一并作为连带责任共同借款人签订了一份贷款合同，根据贷款合同约定，2012年7月2日，原告向被告发放了第一笔合同项下船舶贷款15 702 500美元；2012年10月4日，原告又向萨某福公司发放了第二笔合同项下船舶贷款15 290 000美元。故此，贷款合同项下，两借款人总共连带贷款金额为30 992 500美元。2016年2月26日，原告与被告签订一份头等优先持续抵押合同，并在利比里亚海事局进行了登记。抵押合同约定：（1）被告同意就两借款人在前述贷款合同项下的连带责任24 936 051.48美元债务本金余额及所有利息、费用和抵押担保履行向原告提供抵押担保；（2）抵押合同项下用作担保的抵押物为登记在被告名下的案涉船舶"狮某"轮，原告作为案涉船舶抵押权人，依法享有从该轮处置所得价款中优先受偿的权利。

原告于2020年4月30日向被告发出违约事项及加速到期通知，根据贷款合同第13.2.1条宣布合同项下贷款本息、款项立即到期并确认被告欠付本金为16 393 129.25美元。根据贷款合同第7.1条、第7.6条，贷款计息期间的利息，利率按照伦敦银行同业拆借利率（LIBOR）三个月利率另加每年3.6%，实际计息周期三个月，即三个月期LIBOR+3.6%，截至本判决作出之日产生利息共计54 348.69美元。根据贷款合同第7.9条，已经到期未付和直至款项付清为止将要产生的逾期罚息，利率为本合同第7.6条约定的贷款利率水平上浮每年2%，实际计息周期三个月，即三个月期LIBOR+5.6%，且贷款罚息计收复利，截至本判决作出之日产生罚息共计686 977.75美元。以上本金、利息、罚息共计 17 134 455.69 美元。

原告德国某贷款银行向青岛海事法院提起诉讼，请求判令：（1）被告在抵押物"狮某"轮及所有船舶所属的船具和附件的价值范围内对原告主债权合同项下债权承担抵押担保责任；（2）被告按照主债权合同约定的利率支付欠付款项的逾期利息直至款项全部付清为止；（3）被告承担原告实现债权、保全资产、维护船舶的费用和本案原告方律师费，暂计至起诉时实现债权、保全资产和维护船舶的费用不少于 127 437.42 美元；（4）确认原告在案涉船舶处置所得款项中享有优先受偿权。

青岛海事法院经审查依法裁定拍卖"狮某"轮，于 2020 年 12 月 16 日通过阿里司法拍卖网以 6783.6 万元人民币网拍成功，溢价 1118 万元，溢价率 20%。

另 7 起涉及保险合同、船舶备品物料欠款纠纷案件和 21 名船员的船员工资确权案件，青岛海事法院均依照法律规定依法对债权进行了确认，21 名船员的船员工资具有优先权，有权从船舶拍卖价款中优先受偿。

【裁判说理】

争议焦点：（1）处理实体争议的准据法的确定；（2）抵押合同的效力；（3）借款利息的计算。

青岛海事法院认为：

一、涉外案件通过扣押船舶取得管辖权

本案系船舶抵押合同纠纷，案涉船舶"狮某"轮悬挂利比里亚旗，原告德国某贷款银行、被告萨某恩公司均为外国法人，当事人双方均是涉外主体，案件争议本身与中国大陆没有连结点，本院于 2020 年 5 月 20 日对案涉船舶进行扣押，德国某贷款银行依法向本院提起诉讼，海事法院即通过扣押船舶取得案件管辖权。依据我国《海事诉讼特别程序法》和相关司法解释的规定，申请人选择在青岛海事法院辖区港口提出扣押船舶申请，根据《海事诉讼特别程序法》第 19 条的规定，青岛海事法院通过扣押船舶，获得了诉讼案件管辖权。

二、本案处理实体争议的准据法依照当事人双方协议约定

据《涉外民事关系法律适用法》第 41 条的规定，当事人可以协议选择合同适用的法律，双方当事人在抵押合同中明确约定适用利比里亚法律，案件

审理过程中通过外交部有关部门查明了《利比里亚海商法》相关法律条文，有关本案船舶抵押借款合同所涉纠纷适用利比里亚法律作出判决。

三、船舶抵押合同依照利比里亚法律经过依法登记，合法有效

在签订借款合同及以"狮某"轮作为抵押物签订抵押合同时，萨某恩公司是一家利比里亚法律下合法设立及存续的公司，根据利比里亚法律具有完全的能力和资格，亦有完全的能力和资格履行贷款合同和抵押合同条款所约定的义务，案涉船舶抵押权已依法设立并经利比里亚海事部门依法登记，对萨某恩公司有效且具有执行力。因此，萨某恩公司应当全面履行合同义务，按照合同约定支付德国某贷款银行到期应付的所有借款及利息，德国某贷款银行对"狮某"轮享有抵押权，有权从其处置价款中优先受偿。

青岛海事法院以判决方式结案。

【法官后语】

本案是一起涉外船舶抵押合同纠纷案件，案情并不复杂，但案件背后折射的意义值得总结。由案涉船舶"狮某"轮引发的系列案件，双方均为涉外当事人，都选择由中国海事法院处理其纠纷；青岛海事法院在案件审理过程中主动作为制定可行方案，有条不紊妥善安置和遣返外籍船员的做法，得到国际劳工组织的肯定，在国际上引起良好反响。

一、主动行使涉外案件管辖权，正确适用外国法，打造国际海事纠纷解决优选地，彰显中国海事司法的国际公信力

"狮某"轮系列案件的特点是当事人双方全部是涉外主体，7家申请人和原告系境外当事人，1家是中国香港当事人，21名船员全部是外籍船员，其中乌克兰籍5名，菲律宾籍16名，船舶是外籍轮船，案件争议本身与中国大陆没有连结点，申请人依据我国《海事诉讼特别程序法》和相关司法解释的规定，选择在青岛海事法院辖区港口提出扣押船舶申请，根据《海事诉讼特别程序法》第19条的规定，青岛海事法院通过扣押船舶，从而获得了诉讼案件管辖权，意味着当事人主动选择青岛海事法院处理其纠纷。"狮某"轮系列案件，处理诉讼案件的准据法有的依照约定适用了外国法，有的在案件审理过程中选择了中国法。本案中，合同约定适用利比里亚法，法律条文通过外交部有关部门查明。青岛海事法院积极行使管辖权，准确适用外国法，依法

作出判决，保护了外国当事人合法权益，是该院打造国际海事纠纷解决优选地的有益探索，充分体现出外方当事人对我国海事司法的认可和信任，彰显了我国海事司法的国际公信力，是海事司法服务保障扩大对外开放、持续深入优化国际化法治化营商环境的具体体现。

二、积极救助和妥善遣返外国船员，为处置全球性海员换班或遣返难题提供了"中国方案"

该案的典型意义还在于法院克服疫情防控和船东弃船的影响，对21名外籍船员积极展开人道主义援助，垫付款项解决船舶供给与船员的日常生活和医疗所需，先行垫付部分船员工资，稳定船员情绪。在案件审理过程中，青岛海事法院经与案涉船员所在国驻中国大使馆、外交部、省市外事办、海关、日照市疫情防控指挥部、港务集团、青岛机场等部门多方沟通协调，妥善安置并顺利遣返了全部外籍船员，体现了我国作为船舶和船员大国的担当，为妥善处置全球性海员换班或遣返难题提供了"中国方案"。从被抛弃到各环节工作有序推进，利比里亚籍船舶"狮某"轮历时7个月，在青岛海事法院经历了一段特殊的"航程"，顺利遣返的船员给青岛海事法院发来感谢信，得到了乌克兰和菲律宾两国使馆的高度评价和衷心感谢。

三、关于利息、罚息计算截止时间的表述

根据《最高人民法院关于执行程序中计算迟延履行期间的债务利息适用法律若干问题的解释》，对于一般的民商事纠纷案件，关于逾期付款的利息，裁判文书中一般表述为"计算至实际清偿之日止"或者"计算至实际履行之日止"，并在判决主文中注明逾期不履行的加倍支付延迟期间的债务利息。该案作出判决前，原告德国某银行已申请拍卖案涉船舶，法院亦裁定准许。进入拍卖程序后，利息和罚息应当计算至拍卖成交裁定之日止。但考虑到案涉船舶拍卖期间正值新冠疫情扩散，拍卖流程受到疫情防控影响，参拍各方出行受限，拍卖时间亦不确定，本案根据情势需要，确定利息和罚息计算至判决之日止。

【相关法条】

1.《中华人民共和国涉外民事关系法律适用法》（2011年4月1日施行）

第四十一条　当事人可以协议选择合同适用的法律。当事人没有选择的，适用履行义务最能体现该合同特征的一方当事人经常居所地法律或者其他与该合同有最密切联系的法律。

2.《中华人民共和国民事诉讼法》(2017年6月27日修正)

第一百四十四条　被告经传票传唤,无正当理由拒不到庭的,或者未经法庭许可中途退庭的,可以缺席判决。

对应新法:

《中华人民共和国民事诉讼法》(2023年9月1日修正)

第一百四十七条　被告经传票传唤,无正当理由拒不到庭的,或者未经法庭许可中途退庭的,可以缺席判决。

3.《利比里亚海商法》(1991年12月1日修订)

第107条　【优先抵押权中的优先权】优先抵押权应当构成对抵押船舶的海事拥有优先权,其金额包括该船舶担保的抵押债务。优先抵押权的优先权不得因记录抵押权后的船舶文件过期,或已被限制背书、暂停、撤销或取消而受到任何损害或影响。

第108条　【优先抵押权的利息】如无法律或法规的任何其他规定,优先抵押权可以担保由抵押权所担保的债务产生的利息,该利息可以是固定利率、可变利率、基于公式计算的利率,或通过追加抵押权人方式为抵押担保的债务提供资金的成本费用方式,或通过双方可能同意的任何其他方法。

第112条　【止赎和违约,管辖权和程序】

(1) 在合同的条款或条件被违反时,基于优先抵押权的优先权,可以在利比里亚以提起海事对物诉讼方式实现。除公告以外,启动诉讼的通知还应由诉讼的发起人按照法院规定的方式送达给船长、其他高级船员或船舶的照管人,以及针对抵押船舶登记了未解除优先权的通知的任何人,除非诉讼的发起人通过查询并经利比里亚法院认可确认该人不在利比里亚境内。未能送达该通知并不构成司法管辖权的瑕疵,但是诉讼发起人应当承担他人对船舶的权益因被诉讼终止而遭受的损失数额。

(2) 优先抵押权的优先权,也可以在外国依据该国实现船舶抵押权的程序,通过向船舶被发现国家提起海事对物诉讼或其他诉讼方式实现。

(3) 尽管有本法规定,在本章规定的措施之外,抵押权人可以因未偿还的抵押债务或未足额还款,针对抵押人在任何有管辖权的法院提起对其的诉讼。

(4) 本法未授予抵押权人就抵押登记项下船舶以外的不动产或动产权利提起海事对物诉讼的权利。

第112A条 【优先状态】本法第107、112、113和115条中所使用的术语"优先抵押权",除了包括依据本章条款设立的优先抵押权,还包括作为担保方式在任何经登记的外国船舶上设立的任何抵押、不交抵押品抵押或类似质押,只要该等抵押、不交抵押品抵押或类似质押已经经过适当且有效的签署并在船舶登记国依法进行了登记;术语"优先抵押权的优先权"也应当包括如上抵押、不交抵押品抵押或类似质押对应的优先权。

第113条 【止赎,优先抵押权的优先权,例外】在行使优先抵押权的优先权海事对物诉讼中,任何船舶一旦出售,在此之前存在于该船之上的主张,包括任何普通法下的留置权,即应当终止,并按照各自的金额和优先顺序依附于船舶出售价款中,但是,优先抵押权在所有针对船舶的主张中享有优先权,除非该主张为因根据本章规定登记在先的优先抵押权,因侵权损害产生的优先权,依据第2章第83条产生的优先权,因船员工资、共同海损、海上救助(包括契约救助)和法院批准的指出、费用及法院课收的费用产生的优先权。

承办人:李培合

编写人:李培合　原浩洋

9. 山东荣成农村商业银行股份有限公司某支行诉泰某企业股份有限公司、第三人田某某等债权人代位权纠纷案

—— 抵押权物上代位性的认定

【合规提示】

本案是一起银行抵押财产发生价值减损后的代位权受偿纠纷。在物权法定的原则下,银行作为抵押权人,应当与抵押人在抵押合同中约定抵押财产在抵押期间发生价值减损时的处理方式,明确以下两点:一是抵押财产毁损、灭失、被拆迁、被侵权或被征收的,抵押权人有权提存抵押人所获得的保险

金、赔偿金、补偿金等，或存入抵押权人的指定账户，以保证抵押财产的替代价值应用于清偿债务人在主合同项下的债务；二是抵押人若将保险金、赔偿金用于恢复抵押财产的价值，应当经抵押权人同意，并在抵押权人的建议、监督下，选择价值最大化的方式用以恢复抵押财产。

【案件信息】

1. 裁判文书字号

（2020）鲁72民初67号

2. 当事人

原告：山东荣成农村商业银行股份有限公司某支行

被告：泰某企业股份有限公司

第三人：田某某、袁某某、荣成龙某渔业有限公司

3. 关键词

民事　船舶碰撞　船舶抵押　第三人代位诉讼

【裁判要旨】

抵押权是以支配财产的交换价值为目的，属于一种价值权。抵押物的形态或性质上发生变化时，只要仍能维持其交换价值，抵押权的效力也就及于抵押物的代位物。该制度的设立目的在于保护抵押权人的利益，避免抵押财产在抵押期间因客观或第三方的原因发生了价值减损的情况下抵押权人的抵押权落空，因此赋予了抵押权人仍然可就抵押财产的代位物实现受偿权，但同时也应注意，如果抵押期间，抵押财产虽然发生过受损事故，但抵押人已通过修复等方式使抵押财产的价值恢复从前，抵押权人实现抵押权之时，抵押财产的价值并未发生减少，抵押权人对该船的抵押权应限于船舶本身的价值。

【基本案情】

2017年11月28日，泰某企业股份有限公司（以下简称泰某公司）所属的"D"轮与荣成龙某渔业有限公司（以下简称龙某公司）所属的"鲁荣渔58×××"船发生碰撞事故，碰撞事故导致"鲁荣渔58×××"船损失人民币1000余万元。"D"轮存在肇事逃逸的情形，"鲁荣渔58×××"船对案涉

碰撞事故最多承担51%的责任。截至本案诉讼时，龙某公司并未向泰某公司主张任何权利，且碰撞案件的诉讼时效即将届满。山东荣成农村商业银行股份有限公司某支行（以下简称某农商行）认为，龙某公司怠于行使到期债权的行为，严重损害了某农商行的合法权益。有鉴于此，某农商行提起本案诉讼，请求判令：（1）泰某公司向某农商行履行代位清偿义务，即向某农商行支付人民币3 000 000元；（2）本案诉讼费、保全费等费用由泰某公司承担。

泰某公司辩称：（1）案涉"鲁荣渔58×××"船已被拍卖，某农商行的船舶抵押权应从渔船合法拍卖或变卖后的价款范围内依法优先受偿；某农商行的船舶抵押权已经消灭，龙某公司对船舶抵押权以外的债务不承担责任，某农商行无权进一步要求龙某公司承担责任和/或就对龙某公司享有的债权提起代位权诉讼。（2）龙某公司对泰某公司可能享有的任何债权已经转让；某农商行不享有诉讼主体资格，其主张行使代位权的条件不成立，应驳回起诉。（3）"鲁荣渔58×××"船在碰撞事故中至少应承担66%的碰撞责任。（4）某农商行主张人民币3 000 000元赔偿没有依据，其所称的"鲁荣渔58×××"船人民币1000余万元的损失亦缺乏依据，就案涉碰撞事故泰某公司向龙某公司支付的金额不应超过人民币216 298.85元。

田某某、袁某某、龙某公司共同述称：某农商行无权行使代位求偿权；碰撞事故发生后，"D"轮存在肇事逃逸的情形。

法院经审理查明：龙某公司为一人有限责任公司，田某某系该公司唯一股东和法定代表人，田某某与袁某某系夫妻关系。龙某公司为田某某向某农商行的借款提供抵押担保，抵押财产为"鲁荣渔58×××"船，并办理了抵押登记。抵押合同约定抵押权人的抵押权的效力及于抵押财产的从物、从权利、附属物、添附物、天然及法定孳息、抵押财产的代位物，以及因抵押财产损毁、灭失、被拆迁、被侵权或被征收而获得的保险金、赔偿金、补偿金。2017年，"鲁荣渔58×××"船与泰某公司所属的巴哈马籍散货船"D"轮发生碰撞事故。碰撞后"鲁荣渔58×××"船返回港口进行了修理。因田某某迟延还款，某农商行对田某某、袁某某、龙某公司提起船舶抵押合同之诉。2018年，法院根据某农商行的申请，依法拍卖了"鲁荣渔58×××"船，所得价款6 751 616元，某农商行实际受偿4 975 751元。2019年5月27日，法院就上述船舶抵押合同之诉作出判决，判令田某某、袁某某连带偿还某农商行贷款本金7 595 814.94元及利息，某农商行对"鲁荣渔58×××"船享有抵押权，并对该船拍卖变卖价款依法优先受偿。因龙某公司怠于行使到期债权，某农商行对泰某公司提起代位权诉讼，要求泰某公司承担船舶碰撞损害赔偿责任，并将田某某、袁某某和龙某公司列为第三人。

【裁判说理】

争议焦点：船舶抵押权的效力是否可以及于龙某公司因船舶碰撞事故而可能获得的赔偿金。

青岛海事法院经审理认为：田某某和袁某某在船舶抵押合同之诉中经生效判决确定为某农商行的债务人。某农商行仅对龙某公司所属的"鲁荣渔58×××"船享有抵押权，龙某公司并非其债务人。故判断某农商行是否有权就船舶碰撞法律关系对泰某公司提起索赔，关键在于明确船舶抵押权的效力是否可以及于龙某公司因船舶碰撞事故而可能获得的赔偿金。

《物权法》第174条系关于担保物权物上代位性的法律规定。本案中，抵押合同中关于抵押权效力范围的约定也应系为了保证如果抵押船舶发生了毁损、灭失、被拆迁、被侵权或者被征收等情形，抵押权人可以对该船的代位物享有优先受偿的权利，以使被担保的债权得以实现。如果抵押期间，抵押船舶虽然发生过碰撞事故，但抵押权人实现抵押权之时，抵押船舶的价值并未发生减损，抵押权人对该船的抵押权应限于船舶本身的价值。案涉碰撞事故导致"鲁荣渔58×××"船舶受损，其价值的确因碰撞而减少，但该轮并非发生了全损。龙某公司在法院扣押该轮之前，已经对船舶完成了修理，且本案无证据显示扣船及拍卖时，该船的价值因碰撞事故而减少。因此，某农商行的抵押权也没有因碰撞事故而受损，"鲁荣渔58×××"船已经依法拍卖，某农商行也已就拍卖价款优先受偿，根据《物权法》第177条的规定，在担保物权已经实现的情况下，担保物权消灭，某农商行无权再就该船因碰撞事故可能获得的赔偿金享有抵押权。虽然船舶拍卖价款不足以清偿债务，但不足部分应根据《物权法》第198条的规定，由债务人田某某和袁某某承担，即某农商行的债务人仍然是田某某与袁某某，而不是抵押人龙某公司，则泰某公司不是某农商行的次债务人，某农商行无权主张龙某公司因"鲁荣渔58×××"船碰撞受损而可能获得的赔偿金。故法院依法作出民事裁定，驳回了某农商行的起诉。

【法官后语】

本案是一起具有涉外因素的代位权纠纷，同时涉及借款、船舶抵押的合同法律关系，船舶抵押权的物权法律关系，以及船舶碰撞的侵权法律关系。法院从代位权的行使条件入手，首先厘清各方当事人在本案中的法律地位，即某农商行系债权人、田某某和袁某某系债务人，泰某公司系船舶碰撞法律关系中可能对龙某公司承担侵权责任的债务人，但由于龙某公司并非某农商行的债务人，故被告也不是某农商行的次债务人。在此基础上，法院将本案的争议聚焦于船舶抵押权的效力范围是否可以及于船舶碰撞事故中抵押人可能获得的赔偿金。

本案事实与诉讼均发生在《民法典》施行前，故应适用《物权法》的相关规定。《物权法》第174条规定，担保期间，担保财产毁损、灭失或者被征收等，担保物权人可以就获得的保险金、赔偿金或者补偿金等优先受偿。被担保债权的履行期限未届满的，也可以提存该保险金、赔偿金或者补偿金等。该条系关于担保物权物上代位性的法律规定。《民法典》第390条的规定与本条内容无异。

抵押权是以支配财产的交换价值为目的，属于一种价值权。因此，抵押物的形态或性质发生变化时，只要仍能维持其交换价值，抵押权的效力也就及于抵押物的代位物。该制度的设立目的在于保护抵押权人的利益，避免抵押财产在抵押期间因客观或第三方的原因发生了价值减损的情况下抵押权人的抵押权落空，因此规定了抵押权人仍然可就抵押财产的代位物实现受偿权。但同时也应注意，如果抵押期间，抵押财产虽然发生过受损事故，但抵押人已通过修复等方式使抵押财产的价值恢复从前，抵押权人实现抵押权之时，抵押财产的价值并未减少，抵押权人对抵押财产的抵押权应限于抵押财产本身的价值。法院不应生硬地适用《物权法》或《民法典》关于物上代位性的规定而认定抵押权人仍然有权获得抵押财产的代位物价值。

本案还明确了当抵押财产价值减少时抵押权人的救济途径。抵押权人可以要求抵押人恢复抵押财产的价值、将赔偿金用于清偿主合同项下的债务、将赔偿金存入抵押权人的指定账户；此外，《物权法》第193条还规定，抵押权人有权要求抵押人提供与减少价值相应的担保。但上述救济途径只可择一而行。本案的意义在于引导债权人、抵押权人等正确认知自己的权利与风险，进行风险预判，作出合理决策，提醒其注意并非在任何情况下其都有权就抵押财产的代位物主张受偿权利。

【相关法条】

《中华人民共和国物权法》（2021年1月1日废止）

第一百七十四条　担保期间，担保财产毁损、灭失或者被征收等，担保物权人可以就获得的保险金、赔偿金或者补偿金等优先受偿。被担保债权的履行期未届满的，也可以提存该保险金、赔偿金或者补偿金等。

对应新法：

《中华人民共和国民法典》（2021年1月1日施行）

第三百九十条　担保期间，担保财产毁损、灭失或者被征收等，担保物权人可以就获得的保险金、赔偿金或者补偿金等优先受偿。被担保债权的履行期限未届满的，也可以提存该保险金、赔偿金或者补偿金等。

承办人：王妍娥

编写人：王妍娥　段琪祺

10. 日照某农村商业银行股份有限公司诉刘某志等船舶营运借款合同纠纷案
——借款合同公告催收的效力

【合规提示】

本案系一起船舶营运借款合同纠纷案件，双方对于主债务是否已过诉讼时效产生争议。对于贷款人而言，应及时采取法律规定的方式催收债权，避免债务超过诉讼时效；对于借款人而言，应及时偿还借款，避免失信。

【案件信息】

1. 裁判文书字号

（2021）鲁72民初723号、（2022）鲁民终886号

2. 当事人

原告：日照某农村商业银行股份有限公司

被告：刘某志、姚某美、孙某勇、刘某芳

3. 关键词

民事　借款合同　公告　催收

【裁判要旨】

金融机构按照约定进行公告催收系依约向被告提出履行请求，产生诉讼时效中断的效力。

【基本案情】

原告日照某农村商业银行股份有限公司向法院提出诉讼请求：（1）判令被告刘某志、姚某美共同偿还原告日照某农村商业银行股份有限公司借款36万元及利息；（2）判令原告支出的律师费26 000元及诉讼费由被告承担；（3）判令原告对被告孙某勇、刘某芳所有的"鲁日海渔617××"号渔船在拍卖、变卖价款中优先受偿。事实和理由：被告刘某志向原告借款2笔共70万元。其中，2014年6月8日至2014年11月17日借款49万元，仍欠本金36万元；2014年6月16日至2015年5月15日借款21万元，仍欠本金0元、利息77 444.80元。由孙某勇、刘某芳名下渔船"鲁日海渔617××"提供最高额抵押担保，承担共同还款义务。该笔借款已到期，被告未清偿。

被告刘某志、姚某美、孙某勇、刘某芳答辩称：（1）本案的主债务已过诉讼时效；（2）本案担保已过约定的担保期间；（3）即使本案主债务未过诉讼时效，抵押担保也有效，本案的实际借款人为案外人冯某伟，应当由实际借款人承担还款责任。

2014年5月29日，原告与刘某志签订个人借款合同。合同约定：原告向刘某志提供短期贷款70万元；借款用途为渔船上油；借款期限为2014年5月29日至2015年5月20日；借款方式为可循环方式，可在规定的金额、

期限内随借随还，循环使用；借款利率为固定利率，在借款发放日所对应的同期同档次人民币贷款基准利率基础上上浮30%确定；逾期还款在借款执行利率基础上上浮50%计收罚息；对应付未付利息，计收复利；借款人发生名称、住所地、经营范围变更等事项，应当及时书面通知贷款人；借款人违反合同约定或者未履行还款义务，贷款人有权通过媒体进行公告催收；因借款人违约致使贷款人采取诉讼方式实现债权的，借款人应承担贷款人为此支付的律师费等相关费用。合同还对其他事项作了约定。

同日，原告还与孙某勇签订最高额抵押合同，合同约定：抵押担保的主债权为自2014年5月29日至2015年5月20日，在人民币70万元的最高余额内，原告依据与刘某志签订的借款合同而享有的债权；抵押担保的范围包括主债权本金、利息、罚息、复利、违约金、损害赔偿金以及实现抵押权的费用（包括但不限于诉讼费、律师费、评估费等），实现抵押权的费用应首先从抵押变现所得中扣除，而不包括在最高余额内；抵押财产为"鲁日海渔617××"渔船；抵押权人有权通过媒体进行公告催收。合同还约定了其他事项。双方办理了抵押权登记。

同时，刘某志和姚某美共同签署了共同债务人承诺函，确认共同履行合同义务，承担偿还所有贷款本息责任，承诺期限到债务人清偿所欠全部贷款本息为止；孙某勇和刘某芳签署抵押担保函，确认以共有的"鲁日海渔617××"渔船为刘某志借款提供最高额抵押担保。

合同签订后，原告于2014年6月8日向刘某志发放贷款49万元，借据载明月利率为6.066 67‰、到期日为2014年11月7日；2014年6月16日，原告向刘某志发放贷款21万元，借据载明月利率为6.5‰、到期日为2015年5月15日。

贷款到期后，刘某志未能按照合同约定偿还借款本息。其中，第一笔49万元借款，利息偿还至2014年6月20日，此后除于2014年9月21日扣收77.32元利息外，未再偿还利息，本金于2017年3月31日偿还13万元，尚欠本金36万元；第二笔21万元借款，利息偿还至2014年6月20日，本金于2016年11月10日清偿。

原告先后于2015年2月2日、2015年7月30日向刘某志、孙某勇发出催收通知单，对第一笔49万元贷款进行催收。2016年9月1日，原告在《山东法制报》刊登公告对第二笔21万元贷款进行催收。2018年8月31日，原告在《山东法制报》刊登公告对第一笔49万元贷款的余额36万元进行催收。

原告为进行本案诉讼，支出律师费26 000元。

【裁判说理】

争议焦点：（1）刘某志是否系借款人；（2）案涉抵押担保是否已过担保期间；（3）主债务是否已过诉讼时效。

青岛海事法院认为：本案系船舶营运借款合同纠纷。

关于争议焦点一。依法成立的合同，对当事人具有法律约束力，当事人应当按约定履行自己的义务。案涉借款合同系由刘某志本人与原告签订，相应贷款亦是直接发放至刘某志的账户，相应本息亦是通过刘某志账户偿还，据此应认定刘某志系借款合同当事人。虽然刘某志提供了案外人的证言，但该证言并无相关转账凭证佐证，也不能否定合同的相对性。原告向刘某志发放贷款后，即使该款由案外人实际使用，根据合同相对性原则，仍应由刘某志向原告承担还款责任。更为重要的是，在本案中，除了借款合同外，刘某志还向原告出具共同债务人承诺函，明确承诺承担偿还所有贷款本息的责任，并在原告于2015年2月2日、2015年7月30日发出的催收通知单上签字确认，而且刘某志还先后偿还本金13万元、21万元，上述行为足以证明，即使如被告所称案涉借款为"借名贷款"，借款合同也只约束原告和刘某志，自己而非案外人与原告建立借款合同关系并由自己而非案外人承担还款责任亦是刘某志的真实意思。因此，原告要求刘某志偿还借款本息符合合同约定和法律规定。

关于争议焦点二。抵押权属于担保物权，根据物权法定原则，抵押权的设立、变更、消灭均须由法律规定之，任何人包括当事人、登记机关不得任意为之，既不能在物权法之外设定物权，也不能以物权法规定之外的方式消灭物权。《物权法》未明确规定抵押权可以因当事人的约定期间或者登记机关登记的期间而消灭。而且，《最高人民法院关于适用〈中华人民共和国担保法〉若干问题的解释》第12条更明确规定，当事人约定的或者登记部门要求登记的担保期间，对担保物权的存续不具有法律效力。根据《物权法》第202条的规定，抵押权人应当在主债权诉讼时效期间行使抵押权，因此，只要案涉主债权未过诉讼时效期间，原告就有权行使抵押权。被告关于案涉担保已过约定期限的辩解意见不能成立。

关于争议焦点三。案涉两笔借款虽然基于同一借款合同，但该合同已明确约定借款方式为可循环方式，在规定的金额、期限内随借随还，循环使用，两笔借款的期限、利率等明显不同，不属于同一债权，应分别计算诉讼时效。其中，第一笔49万元借款，到期日为2014年11月7日，被告未能按时还款，即应开始计算诉讼时效，原告先后于2015年2月2日、2015年7月30日向刘某志和孙某勇书面催收，刘某志于2017年3月31日偿还13万元，原告于2018年8月31日在《山东法制报》进行公告催收，上述情形均发生诉讼时效中断的效力，原告起诉时该笔债权未超出法定诉讼时效期间。第二笔21万元借款，到期日为2015年5月15日，被告未能按时还款，即应开始计算诉讼时效，原告于2016年9月1日在《山东法制报》公告催收、刘某志于2016年11月10日偿还21万元本金，上述情形均发生诉讼时效中断的效力，但此后未再发生诉讼时效中断情形，原告起诉时已超出三年诉讼时效期间，故对原告该部分诉请不予支持。在本案审理中，被告对于原告在《山东法制报》刊登公告催收能否发生诉讼时效中断的效力提出异议，但该异议不能成立。虽然根据《最高人民法院关于审理民事案件适用诉讼时效制度若干问题的规定》（法释〔2008〕11号）第10条的规定，公告催收需另一方当事人下落不明，但这是不存在权利人、义务人约定时权利人径行进行公告催收应适用的法定条件。催收实质是权利人向义务人提出履行请求，作为一项合同权利，可以由当事人约定其行使方式，法律及司法解释也未禁止当事人约定提出履行请求的方式。在本案中，虽然刘某志所在村居进行了整体搬迁并不足以认定其下落不明，但案涉个人借款合同明确约定原告有权通过媒体进行公告催收，即双方对于原告向被告提出履行请求的方式作了特别约定，该约定并不违反法律规定，对双方具有约束力，原告按照约定进行公告催收，即为原告向被告提出履行请求，被告亦应接受由此而产生的法律后果。该约定也不属于预先放弃诉讼时效利益，预先放弃诉讼时效利益是指义务人在诉讼时效期间届满之前，放弃其时效利益。该约定仅是明确原告向被告提出履行请求的方式，被告并未放弃时效利益。虽然法律不保护权利上的睡眠者，但原告主观上并未怠于行使权利，而是依约进行公告催收，从社会效果和法律效果考量，均应更侧重于对债权人利益的保护而非维护债务人利益。因此，原告进行公告催收系依约向被告提出履行请求，产生诉讼时效中断的效力。

综上，被告刘某志未能按时偿还借款 36 万元及相应利息，构成违约，应承担偿还责任。原告因本案诉讼支出律师费 26 000 元，根据合同约定，被告刘某志亦应偿还。被告姚某美作为共同债务人，应与被告刘某志共同承担偿还责任。被告孙某勇和刘某芳以其共同所有的"鲁日海渔 617××"渔船提供最高额抵押担保，应承担相应的担保责任。原告就 2014 年 6 月 8 日发放贷款所提诉求，于法有据，本院予以支持，但其就 2014 年 6 月 16 日发放贷款所提诉求已过诉讼时效，本院不予保护。被告所提原告诉求已过诉讼时效的辩解意见部分成立，对其合理部分本院予以采纳，但其他辩解意见均不能成立，不予采纳。依照《合同法》第 205 条、第 206 条、第 207 条，《民法总则》第 188 条第 1 款、第 195 条第 1 项，《物权法》第 202 条、第 203 条，《最高人民法院关于适用〈中华人民共和国民法典〉时间效力的若干规定》第 1 条第 2 款，《最高人民法院关于适用〈中华人民共和国担保法〉若干问题的解释》第 12 条第 1 款，《最高人民法院关于适用〈中华人民共和国民法总则〉诉讼时效制度若干问题的解释》第 2 条之规定，判决：一、被告刘某志、姚某美于本判决生效之日起十日内偿还原告日照某农村商业银行股份有限公司借款本金 36 万元及相应利息（自 2014 年 6 月 21 日起，以 49 万元本金为基数，按照月利率 6.066 67‰ 计算至 2014 年 11 月 7 日，并扣除已经扣收的 77.32 元；自 2014 年 11 月 8 日起，以 49 万元本金为基数，按照月利率 6.066 67‰ 上浮 50% 计算至 2017 年 3 月 30 日；自 2017 年 3 月 31 日起，以 36 万元本金为基数，按照月利率 6.066 67‰ 上浮 50% 计算至付清之日止；对于 2014 年 11 月 7 日前的欠付利息，按照月利率 6.066 67‰ 计算复利；对于 2014 年 11 月 8 日之后的欠付利息，按照月利率 6.066 67‰ 上浮 50% 计算复利）。二、被告刘某志、姚某美于本判决生效之日起十日内偿还原告日照某农村商业银行股份有限公司因本案诉讼支出的律师代理费 26 000 元。三、原告日照某农村商业银行股份有限公司对本判决第一项、第二项债权，有权以被告孙某勇、刘某芳共同所有的"鲁日海渔 617××"渔船折价或者以拍卖、变卖所得价款，在最高余额 70 万元范围内，按抵押权顺序优先受偿。四、驳回原告日照某农村商业银行股份有限公司其他诉讼请求。

一审宣判后，被告刘某志不服提起上诉。山东省高级人民法院二审作出（2022）鲁民终 886 号民事判决，驳回上诉，维持原判。

【法官后语】

本案涉及债权人按约定进行公告催收是否产生诉讼时效中断的效力问题。根据《最高人民法院关于审理民事案件适用诉讼时效制度若干问题的规定》第8条的规定，当事人一方下落不明，对方当事人在国家级或者下落不明的当事人一方住所地的省级有影响的媒体上刊登具有主张权利内容的公告的，产生诉讼时效中断的效力。在本案中，虽然刘某志并非下落不明，但在借款合同明确约定银行可以通过公告的方式进行催收的情况下，并不能援引上述司法解释否定公告催收的效力。催收实质是权利人向义务人提出履行请求，作为一项合同权利，可以由当事人约定其行使方式，法律及司法解释也未禁止当事人约定提出履行请求的方式。虽然刘某志并非下落不明，但借款合同明确约定银行有权通过媒体进行公告催收，即双方对于债权人向债务人提出履行请求的方式作了特别约定，该约定并不违反法律规定，对双方具有约束力，银行按照约定进行公告催收，即为银行向刘某志提出履行请求，刘某志亦应接受由此而产生的法律后果。该约定也不属于预先放弃诉讼时效利益，预先放弃诉讼时效利益是指义务人在诉讼时效期间届满之前，放弃其时效利益。该约定仅是明确债权人向债务人提出履行请求的方式，债务人并未放弃时效利益。虽然法律不保护权利上的睡眠者，但银行主观上并未怠于行使权利，而是依约进行公告催收，该行为系依约向债务人提出履行请求，产生诉讼时效中断的效力。

该案典型性在于创设了债权人按约定进行公告催收引起诉讼时效中断的裁判规则：即使债务人并非下落不明，即使债权并非银行不良资产剥离处置过程中形成的批量债权，债权人按照合同约定进行公告催收亦引起诉讼时效中断。该规则对于审理同类案件具有积极的借鉴意义。

【相关法条】

1.《中华人民共和国合同法》（2021年1月1日废止）

第二百零五条 借款人应当按照约定的期限支付利息。对支付利息的期限没有约定或者约定不明确，依照本法第六十一条的规定仍不能确定，借款期间不满一年的，应当在返还借款时一并支付；借款期间一年以上的，应当在每届满一年时支付，剩余期间不满一年的，应当在返还借款时一并支付。

第二百零六条　借款人应当按照约定的期限返还借款。对借款期限没有约定或者约定不明确，依照本法第六十一条的规定仍不能确定的，借款人可以随时返还；贷款人可以催告借款人在合理期限内返还。

第二百零七条　借款人未按照约定的期限返还借款的，应当按照约定或者国家有关规定支付逾期利息。

对应新法：

《中华人民共和国民法典》（2021年1月1日施行）

第六百七十四条　借款人应当按照约定的期限支付利息。对支付利息的期限没有约定或者约定不明确，依据本法第五百一十条的规定仍不能确定，借款期间不满一年的，应当在返还借款时一并支付；借款期间一年以上的，应当在每届满一年时支付，剩余期间不满一年的，应当在返还借款时一并支付。

第六百七十五条　借款人应当按照约定的期限返还借款。对借款期限没有约定或者约定不明确，依据本法第五百一十条的规定仍不能确定的，借款人可以随时返还；贷款人可以催告借款人在合理期限内返还。

第六百七十六条　借款人未按照约定的期限返还借款的，应当按照约定或者国家有关规定支付逾期利息。

2.《中华人民共和国民法总则》（2021年1月1日废止）

第一百八十八条　向人民法院请求保护民事权利的诉讼时效期间为三年。法律另有规定的，依照其规定。

诉讼时效期间自权利人知道或者应当知道权利受到损害以及义务人之日起计算。法律另有规定的，依照其规定。但是自权利受到损害之日起超过二十年的，人民法院不予保护；有特殊情况的，人民法院可以根据权利人的申请决定延长。

第一百九十五条　有下列情形之一的，诉讼时效中断，从中断、有关程序终结时起，诉讼时效期间重新计算：

（一）权利人向义务人提出履行请求；

（二）义务人同意履行义务；

（三）权利人提起诉讼或者申请仲裁；

（四）与提起诉讼或者申请仲裁具有同等效力的其他情形。

对应新法：

《中华人民共和国民法典》(2021年1月1日施行)

第一百八十八条　向人民法院请求保护民事权利的诉讼时效期间为三年。法律另有规定的，依照其规定。

诉讼时效期间自权利人知道或者应当知道权利受到损害以及义务人之日起计算。法律另有规定的，依照其规定。但是，自权利受到损害之日起超过二十年的，人民法院不予保护，有特殊情况的，人民法院可以根据权利人的申请决定延长。

第一百九十五条　有下列情形之一的，诉讼时效中断，从中断、有关程序终结时起，诉讼时效期间重新计算：

（一）权利人向义务人提出履行请求；

（二）义务人同意履行义务；

（三）权利人提起诉讼或者申请仲裁；

（四）与提起诉讼或者申请仲裁具有同等效力的其他情形。

3.《中华人民共和国物权法》(2021年1月1日废止)

第二百零二条　抵押权人应当在主债权诉讼时效期间行使抵押权；未行使的，人民法院不予保护。

第二百零三条　为担保债务的履行，债务人或者第三人对一定期间内将要连续发生的债权提供担保财产的，债务人不履行到期债务或者发生当事人约定的实现抵押权的情形，抵押权人有权在最高债权额限度内就该担保财产优先受偿。

最高额抵押权设立前已经存在的债权，经当事人同意，可以转入最高额抵押担保的债权范围。

对应新法：

《中华人民共和国民法典》(2021年1月1日施行)

第四百一十九条　抵押权人应当在主债权诉讼时效期间行使抵押权；未行使的，人民法院不予保护。

第四百二十条　为担保债务的履行，债务人或者第三人对一定期间内将要连续发生的债权提供担保财产的，债务人不履行到期债务或者发生当事人约定的实现抵押权的情形，抵押权人有权在最高债权额限度内就该担保财产优先受偿。

最高额抵押权设立前已经存在的债权，经当事人同意，可以转入最高额抵押担保的债权范围。

4.《最高人民法院关于适用〈中华人民共和国民法典〉时间效力的若干规定》（2021年1月1日施行）

第一条　民法典施行后的法律事实引起的民事纠纷案件，适用民法典的规定。

民法典施行前的法律事实引起的民事纠纷案件，适用当时的法律、司法解释的规定，但是法律、司法解释另有规定的除外。

民法典施行前的法律事实持续至民法典施行后，该法律事实引起的民事纠纷案件，适用民法典的规定，但是法律、司法解释另有规定的除外。

5.《最高人民法院关于适用〈中华人民共和国担保法〉若干问题的解释》（2021年1月1日废止）

第十二条　当事人约定的或者登记部门要求登记的担保期间，对担保物权的存续不具有法律约束力。

担保物权所担保的债权的诉讼时效结束后，担保权人在诉讼时效结束后的二年内行使担保物权的，人民法院应当予以支持。

6.《最高人民法院关于适用〈中华人民共和国民法总则〉诉讼时效制度若干问题的解释》（2021年1月1日废止）

第二条　民法总则施行之日，诉讼时效期间尚未满民法通则规定的二年或者一年，当事人主张适用民法总则关于三年诉讼时效期间规定的，人民法院应予支持。

承办人：张　勇
编写人：张　勇

11. 希腊某银行诉蓝色某海运有限公司船舶抵押合同纠纷案

——涉外海事案件中外国法的查明及适用

📚【合规提示】

本案系一起涉外抵押权人诉抵押人的船舶抵押合同纠纷案件。本案因被告未如约偿还借款，原告意图依据抵押合同行使其在船舶上设立的第一优先抵押权而产生。案件焦点在于涉外海事案件的法律适用及查明途径。在审理涉外海事案件中，涉及抵押权的行使，需明确船舶抵押权适用船旗国法律。首先，应当对船旗国的相关法律进行深入细致的研究，明确设立船舶抵押权的相关程序以及特殊要求；其次，由于船舶具有的流动性和国际性，还应特别重视对船舶抵押权是否进行双重登记或者有无故意隐瞒船舶出卖、被扣押事实等情况的核实；最后，案件进入诉讼后，其应当依据相关法律规定，积极主动提供外国法律，极力避免因外国法律不能查明对自身带来的不利影响。

📚【案件信息】

1. 裁判文书字号

（2019）鲁72民初1253号

2. 当事人

原告：希腊某银行

被告：蓝色某海运有限公司

3. 关键词

民事　船舶抵押　域外民事关系法律适用

📚【裁判要旨】

1. 船舶抵押权适用船旗国法律。

2. 法院查明外国法律可选择当事人提供、司法协助渠道由对方的中央机关或者主管机关提供、通过最高人民法院请求我国驻该国使领馆或者该国驻我国使领馆提供等多种途径。当外国法律由当事人提供时，当事人应当提交该国法律的具体规定并说明获得途径、效力情况、与案件争议的关联性等。外国法律为判例法的，还应当提交判例全文。

【基本案情】

希腊某银行（以下简称原告）与蓝色某海运有限公司（以下简称被告）及案外人某港口海运有限公司于2007年9月6日订立借款合同，约定原告作为贷款方向被告及某港口海运有限公司出借75 463 000美元的担保贷款，由被告和某港口海运有限公司承担连带偿还责任。后原告、被告及案外人签订第四次、第五次补充协议，协议明确了尚未偿还的本金及被告、案外人的还款日，同时增加"蓝某鱼"轮作为抵押船舶，并将该船舶的国籍从希腊籍变更为利比里亚籍。2015年1月26日，原告、被告订立船舶抵押合同，约定以原告为抵押权人在被告所有的"蓝某鱼"轮上设立第一优先抵押权，抵押金额为上述借款合同中逾期未付的40 468 972.76美元及相应的利息及履行抵押合同的费用、佣金和支出。船舶抵押合同还约定：被告经授权依据修订的1956年利比里亚法典第21号法令第3章的规定签署并交付本抵押合同；本抵押合同适用利比里亚法律，涉合同产生的纠纷可在利比里亚或其他国家的法院提起诉讼程序。同日，该抵押权在利比里亚共和国海事局进行了登记。

上述船舶抵押权设立后，被告未按照约定向原告偿还到期借款。后青岛海事法院根据原告的保全申请，在中华人民共和国威海港将该轮扣押。

《利比里亚共和国法典》第21章《利比里亚海商法》第101（1）条"抵押权：优先地位"规定：针对整艘船舶有效设立的抵押权，无论何时设立，只要已根据规定登记且抵押权人未明确表示放弃抵押权的优先地位，则该抵押权自登记之日享有优先地位。第107条"船舶优先抵押权的优先权"规定：船舶优先抵押权构成抵押船舶上的优先权，优先权金额为该船舶担保的未偿债务金额。

原告依照我国《海事诉讼特别程序法》的相关规定，于2019年5月29日向中华人民共和国青岛海事法院申请扣押"蓝某鱼"轮，后又于2019年6月19日提起本案诉讼。

原告提出诉讼请求：（1）确认原告对"蓝某鱼"轮享有船舶抵押权，且有权在"蓝某鱼"轮的船舶拍卖价款中按抵押权顺序优先受偿1530万美元和相应的利息以及履行抵押合同的费用、佣金和支出；（2）被告承担本案的全部诉讼费用。

被告未到庭答辩。

【裁判说理】

争议焦点：（1）涉外海事案件中的法律适用及查明途径；（2）原告债权数额的认定及是否享有船舶抵押权。

青岛海事法院认为：本案为船舶抵押合同纠纷，双方当事人均为中华人民共和国境外注册的企业法人，案涉抵押船舶"蓝某鱼"轮船籍国系利比里亚共和国，依照我国《海商法》第271条"船舶抵押权适用船旗国法律"的规定，本案实体争议的审理应适用利比里亚共和国法律。根据《最高人民法院关于贯彻执行〈中华人民共和国民法通则〉若干问题的意见（试行）》第193条的规定，对于应当适用的外国法律，可以由当事人提供。原告提交的由利比里亚共和国律师出具的法律意见书，已经利比里亚共和国公证机关公证和中华人民共和国使领馆认证，该意见书载明的法律条文具体明确，可以作为处理本案的法律依据。

一、关于原告主张的债权数额

原告与被告、案外人某港口海运有限公司签订的《修订版借款合同》及此后多次签署的《补充协议》，均明确约定了原告出借的75 463 000美元（原始金额）的款项尚未偿还的本金为40 468 972.76美元，且又经被告与原告签订的《"蓝某鱼"轮抵押合同》予以确认，无证据表明被告及案外人某港口海运有限公司在上述合同签订后存在还款的事实。据此，本院对于原告于借款合同项下未得偿付的本金债权40 468 972.76美元予以认定。原告在本案中仅主张1530万美元的债权，系其对自身实体权利的自主处分，本院予以支持。

二、关于原告主张的船舶抵押权

被告与原告于2015年1月26日签订的《"蓝某鱼"轮抵押合同》所设立的船舶抵押权同日在利比里亚共和国海事局进行了登记，根据《利比里亚共和国法典》第21章《利比里亚海商法》第101（1）条"抵押权：优先地位"的规定及第107条"船舶优先抵押权的优先权"的规定，原告对"蓝某鱼"轮所设立的船舶抵押权于2015年1月26日起生效，对到期付款日2019年6月19日起的未偿债务金额，有权通过拍卖船舶行使该船舶抵押权。原告依照我国《海事诉讼特别程序法》的相关规定，于2019年5月29日向本院申请扣押"蓝某鱼"轮，又于2019年6月19日提起诉讼后申请拍卖该轮，系正当行使船舶抵押权的行为,其主张在船舶拍卖价款中优先受偿的诉讼请求本院予以支持。

综上,青岛海事法院依照我国《海商法》第271条、《民事诉讼法》第144条,《利比里亚共和国法典》第21章《利比里亚海商法》第101(1)条、第102(2)条及第107条的规定,确认原告对被告享有1530万美元债权;原告对"蓝某鱼"轮享有船舶抵押权,有权就上述债权在该轮变卖价款中依法优先受偿。本案案件受理费人民币569 206元、海事请求保全申请费人民币5000元,由被告负担。

【法官后语】

本案是一起典型的涉外船舶抵押合同纠纷案件,案涉"蓝某鱼"轮船籍国为利比里亚共和国,原告、被告均系外国法人,但原告主动选择在我国扣押船舶进行诉讼,体现出对我国海事司法的认可。本案遵循"涉外因素—管辖权—法律适用"的涉外民商事裁判思路,在确定案件涉外、明确案件管辖后,依据《海商法》第271条"船舶抵押权适用船旗国法律"之规定确定该案适用的实体法,即适用利比里亚共和国法律。本案原告提供的外国法律,已经利比里亚共和国公证机关公证和中华人民共和国使领馆认证,经中国使领馆的公证认证,保证了当事人提供域外法律时的完整性、有效性和中文译本的准确性。同时,需要强调的是,《最高人民法院关于适用〈中华人民共和国涉外民事关系法律适用法〉若干问题的解释(二)》第2条明确规定,由当事人提供仅是查明外国法律的途径之一,即使当事人无法提供或者提供的外国法律内容不明确、不充分,不能直接认定外国法律不能查明,而应通过其他途径补充查明。

本案中,案涉当事人均系"一带一路"共建国家,海事法院依法履行海事审判职能,平等保护域外当事人的合法权益,通过案件的公正审理,树立了我国海事司法的公正形象,向境外展示了中国完备的司法体系,有利于吸引更多域外当事人选择中国法院、认可中国方案,有利于以司法工作服务和保障"一带一路"倡议。

【相关法条】

1.《中华人民共和国海商法》(1993年7月1日施行)

第二百七十一条　船舶抵押权适用船旗国法律。

船舶在光船租赁以前或者光船租赁期间,设立船舶抵押权的,适用原船舶登记国的法律。

2.《中华人民共和国涉外民事关系法律适用法》(2011年4月1日施行)

第十条 涉外民事关系适用的外国法律,由人民法院、仲裁机构或者行政机关查明。当事人选择适用外国法律的,应当提供该国法律。

不能查明外国法律或者该国法律没有规定的,适用中华人民共和国法律。

3.《最高人民法院关于贯彻执行〈中华人民共和国民法通则〉若干问题的意见(试行)》(2021年1月1日废止)

第193条 对于应当适用的外国法律,可通过下列途径查明:①由当事人提供;②由与我国订立司法协助协定的缔约对方的中央机关提供;③由我国驻该国使领馆提供;④由该国驻我国使馆提供;⑤由中外法律专家提供。通过以上途径仍不能查明的,适用中华人民共和国法律。

对应新法:

《最高人民法院关于适用〈中华人民共和国涉外民事关系法律适用法〉若干问题的解释(二)》(2024年1月1日施行)

第二条 人民法院可以通过下列途径查明外国法律:

(一)由当事人提供;

(二)通过司法协助渠道由对方的中央机关或者主管机关提供;

(三)通过最高人民法院请求我国驻该国使领馆或者该国驻我国使领馆提供;

(四)由最高人民法院建立或者参与的法律查明合作机制参与方提供;

(五)由最高人民法院国际商事专家委员会专家提供;

(六)由法律查明服务机构或者中外法律专家提供;

(七)其他适当途径。

人民法院通过前款规定的其中一项途径无法获得外国法律或者获得的外国法律内容不明确、不充分的,应当通过该款规定的不同途径补充查明。

人民法院依据本条第一款第一项的规定要求当事人协助提供外国法律的,不得仅以当事人未予协助提供为由认定外国法律不能查明。

4.《利比里亚海商法》(1991年12月1日修订)

第101(1)条 【抵押权:优先地位】针对整艘船舶有效设立的抵押权,无论何时设立,只要已根据规定登记且抵押权人未明确表示放弃抵押权的优先地位,则该抵押权自登记之日享有优先地位。

第102(2)条 【抵押权人利益的终止】只要优先抵押权所担保的债务

尚未清偿且该抵押权也未因其他原因而被解除，那么作为优先抵押权的标的物的船舶即不能注销登记。

第107条 【船舶优先抵押权的优先权】船舶优先抵押权构成抵押船舶上的优先权，优先权金额为该船舶担保的未偿债务金额。

承办人：孙　鹏

编写人：孙　鹏　刘文文

12. 现代某重工有限公司、现代某株式会社诉大某公司船舶抵押合同纠纷案
—— 依据国外法设立的船舶抵押权的行使

【合规提示】

本案系一起船舶抵押合同纠纷，各方当事人均为中华人民共和国境外法人。原告主张根据抵押合同的约定，本案应适用马绍尔群岛共和国法律进行审理。依照我国《涉外民事关系法律适用法》第41条的规定，案涉抵押合同应适用双方约定的马绍尔群岛共和国法律进行审查，并提供了经公证认证的《马绍尔群岛共和国1990年海商法》的现行有效版本。依照我国《涉外民事关系法律适用法》第10条的规定，应当认定原告已经提供了合同双方约定适用的法律。依照《马绍尔群岛共和国1990年海商法》的规定，船舶抵押权自按该法进行登记之日起享有优先地位。经登记的抵押权在由船舶担保的未清偿债务的数额及利息内对抵押船舶享有优先权。船舶抵押权可在船舶所在地国根据该所在地国法律规定的程序强制执行。

【案件信息】

1. 裁判文书字号

（2016）鲁72民初746号

2. 当事人

原告：现代某重工有限公司、现代某株式会社

被告：大某公司

3. 关键词

民事　船舶抵押　管辖权　债权登记与分配　外国法查明

【裁判要旨】

依照国外法设立生效的船舶抵押权，优先权受偿顺序亦应依照境外法律的规定。

【基本案情】

两原告诉称：2011年3月3日，被告大某公司与原告现代某重工有限公司签订第一优先船舶抵押合同，约定以原告现代某重工有限公司为抵押权人在"大某"轮上设立抵押权，抵押金额为原告现代某重工有限公司承建的两艘船舶的部分延期支付的造船款，共计8000万美元及相应的利息等。同日，该船舶抵押权在船舶登记机关进行了登记。

2011年6月2日，被告大某公司与原告现代某株式会社签订优先船舶抵押合同，约定以原告现代某株式会社为抵押权人在"大某"轮上设立抵押权，抵押金额为原告现代某株式会社承建的船舶的部分延期支付的造船款，共计2000万美元及相应的利息等。同日，该船舶抵押权在船舶登记机关进行了登记。根据抵押权登记证书，二原告的船舶抵押权应处于同等的优先顺序。

截至诉前海事请求保全前，被告仍未向二原告清偿上述到期的抵押款项。根据船舶抵押合同及抵押权登记证书，二原告有权行使船舶抵押权并按同等的抵押权顺序从"大某"轮的船舶拍卖价款中优先受偿。二原告依法提起诉讼，请求判令：（1）确认原告现代某重工有限公司对"大某"轮享有船舶抵押权，且有权就"大某"轮的船舶拍卖价款按抵押权顺序优先受偿8000万美元及相应的利息（年利率按6.5%计算）；（2）确认原告现代某株式会社对"大某"轮享有船舶抵押权，且有权就"大某"轮的船舶拍卖价款按抵押权顺序优先受偿2000万美元及相应的利息（年利率按6.5%计算）；（3）确认原告现代某重工有限公司和原告现代某株式会社对"大某"轮享有的船舶抵押权处于同等的优先顺序；（4）判令被告大某公司负担本案的全部诉讼费用。

被告大某公司未答辩。

法院查明，2011年3月3日，被告大某公司与原告现代某重工有限公司签订第一优先船舶抵押合同，约定以原告现代某重工有限公司为抵押权人在"大某"轮上设立抵押权，抵押金额共计8000万美元及相应的利息等。同日，该船舶抵押权在船舶登记机关进行了登记。

2011年6月2日，被告大某公司与原告现代某株式会社签订优先船舶抵押合同，抵押金额共计2000万美元及相应的利息等。同日，该船舶抵押权在船舶登记机关进行了登记。根据抵押权登记证书，二原告的船舶抵押权应处于同等的优先顺序。

二原告在被告未履行付款义务的情况下，为行使船舶抵押权，于2016年3月10日向本院申请诉前海事请求保全，请求扣押大某公司所有的已抵押给二原告的"大某"轮，本院以（2016）鲁72财保142号民事裁定准许，在中华人民共和国青岛港对该轮予以扣押，二原告为此花费申请费人民币5000元。扣押期间届满，被告大某公司未提供担保。二原告依照中华人民共和国法律申请拍卖该轮，本院以（2016）鲁72民初746-1号民事裁定准许，依法于2016年5月31日公开拍卖该轮，该轮以5560万美元拍卖成交。

二原告在公告的法定期间向本院申请债权登记，本院以（2016）鲁72民特439号民事裁定准许，花费债权登记费人民币1000元。

【裁判说理】

争议焦点：二原告行使船舶抵押权的合法性以及二原告诉讼请求应否支持。

青岛海事法院认为：在被告未按协议约定向二原告支付相应款项的情况下，二原告依照与被告分别签订的船舶抵押协议，向本院申请诉前海事请求保全，对抵押物"大某"轮予以扣押，符合我国《海事诉讼特别程序法》第21条的规定，合法有效。通过本案，在扣押期间届满后，依照我国《海事诉讼特别程序法》第29条的规定，申请拍卖抵押船舶，清偿债务。本院依法裁定准许拍卖，并最终拍卖成交。

本院裁定准许拍卖该轮后，二原告依法进行了登记。二原告提交的所有权及负担证书证明二原告主张的抵押权根据《马绍尔群岛共和国1990年海商法》进行了登记，二原告船舶抵押权合法有效。二原告有权依照分别与被告签订的抵押协议行使船舶抵押权，并根据《协调协议》按照约定的同一顺序对船舶拍卖价款进行受偿。本案船舶拍卖价款为 5560 万美元，对此二原告应按各占比例以约定的同一顺序受偿。

二原告诉请的利息损失，依照其于 2016 年 3 月 10 日明确主张权利即向本院申请扣押船舶之日的次日起算至被告实际付款之日止，利率按照约定的年利率 6.5% 计算。

青岛海事法院以判决结案。

【法官后语】

本案对涉外当事人选择中国法院行使船舶抵押权具有典型的指导意义，扣船、拍卖、庭审、债权分配程序完备且衔接紧密，应诉、开庭传票按照海事诉讼特别程序向船长送达，民事判决书、债权分配裁定因马绍尔群岛共和国未与我国建交，适用公告送达方式。

【相关法条】

《中华人民共和国涉外民事关系法律适用法》（2011 年 4 月 1 日施行）

第四条 中华人民共和国法律对涉外民事关系有强制性规定的，直接适用该强制性规定。

第十条 涉外民事关系适用的外国法律，由人民法院、仲裁机构或者行政机关查明，当事人选择适用外国法律的，应当提供该国法律。

不能查明外国法律或者该国法律没有规定的，适用中华人民共和国法律。

第四十一条 当事人可以协议选择合同适用的法律。当事人没有选择的，适用履行义务最能体现该合同特征的一方当事人经常居住地法律或者其他与该合同有最密切联系的法律。

承办人：于文斌
编写人：于文斌 毕德强

13. 山东荣成农村商业银行股份有限公司某支行诉李某钊等船舶抵押合同纠纷案
——物的担保与人的担保并存时实现债权担保顺位的确定

【合规提示】

本案系一起贷款人诉借款人、抵押人、保证人实现债权的船舶抵押合同纠纷案，是一起典型的物的抵押与人的担保并存的担保顺位关系纠纷案，建议债权人、保证人、债务人或担保人在签订担保合同过程中明确约定人的担保与物的担保的顺位，避免产生争议。

【案件信息】

1. 裁判文书字号

（2015）青海法海商初字第 420 号、（2016）鲁民终 2473 号

2. 当事人

原告：山东荣成农村商业银行股份有限公司某支行

被告：李某钊、李某某、李某国、蒲某深、徐某华、袁某秀、戚某涛、王某利

3. 关键词

民事　船舶抵押合同　保证合同　保证期间

【裁判要旨】

1. 当事人约定人的担保先于物的担保的，债权人有权在未行使船舶抵押权的情况下，要求保证人先于抵押担保承担保证责任。

2. 分期履行的保证期间应自每期履行期限届满之日起算。

【基本案情】

2011 年 3 月 30 日，山东荣成农村商业银行股份有限公司某支行（以下

简称农商行某支行）与李某钊签订《个人借款合同》，约定由李某钊向农商行某支行借款900万元用于购买渔船，并约定分期还本付息；与李某钊签订《抵押合同》，约定李某钊以其所有的渔船提供抵押担保，并约定在有多种担保的情况下，农商行某支行有权自主决定实现担保的顺序；与李某某、李某国、蒲某深、徐某华、袁某秀、戚某涛、王某利签订《保证合同》，约定李某等人提供连带责任保证，保证期间为债务人履行债务期限届满之日起二年，并在合同条款中以黑体加粗的字体约定债权人有权要求保证人先于物的担保承担保证责任。由于李某钊借款后未能如期还款，农商行某支行起诉李某钊及李某某等人，请求判令李某钊偿还借款及利息、复利以及判令李某某等人承担连带保证责任。

被告李某钊辩称，对原告起诉中陈述的事实予以认可，对欠款数额都认可，但无力偿还。

被告李某国辩称，在提供担保的时候不知道贷款的数额是多少，对到期还款有异议，并认为现在欠款的数额没有这么多。

被告蒲某深辩称，签保证合同的时候银行并没有告知有抵押和抵押的数额，对贷款的数额和期限都不清楚。

被告徐某华辩称，签保证合同的时候对贷款的金额和期限都不清楚。

被告袁某秀辩称，其自2007年从事渔船担保工作，给别人担保的次数比较多，是第五个签字的担保人，当时合同上都是空白的，问过信贷员，到底是担保多少金额，信贷员说不知道，得等到主任和副主任开会才知道。当时其本人欠银行的贷款已经接近900万元，如果知道被告李某钊的贷款金额有900万元，肯定不会签字，银行也知道其无力担保，而且都是分期还款，不是到期还款。

被告戚某涛辩称，2013年办信用卡的时候才知道有这么多的贷款，其信用卡都不能使用，要是知道有这么多金额和偿还时间，没有能力去担保。

被告王某利辩称，其收到传票的时候才知道有这么多贷款，签字的时候只有一张纸，并没有告知贷款的数额。

【裁判说理】

争议焦点：（1）被告李某钊应向原告偿还的借款本息金额；（2）被告李某某、李某国、蒲某深、徐某华、袁某秀、戚某涛、王某利的保证责任。

青岛海事法院认为：李某钏作为借款人应当按照借款合同的约定全面履行自己的债务，故判决其偿还拖欠的借款及相应的利息、复利等。根据《保证合同》的约定以及《物权法》第 176 条的规定，农商行某支行有权在未行使船舶抵押权的情况下，要求作为保证人的李某某等人先于抵押担保承担保证责任。但是，根据《担保法》第 26 条的规定，农商行某支行未在合同约定的保证期间要求保证人承担保证责任，李某某等人可以免除相应的保证责任。分期履行的保证期间应自每期履行期限届满之日起算。故判决李某某等保证人仅对分期偿还本息的期限届满之日起二年的保证期间内的债务承担保证责任，对分期偿还本息的期限届满之日起超过二年的债务免除保证责任。

二审法院维持一审判决。

【法官后语】

本案涉及船舶抵押权与保证担保并存情况下，债权人能否先于船舶抵押权要求保证人承担保证责任以及分期履行债务的保证期间的起算等问题，相关裁判有利于引导相关债权人、保证人、抵押权人正确认知自己的权利、义务与风险，进行风险预判，作出合理决策。

1. 明确了在物的担保与人的担保并存的情况下，债权人有权自主决定实现担保权顺位。根据《物权法》第 176 条规定，被担保的债权既有物的担保又有人的担保的，债权人应当按照约定实现债权，即赋予了债权人在合同中选择实现担保权顺位的权利。《物权法》这一规定改变了《担保法》第 28 条关于保证人对物的担保以外的债权承担保证责任，并在债权人放弃担保物权的范围内免除保证责任的规定。由于《物权法》后于《担保法》生效，按照新法优于旧法的原则，应适用《物权法》的规定。本案在确认当事人意思自治的基础上，认定当事人约定的人的担保可以先于物的担保的合同效力，支持债权人先于物的担保实现人的担保，为借款合同项下提供物的担保与人的担保提供了指引，有利于相关担保人明确自己的权利、义务与风险，谨慎处分自己的权利。

2. 明确了分期履行债务的保证期间的起算。依照《担保法》第 26 条的规定，保证人提供连带责任保证的，在合同约定的保证期间和前款规定的保证期间，债权人未要求保证人承担保证责任的，保证人免除保证责任。保证合同约定保证人的保证期间为主合同约定的债务人履行债务期限届满之日起二年，但并未明确债务分期履行的情况下保证期间的起算，从每期履行届满之日起算分期履行债务的保证期间,对于促使债权人及时行使权利具备指引作用。

【相关法条】

1.《中华人民共和国民事诉讼法》(2012年8月31日修正)

第一百四十四条 被告经传票传唤,无正当理由拒不到庭的,或者未经法庭许可中途退庭的,可以缺席判决。

对应新法:

《中华人民共和国民事诉讼法》(2023年9月1日修正)

第一百四十七条 被告经传票传唤,无正当理由拒不到庭的,或者未经法庭许可中途退庭的,可以缺席判决。

2.《中华人民共和国合同法》(2021年1月1日废止)

第二百零五条 借款人应当按照约定的期限支付利息。对支付利息的期限没有约定或者约定不明确,依照本法第六十一条的规定仍不能确定,借款期间不满一年的,应当在返还借款时一并支付;借款期间一年以上的,应当在每届满一年时支付,剩余期间不满一年的,应当在返还借款时一并支付。

第二百零六条 借款人应当按照约定的期限返还借款。对借款期限没有约定或者约定不明确,依照本法第六十一条的规定仍不能确定的,借款人可以随时返还;贷款人可以催告借款人在合理期限内返还。

第二百零七条 借款人未按照约定的期限返还借款的,应当按照约定或者国家有关规定支付逾期利息。

对应新法:

《中华人民共和国民法典》(2021年1月1日施行)

第六百七十四条 借款人应当按照约定的期限支付利息。对支付利息的期限没有约定或者约定不明确,依据本法第五百一十条的规定仍不能确定,借款期间不满一年的,应当在返还借款时一并支付;借款期间一年以上的,应当在每届满一年时支付,剩余期间不满一年的,应当在返还借款时一并支付。

第六百七十五条 借款人应当按照约定的期限返还借款。对借款期限没有约定或者约定不明确,依据本法第五百一十条的规定仍不能确定的,借款人可以随时返还;贷款人可以催告借款人在合理期限内返还。

第六百七十六条 借款人未按照约定的期限返还借款的,应当按照约定或者国家有关规定支付逾期利息。

3.《中华人民共和国物权法》(2021年1月1日废止)

第一百七十六条 被担保的债权既有物的担保又有人的担保的,债务人不履行到期债务或者发生当事人约定的实现担保物权的情形,债权人应当按照约定实现债权;没有约定或者约定不明确,债务人自己提供物的担保的,债权人应当先就该物的担保实现债权;第三人提供物的担保的,债权人可以就物的担保实现债权,也可以要求保证人承担保证责任。提供担保的第三人承担担保责任后,有权向债务人追偿。

对应新法:

《中华人民共和国民法典》(2021年1月1日施行)

第三百九十二条 被担保的债权既有物的担保又有人的担保的,债务人不履行到期债务或者发生当事人约定的实现担保物权的情形,债权人应当按照约定实现债权;没有约定或者约定不明确,债务人自己提供物的担保的,债权人应当先就该物的担保实现债权;第三人提供物的担保的,债权人可以就物的担保实现债权,也可以请求保证人承担保证责任。提供担保的第三人承担担保责任后,有权向债务人追偿。

4.《中华人民共和国担保法》(2021年1月1日废止)

第十八条 当事人在保证合同中约定保证人与债务人对债务承担连带责任的,为连带责任保证。

连带责任保证的债务人在主合同规定的债务履行期届满没有履行债务的,债权人可以要求债务人履行债务,也可以要求保证人在其保证范围内承担保证责任。

第二十一条第一款 保证担保的范围包括主债权及利息、违约金、损害赔偿金和实现债权的费用。保证合同另有约定的,按照约定。

第二十四条 债权人与债务人协议变更主合同的,应当取得保证人书面同意,未经保证人书面同意的,保证人不再承担保证责任。保证合同另有约定的,按照约定。

第二十六条第二款 在合同约定的保证期间和前款规定的保证期间,债权人未要求保证人承担保证责任的,保证人免除保证责任。

第三十一条 保证人承担保证责任后,有权向债务人追偿。

对应新法:

《中华人民共和国民法典》(2021年1月1日施行)

第六百八十八条 当事人在保证合同中约定保证人和债务人对债务承担

连带责任的，为连带责任保证。

连带责任保证的债务人不履行到期债务或者发生当事人约定的情形时，债权人可以请求债务人履行债务，也可以请求保证人在其保证范围内承担保证责任。

第六百九十一条 保证的范围包括主债权及其利息、违约金、损害赔偿金和实现债权的费用。当事人另有约定的，按照其约定。

第六百九十三条 一般保证的债权人未在保证期间对债务人提起诉讼或者申请仲裁的，保证人不再承担保证责任。

连带责任保证的债权人未在保证期间请求保证人承担保证责任的，保证人不再承担保证责任。

第六百九十五条 债权人和债务人未经保证人书面同意，协商变更主债权债务合同内容，减轻债务的，保证人仍对变更后的债务承担保证责任；加重债务的，保证人对加重的部分不承担保证责任。

债权人和债务人变更主债权债务合同的履行期限，未经保证人书面同意的，保证期间不受影响。

第七百条 保证人承担保证责任后，除当事人另有约定外，有权在其承担保证责任的范围内向债务人追偿，享有债权人对债务人的权利，但是不得损害债权人的利益。

5.《最高人民法院关于适用〈中华人民共和国担保法〉若干问题的解释》（2021年1月1日废止）

第十九条第一款 两个以上保证人对同一债务同时或者分别提供保证时，各保证人与债权人没有约定保证份额的，应当认定为连带共同保证。

第四十二条 人民法院判决保证人承担保证责任或者赔偿责任的，应当在判决书主文中明确保证人享有担保法第三十一条规定的权利。判决书中未予明确追偿权的，保证人只能按照承担责任的事实，另行提起诉讼。

保证人对债务人行使追偿权的诉讼时效，自保证人向债权人承担责任之日起开始计算。

对应新法：

《最高人民法院关于适用〈中华人民共和国民法典〉有关担保制度的解释》（2021年1月1日施行）

第十三条第二款 同一债务有两个以上第三人提供担保，担保人之间未对相互追偿作出约定且未约定承担连带共同担保，但是各担保人在同一份合同书上签字、盖章或者按指印，承担了担保责任的担保人请求其他担保人按照比例分担向债务人不能追偿部分的，人民法院应予支持。

承办人：张　波

编写人：张　波　庄　敏

14. 大某造船海洋株式会社申请承认和执行关于"C"轮造船合同纠纷的仲裁裁决案
——申请承认外国海事仲裁裁决

【合规提示】

本案系一起申请承认外国仲裁裁决的案件，当事人申请承认外国仲裁裁决，需根据《承认及执行外国仲裁裁决公约》(以下简称《纽约公约》)所要求的关于仲裁协议、仲裁裁决等文件及其翻译件的形式要求提交相应申请资料，且当事人应当在仲裁协议中明确约定仲裁协议效力及仲裁适用的准据法，避免产生争议。

【案件信息】

1. 裁判文书字号

（2015）青海法海商初字第535号

2. 当事人

申请人：大某造船海洋株式会社

被申请人：西某公司、西某克凌公司

3. 关键词

司法协助　外国仲裁裁决　船舶建造

【裁判要旨】

1.《纽约公约》第 4 条 "official language" 中的 "official" 应译为 "正式的"，"译本应由公设或宣誓之翻译员或外交或领事人员认证之" 中的 "公设" 应为 "正式的" 或 "公开设立的"。当事人提供我国有资质的翻译公司及翻译员翻译的仲裁协议、仲裁裁决等的中文译文符合公约规定。

2. 造船合同当事人未约定仲裁协议效力的准据法，应适用仲裁地法即英国法认定仲裁协议的效力。

3. 当事人在合同主体变更的修正协议和债务承担的补充协议中并入造船合同的仲裁条款中约定适用英国法进行仲裁，属于以书面形式达成有效的仲裁协议，对仲裁庭组成程序、仲裁送达程序以及仲裁裁决的效力等，应依照约定的《1996 年英国仲裁法》进行审查，对于不存在《纽约公约》拒予承认与执行情形的外国仲裁裁决，应予承认。

【基本案情】

大某造船海洋株式会社（以下简称大某造船）与 J××× 签订船舶建造合同及补充协议等，约定该合同项下的纠纷应按照《1996 年英国仲裁法》提交伦敦仲裁，明确了仲裁员选任程序，并约定公司董事作为合同项下事务的联系人及其联系方式等。后大某造船与 J×××、西某公司签订合同主体变更协议，将买方变更为西某公司。随后，大某造船与西某公司、西某克凌公司签订补充协议，由西某克凌公司承担部分付款义务，并指定其公司董事作为联系人。两协议均约定任何因协议所产生的纠纷应依照前述造船合同仲裁条款进行仲裁，该仲裁条款的约定应视为已并入协议。

因未收到造船款，大某造船在伦敦对西某公司和西某克凌公司提起仲裁，该公司未在规定时间内指定仲裁员，大某造船指定的仲裁员担任独任仲裁员仲裁后作出仲裁裁决，支持大某造船的请求。仲裁中的各通知、文件及仲裁裁决等均向西某公司和西某克凌公司的住所地或其合同约定的联系人送达。因西某克凌公司所属的船舶被青岛海事法院另案扣押于石岛港，大某造船向青岛海事法院申请承认该仲裁裁决，提交了包含仲裁协议的合同、仲裁裁决、《1996 年英国仲裁法》及我国境内翻译公司翻译的中文译文等。

【裁判说理】

争议焦点：（1）申请人大某造船提交的仲裁裁决与仲裁协议及其中文译文是否符合《纽约公约》规定的形式要求；（2）案涉仲裁裁决是否存在《纽约公约》规定的拒予承认的情形。

青岛海事法院认为：大某造船申请承认伦敦仲裁裁决时，被执行的财产"金某"轮被本院另案扣押于中华人民共和国石岛港，位于本院管辖区域，本院对本案有权行使管辖权。

本案所涉的仲裁所在地英国与我国均系《纽约公约》的缔约国，故本案依照《纽约公约》予以审查。

《纽约公约》第4条"official language"中的"official"应译为"正式的"，"译本应由公设或宣誓之翻译员或外交或领事人员认证之"中的"公设"应为"正式的"或"公开设立的"。我国有资质的翻译公司及翻译员翻译的中文译文符合公约规定。

依照《纽约公约》第5条第1款第1项的规定，仲裁协议的效力，应适用当事人约定的仲裁协议的准据法；如果当事人没有约定适用的法律，则适用仲裁裁决地所在国法律。造船合同及主体变更协议、补充协议均约定，应按照《1996年英国仲裁法》进行仲裁。本案系大某造船与西某公司、西某克凌公司之间因履行造船合同而产生的纠纷，当事人未约定仲裁协议效力的准据法，该仲裁裁决在英国伦敦作出，故应适用英国的法律认定仲裁协议的效力。

合同主体变更协议及补充协议均明确约定并入仲裁协议，适用英国法提交伦敦仲裁，依照《1996年英国仲裁法》的规定，属于以书面形式达成了有效的仲裁协议。

大某造船依照仲裁协议委任了仲裁员，并通知了西某公司、西某克凌公司，但西某公司、西某克凌公司未依约委任仲裁员，大某造船进而委任其单方委任的仲裁员为独任仲裁员，西某公司、西某克凌公司并未向法院申请撤销对独任仲裁员的委任，故独任仲裁员的委任程序符合《1996年英国仲裁法》规定。

申请人、独任仲裁员向当事人在合同中指定的代表或收件人以传真、电子邮件或邮寄等方式送达选任仲裁员的通知、仲裁程序通知或其他仲裁文件，符合《1996年英国仲裁法》规定的送达方式。

当事人之间的仲裁协议约定，仲裁裁决一经作出即对合同当事人均具约束力，仲裁裁决已经送达给当事人，在当事人未举证证明已向英国法院提出上诉的情况下，仲裁裁决有效。

承认或执行该项仲裁裁决，并非与中国的公共秩序或中国法律相抵触。

综上，案涉英国伦敦仲裁裁决不存在《纽约公约》规定的拒予承认的情形，裁定承认该伦敦仲裁裁决。

【法官后语】

本案是由于被申请人西某克凌公司所属的"金某"轮在青岛海事法院另案中被扣押于其管辖区域内，申请人就其对该轮享有的船舶抵押权进行债权登记后，由于需要通过确权诉讼程序确认其享有的船舶抵押权，故申请人仅申请承认外国仲裁裁决，以确认其相应的主债权。由于案由固定，裁定中表述的案由仍为承认与执行外国仲裁裁决。

本案审查准确把握《纽约公约》的宗旨和精神，正确解释与适用公约的条文，裁定对外国仲裁裁决予以承认，体现了支持国际海事仲裁和适度监督的司法理念，是对《纽约公约》解释和适用的积极尝试和有益探索。此外，本案适用仲裁地法律，即《1996年英国仲裁法》，认定仲裁协议的协力、仲裁庭组成、仲裁送达程序的合法性等问题，对涉外商事海事案件审理中外国法律的查明和适用问题也具有一定的指导意义。

一、翻译员资质的认定

首先，本案对于《纽约公约》中文译文的文本进行了界定。因我国于1984年加入《纽约公约》，当时的中文译文使用繁体字，目前很多人引用的均为简体字版，其中有些表述与繁体字版不一致。因此，法院以全国人大以及最高人民法院关于加入《纽约公约》的有关规定中的附件中的《纽约公约》的中文译本为准，也与联合国官方网站上公布的《纽约公约》中译文保持一致。一方面，正本清源；另一方面，提醒法律人在引用法律、国际公约等方面，多做功课，力求精确、严谨。

其次，对于《纽约公约》有关翻译机构的资质要求进行了分析。结合《纽约公约》英文版的上下文以及中英文辞典对《纽约公约》中文版中"official""公设"的含义进行明确，并采纳我国有资质的翻译公司及翻译人员翻译的仲裁协议以及仲裁裁决译文。本案所涉的《纽约公约》第4条涉及的"official",正式的中文译文前面涉及语言和文本时将其译为"正式的",后面涉及翻译人员时却又译成"公设",前后不一致。到底如何理解,出现不同意见,有人据此认为,公设的翻译机构应为官方设立的翻译机构内的翻译人员或官方翻译人员。另有一些人认为,只要是公开设立的、正式的翻译人员就行。"official"一词多义,有"官方的、公务的、正式的、公开的"等含义,由于特殊的文化背景,通常我们习惯译成"官方的",无论是对语言、文字,还是会议,我们也都习惯说成官方的,如官方语言、官方文字、官方会议等,但实际上不符合全世界的普遍认知,也不能完全囊括其使用范围。众所周知,这些语言、文字、会议不仅是在官方的、公务的场合使用,而是适用于正式商务场合等有关事务的各个场合,无论是官方的还是非官方的,只要是正式场合,都需要使用。为了探究它的真实意思和准确含义,遍查国内外不同出版社在不同时期出版的相应的中英文词典,并尽量使用与加入《纽约公约》时间最接近时出版的中英文词典,以便切合当时的语境、语言习惯和表达方式。同时,契合我国并不存在公办的翻译机构或公职的官方翻译人员的现状。而且,根据审判实践中对于外文资料办理公证认证的实际情况,了解到我国驻外使领馆的领事官员一般不会为翻译的准确性进行认证,而是只对外国有关机构的签字、印章等的真实性进行认证。我国也不存在与英美法国家类似的译员宣誓翻译的情形。即使有关外国的译员可以翻译中英文,也不一定能够准确使用中文,保证忠于原文,而且,作为一个主权国家,使用外国人翻译的中文,似乎与民事诉讼必须使用本国文字的内在要求不相符。故,一旦机械地理解为必须使用我国官方设立的翻译机构的翻译人员或者公职的翻译人员翻译或认证的译文,在这两种情形不具备的情况下,可能导致当事人在我国进行诉讼时,无法提供合格的中文译文的尴尬局面。因此,本案从上下文一致的角度,采用了"正式的"含义。这与联合国网站中文版将相应的"official language"表示为"正式语文"也是一致的。如此一来,就解决了翻译人员资质的问题,也符合我国对于翻译机构及翻译人员管理的现状。

二、法律适用

关于承认与执行外国仲裁裁决适用的法律,由于我国与英国均系《纽约公约》的缔约国,因此,首先应依照《纽约公约》规定的审查方式和程序进行。

按照《纽约公约》的指引，对于是否承认与执行外国仲裁裁决的审查，仅限于对仲裁裁决效力的审查以及是否违反承认及执行地所在国的强制性法律规定或公共政策等。而对于仲裁裁决效力的审查，《纽约公约》规定主要集中于是否存在有效的书面仲裁协议、仲裁事项是否超范围、仲裁程序是否合法、仲裁裁决是否生效，其审查的标准，系依照当事人的仲裁协议或协议选择适用的准据法；当事人未选择时，适用仲裁地法律审查。本案中，因当事人未约定认定仲裁协议的效力的准据法，故适用仲裁裁决作出地英国的法律作为准据法认定仲裁协议的效力。

三、仲裁协议的有效性

本案中，船舶建造合同的合同主体变更时，并入原有的仲裁条款和法律适用条款。本案严格依照《纽约公约》的规定，根据当事人的仲裁条款及有关准据法进行审查。依照《1996年英国仲裁法》的规定，认定并入的仲裁协议有效。

四、仲裁庭组成程序的合法性

《1996年英国仲裁法》允许当事人约定委任仲裁员的程序以及如委任仲裁庭之程序未进行时如何行事的程序，如果未约定时，在不作为方当事人拒绝或没有在规定的期限内委任仲裁员的情形下，赋予已经依约适当委任其仲裁员的另一方当事人通过一定程序委任其委任的仲裁员作为独任仲裁员的权利。

本案中，当事人的仲裁协议中约定了当事人两方各委任一名仲裁员，再由仲裁员共同选择指定第三名仲裁员的程序，但未约定一方未按照约定委任仲裁员的程序。大某造船依照仲裁协议委任了仲裁员，并通知了西某公司、西某克凌公司，但西某公司、西某克凌公司未依约委任仲裁员，大某造船进而委任其单方委任的仲裁员为独任仲裁员，西某公司、西某克凌公司并未向法院申请撤销对独任仲裁员的委任，故独任仲裁员的委任程序符合《1996年英国仲裁法》的规定。

五、仲裁送达方式的合法性

《1996年英国仲裁法》中规定了当事人自行相互送达的程序，且对送达方式作出了较为宽松的规定，故，本案认定仲裁员、申请人向当事人在商业合同中约定的联系人进行仲裁送达的有效性。这符合《1996年英国仲裁法》

的规定，也不与我国法律相抵触，事实上拓展了仲裁、诉讼程序的送达途径。随后于 2016 年 9 月 12 日发布的《最高人民法院关于进一步推进案件繁简分流优化司法资源配置的若干意见》第 3 条规定，完善送达程序与送达方式，当事人在纠纷发生之前约定送达地址的，人民法院可以将该地址作为送达诉讼文书的确认地址。2017 年 7 月 19 日颁布的《最高人民法院关于进一步加强民事送达工作的若干意见》第 8 条第 1 款第 1 项也规定，当事人在诉讼所涉及的合同、往来函件中对送达地址有明确约定的，以约定的地址为送达地址。

【相关法条】

1.《中华人民共和国民事诉讼法》（2012 年 8 月 31 日修正）

第二百八十三条　国外仲裁机构的裁决，需要中华人民共和国人民法院承认和执行的，应当由当事人直接向被执行人住所地或者其财产所在地的中级人民法院申请，人民法院应当依照中华人民共和国缔结或者参加的国际条约，或者按照互惠原则办理。

对应新法：

《中华人民共和国民事诉讼法》（2023 年 9 月 1 日修正）

第三百零四条　在中华人民共和国领域外作出的发生法律效力的仲裁裁决，需要人民法院承认和执行的，当事人可以直接向被执行人住所地或者其财产所在地的中级人民法院申请。被执行人住所地或者其财产不在中华人民共和国领域内的，当事人可以向申请人住所地或者与裁决的纠纷有适当联系的地点的中级人民法院申请。人民法院应当依照中华人民共和国缔结或者参加的国际条约，或者按照互惠原则办理。

2.《中华人民共和国海事诉讼特别程序法》（2000 年 7 月 1 日施行）

第十一条　当事人申请执行海事仲裁裁决，申请承认和执行外国法院判决、裁定以及国外海事仲裁裁决的，向被执行的财产所在地或者被执行人住所地海事法院提出。被执行的财产所在地或者被执行人住所地没有海事法院的，向被执行的财产所在地或者被执行人住所地的中级人民法院提出。

3.《承认及执行外国仲裁裁决公约》（1959 年 6 月 7 日施行）

第四条　一、声请承认及执行之一造，为取得前条所称之承认及执行，应于声请时提具：

（甲）原裁决之正本或其正式副本；

（乙）第二条所称协定之原本或其正式副本。

二、倘前述裁决或协定所用文字非为援引裁决地所在国之正式文字，声请承认及执行裁决之一造应备具各该文件之此项文字译本。译本应由公设或宣誓之翻译员或外交或领事人员认证之。

第五条 一、裁决唯有受裁决援用之一造向声请承认及执行地之主管机关提具证据证明有下列情形之一时，始得依该造之请求，拒予承认及执行：

（甲）第二条所称协定之当事人依对其适用之法律有某种无行为能力情形者，或该项协定依当事人作为协定准据之法律系属无效，或未指明以何法律为准时，依裁决地所在国法律系属无效者；

（乙）受裁决援用之一造未接获关于指派仲裁员或仲裁程序之适当通知，或因他故，致未能申辩者；

（丙）裁决所处理之争议非为交付仲裁之标的或不在其条款之列，或裁决载有关于交付仲裁范围以外事项之决定者，但交付仲裁事项之决定可与未交付仲裁之事项划分时，裁决中关于交付仲裁事项之决定部分得予承认及执行；

（丁）仲裁机关之组成或仲裁程序与各造间之协议不符，或无协议而与仲裁地所在国法律不符者；

（戊）裁决对各造尚无拘束力，或业经裁决地所在国或裁决所依据法律之国家之主管机关撤销或停止执行者。

二、倘声请承认及执行地所在国之主管机关认定有下列情形之一，亦得拒不承认及执行仲裁裁决：

（甲）依该国法律，争议事项系不能以仲裁解决者；

（乙）承认或执行裁决有违该国公共政策者。

承办人：张　波
编写人：张　波　庄　敏

15. 中国银行股份有限公司某支行诉庄某某、毕某某、日照润某远洋渔业有限公司船舶抵押合同纠纷案
——借款合同中实现债权的费用及违约金等的认定

【合规提示】

本案系一起贷款人（银行）诉借款人、共同债务人、连带保证人、抵押人，要求其承担还款责任并承担相关实现债权的费用的船舶抵押合同纠纷案件。对于债权人而言，特别是金融机构作为债权人，涉及债权债务金额较大，相应的实现债权的费用金额也较大，建议在借款合同中明确约定其由债务人承担，可以在借款合同中约定为实现债权（含担保债权）的费用［包括但不限于诉讼费、律师费、审计费、评估费、鉴定费、变（拍）卖费、公证费、执行费、差旅费等］。而关于违约金的问题，在合同中约定违约金有利于约束双方审慎履行合同义务，尽量避免违约行为的发生，还能降低发生纠纷时守约方主张损失赔偿的举证成本。因此，合同中约定违约金条款是非常有必要的。

【案件信息】

1. 裁判文书字号

（2015）青海法海商初字第633号

2. 当事人

原告：中国银行股份有限公司某支行

被告：庄某某、毕某某、日照润某远洋渔业有限公司

3. 关键词

民事　船舶抵押　抵押登记　优先受偿　诉讼费用　违约金

【裁判要旨】

1. 在借款案件中，当事人对于实现债权的费用有约定的，应尊重当事人的意思表示。

2. 合同中未约定违约金的，法院不应支持当事人支付违约金的诉讼请求，但可以根据守约方的举证支持其赔偿经济损失的请求。

【基本案情】

2013年12月31日，被告庄某某、毕某某共同签署《承诺及授权书》，载明：借款人为庄某某，共同债务人为毕某某，借款种类、金额为个人抵押贷款人民币790万元。共同承诺上述贷款为借款人庄某某与毕某某的共同债务，愿共同履行合同，承担偿还贷款本息的责任；借款人庄某某向中国银行股份有限公司某支行（以下简称中行某支行）申请借款，以日照润某远洋渔业有限公司（以下简称润某远洋）名下"润某3"渔船作为抵押物，并承诺放弃对抵押物的抗辩权。

2014年4月1日，中行某支行与庄某某签订《个人循环贷款额度协议》。协议约定：中行某支行同意为庄某某提供个人循环贷款，额度为人民币700万元，有效期为36个月。润某远洋提供最高额抵押担保，并签订最高额抵押合同。

同日，中行某支行与润某远洋签订《个人循环贷款最高额抵押合同》，合同约定：本合同之主合同为抵押权人中行某支行与债务人庄某某之间签署的《个人循环贷款额度协议》及依据该协议已经或将要签署的贷款合同及其修订或补充；主债权及其发生期间为除依法另行确定或约定发生期间外，自《个人循环贷款额度协议》生效之日至该协议所约定的额度有效期届满之日，主合同项下实际发生的债权，构成本合同之主债权；本合同所担保债权最高本金余额为人民币700万元；在本合同确定的主债权发生期间届满之日，被确定属于本合同之被担保主债权的，则基于该债权之本金所发生的利息（包括利息、复利、罚息）、违约金、损害赔偿金、实现债权的费用（包括但不限于诉讼费、律师费、公证费、执行费等）、因债务人违约而给抵押权人造成的损失和其他所有应付费用等，也属于被担保债权，其具体金额在其被清偿时确定。依据上述两款确定的债权金额之和，即为本合同所担保的最高债权额；

抵押物为润某远洋所属的"润某3"号船舶,已办理抵押登记。

中行某支行与润某远洋于2014年4月1日签订《个人循环贷款最高额保证合同》。合同约定：本合同之主合同为债权人中行某支行与债务人庄某某之间签署的《个人循环贷款额度协议》及依据该协议已经或将要签署的贷款合同及其修订或补充；主债权及其发生期间为除依法另行确定或约定发生期间外,自《个人循环贷款额度协议》生效之日至该协议所约定的额度有效期届满之日,主合同项下实际发生的债权,构成本合同之主债权；本合同所担保债权最高本金余额为人民币700万元；在本合同确定的主债权发生期间届满之日,被确定属于本合同之被担保主债权的,则基于该债权之本金所发生的利息（包括利息、复利、罚息）、违约金、损害赔偿金、实现债权的费用（包括但不限于诉讼费、律师费、公证费、执行费等）、因债务人违约而给抵押权人造成的损失和其他所有应付费用等,也属于被担保债权,其具体金额在其被清偿时确定。依据上述两款确定的债权金额之和,即为本合同所担保的最高债权额；保证方式为连带责任保证。主债权在本合同之外同时存在其他物的担保或保证的,不影响债权人本合同项下的任何权利及其行使。

2014年4月3日,中行某支行与庄某某签订《中国银行股份有限公司个人抵（质）押循环贷款合同》。合同约定：借款人庄某某与贷款人中行某支行经平等协商,根据双方签署的《个人循环贷款额度协议》,就发放贷款事宜达成一致意见,订立本合同；贷款金额为人民币700万元；借款期限为12个月。贷款利率为浮动利率。合同还约定了贷款发放的指定账户、还款、违约处理及借款人赔偿因其违约而给贷款人造成的损失包括因实现债权而产生的律师费等相关费用损失等事项。

2014年4月3日,中行某支行按约定向庄某某指定账户发放借款人民币700万元,借款日期2014年4月3日,借款到期日2015年4月3日。中行某支行提交的2015年4月7日逾期还款记录载明：客户名称庄某某,放款日期2014年4月3日,期限12个月,逾期5天,贷款余额700万元,拖欠本金余额700万元,拖欠利息41 806.01元,罚息7534.72元。

山东英良泰业律师事务所接受中行某支行的委托,向中行某支行出具三张发票,该三张发票记载本案诉讼律师代理费合计273 880.22元。

原告请求法院依法判令：（1）被告庄某某、毕某某偿还借款本金人民币700万元,截止到2015年4月7日的利息41 806.01元,罚息7534.72元,支付律师费 273 880.22 元，共计 7 323 220.95 元。(2) 判令被告庄某某、毕某某支付自 2015 年 4 月 8 日起至履行还款义务前的借款利息、罚息、违约金。(3) 判令被告庄某某、毕某某承担本案受理费、保全费、担保费。(4) 被告润某远洋对上述债务及费用承担连带保证责任。(5) 原告中行某支行对抵押物被告润某远洋所属的"润某 3"号船舶拍卖、变卖所得享有优先受偿权。

被告庄某某、毕某某、润某远洋未到庭，亦未提交书面的答辩意见，依法应视为放弃答辩、举证和质证的诉讼权利。

【裁判说理】

争议焦点：(1) 原告主张的律师费、诉前财产保全费用、违约金等能否得到支持；(2) 能否支持原告请求毕某某、润某远洋对庄某某的债务承担连带清偿责任的主张；(3) 能否支持原告主张的从拍卖、变卖"润某 3"船舶的价款中按抵押权顺位优先受偿。

青岛海事法院认为：

第一，本案《中国银行股份有限公司个人抵（质）押循环贷款合同》明确约定借款人庄某某在本合同项下违约时，贷款人中行某支行有权要求借款人赔偿因其违约而给贷款人造成的损失，包括因实现债权而产生的律师费等相关费用损失。中行某支行委托的山东英良泰业律师事务所律师已履行代理义务，且已经支付相应律师费。本案诉讼争议标的额超过 700 万元，中行某支行支付律师费 273 880.22 元，并没有超过山东省律师服务收费标准上限，对该律师费金额予以确认。中行某支行主张支付律师费的诉讼请求有合同依据，应予支持。

第二，被告毕某某在《承诺及授权书》中承诺，借款人庄某某的贷款为借款人庄某某与毕某某的共同债务，愿共同履行合同，承担偿还贷款本息的责任，承诺期限到债务人偿清所欠全部贷款本息为止。因此，毕某某作为共同债务人，对庄某某的债务承担连带清偿责任。中行某支行与润某远洋签订的《个人循环贷款最高额保证合同》系双方真实意思表示，合法有效。根据《担保法》第 18 条第 2 款的规定，案涉保证合同中约定保证方式为连带保证责任，故润某远洋应对庄某某到期债务承担连带清偿义务。该保证合同还约定，主合同项下的债务构成本合同之主债务，包括本金、利息（包括利息、复利、罚息）、违约金、损害赔偿金、实现债权的费用（包括但不限于诉讼费、公证费、执行费、律师费等)、因借款人违约而给债权人造成的损失和其他所有应付费用。据此,中行某支行请求毕某某、润某远洋对上述偿还义务承担连带清偿责任,有法律和合同依据,应予支持。

第三,中行某支行与被告庄某某签订的《个人循环贷款额度协议》中约定由润某远洋提供最高额抵押担保并签订相应《个人循环贷款最高额抵押合同》,以润某远洋所属"润某3"船舶为抵押物提供最高额抵押担保。中行某支行与润某远洋之间订立的抵押合同是双方真实意思表示,合法有效。根据《物权法》第188条的规定,"润某3"船舶已经办理了抵押权登记,中行某支行对该船舶的抵押权已经设立,并具有对抗第三人的效力。根据《物权法》第195条的规定,抵押权可以通过拍卖、变卖抵押财产的方式实现。中行某支行与润某远洋签订的案涉抵押合同明确约定主债权发生期间届满之日,被确定属于本合同之被担保主债权的,则基于该债权之本金所发生的利息(包括利息、复利、罚息)、违约金、损害赔偿金、实现债权的费用(包括但不限于诉讼费、律师费、公证费、执行费等)、因债务人违约而给抵押权人造成的损失和其他所有应付费用等,也属于被担保债权,其具体金额在其被清偿时确定。依据上述两款确定的债权金额之和,即为本合同所担保的最高债权额。被告庄某某不履行还款义务时,中行某支行有权从拍卖、变卖其提供的抵押物"润某3"船舶的价款中按抵押权顺位优先受偿,有法律和合同依据,应予支持。

中行某支行诉请主张的诉前财产保全申请费5000元及为诉前财产保全提供担保而产生的担保费用6万元,系中行某支行为实现其债权而采取的必要措施,上述费用的支付与被告的违约行为具有直接因果关系,且双方合同有关于为实现债权和因违约而给中行某支行造成的损失和其他所有应付费用由被告承担的约定,因此中行某支行上述诉请,依法应予支持。

中行某支行诉请主张的违约金,根据《合同法》第114条第1款的规定,违约金的给付,应当由当事人双方约定。因案涉合同均没有关于违约金的约定,且法律也无强制性规定,故对中行某支行诉请的违约金不予支持。

青岛海事法院于2015年7月23日作出判决,判决被告庄某某向原告偿还贷款本金人民币700万元及利息、罚息,并支付律师费、担保费。原告对上述债权有权从拍卖、变卖"润某3"船舶的价款中按抵押权顺位优先受偿。被告毕某某、润某远洋对上述债务承担连带清偿责任。

【法官后语】

本案系一起贷款人（银行）诉借款人、共同债务人、连带保证人、抵押人，要求其承担还款责任并承担相关债权实现费用的船舶抵押合同纠纷案件。在类似案件中，贷款人银行作为专业的金融机构，其借贷的相关手续以及发放贷款、收回利息的相关证据等已经比较完备，争议往往不大。本案的争议问题在于实现债权的费用和违约金的认定。

关于债权人能否向债务人主张律师费等实现债权的费用以及如何主张，法律并未作出明确规定，也未进行限制，应当充分尊重当事人的意思自治。对于债务人不履行、迟延履行、部分履行债务而给债权人增加的费用，应根据合同的约定，由债务人负担。关于担保合同约定的实现债权的费用，《物权法》第173条规定了担保物权的担保范围包括实现担保物权的费用，《担保法》第21条也规定保证担保的范围包括实现债权的费用，保证合同还可以另行约定。而《民法典》一脉相承，第389条规定："担保物权的担保范围包括主债权及其利息、违约金、损害赔偿金、保管担保财产和实现担保物权的费用……"可见，对于抵押、质押、保证等担保合同，法律均规定了担保责任范围包括实现债权的费用，当事人均可以对实现债权的费用予以细化，明确包括债权人向债务人、担保人主张债权实现而涉及的律师费。

关于违约金的问题。违约金是指合同的一方当事人不履行合同时，按照合同约定，为其违约行为支付的一定数额的金钱。因此，根据《民法典》第585条的规定，当事人只有在合同中对违约金作出约定，法官才可以适用违约金条款。违约金具有担保债务履行的功效，又具有惩罚违约人和补偿无过错一方当事人所受损失的效果。在诉讼中，违约金的主要功能在于免除守约方的举证责任。通俗来说，在合同约定了违约金的情况下，守约方只需要证明对方存在违约，就可以适用违约金条款；反之，守约方要想获得赔偿，就既要举证证明自己的实际损失，又要举证证明实际损失是因对方违约造成的。

【相关法条】

1.《中华人民共和国担保法》（2021年1月1日废止）

第十八条　当事人在保证合同中约定保证人与债务人对债务承担连带责任的，为连带责任保证。

连带责任保证的债务人在主合同规定的债务履行期届满没有履行债务的，债权人可以要求债务人履行债务，也可以要求保证人在其保证范围内承担保证责任。

对应新法：

《中华人民共和国民法典》(2021年1月1日施行)

第六百八十八条　当事人在保证合同中约定保证人和债务人对债务承担连带责任的，为连带责任保证。

连带责任保证的债务人不履行到期债务或者发生当事人约定的情形时，债权人可以请求债务人履行债务，也可以请求保证人在其保证范围内承担保证责任。

2.《中华人民共和国物权法》(2021年1月1日废止)

第一百八十八条　以本法第一百八十条第一款第四项、第六项规定的财产或者第五项规定的正在建造的船舶、航空器抵押的，抵押权自抵押合同生效时设立；未经登记，不得对抗善意第三人。

第一百九十五条第一款　债务人不履行到期债务或者发生当事人约定的实现抵押权的情形，抵押权人可以与抵押人协议以抵押财产折价或者以拍卖、变卖该抵押财产所得的价款优先受偿……

对应新法：

《中华人民共和国民法典》(2021年1月1日施行)

第二百二十五条　船舶、航空器和机动车等的物权的设立、变更、转让和消灭，未经登记，不得对抗善意第三人。

第四百一十条　债务人不履行到期债务或者发生当事人约定的实现抵押权的情形，抵押权人可以与抵押人协议以抵押财产折价或者以拍卖、变卖该抵押财产所得的价款优先受偿。协议损害其他债权人利益的，其他债权人可以请求人民法院撤销该协议。

抵押权人与抵押人未就抵押权实现方式达成协议的，抵押权人可以请求人民法院拍卖、变卖抵押财产。

抵押财产折价或者变卖的，应当参照市场价格。

3.《中华人民共和国合同法》(2021年1月1日废止)

第一百一十四条　当事人可以约定一方违约时应当根据违约情况向对方支付一定数额的违约金，也可以约定因违约产生的损失赔偿额的计算方法。

约定的违约金低于造成的损失的，当事人可以请求人民法院或者仲裁机构予以增加；约定的违约金过分高于造成的损失的，当事人可以请求人民法院或者仲裁机构予以适当减少。

当事人就迟延履行约定违约金的，违约方支付违约金后，还应当履行债务。

对应新法：

《中华人民共和国民法典》（2021年1月1日施行）

第五百八十五条 当事人可以约定一方违约时应当根据违约情况向对方支付一定数额的违约金，也可以约定因违约产生的损失赔偿额的计算方法。

约定的违约金低于造成的损失的，人民法院或者仲裁机构可以根据当事人的请求予以增加；约定的违约金过分高于造成的损失的，人民法院或者仲裁机构可以根据当事人的请求予以适当减少。

当事人就迟延履行约定违约金的，违约方支付违约金后，还应当履行债务。

承办人：孙　鹏
编写人：庄雪莉

16. 大某造船海洋株式会社诉西某克凌公司船舶抵押合同纠纷案
——依据船旗国法律设立生效的船舶抵押权的优先受偿效力

【合规提示】

本案系承揽人诉定作人的船舶抵押合同纠纷案。船舶建造过程中，对于船舶抵押权需按照船旗国法律规定的程序和要件设立，确保船舶抵押权的优先受偿权。

【案件信息】

1. 裁判文书字号

（2015）青海法海商初字第1196号

2. 当事人

原告：大某造船海洋株式会社

被告：西某克凌公司

3. 关键词

民事　船舶抵押　优先受偿权

【裁判要旨】

在船旗国以外的第三国签署船舶抵押合同并公证，在船旗国办理船舶抵押权登记的，符合船旗国法巴拿马共和国法律有关船舶抵押合同和船舶抵押权的程序要求，合法有效，债权人就船舶抵押权享有对抗第三人的优先受偿权。

【基本案情】

原告大某造船海洋株式会社（以下简称大某造船）诉称：（1）请求判令被告西某克凌公司偿还"金某"轮抵押担保款项580万美元，折合人民币35 477 440元（按2015年6月29日人民币与美元汇率6.1168∶1折算）；（2）确认大某造船对"金某"轮享有足以对抗第三人的第一优先受偿抵押权和第二优先受偿抵押权并对该轮拍卖款项享有优先受偿的权利；（3）判令被告西某克凌公司承担债权登记费用人民币1000元、承认英国仲裁裁决法院费用人民币500元和本案诉讼费及为处理本案所支出的所有费用。

被告西某克凌公司未答辩。

2007年5月8日，大某造船作为建造方，J×××作为买方，签订《建造和销售的造船合同》(以下简称造船合同)，约定由大某造船在其大韩民国巨济岛的船厂为J×××设计、建造一艘船体号为5×××、载重为317 000吨的油轮，并进行船舶海试、设备安装至竣工后售卖并交付给买方，合同价款为13 230万美元。后双方就合同项下事宜签订了一系列补充协议。2011年2月25日，西某公司向大某造船签发了12份承诺向大某造船支付合计3000万美元及利息的本票，西某克凌公司向大某造船签发了自2011年3月起至2012

年 2 月止于每月月底前分期支付费用以及 2012 年 8 月 31 日、2013 年 2 月 25 日、2013 年 8 月 31 日以前分期支付费用的 15 份承诺向大某造船支付合计 1800 万美元及利息的本票。所有本票均载明适用英国法。2011 年 2 月 25 日，西某克凌公司与大某造船在英国伦敦公证员的见证下签订第一优先受偿抵押合同，约定西某克凌公司以其所有的巴拿马籍"金某"轮，根据巴拿马共和国 2008 年第 55 号法案以及巴拿马共和国所有其他适用法律，为西某克凌公司承担的前述船体号为 5××× 将命名为"C"的船舶建造合同项下第二笔延迟付款金额 1800 万美元及产生的利息、费用等债务向大某造船提供第一优先受偿船舶抵押担保。2015 年 3 月 31 日，因西某克凌公司所属的"金某"轮被我院另案依法扣押于中华人民共和国石岛港锚地，大某造船向本院申请承认相关仲裁裁决。本院于 2016 年 8 月 29 日作出（2015）青海法海商初字第 535 号民事裁定，裁定承认 John 先生于 2015 年 1 月 16 日在大不列颠及北爱尔兰联合王国伦敦对申请人大某造船与被申请人西某公司、西某克凌公司关于"C"轮（船体号 5×××）造船合同纠纷作出的仲裁裁决，案件申请费人民币 500 元，由被申请人西某公司、西某克凌公司负担。该民事裁定已生效。

【裁判说理】

争议焦点：（1）本案的法律适用；（2）案涉第一、第二优先船舶抵押权的效力。

青岛海事法院认为：本案原告、被告均为外国当事人，案涉标的"金某"轮亦属外籍船舶，本案属于涉外案件。依照我国《海事诉讼特别程序法》第 116 条的规定，债权人提供其他海事请求证据的，应当在办理债权登记以后，在受理债权登记的海事法院提起确权诉讼。当事人之间有仲裁协议的，应当及时申请仲裁。根据大某造船与西某克凌公司签署的第一优先船舶抵押合同与第二优先船舶抵押合同第 19.3 条的约定，作为抵押权人的大某造船有权在有管辖权的任何法院对船舶所有人西某克凌公司启动任何法律程序。本案中，因被告西某克凌公司所属的"金某"轮被本院在另案中拍卖，原告大某造船提供有关海事请求证据办理债权登记后依法提起本案确权诉讼，因此，本院有权管辖本案。

第一，关于本案的准据法，本院认为，依照《海商法》第 269 条的规定，合同当事人可以选择合同适用的法律，法律另有规定的除外。合同当事人没有选择的，适用与合同有最密切联系的国家的法律。第 271 条规定，船舶抵押权适用船旗国法律。根据大某造船与西某克凌公司签署的第一优先船舶抵押合同与第二优先船舶抵押合同第 19.1 条的约定，因抵押合同产生的或与抵押合同相关的任何非合同义务均受巴拿马共和国法律管辖和根据巴拿马共和国法律解释。因此，本案所涉的第一优先船舶抵押合同和第二优先船舶抵押合同应适用当事人约定的巴拿马共和国法律，涉及的第一优先船舶抵押权和第二优先船舶抵押权应适用"金某"轮的船旗国巴拿马共和国的法律。

第二，关于本案所涉的第一、第二优先船舶抵押权的效力，本院认为，依照调整船舶抵押合同与船舶抵押权的巴拿马共和国关于海商法的第 55 号法案、第 27 号法案修订内容可以认定，大某造船与西某克凌公司签订的第一、第二优先船舶抵押合同在巴拿马共和国境外的英国伦敦签署，办理了相应的公证认证，并向巴拿马共和国海事局船舶公共登记总署办理了登记，符合该国有关船舶抵押合同和船舶抵押权的有关程序要求，合法有效，对合同当事人具有约束力，双方均应依照合同履行各自的权利与义务。案涉的第一、第二优先船舶抵押合同项下，对"金某"轮分别为西某克凌公司、西某公司设立金额为 1800 万美元、3000 万美元的第一、第二优先抵押权，并办理了第一、第二优先抵押权登记，抵押权人均为大某造船。依照巴拿马共和国关于海商法的第 55 号法案第 244 条（经巴拿马共和国第 27 号法案修改）关于抵押权优先等级的规定，大某造船就第一、第二优先船舶抵押权享有对抗第三人的优先受偿权，即对为实现所有海事债权人的共同利益产生的司法费用、救助费用、赔偿及报酬和欠付船长及船员的工资、报酬及赔偿等债权以外的其他九项债权具有依法优先受偿的权利。

案涉的第一、第二优先船舶抵押权的主债权已经独任仲裁员 John 先生在英国伦敦依据《1996 年英国仲裁法》作出仲裁裁决，且该仲裁裁决已由本院的生效裁定予以承认，故，大某造船就西某克凌公司、西某公司主债务分别对"金某"轮在 1800 万美元、3000 万美元额度内享有第一、第二优先船舶抵押权，依法可优先于为实现所有海事债权人的共同利益产生的司法费用、救助费用、赔偿及报酬和欠付船长及船员的工资、报酬及赔偿等债权以外的其他九项债权而受偿。

因"金某"轮拍卖价款尚不足以清偿第一优先船舶抵押权，大某造船仅主张其中的 580 万美元，并就该 580 万美元主张第一优先船舶抵押权，并不违反我国法律规定，法院判决予以确认，大某造船有权自"金某"轮的拍卖价款中依法受偿。

【法官后语】

本案涉及多国当事人，抵押合同签订于英国伦敦，主债权涉及伦敦仲裁裁决的承认与执行，我院依照船旗国法律认定船舶抵押权效力，确认了在国外设立的船舶抵押权的优先受偿效力。其典型意义在于：其一，确定船舶抵押合同与船舶抵押权的法律适用，船舶抵押合同首先依据当事人的约定确定准据法，船舶抵押权则适用船旗国法律；其二，依照本案准据法，明确抵押权人就第一、第二船舶抵押权享有对抗第三人的优先受偿权，即对为实现所有海事债权人的共同利益产生的司法费用、救助费用、赔偿及报酬和欠付船长及船员的工资、报酬及赔偿等债权以外的其他九项债权具有依法优先受偿的权利。本案及更多类似案件的成功处理，是海事司法能力和水平的体现，树立了我国海事司法公平公正的国际形象。坚持公权制约原则，依法妥善审理海事行政案件，监督支持海事行政机关依法行政，维护海事行政当事人合法权益，为海洋经济发展营造了良好的执法环境。

【相关法条】

1.《中华人民共和国海事诉讼特别程序法》（2000年7月1日施行）

第一百一十六条　债权人提供其他海事请求证据的，应当在办理债权登记以后，在受理债权登记的海事法院提起确权诉讼。当事人之间有仲裁协议的，应当及时申请仲裁。

海事法院对确权诉讼作出的判决、裁定具有法律效力，当事人不得提起上诉。

2.《中华人民共和国海商法》（1993年7月1日施行）

第二百六十九条　合同当事人可以选择合同适用的法律，法律另有规定的除外。合同当事人没有选择的，适用与合同有最密切联系的国家的法律。

第二百七十一条　船舶抵押权适用船旗国法律。

船舶在光船租赁以前或者光船租赁期间，设立船舶抵押权的，适用原船舶登记国的法律

承办人：张　波
编写人：张　波　庄　敏

17. 青岛华商某融资担保有限公司诉青岛海某游艇旅游有限公司等追偿权纠纷案
——如何从法律关系来认定海事法院的管辖范围

【合规提示】

本案是一起涉及多个当事人的担保追偿权纠纷。对于担保人而言，应依照担保合同的约定，及时履行担保义务，在代为清偿债务后，及时向债务人和反担保人主张权利。

【案件信息】

1. 裁判文书字号

（2014）青海法海商初字第 1077 号

2. 当事人

原告：青岛华商某融资担保有限公司

被告：青岛海某游艇旅游有限公司、田某、曲某1、青岛华某船舶制造有限公司、烟台海某游艇旅游有限公司、青岛寰某工贸有限公司、曲某2、青岛华美某游艇租赁有限公司

3. 关键词

民事　担保追偿权　从法律关系　管辖

【裁判要旨】

从法律关系案由属于《最高人民法院关于海事法院受理案件范围的若干规定》中规定情形的，海事法院有管辖权。

【基本案情】

原告青岛华商某融资担保有限公司（以下简称华商某公司）诉称：2013

年4月3日,原告与被告青岛海某游艇旅游有限公司(以下简称青岛海某公司)签订《最高额委托保证合同》,约定原告为被告青岛海某公司与青岛银行股份有限公司某支行(以下简称青岛银行)签订的《借款合同》项下的债务提供最高额保证担保,担保的债务最高余额为人民币800万元整。后原告依约与青岛银行签订了《最高额保证合同》。为保证原告担保的安全,被告田某、曲某1、青岛华某船舶制造有限公司(以下简称华某公司)、烟台海某游艇旅游有限公司(以下简称烟台海某公司)、青岛寰某工贸有限公司(以下简称寰某公司)为青岛海某公司向原告提供了最高额保证反担保;被告曲某2以其名下的青房地权市字第144×××号房产向原告提供最高额抵押反担保;被告青岛华美某游艇租赁有限公司(以下简称华美某公司)以其名下的"海某8号"游艇向原告提供最高额抵押反担保;被告青岛海某公司以其名下的"鲨某跫"向原告提供最高额抵押反担保。上述抵押均已办理登记手续。此后,青岛银行依约向被告青岛海某公司发放了人民币800万元的贷款。近日,青岛海某公司的法定代表人田某及公司实际控制人曲某1已无法取得联系;另,原告查知,被告青岛海某公司已涉及金融借款合同纠纷,未能按期偿还,债权人正拟通过诉讼方式解决其债务问题。原告认为,被告青岛海某公司的上述情形已给原告的权益带来威胁或不利,已构成《最高额委托保证合同》项下的违约。案件审理期间,原告履行了全部保证责任,为青岛海某公司的债务向青岛银行进行了代偿。根据《最高额委托保证合同》的约定,原告有权按照同期人民银行贷款基准利率的4倍向青岛海某公司收取自代偿款项实际支出之日至收到还款日所发生的利息损失。原告华商某公司请求法院:(1)判令被告青岛海某公司向原告支付代偿款项人民币8 079 453.12元及款项付清之日止的利息(暂计算至2015年3月30日的利息为人民币1 864 468.46元);(2)判令被告田某、曲某1、华某公司、烟台海某公司、寰某公司对被告青岛海某公司的上述债务承担连带清偿责任;(3)判令原告对被告青岛海某公司名下"鲨某跫"的折价、拍卖或变卖款项享有优先受偿权;(4)判令原告对被告曲某2名下的青房地权市字第144×××号房产的折价、拍卖或变卖款项享有优先受偿权;(5)判令被告华美某公司为上述债务承担抵押担保责任,确认原告对被告华美某公司名下的"海某8号"游艇享有优先受偿权;(6)判令被告承担本案的受理费、保全费等相关诉讼费用。

被告青岛海某公司和被告华某公司共同答辩称：对原告代偿的事实以及拖欠代偿款及相应利息的事实没有异议，但认为原告对被告青岛海某公司抵押的"鲨某趸"和被告华美某公司抵押的"海某8号"游艇应在抵押登记范围内享有优先受偿权。

被告田某、曲某1、烟台海某公司、寰某公司、曲某2、华美某公司未答辩。

【裁判说理】

争议焦点：如何从法律关系来认定海事法院的管辖范围。

青岛海事法院认为：案件涉及的合同多、法律关系复杂，应以主法律关系确定案由。主法律关系案由不属于《最高人民法院关于海事法院受理案件范围的若干规定》中规定的任何一种，但因从法律关系涉及船舶抵押合同，因此，海事法院有管辖权。

一、原告与被告青岛海某公司间债权债务关系及债权数额的确定

原告与被告青岛海某公司签订的《最高额委托保证合同》合法有效，原告依照合同约定，履行了为被告青岛海某公司的担保义务，并在被告青岛海某公司未能按期偿付青岛银行贷款的情况下，依照合同代偿贷款本金及利息8 079 453.12元，则依据合同的约定，原告有权向被告青岛海某公司追偿。合同约定的追偿范围包括了原告因承担保证责任而支出的所有款项及该等款项的利息损失，原告因承担保证责任支出的所有款项，指：（1）原告为青岛海某公司向青岛银行代偿的全部款项；（2）原告因参与诉讼而发生的全部费用，包括但不限于诉讼费、律师费、登记费、评估费、公证费、拍卖费、公告费、查询费、差旅费等；（3）利息损失，指上述"原告因承担保证责任支出的所有款项"从原告实际支出之日至收到还款之日所发生的利息损失，按同期人民银行贷款基准利率的4倍计算。根据上述合同约定，被告青岛海某公司应向原告支付代偿款项人民币8 079 453.12元及该款项从原告实际支出之日（2014年4月9日）至收到还款之日所发生的利息，利息按照同期人民银行贷款基准利率的4倍计算。原告在变更诉讼请求申请书中的主张成立，本院予以支持。

二、原告与被告青岛海某公司、华美某公司、曲某2间的抵押担保关系

原告分别与被告青岛海某公司、华美某公司、曲某2签订的《最高额抵押反担保合同》成立并有效，被告青岛海某公司、华美某公司、曲某2

分别依据合同以其名下"鲨某氲"、"海某 8 号"船舶、"青房地权市字第 144×××号"房产向原告提供抵押担保。上述三份《最高额抵押反担保合同》均约定，担保人担保范围如下：（1）原告因承担保证责任而支出的所有款项及该等款项的利息损失；（2）被告青岛海某公司应当支付的担保费、评审费、违约金；（3）原告行使追偿权而支付的所有费用。原告因承担保证责任支出的所有款项，指：（1）原告为青岛海某公司向青岛银行代偿的全部款项，包括但不限于本金、利息、罚息、复利、违约金等；（2）原告因参与诉讼而发生的全部费用，包括但不限于诉讼费、律师费、登记费、评估费、公证费、拍卖费、公告费、查询费、差旅费等。利息损失，指上述"原告因承担保证责任支出的所有款项"从原告实际支出之日至收到还款之日所发生的利息损失，按同期人民银行贷款基准利率的 4 倍计算。原告行使追偿权而支付的所有费用包括但不限于诉讼费、律师费、登记费、评估费、公证费、拍卖费、公告费、查询费、差旅费等。本案中，抵押担保人的具体担保范围为原告支付的代偿款项 8 079 453.12 元和基于该代偿数额而产生的利息损失（自 2014 年 4 月 9 日至收到还款之日所发生的利息，按同期人民银行贷款基准利率的 4 倍计算）及相应的诉讼费、公告费。

我国《物权法》第 187 条规定："以本法第一百八十条第一款第一项至第三项规定的财产或者第五项规定的正在建造的建筑物抵押的，应当办理抵押登记。抵押权自登记时设立。"《物权法》第 180 条第 1 款规定："债务人或者第三人有权处分的下列财产可以抵押：（一）建筑物和其他土地附着物；（二）建设用地使用权；（三）以招标、拍卖、公开协商等方式取得的荒地等土地承包经营权；（四）生产设备、原材料、半成品、产品；（五）正在建造的建筑物、船舶、航空器；（六）交通运输工具；（七）法律、行政法规未禁止抵押的其他财产。"

根据上述法律规定，对于上述两条船舶及房产的抵押权自登记时设立，因此，尽管合同中约定担保范围为原告支付的代偿款项 8 079 453.12 元和基于该代偿数额而产生的利息损失及相应的诉讼费、公告费等，但在相关登记机关进行抵押权登记时，证书载明债权数额为 800 万元，因此，对于 800 万元的债权，原告对于"鲨某氲"、"海某 8 号"、"青房地权市字第 144×××号"房产均享有抵押权，可以优先受偿，对于 800 万元以外的债权，抵押权不成立。

三、原告与被告田某、曲某1、华某公司、烟台海某公司和寰某公司间的保证担保关系

原告与被告田某、曲某1、华某公司、烟台海某公司和寰某公司间的《最高额保证反担保合同》有效，被告田某、曲某1、华某公司、烟台海某公司和寰某公司就原告的上述所有债权提供了连带责任保证担保，应当依法承担连带保证责任。

【法官后语】

1.案件涉及的合同多、法律关系复杂，应以主法律关系确定本案案由。在本案众多的法律关系中，诉争的法律关系分为以下两个方面：（1）原告作为债务人青岛海某公司的保证人在向债权人青岛银行承担保证责任后，依据其与青岛海某公司间的《最高额委托保证合同》向债务人青岛海某公司追偿的法律关系；（2）在原告与被告青岛海某公司间的债权债务关系中，被告田某、曲某1、华某公司、烟台海某公司、寰某公司、曲某2、华美某公司、青岛海某公司为担保上述债权，与原告间形成的担保合同关系。即本案中，涉及了众多的法律关系，但从诉争的法律关系看，上述两个方面的法律关系分属主从关系，其中原告与被告青岛海某公司间的债权债务关系属于主法律关系，因此，应当以主法律关系确定本案案由，案由定为担保追偿权纠纷。

2.尽管该案由不属于《最高人民法院关于海事法院受理案件范围的若干规定》中规定的任何一种，但因从法律关系涉及船舶抵押合同，因此，海事法院有管辖权。

3.本案适用法律复杂。本案中，提供的担保既有物的担保，又有人的保证，而在物的担保中，既有债务人提供的物，又有第三人提供的物，因此，需要准确适用《物权法》的相关条款；在判断本案关于船舶的抵押权适用法律时，因为《物权法》和《海商法》中均涉及船舶抵押权的规定，因此应准确理解和把握《海商法》对船舶的界定，才能准确适用法律。

【相关法条】

《中华人民共和国海商法》（1993年7月1日施行）

第十三条 设定船舶抵押权，由抵押权人和抵押人共同向船舶登记机关办理抵押权登记；未经登记的，不得对抗第三人。

船舶抵押权登记,包括下列主要项目:

(一)船舶抵押权人和抵押人的姓名或者名称、地址;

(二)被抵押船舶的名称、国籍、船舶所有权证书的颁发机关和证书号码;

(三)所担保的债权数额、利息率、受偿期限。

船舶抵押权的登记状况,允许公众查询。

承办人:刘小娜
编写人:刘小娜 原浩洋

18. 中国光大银行某支行诉烟台海某船务有限责任公司等船舶抵押合同纠纷案
——一项债权上多项担保责任的承担认定

【合规提示】

本案系一起因借款人未履行还款义务,出借人请求船舶抵押人及保证人承担担保责任的案件。对于出借人而言,出借款项时,在主债务上设定多项担保是对其债权的多重保障。担保类型首选物的担保,如船舶抵押担保、房屋抵押担保、车辆抵押担保等,并优先接受债务人的物的担保;其次是动产质押;最后是人的保证,即自然人或法人作为保证人作出的保证承诺。当然,就担保责任承担顺序可以予以约定。对于担保方而言,作出任何担保都要慎重,并且要注意承担责任的顺序,评估好风险后谨慎选择担保类型。

【案件信息】

1. 裁判文书字号

(2000)青海法烟海商初字第41号

2. 当事人

原告：中国光大银行某支行

被告：烟台海某船务有限责任公司、山东大某苑集团总公司、烟台市某锅炉厂

第三人：中国水产大连渔某公司

3. 关键词

民事　船舶抵押　合同关系认定　多项担保责任

【裁判要旨】

1. 依据《担保法》的制定精神，一项债权上有多项担保的，责任承担顺序应为物的担保（包括船舶担保）在先，人的保证在后。①

2. 船舶担保物权在船舶拍卖款中优先受偿。

【基本案情】

1997年6月27日，山东大某苑集团总公司（以下简称大某苑公司）与中国光大银行某支行（以下简称光大银行）签订了一份美元借款合同。借款金额为45万美元；借款期限为1997年6月27日至1998年6月27日；借款利率为10%，按季结息。大某苑公司和光大银行按照上述借款合同约定的事项随后签订了贷款借据。同日，烟台海某船务有限责任公司（以下简称海某公司）与光大银行签订了一份动产抵押合同。海某公司以其所有的钢制冷藏船"龙某"轮作为抵押物，为大某苑公司与光大银行之间所形成的45万美元借贷关系提供抵押担保。担保期间为1997年6月27日至1998年6月27日。海某公司所提供的抵押物在抵押合同签字之日的价值为人民币800万元，抵押率为65.6%。1997年6月27日，烟台市某锅炉厂（以下简称锅炉厂）与光大银行签订了一份保证合同，承诺对大某苑公司与光大银行之间的借款承担连带保证责任。保证期间为1997年6月27日至2000年6月27日（借款期限加2年）。

1997年6月27日，山东省烟台市公证处出具了（97）烟证内字第541

---

① 但根据《民法典》的规定，担保责任承担顺序以约定优先；未约定的，首先由债务人以物的担保承担责任。

号公证书。对光大银行与大某苑公司、海某公司和锅炉厂于1997年6月27日签订的借款合同、抵押合同和保证合同作了公证。

1997年6月28日，中华人民共和国烟台港务监督签发了"龙某"轮船舶抵押权登记证书，该证书载明：抵押人为海某公司；抵押权人为光大银行；抵押数额为150万元人民币和45万美元，受偿期限为三年。在中华人民共和国烟台港务监督处存档的材料中有两份借款合同和一份动产抵押合同，分别为1997年6月27日大某苑公司与光大银行签订的借款人民币150万元的借款合同、1997年6月27日大某苑公司与光大银行签订的45万美元的借款合同和1997年6月27日海某公司与光大银行签订的动产抵押合同。该动产抵押合同是为担保1997年6月27日大某苑公司与光大银行签订的借款合同而签订的。

1998年2月25日，塔某庄村民委员会与吕某宾签订了一份锅炉厂产权转让合同，约定：塔某庄村民委员会将锅炉厂以净资产值12万元的价格出售给吕某宾，由吕某宾在企业内部实行股份合作制。另外，该合同约定了塔某庄村民委员会与吕某宾之间在锅炉厂的管理方面的权责分配办法，但未涉及锅炉厂对外的债权、债务问题。

1995年7月31日，海某公司与中国水产大连渔某公司（以下简称渔某公司）签订了改修"龙某"轮合同，由渔某公司为海某公司改修"龙某"轮。1996年4月30日，改修工程全部竣工。海某公司没有及时付清工程费。1997年5月23日，海某公司与渔某公司签订了一份付款协议书，海某公司承诺于1997年11月23日前将拖欠的工程费76.8万元付清。逾期30天，愿以所有的"龙某"轮作抵押还款。由于海某公司没有如约履行自己的义务。渔某公司遂向大连海事法院起诉海某公司，要求其立即付清欠款及利息。大连海事法院受理后，以（1998）大海法商初字第171号民事判决书确认海某公司应偿付渔某公司修船费及利息共724 701.29元。对海某公司在付款协议中承诺以其所有的"龙某"轮抵押还款的事宜未予评判。

1999年9月28日，大连海事法院以171万元人民币的价格将"龙某"轮变卖。

原告光大银行诉称：1997年6月27日，海某公司与其签订了一份动产抵押合同，约定以海某公司所有的"龙某"号冷藏船为光大银行的一笔美元借款提供抵押担保，并于次日办理了抵押登记手续。这笔借款是光大银行于

1997年6月27日借给大某苑公司的。光大银行与大某苑公司在借款合同中约定：借款金额45万美元；月利率10‰，期限一年，到期日为1998年6月27日。同日，锅炉厂与光大银行签订保证合同，约定由其为大某苑公司的借款承担连带保证责任。上述合同均到烟台市公证处办理了公证手续。光大银行如期发放了贷款。借款到期后，三被告均未履行各自的还款义务。请求判令大某苑公司偿还借款本金45万美元，利息161 857.38美元（计至2000年3月20日）；判令海某公司以"龙某"号冷藏船对上述款项承担抵押担保责任；判令锅炉厂对上述款项承担连带清偿责任；判令诉讼费用由大某苑公司、海某公司和锅炉厂共同承担。

被告海某公司辩称：海某公司以其所有的"龙某"轮为大某苑公司的45万美元借款作抵押担保属实，但光大银行应先向大某苑公司索要欠款，大某苑公司无力支付时，海某公司才承担担保责任。

被告大某苑公司辩称：大某苑公司向光大银行借款是事实，但该款项的部分利息已过诉讼时效，请求法院驳回光大银行对超过诉讼时效的利息的诉讼请求。

被告锅炉厂辩称：大某苑公司不具备申请外币贷款的资格，因此，外币借款无效，锅炉厂与光大银行之间的保证合同亦无效，其对大某苑公司的借款不应承担保证责任。另外，锅炉厂的产权已于1998年2月25日由塔某庄村委会转让给了吕某宾个人。资产转让时，未对锅炉厂为大某苑公司的45万美元借款作保证的事宜作出约定。这属于企业改制过程中形成的"漏债"，锅炉厂对此不再承担保证责任。

第三人渔某公司述称：海某公司拖欠渔某公司改装、修理"龙某"轮工程费76.8万元，并承诺以"龙某"轮作抵押担保。海某公司为了逃避债务，规避法律，却又将"龙某"轮抵押给了光大银行。海某公司与光大银行之间签订的"龙某"轮抵押贷款合同违背了诚信原则，严重损害了第三人渔某公司的合法权益，请求判令海某公司与光大银行之间签订的"龙某"轮抵押合同无效。

【裁判说理】

争议焦点：一项债权上多项担保责任的承担认定。

青岛海事法院认为：大某苑公司与光大银行之间签订的关于大某苑公司向光大银行借款45万美元的借款合同、贷款借据是双方的真实意思表示，且经山东省烟台市公证处公证，应属合法有效合同。大某苑公司应按照以上两份合同的约定，将45万美元及相应利息支付给光大银行。贷款利息作为本金的孳息，与本金的诉讼时效期间相同。对大某苑公司的该款项的部分利息已过诉讼时效的主张，不予支持。

海某公司为大某苑公司与光大银行之间的45万美元贷款，与光大银行签订了动产抵押合同，且到船舶登记机关办理了抵押登记手续。因此，海某公司为"龙某"轮设定的抵押权合法有效。大某苑公司未履行债务，海某公司应对大某苑公司的45万美元的借款承担抵押担保责任。海某公司所有的"龙某"轮已被大连海事法院依法变卖，光大银行有权依法就"龙某"轮的价款优先受偿。对第三人渔某公司关于海某公司为大某苑公司向光大银行贷款45万美元设定的"龙某"轮抵押担保无效的主张，法院不予支持。

锅炉厂与光大银行之间签订的保证合同是双方的真实意思表示，合法有效。锅炉厂应对大某苑公司与光大银行之间的45万美元借款承担连带保证责任。塔某庄村民委员会与吕某宾签订的锅炉厂产权转让合同仅对锅炉厂的财产进行了处理，而没有涉及其债务。因此，锅炉厂所进行的产权转让与依法进行的企业改制不同。锅炉厂应承担的保证责任也不属于改制时出现的"漏债"。产权转让后的锅炉厂仍应对大某苑公司的45万美元借款向光大银行承担连带保证责任。鉴于大某苑公司与光大银行之间的45万美元借款既有海某公司所有的"龙某"轮抵押担保，又有锅炉厂的保证，锅炉厂应只对"龙某"轮抵押担保以外的光大银行的债权承担保证责任。

青岛海事法院以判决方式结案。

【法官后语】

本案是一起船舶抵押合同纠纷案，审理的重点应在厘清合同关系，明确合同各方的责任。

一、本案所涉合同关系

本案主要涉及的合同关系有大某苑公司与光大银行的借款合同关系、海某公司为该借款与光大银行的担保合同关系、锅炉厂为该借款与光大银行的保证合同关系。

其中，前两个合同关系当事人均无异议。对于第三个合同关系，锅炉厂辩称，其产权已于1998年2月25日（在保证合同关系存续期间）进行转让，转让时对锅炉厂为大某苑公司的借款作保证的事宜未作出约定。但据民法理论，企业法人的变更，是指企业法人在存续期间和活动过程中，由于各种原因发生组织变更以及宗旨、业务范围等的变化。变更前后的企业法人之间有一定的连续性和继承性，即变更前的企业法人的债权债务，应由变更后的企业法人享有和承担。本案中，锅炉厂的产权进行了转让，这只是该厂资产的所有人发生了变更，并不导致锅炉厂的终止，而附随资产上的债权债务应延续到变更之后，故发生产权转移的锅炉厂仍应承担对大某苑公司借款的保证责任。

二、各合同关系下，三被告的责任分担

1. 大某苑公司向光大银行借款 45 万美元，应依借款合同，在还款期限内履行还款义务。然而，大某苑公司已无还款能力。

2. 当债务人不履行或无法履行清偿义务的，依《担保法》规定，设定抵押的抵押人应在其抵押物价值范围内承担债务的清偿责任。另据《海商法》第 11 条"船舶抵押权，是指抵押权人对于抵押人提供的作为债务担保的船舶，在抵押人不履行债务时，可以依法拍卖，从卖得的价款中优先受偿的权利"之规定，光大银行对海某公司作为抵押的"龙某"轮有优先受偿权。在本案之前，大连海事法院据本案第三人的起诉，为偿还第三人对"龙某"轮的修理费用，已将该船扣押并变卖。此时，光大银行有权从"龙某"轮变卖所得价款中依法优先受偿其贷款本金及利息。

3.《担保法》第 28 条第 1 款规定："同一债权既有保证又有物的担保的，保证人对物的担保以外的债权承担保证责任。"本案中，锅炉厂只对大某苑公司偿还后及"龙某"轮变卖价款偿付后仍未满足债权人的债权的剩余部分负有偿还责任。

【相关法条】

1.《中华人民共和国民法通则》（2021 年 1 月 1 日废止）

第一百零六条第一款　公民、法人违反合同或者不履行其他义务的，应当承担民事责任。

对应新法：

《中华人民共和国民法典》（2021 年 1 月 1 日施行）

第一百七十六条　民事主体依照法律规定或者按照当事人约定，履行民事义务，承担民事责任。

2.《中华人民共和国海商法》（1993年7月1日施行）

第十三条第一款　设定船舶抵押权，由抵押权人和抵押人共同向船舶登记机关办理抵押权登记；未经登记的，不得对抗第三人。

3.《中华人民共和国担保法》（2021年1月1日废止）

第十八条　当事人在保证合同中约定保证人与债务人对债务承担连带责任的，为连带责任保证。

连带责任保证的债务人在主合同规定的债务履行期届满没有履行债务的，债权人可以要求债务人履行债务，也可以要求保证人在其保证范围内承担保证责任。

第二十八条第一款　同一债权既有保证又有物的担保的，保证人对物的担保以外的债权承担保证责任。

第三十三条　本法所称抵押，是指债务人或者第三人不转移对本法第三十四条所列财产的占有，将该财产作为债权的担保。债务人不履行债务时，债权人有权依照本法规定以该财产折价或者以拍卖、变卖该财产的价款优先受偿。

前款规定的债务人或者第三人为抵押人，债权人为抵押权人，提供担保的财产为抵押物。

对应新法：

《中华人民共和国民法典》（2021年1月1日施行）

第三百九十二条　被担保的债权既有物的担保又有人的担保的，债务人不履行到期债务或者发生当事人约定的实现担保物权的情形，债权人应当按照约定实现债权；没有约定或者约定不明确，债务人自己提供物的担保的，债权人应当先就该物的担保实现债权；第三人提供物的担保的，债权人可以就物的担保实现债权，也可以请求保证人承担保证责任。提供担保的第三人承担担保责任后，有权向债务人追偿。

第三百九十四条　为担保债务的履行，债务人或者第三人不转移财产的占有，将该财产抵押给债权人的，债务人不履行到期债务或者发生当事人约定的实现抵押权的情形，债权人有权就该财产优先受偿。

前款规定的债务人或者第三人为抵押人，债权人为抵押权人，提供担保的财产为抵押财产。

第六百八十八条　当事人在保证合同中约定保证人和债务人对债务承担

连带责任的，为连带责任保证。

连带责任保证的债务人不履行到期债务或者发生当事人约定的情形时，债权人可以请求债务人履行债务，也可以请求保证人在其保证范围内承担保证责任。

承办人：付本超

编写人：郭俊莉　原浩洋

船舶拍卖

19. 无棣港湾某服务有限公司诉丁某某其他海事海商纠纷案
——船舶拍卖前后所发生费用负担认定

【合规提示】

本案系一起因船舶拍卖产生的海商事纠纷,双方对船舶拍卖前后产生的船舶停坞费、船舶移位费、船舶看管费等的承担存在争议。本案中,原告为案涉船舶所有权人的债权人,对案涉船舶享有留置权;被告系通过法院拍卖程序竞得船舶的自然人。根据法律规定,通过法院拍卖程序竞得被拍卖物所有权的主体,仅对法院负有支付拍卖款等相关费用的义务,无须支付拍卖前船舶产生的各项费用。至于船舶被拍卖后产生的费用,若系船舶留置权人或合法占有人拒绝移交船舶导致,法院不会支持其要求船舶竞得人支付上述费用的请求。对案涉船舶享有留置权的债权人一定要在法律框架内合理地行使自身的留置权等权利,若随意滥用,则会招致不利的法律后果。

【案件信息】

1. 裁判文书字号

(2018)鲁72民初39号、(2019)鲁民终2845号、(2020)最高法民申5138号

2. 当事人

原告:无棣港湾某服务有限公司

被告:丁某某

3. 关键词

民事　船舶拍卖　竞买人　费用负担

【裁判要旨】

当事人通过参加法院公开拍卖取得案涉船舶的所有权，只负有向法院支付拍卖款等法定费用的义务。案涉船舶拍卖前发生的船舶停坞费等费用与竞买人无关。因船舶修理公司拒绝向竞买人交付案涉船舶之后发生的费用、船舶修理公司自行移动案涉船舶发生的费用，不应由竞买人负担。

【基本案情】

2014年1月2日，原告无棣港湾某服务有限公司（以下简称港湾某公司）与江苏华某运输有限公司（以下简称华某运输公司）就"苏某泰00×"船维修事宜签订协议，约定华某运输公司租用原告港湾某公司场地对"苏某泰00×"船进行维修。协议签订后，港湾某公司将"苏某泰00×"船拖上坞，做了维修船舶的前期工作。2014年4月3日，华某运输公司向港湾某公司支付停坞费20万元，余款未按协议支付。2015年6月15日，港湾某公司将华某运输公司诉至法院，在案件审理期间，青岛海事法院依法对"苏某泰00×"船进行了公开拍卖。2015年12月3日，本案被告丁某某以77万元的价格成功竞买。

自2015年12月16日起，青岛海事法院多次组织当事人对拍卖船舶进行移交，但因双方对船舶停坞费及移位费等产生很大争议，虽经法院多次协调，原告拒绝向被告交付案涉船舶。

此外，原告以之前租赁场地到期为由，于2016年6月1日至8日自行对"苏某泰00×"船进行了移位，但未能向青岛海事法院提交船舶移位的相关证据材料。同时，原告申请青岛海事法院委托青岛某资产评估有限责任公司对船舶占用坞台费及移位费进行了评估，支出评估费30 000元。

原告诉称：其于2016年5月16日、5月31日、6月18日及2017年2月27日四次函告催促被告来公司坞台提取船舶，被告均未提取。原告于2016年6月1日至8日对"苏某泰00×"轮残船两段进行了移位工作，移位费25万元。原告请求判令被告支付原告停坞费、移位费、船舶看管费用等共计170万元；将被告船舶"苏某泰00×"轮折价或以变卖该船舶的价款保障原告优先受偿。

被告丁某某辩称：（1）在被告成功竞买案涉船舶后，由于原告多次阻拦至今没有交接成功。（2）原告享有移位之前案涉船舶所在位置土地使用权依据不足，移位之后案涉船舶所在位置土地使用权依据不足，因此原告主张有关停坞费、移位费、船舶看管费等无法律依据。（3）案涉船舶是法院拍卖后尚未交付的标的物，原告擅自移位所产生的损失应由原告负担。请求驳回原告的诉讼请求。

【裁判说理】

争议焦点：原告主张的船舶拍卖前后产生的停坞费、移位费、船舶看管费用是否应由买受人负担。

青岛海事法院认为，《海事诉讼特别程序法》第38条规定："买受人付清全部价款后，原船舶所有人应当在指定的期限内于船舶停泊地以船舶现状向买受人移交船舶。拍卖船舶委员会组织和监督船舶的移交，并在船舶移交后与买受人签署船舶移交完毕确认书。移交船舶完毕，海事法院发布解除扣押船舶命令。"因此，在拍卖标的物拍卖成交后，海事法院的执行行为并未结束，而是延续至拍卖标的物交付完毕。本案中，本院依法对"苏某泰00×"船进行拍卖，并向丁某某移交案涉船舶系依法实施的执行行为，被执行人和相关义务人均有协助、配合的义务。原告港湾某公司经生效判决确认，对华某运输公司所有的"苏某泰00×"船享有船舶留置权，有权从船舶拍卖、变卖所得的价款中按法定顺序优先受偿，对于不足部分仍可继续向华某运输公司追偿。但是，在本院依法向买受人丁某某移交船舶时，原告港湾某公司以对船舶停坞费及移位费存在争议为由拒不履行协助、配合义务，且在未通知本院的情况下自行将船舶移位，改变了拍卖标的物的现状，阻碍了本院执行行为的正常进行。因原告的过错造成的各项损失，应由其自行负担。故对于其主张的停坞费、移位费、船舶看管费用等本院均不予支持。

青岛海事法院于2019年8月1日作出（2018）鲁72民初39号民事判决书，判决驳回原告港湾某公司的诉讼请求。

港湾某公司不服一审判决，上诉至山东省高级人民法院。经审理，山东省高级人民法院于2020年2月28日作出（2019）鲁民终2845号民事判决书，判决驳回上诉，维持原判。

港湾某公司不服二审判决，向最高人民法院申请再审。经审查，最高人民法院于 2020 年 11 月 30 日作出（2020）最高法民申 5138 号民事裁定书，裁定驳回再审申请。

【法官后语】

扣押与拍卖船舶是海事诉讼中一项特殊的财产保全制度。与一般财产保全制度相比，在适用范围与条件、实施程序与后果等方面都具有其特殊性。特别是对于船舶拍卖前后所发生的费用担负，法律和司法解释并无明确规定。

本案的争议焦点即在于原告主张的船舶拍卖前后产生的停坞费、移位费、船舶看管费用是否应由买受人负担。一方面，由于被告丁某某是案涉船舶的竞买人，案涉船舶是丁某某通过参加一审法院的公开拍卖取得的，丁某某只负有向一审法院支付拍卖款等法定费用的义务。因此，案涉船舶拍卖前后发生的船舶停坞费等费用与丁某某无关。另一方面，在法院组织移交船舶时，港湾某公司应当在法院指定的期限内于船舶停泊地以船舶现状向丁某某移交船舶，但原告港湾某公司以对船舶停坞费及移位费存在争议为由拒不履行协助、配合义务，且案涉船舶此时仍处于扣押状态，港湾某公司作为案涉船舶的直接占有人未向扣押法院申请并获准即自行移动案涉船舶，改变了拍卖标的物的现状，阻碍了人民法院执行行为的正常进行。因原告的过错造成的各项损失，应由其自行负担，故对于其主张的停坞费、移位费、船舶看管费用等均不予支持。本案审理法官正确适用法律，从而为处理此类纠纷提供了成功的范例。

【相关法条】

1.《中华人民共和国民事诉讼法》（2017 年 6 月 27 日修正）

第六十七条　当事人对自己提出的主张，有责任提供证据。

当事人及其诉讼代理人因客观原因不能自行收集的证据，或者人民法院认为审理案件需要的证据，人民法院应当调查收集。

人民法院应当按照法定程序，全面地、客观地审查核实证据。

对应新法：

《中华人民共和国民事诉讼法》（2023 年 9 月 1 日修正）

第六十四条　当事人对自己提出的主张，有责任提供证据。

当事人及其诉讼代理人因客观原因不能自行收集的证据，或者人民法院认为审理案件需要的证据，人民法院应当调查收集。

人民法院应当按照法定程序,全面地、客观地审查核实证据。

2.《中华人民共和国海事诉讼特别程序法》(2000年7月1日施行)

第三十八条 买受人付清全部价款后,原船舶所有人应当在指定的期限内于船舶停泊地以船舶现状向买受人移交船舶。拍卖船舶委员会组织和监督船舶移交,并在船舶移交后与买受人签署船舶移交完毕确认书。

移交船舶完毕,海事法院发布解除扣押船舶命令。

承办人:薛明友

编写人:薛明友 刘 昭

20.青岛某港集装箱码头有限责任公司诉浩某船务有限公司、深圳市某达海运有限公司、王某民港口作业纠纷案
——不同债权在船舶拍卖价款中分配顺序的认定

【合规提示】

本案系一起原告为被告提供码头装卸作业而产生的港口作业纠纷案件。本案涉及三个焦点:第一,关于协议中约定的滞纳金数额问题,双方应当注意滞纳金在法律上属于违约金的性质,滞纳金过分高于造成的损失时,法院有权酌减。对于债权人而言,要注意合同中约定的滞纳金比例不要过高,否则可能会被法院酌减而不能得到全部支持。对于债务人而言,要注意对约定过高的滞纳金有权在诉讼中抗辩,申请法院综合损失因素予以调整酌减。第二,关于对外担保的效力问题,担保人与被担保人都应当注意审查对外担保合同的有效要件是否满足。第三,关于参与船舶拍卖价款受偿问题,优先权人要主张就船舶拍卖价款受偿,则应该进行债权登记,应当注意的是,可以申请登记的债权必须是与被拍卖船舶有关的债权。

【案件信息】

1. 裁判文书字号

（2007）青海法海商初字第 126 号

2. 当事人

原告：青岛某港集装箱码头有限责任公司

被告：浩某船务有限公司、深圳市某达海运有限公司、王某民

3. 关键词

民事　港口作业　债权性质　债权分配

【裁判要旨】

1. 未经国家有关主管部门批准或者登记对外担保的，对外担保合同无效，担保人承担不能清偿部分二分之一的赔偿责任。

2. 与被拍卖船舶有关的海事债权就是审查在船舶拍卖价款中可分配债权的标准。

3. 船舶港务费的缴付请求属于船舶优先权的范围，可以从拍卖价款中优先受偿，对港务费范围的认定以是否有权代国家机关收取相应规费为限。

【基本案情】

2006 年、2007 年，原告与被告浩某船务有限公司（以下简称浩某船务）签订了两份收费协议，约定由原告为浩某船务提供码头装卸作业，由浩某船务或其代理按照收费协议的约定向其支付费用，被告浩某船务或其代理应在原告账单开出之日起 10 天内付款。从账单开出之日后 30 日起，原告对未付款项按每天千分之五收取滞纳金。

2007 年 1 月 1 日，被告浩某船务与青岛某远集装箱船务代理有限公司（以下简称青岛某远）签订代理协议，约定由浩某船务委托青岛某远为其在青岛的日本航线的船舶代理，由青岛某远代浩某船务统一向有关当局、装卸公司、理货公司等按公布费率或协议费率结算有关费用。

2007 年 4 月 16 日，原告与被告浩某船务签署了还款协议，确认浩某船务没有向原告支付截止到 2007 年 3 月 11 日在原告处发生的装卸服务费及其他各项费用共计人民币 8 795 437 元。

2007年6月23日，浩某船务与深圳市某达海运有限公司（以下简称深圳某达）向原告出具了一份还款承诺书，确认浩某船务截至2007年3月11日欠付原告共计人民币8 795 437元。深圳某达同意就浩某船务的欠款向原告承担连带还款义务。在该还款承诺书上浩某船务的法定代表人王某民签字，深圳某达加盖了公章。

同日，深圳某达又向原告出具了一份承诺书，载明深圳某达同意就浩某船务对原告的全部欠款承担连带还款义务。承诺人深圳某达加盖了公章。被告王某民在该承诺书上签名。

2007年3月11日以后，被告浩某船务又在原告处产生多个航次的码头服务费用的欠款。原告与其代理青岛某远进行了确认，截止至2007年9月11日计费账单共计人民币11 753 461元。

上述欠款中，与"浩某"轮有关的费用为16个航次产生的停泊费、锚地停泊费、系解缆费、开关舱费、工时费、翻捣费、加水费、加水劳务费、装卸费等共计956 027元。在该"浩某"轮产生的费用中，停泊费、锚地停泊费、系解缆费、开关舱费合计28 555元。

按照收费协议的约定，11 753 461元装卸费用按每天千分之五计算滞纳金为58 767.30元，计算至2007年9月12日产生的滞纳金为10 837 077.61元，自2007年9月13日计算至本案判决之日为26 739 121.50元，滞纳金合计37 576 199.11元。与"浩某"轮有关的装卸费用956 027元产生的滞纳金按每天千分之五计算为4780.14元，计算至2007年9月12日产生的滞纳金为879 116.80元，自2007年9月13日计算至本案判决之日为2 174 963.70元，滞纳金合计3 054 080.50元。"浩某"轮停泊费、锚地停泊费、系解缆费、开关舱费合计28 555元产生的滞纳金按每天千分之五计算为142.77元，计算至2007年9月12日产生的滞纳金为25 504元，自2007年9月13日计算至本案判决之日为64 960.35元，滞纳金合计90 464.35元。

另查明，2007年5月14日，原告向法院申请诉前扣押被告深圳某达所属的"浩某"轮，2007年5月25日向法院提起诉讼。2007年8月6日，原告向法院提交了船舶拍卖申请书，2007年8月7日，法院裁定拍卖"浩某"轮。2007年9月20日，法院公开拍卖了该轮，拍卖所得价款为1145万元。

原告诉称：从2006年3月16日至2007年5月24日，被告累计拖欠原告装卸费、港杂费11 798 523.00元和滞纳金4 769 163.08元。虽然原告多次催要，但被告仍然没有支付上述欠款。为维护自身合法权益，原告特诉至法院，请求依法判令被告向原告支付拖欠的装卸费、港杂费 11 798 523.00 元和滞纳金 4 769 163.08 元，判令被告支付自原告起诉之日起至全部欠款偿还完毕之日止按每日 58 999.62 元应付给原告的滞纳金，判令被告自原告起诉之日起至全部欠款偿还完毕之日止按银行同期贷款利率承担原告的利息损失，判令其中与"浩某"轮有关的费用 956 027 元及滞纳金可以从"浩某"轮拍卖价款中分配，其中的停泊费、锚地停泊费、系解缆费、开关舱费计 28 555 元及其滞纳金享有船舶优先权，判令被告负担本案的诉讼费用、律师费用及与本次诉讼有关的其他费用。

被告浩某船务辩称：（1）对 2007 年 3 月 11 日之前发生的欠款 8 795 437 元没有异议，以后也陆续发生其他欠款，按照被告浩某船务与青岛某远的协议和结算习惯，案涉费用应当由该公司直接向原告结算。（2）除上述债务本金外，原告还主张起诉前和起诉后相当时间内的滞纳金，滞纳金属于违约金，其数额远远超出债务本金，明显不合理；而且原告在起诉后又追加起诉之日至判决实际履行期间的滞纳金，没有任何法律根据。浩某船务迟延履行期间的债务利息，应当以银行同期存款利率计算，请法院依法裁判。

被告深圳某达辩称：（1）深圳某达出具的承诺书属于第三人履行，依照《合同法》第 65 条的规定，在第三人不履行合同义务时，合同的债务仍应当由原债务人（浩某船务）承担。（2）即使深圳某达应当承担责任，主债权本金的数额也不能超过浩某船务与原告在《还款协议》中共同确认的全部欠款 8 795 437 元，原告在诉讼中主张债务本金 11 798 523 元，没有任何证据支持，也没有得到浩某船务的书面确认，因此没有事实根据。除上述债务本金外，原告还主张起诉前和起诉后相当时间内的滞纳金，滞纳金属于违约金，其数额远远超出债务本金，明显不合理；而且原告在起诉后又追加起诉之日至判决实际履行期间的滞纳金，没有任何法律根据。（3）退一步讲，即使法院认定深圳某达出具的承诺书构成一种保证担保，这种担保行为没有经过该公司董事会或者股东会的同意，又违反外债管理和对外担保等法律规定，担保行为依法无效。对此原告是应知和明知的，原告应当与深圳某达一起承担该担保无效所产生的法律责任。

被告王某民辩称：该欠款是在被告浩某船务的业务过程中发生的，依据法人财产独立原则，被告浩某船务或深圳某达均应当对法人财产独立享有权利、承担义务，与被告王某民无关。原告对被告王某民的起诉没有任何法律依据，申请法院驳回原告对王某民的起诉。

【裁判说理】

争议焦点：（1）滞纳金的数额如何确定；（2）对外担保的效力如何认定；（3）船舶拍卖价款的受偿及船舶优先权如何认定。

青岛海事法院认为：

一、滞纳金的数额如何确定

原告与被告之间形成了装卸作业合同关系，浩某船务的代理确认欠付原告 11 753 461 元的费用，浩某船务应当予以支付。原告主张的滞纳金计算至本案判决之日高达 37 576 199.11 元，远超过本金数额。按照《合同法》第 141 条的规定，本院予以调整，认为按每天千分之一点五的比例计算比较适当，则滞纳金数额为 11 272 859.73 元，与本金合计 23 026 320.73 元。

二、对外担保的效力如何认定

被告深圳某达承诺对浩某船务的债务承担连带还款义务，按照《担保法》第 18 条的规定，该承诺属于连带责任保证而非第三人履行。因担保人深圳某达为内地企业，债务人为在我国香港特别行政区注册成立的公司，该担保书在性质上属于对外担保，应当经过我国外汇管理部门的审批和登记，否则对外担保合同无效。深圳某达出具担保书未办理审批和登记手续，原告在接受担保时有义务了解此类担保是否须经有关部门审批，因此对该担保合同的无效，原告、被告双方均有过错，按照《最高人民法院关于适用〈中华人民共和国担保法〉若干问题的解释》，深圳某达应当对浩某船务不能清偿部分的二分之一承担赔偿责任。

三、船舶拍卖价款的受偿及船舶优先权如何认定

原告主张的 11 753 461 元的装卸费用及其滞纳金不能均从"浩某"轮的拍卖价款中分配，只有与"浩某"轮有关的债权才可从拍卖船舶价款中受偿，经审查只有 956 027 元及其滞纳金 916 224.15 元是为"浩某"轮提供码头作业服务所产生的债权，该债权属于与"浩某"轮有关的海事债权，可以受偿。原告依据交通部、财政部的有关收费规定，有权代港务局对"浩某"轮装卸过程中产生的停泊费、锚地停泊费、系解缆费、开关舱费进行收取，这些费用属于船舶优先权中港务费的范围。因此，原告对这些费用 28 555 元及滞纳

金 27 139.30 元的请求权属于船舶优先权,可以优先受偿。

青岛海事法院判决:被告浩某船务偿付原告欠款人民币 23 026 320.73 元;被告深圳某达对被告浩某船务上述欠款不能偿还部分的二分之一承担赔偿责任;原告的上述债权中的 1 872 251.15 元可以从"浩某"轮的拍卖价款中受偿,其中的 55 694.30 元属于船舶优先权,该款项从"浩某"轮的拍卖价款中优先受偿;驳回原告对被告王某民的诉讼请求;驳回原告的其他诉讼请求。

【法官后语】

一、滞纳金的数额如何确定及对外担保的效力问题

关于滞纳金的数额如何确定的问题,原告与浩某船务签订的收费协议中约定从账单开出之日后 30 日起,原告对未付款项按每天千分之五收取滞纳金。按照每天千分之五的比例计算至本案判决之日 11 753 461 元装卸费用的滞纳金高达 37 576 199.11 元,该数额明显远远超过本金数额。被告浩某船务与深圳某达均主张滞纳金属于违约金,其数额远远超出债务本金,明显不合理;认为迟延履行期间的债务利息,应当以银行同期存款利率计算。对此,笔者认为,因为滞纳金的性质属于违约金,按照《合同法》第 114 条的规定,当事人可以约定一方违约时应当根据违约情况向对方支付一定数额的违约金,也可以约定因违约产生的损失赔偿的计算方法。约定的违约金过分高于造成的损失的,当事人可以请求人民法院或者仲裁机构予以适当减少。因此,虽然双方约定了违约金的计算方法,但因为过分高于损失,且被告也提出异议,法院进行适当调整是合适的。被告关于同期银行存款利率的主张没有法律依据,法院依据案件实际情况调整为千分之一点五是适当可行的。

关于对外担保的效力问题,深圳某达的承诺书中明确表示同意对浩某船务的欠款向原告承担连带还款义务。按照《合同法》第 65 条的规定,由第三人向债权人履行债务的含义是在第三人不履行合同义务时,合同的债务仍应当由原债务人承担。而本案中的承诺书没有这种意思表示,因此不属于第三人履行。按照《担保法》第 18 条的规定,该承诺属于连带责任保证合同。因为被担保的债务人为在我国香港特别行政区注册成立的公司,该担保为对外担保。按照国家发展计划委员会、财政部和国家外汇管理局联合颁布的《外债管理暂行办法》及国家外汇管理局公布的《境内机构对外提供外汇担保管理办法》的规定,对外担保有一定限制,即境内机构对外担保应经过我国外

汇管理部门的审批和登记。按照《最高人民法院关于适用〈中华人民共和国担保法〉若干问题的解释》第6条第1项的规定，未经国家有关主管部门批准或者登记对外担保的，对外担保合同无效。故该担保合同无效。对合同的无效双方均有过错的，按照该解释第7条的规定，担保人承担不能清偿部分二分之一的赔偿责任。因此，被告深圳某达应当对被告浩某船务欠款不能偿还部分的二分之一承担赔偿责任。

二、原告的哪些债权可以参与船舶拍卖价款的受偿，哪些债权构成船舶优先权

关于船舶拍卖价款的受偿问题，原告主张因为其申请采取扣押船舶的诉讼保全行为，而船舶拍卖价款是其保全财产的变现，根据财产保全制度的本质，原告有权以该船的全部拍卖价款抵偿其全部债权。但笔者认为，扣押与拍卖船舶是不同于普通民事财产保全措施的海事请求保全措施，对船舶的扣押与拍卖及船舶拍卖价款的分配《海事诉讼特别程序法》都作出了规定。按照《海事诉讼特别程序法》第2条的规定，在中国领域内进行海事诉讼，适用《民事诉讼法》和《海事诉讼特别程序法》，《海事诉讼特别程序法》有规定的，依照《海事诉讼特别程序法》的规定。因此，对于船舶拍卖价款的分配应当按照《海事诉讼特别程序法》的规定进行。那么哪些债权可以参与船舶拍卖价款的分配呢？我国《海事诉讼特别程序法》第111条规定，船舶拍卖后，可以申请登记的债权是与被拍卖船舶有关的债权。债权登记的目的就是使特定债权人的特定权利能够从船舶拍卖价款中获得受偿以实现其债权，只有进行债权登记的债权才能在船舶拍卖价款中进行分配。因此，"与被拍卖船舶有关的债权"就是审查在船舶拍卖价款中可分配债权的标准。《最高人民法院关于适用〈中华人民共和国海事诉讼特别程序法〉若干问题的解释》第87条规定，与被拍卖船舶有关的债权是指与被拍卖船舶有关的海事债权。因此，本案中原告有权参与拍卖价款受偿的债权应仅为与"浩某"轮有关的海事债权。原告的债权是为被告进行多条船舶的装卸作业产生的装卸费用，本金及滞纳金合计高达23 026 320.73元。经审查原告的装卸作业单，只有与"浩某"轮有关的956 027元装卸费用及其滞纳金916 224.15元才可以参与拍卖价款的分配，其余债权仅在"浩某"轮拍卖价款有剩余的情形下，剩余价款成为原告的诉讼保全财产，原告才有权从中受偿。按照《海商法》第24条、第25条的规定，船舶拍卖价款的受偿顺序是保存拍卖船舶的费用、船舶

优先权、船舶留置权、船舶抵押权、与船舶有关的普通债权。"浩某"轮拍卖价款在清偿船舶扣押期间的维持拍卖费用、船员工资、港务费等船舶优先权与银行的船舶抵押权后,剩余价款不足以清偿全部与船舶有关的普通债权,因此,普通债权人达成按比例清偿的协议后,全部拍卖价款已被分配完毕,没有剩余价款可以成为原告的诉讼保全财产。因此,本案原告虽然申请扣押及拍卖船舶,但因为船舶价款的分配有特别的法律规定,因此不能像保全其他财产那样享有从财产的拍卖价款中优先受偿的权利,而只能按照顺序受偿。

关于原告主张的船舶优先权问题,按照《海商法》第21条、第22条的规定,船舶港务费的缴付请求属于船舶优先权的范围,可以从拍卖价款中优先受偿,其受偿顺序优先于船舶留置权、船舶抵押权。对港务费的认定范围没有明确的法律规定,实践中以是否有权代国家机关收取相应规费为限。本案原告虽然是一家码头公司,但按照交通部、财政部《港务费收支管理规定》及《交通部港口收费规则(外贸部分)》的规定,代港务局对"浩某"轮在装卸过程中产生的停泊费、锚地停泊费、系解缆费、开关舱费进行了收取,这些费用属于港务费的范围。因此,原告对这些费用及其滞纳金的请求权属于船舶优先权,可以优先受偿。原告除港务费之外的与"浩某"轮有关的债权属于普通债权,在船舶维持拍卖费用、船舶优先权、船舶留置权、船舶抵押权之后受偿。

本案在扣押及拍卖"浩某"轮过程中,船东弃船,船上供应中断,而且船舶保险过期,船舶面临危险,原告担心其债权受偿概率低,既不愿垫付船舶维持费用,又不愿撤回拍卖船舶申请,法院为顺利拍卖船舶、保护船舶安全,以法院名义为船舶投保并交纳保险费,先行垫付船舶维持费用并委托船舶管理公司派员看管船舶,最终该轮得以顺利拍卖并安全交接。法院为此垫付的费用也因属于船舶维持拍卖费用而优于船舶优先权从船舶拍卖价款中先行扣划。这种做法可以解决船舶扣押与拍卖中的诸多困难与风险,取得了较好的社会效果。

三、因为"浩某"轮的拍卖引发债权登记与确权诉讼程序,本案适用普通程序审理还是确权诉讼程序审理

关于本案审理的诉讼程序问题,2007年8月6日,原告申请拍卖"浩某"轮,2007年8月7日,本院裁定拍卖该轮。2007年8月8日,本院发布卖船公告,定于2007年9月20日9时对该船进行拍卖,要求凡与该船有关

的债权人，应自公告之日起30日内，向本院申请债权登记。逾期不登记的，视为放弃在本次拍卖中受偿的权利。"浩某"轮的拍卖启动了债权登记与确权诉讼程序。按照《海事诉讼特别程序法》第116条的规定，确权诉讼程序是一种特殊的民事诉讼程序，审理案件的海事法院作出的判决、裁定具有终审效力，以尽快明确债权债务关系，便于船舶价款或基金的分配，该规定借鉴了破产法中登记债权的原理。对债权登记前提起的诉讼应如何处理，该条没有明确规定，仅在《最高人民法院关于适用〈中华人民共和国海事诉讼特别程序法〉若干问题的解释》第89条中规定："在债权登记前，债权人已向受理债权登记的海事法院以外的海事法院起诉的，受理案件的海事法院应当将案件移送至登记债权的海事法院一并审理，但案件已经进入二审的除外。"但对于移送之后适用确权诉讼程序还是普通程序审理没有明确规定，对于债权登记之前债权人已向受理债权登记的海事法院提起的确权内容的诉讼案件如何审理也没有明确规定。本案就面临这个问题，本案的原告是卖船申请人，扣押船舶是其申请采取的诉讼保全措施之一，提起的诉讼明显在债权登记之前。那么原告是否也应按照拍卖公告的要求进行债权登记？本案应按确权诉讼程序审理还是按普通程序审理？

对卖船申请人所提起的诉讼案件的审理，不应受强制卖船程序的影响。审理程序和拍卖程序可以同时进行。此类案件的受理是申请拍卖船舶的前提条件。无论是诉前还是诉讼中申请扣押船舶，船舶拍卖价款都是其申请的海事请求保全措施的变现。根据财产保全制度的本质，一旦申请人的保全申请获得法院准许，在其债权被确定的条件成就时，申请人就享有以被保全财产抵偿其债权的权利。因此，卖船申请人无须进行债权登记即可参与船舶拍卖价款的分配。既然不进行债权登记，不存在按确权诉讼程序审理的前置要件，该案应继续按照受理时的普通诉讼程序进行审理，二审终审。而且对本案原告而言，其提起的诉讼不仅包含对船东的具有确权内容的诉讼，还包含对其他公司及个人的其他诉讼，如果按照确权程序一审终审会影响其他当事人的上诉权。因此，本案按照普通程序审理，赋予当事人上诉的权利，是符合立法本意的。

【相关法条】

1.《中华人民共和国合同法》(2021年1月1日废止)

第一百零九条 当事人一方未支付价款或者报酬的，对方可以要求其支付价款或者报酬。

第一百一十四条 当事人可以约定一方违约时应当根据违约情况向对方支付一定数额的违约金，也可以约定因违约产生的损失赔偿额的计算方法。

约定的违约金低于造成的损失的，当事人可以请求人民法院或者仲裁机构予以增加；约定的违约金过分高于造成的损失的，当事人可以请求人民法院或者仲裁机构予以适当减少。

当事人就迟延履行约定违约金的，违约方支付违约金后，还应当履行债务。

对应新法：

《中华人民共和国民法典》（2021年1月1日施行）

第五百七十九条 当事人一方未支付价款、报酬、租金、利息，或者不履行其他金钱债务的，对方可以请求其支付。

第五百八十五条 当事人可以约定一方违约时应当根据违约情况向对方支付一定数额的违约金，也可以约定因违约产生的损失赔偿额的计算方法。

约定的违约金低于造成的损失的，人民法院或者仲裁机构可以根据当事人的请求予以增加；约定的违约金过分高于造成的损失的，人民法院或者仲裁机构可以根据当事人的请求予以适当减少。

当事人就迟延履行约定违约金的，违约方支付违约金后，还应当履行债务。

2.《中华人民共和国担保法》（2021年1月1日废止）

第十八条 当事人在保证合同中约定保证人与债务人对债务承担连带责任的，为连带责任保证。

连带责任保证的债务人在主合同规定的债务履行期届满没有履行债务的，债权人可以要求债务人履行债务，也可以要求保证人在其保证范围内承担保证责任。

对应新法：

《中华人民共和国民法典》（2021年1月1日施行）

第六百八十八条 当事人在保证合同中约定保证人和债务人对债务承担连带责任的，为连带责任保证。

连带责任保证的债务人不履行到期债务或者发生当事人约定的情形时，债权人可以请求债务人履行债务，也可以请求保证人在其保证范围内承担保证责任。

3.《中华人民共和国海商法》(1993年7月1日施行)

第二十一条 船舶优先权,是指海事请求人依照本法第二十二条的规定,向船舶所有人、光船承租人、船舶经营人提出海事请求,对产生该海事请求的船舶具有优先受偿的权利。

第二十二条 下列各项海事请求具有船舶优先权:

(一)船长、船员和在船上工作的其他在编人员根据劳动法律、行政法规或者劳动合同所产生的工资、其他劳动报酬、船员遣返费用和社会保险费用的给付请求;

(二)在船舶营运中发生的人身伤亡的赔偿请求;

(三)船舶吨税、引航费、港务费和其他港口规费的缴付请求;

(四)海难救助的救助款项的给付请求;

(五)船舶在营运中因侵权行为产生的财产赔偿请求。

载运2000吨以上的散装货油的船舶,持有有效的证书,证明已经进行油污损害民事责任保险或者具有相应的财务保证的,对其造成的油污损害的赔偿请求,不属于前款第(五)项规定的范围。

4.《中华人民共和国海事诉讼特别程序法》(2000年7月1日施行)

第一百一十六条 债权人提供其他海事请求证据的,应当在办理债权登记以后,在受理债权登记的海事法院提起确权诉讼。当事人之间有仲裁协议的,应当及时申请仲裁。

海事法院对确权诉讼作出的判决、裁定具有法律效力,当事人不得提起上诉。

5.《最高人民法院关于适用〈中华人民共和国担保法〉若干问题的解释》(2021年1月1日废止)

第六条 有下列情形之一的,对外担保合同无效:

(一)未经国家有关主管部门批准或者登记对外担保的;

(二)未经国家有关主管部门批准或者登记,为境外机构向境内债权人提供担保的;

(三)为外商投资企业注册资本、外商投资企业中的外方投资部分的对外债务提供担保的;

(四)无权经营外汇担保业务的金融机构、无外汇收入的非金融性质的企业法人提供外汇担保的；

（五）主合同变更或者债权人将对外担保合同项下的权利转让，未经担保人同意和国家有关主管部门批准的，担保人不再承担担保责任。但法律、法规另有规定的除外。

第七条 主合同有效而担保合同无效，债权人无过错的，担保人与债务人对主合同债权人的经济损失，承担连带赔偿责任；债权人、担保人有过错的，担保人承担民事责任的部分，不应超过债务人不能清偿部分的二分之一。

对应新法：

《最高人民法院关于适用〈中华人民共和国民法典〉有关担保制度的解释》(2021年1月1日施行)

第十七条 主合同有效而第三人提供的担保合同无效，人民法院应当区分不同情形确定担保人的赔偿责任：

（一）债权人与担保人均有过错的，担保人承担的赔偿责任不应超过债务人不能清偿部分的二分之一；

（二）担保人有过错而债权人无过错的，担保人对债务人不能清偿的部分承担赔偿责任；

（三）债权人有过错而担保人无过错的，担保人不承担赔偿责任。

主合同无效导致第三人提供的担保合同无效，担保人无过错的，不承担赔偿责任；担保人有过错的，其承担的赔偿责任不应超过债务人不能清偿部分的三分之一。

承办人：王爱玲
编写人：王爱玲

21. 广东某律师事务所上海分所诉哈尔克某有限公司服务合同纠纷案
——保全债权分配所得款项保障涉外案件的执行

【合规提示】

我国民事法律规定，外国当事人在中国诉讼需要委托律师代理诉讼的，必须委托中华人民共和国的律师。土耳其籍"佩某"轮被依法拍卖后，原告代理被告（土耳其船东）申请债权登记、提起确权诉讼，并参加了确权诉讼案件审理、债权分配等一系列诉讼活动，因被告拖欠其律师代理费用，原告在诉前保全被告所分配的卖船款项中的24万元人民币后，提起本案诉讼。涉外海事案件船方律师事务所代理权，常通过船方所在保赔协会、协会的国外律师事务所委托或转委托取得，在律师费收取的约定方面，因有国际海事律师行业的通行习惯，也就容易出现忽视船方与实际代理案件的国内律师事务所之间对律师费收取直接作出明确约定的情况。本案给各方以下合规提示：（1）律师事务所与外方当事人签订代理协议时，应尽量事先以书面形式订立并约定收费标准。（2）因涉外案件审理周期长，律师事务所应及时分期向委托人发送代理事项的相关账目，分批次及时收取代理费用；对委托人付费不及时或有异议的账目，尽快沟通与核对，达成一致意见，避免不必要的争执与损失。（3）律师事务所对可能发生收取代理费不能情形的，应及时采取救济途径，并在委托人在境内有财产的情况下，及时采取财产保全措施，以保障生效法律文书的有效执行。（4）外方委托人应按照约定付费标准及账目核对情况及时履行付费义务；若对收费账单有异议，应及时书面提出异议意见，并及时完成对账等协商工作，而不应以拖欠行为代替拒付意见。

【案件信息】

1. 裁判文书字号

（2005）青海法日海商初字第26号

2. 当事人

原告：广东某律师事务所上海分所

被告：哈尔克某有限公司

3. 关键词

民事　服务合同　债权分配　财产保全

【裁判要旨】

1. 外国人、无国籍人、外国企业和组织在人民法院起诉、应诉，需要委托律师代理诉讼的，必须委托中华人民共和国的律师。本案被告提交的公证认证委托书证明其委托原告参加一系列的诉讼活动是符合我国法律规定的。

2. 因原被告之间没有就按时取酬的计费标准作出明确的书面约定，法院对计费标准的材料就需根据原告提交的证据材料，结合我国涉外海事诉讼律师代理的通行计费标准，以及被告按诉讼标的计收律师代理费的抗辩等因素，综合判定该律师代理费用收取的合理性。

【基本案情】

2002年11月12日，基于"佩某"轮被依法拍卖的事实，为债权登记及参与相关诉讼事宜，被告向原告出具一份由陈某生律师全权代理其从事债权登记、参与诉讼并执行的《授权委托书》。

应被告的委托，原告派其执业律师陈某生作为被告的诉讼代理人，代理被告申请"佩某"轮的债权登记并进行确权诉讼，陈某生作为被告代理人提供了与"佩某"轮的债权登记及相关系列确权诉讼案件相关的法律服务。

陈某生律师参与的经法院审理的诸案件的诉讼标的情况如下：（1）作为被告的代理人，参与19名船员分别作为原告的19个已生效民事判决的债权分配事宜；（2）作为被告的代理人，参加了12个确权诉讼及其债权分配事宜；（3）参与伊斯坦布尔某公司申请执行土耳其法院的可执行令状债权登记案件审查。该三类共32个案件的诉讼标的总额达3 283 556.64美元。

原告共向被告提供律师服务时间239.9小时，实际支出办案费用1563.64美元。原告按照220美元/工作小时的收费标准，分4个工作区间，分别制作了从事的法律服务的用时收费和支出相关费用的账单，传真给被告。被告将第一份和第三份账单的费用全额支付、第二份账单的费用部分支付、第四份账单的费用未支付。故，原告已收到被告支付的律师服务费和实际支出办案费用总计26 867.07美元。

2005年7月8日，因原告的诉前财产保全申请，青岛海事法院依法下达了（2005）青海法日保字第14号准予其诉前财产保全的民事裁定，冻结分配给被告的债权分配款项24万元人民币。保全期间内，原告就被告拖欠的代理费事宜提出诉讼，请求依法判令被告支付拖欠原告的代理费27 474.57美元（折合人民币227 214.69元）及相应利息，并承担本案所有法律费用。

被告辩称：（1）原告、被告之间从未签订任何形式的委托代理合同或协议，被告对原告的收费费率和计算方法也从未以书面形式予以确认。原告在本案的委托代理过程中是不规范的、不合法的。无法证明被告同意其每小时220美元的收费标准及计算方式。（2）原告向被告收取律师费应严格遵守政府指导价的标准，不得因被告不熟悉中国法律而擅自超标准收费。根据上海市物价局和上海市司法局联合出台的《上海市律师服务收费管理办法（试行）》《上海市律师服务收费政府指导价标准（暂定）》的规定，对涉及财产关系的，应当按照诉讼标的的比例收费。根据（2003）青海法海商初字第76号租金确权纠纷一案的案件标的1 839 552.00美元（折合人民币14 900 371.20元，汇率为1美元＝人民币8.1元）来计算，对该案，政府指导价的律师费标准应为人民币117 501.85元。被告向原告支付律师费共计26 867.07元，已远超过政府指导价标准。原告超标准收费，损害被告合法权益。

【裁判说理】

争议焦点：（1）原告是否可作为适格的主体主张其权利；（2）原告对律师法律服务费用的收取应当是计件收费还是计时收费，以及计时收费的标准是否符合相关规定。

青岛海事法院认为：本案系原告代理被告在处理关于"佩某"轮的一系列海事、海商纠纷案件过程中的律师服务费及相关费用的欠款纠纷。原告、被告双方事先未就委托代理事宜的法律适用问题作出书面约定，在本案审理过程中，原告、被告均直接引用中国法律，且中国是原告、被告委托代理事宜的履行地，与委托代理事宜具有最密切联系，故本案应适用中国法律。

一、关于原告是否可作为适格的主体主张其权利的认定

在本院审理"佩某"轮确权诉讼系列案件期间，陈某生在原告处执业，并作为被告的委托代理人为被告因"佩某"轮债权登记申请案件及系列确权诉讼案件所产生的纠纷提供法律/律师服务，对于这一事实，原告、被告双方并不存在争议。

我国《律师法》第23条第1款规定："律师承办业务，由律师事务所统一接受委托，与委托人签订书面委托合同，按照国家规定向当事人统一收取费用并如实入账。"虽然2002年11月12日的《授权委托书》仅写明委托代理人为陈某生，并没有载明原告名称，但陈某生作为被告委托代理人在为被告代理期间是原告的执业律师，而且在本院审理上述案件过程中，陈某生确是以原告所属律师身份作为被告委托代理人参加诉讼的，应当认定其是以原告所属律师身份承办被告委托事项。同时，该授权委托书中载明的受委托人地址亦是原告的地址，在实际履行过程中双方往来邮件中发件人一直为原告，被告也是按原告指示向原告账户支付代理款项的，故虽然原告、被告双方之间没有订立书面的委托合同，但应当认定原告、被告之间存在事实上的委托合同关系，该委托合同关系已经成立、生效，并已得到部分履行。因此，原告对于本案律师费的欠费纠纷享有诉权，可以作为适格的主体主张其权利；被告提出原告、被告之间不存在委托合同关系的主张，本院不予支持。

二、关于原告对律师法律服务费用的收取应当是计件收费还是计时收费，以及计时收费的标准是否符合相关规定的认定

（一）根据原告实际从事的案涉全部法律服务活动，被告提出的按件计费支付法律服务费的主张不能成立

原告、被告建立委托合同关系是基于"佩某"轮被本院依法拍卖的事实，应被告的委托，原告为被告申请"佩某"轮的债权登记并进行确权诉讼，作为被告代理人提供了与"佩某"轮的债权登记及相关系列确权诉讼案件相关的法律服务。

船舶的债权分配诉讼活动，相当于船舶的破产程序，被告作为融资租赁的出租人参与债权登记、确权诉讼及债权分配的全部诉讼活动。本案中，原告实际参与的法律工作如下：对本院审理的（2002）青海法海商初字第192—

210号关于圣某等19名船员的19个案件生效判决与相关案涉证据的再复核；为被告办理对"佩某"轮的债权登记，并对在本院办理的与"佩某"轮相关的诸债权登记的登记资格、附带材料进行程序性审查；参与"佩某"轮相关的系列确权诉讼案件的全部应诉活动；参与债权分配会议的全部诉讼活动。这表明，被告的委托事项并非仅限于对案件标的为1 839 552.00美元的（2003）青海法海商初字第76号租金确权纠纷一案的审理。因此，被告关于按件计费的主张，显然与原告实际提供的法律服务不符。被告仅以原告所从事的案涉标的为1 839 552.00美元的融资租赁一案的法律服务活动，作为原告所从事的案涉标的为3 283 556.64美元的相关32起案件的法律服务活动的抗辩，显然不能成立。

（二）按照双方实际履行的情况，原告提出的计时计费收取法律服务费的主张成立

除《授权委托书》之外，原告、被告双方之间没有订立书面的委托合同，未对法律服务费用收取、计费方式等作出书面约定。根据《合同法》第61条之规定，"合同生效后，当事人就质量、价款或者报酬、履行地点等内容没有约定或者约定不明确的，可以协议补充；不能达成补充协议的，按照合同有关条款或者交易习惯确定"。

在原告为被告代理期间，原告共向被告发出了4份账单，4份账单均记载着工作内容、工作时长、220美元/工作小时的计费方式以及办案费用等。

其中，对原告发出的1号账单和3号账单，被告均按照账单中列明的内容全额支付了法律服务费用和办案费用，且被告对原告所列明的工作内容、工作时长以及220美元/工作小时的计费方式未提出异议。对于原告发出的2号账单和4号账单，被告虽没有全额支付或没有支付，但是被告对两账单中所列明的工作内容、工作时长以及220美元/工作小时的计费方式亦未提出异议。应当认定被告以其实际履行的行为认可了原告账单所列明的收费方式和计费标准。故计时收费以及220美元/工作小时的计费标准构成了原告、被告之间的交易习惯，应当按照该交易习惯确定原告、被告之间委托合同关系中收取法律服务费用的计费方式。

本案原告计时收费的标准为220美元/工作小时，被告按照该标准向原告进行了部分支付，且没有对该标准提出任何异议，同时，该计费标准未违反我国《上海市律师服务收费管理办法（试行）》和《上海市律师服务收费

政府指导价标准（暂定）》中计时收费最高不得超过 3000 元／小时的规定，依法应予支持。被告所提出的原告擅自超标准收费的主张不能成立。

（三）被告应承担向原告支付欠付律师费的付款义务

若按照被告主张的计件收费，上述原告代理的全部案件的总标的应为 3 283 556.64 美元，按照原告主张的 1∶8.26 的美元兑换人民币的比例计算，折合人民币为 27 122 177.85 元。按照计件收费的最高收费标准计算计件案件的律师服务费，应为 23 802.77 美元。本案中，被告实际支付给原告的费用为 26 867.07 美元，在扣除实际支出办案费用 1563.64 美元后，计 25 303.43 美元，此为原告已实际收取的律师费用。则，若按件计费，被告实际支付的律师服务费用超出了应给付原告的律师服务费用。

但根据本案已认定所争讼律师代理服务费应为计时收费的证据事实。原告共向被告提供律师服务时间为 239.9 小时，原告向被告主张的实际支出办案费用 1563.64 美元，按照双方交易习惯中确定的计时收费的标准为 220 美元／工作小时，原告应收取律师服务费 52 778.00 美元和实际支出办案费用 1563.64 美元，共计 54 341.64 美元。扣除原告已收到被告支付的总计为 26 867.07 美元的律师服务费和实际支出办案费用后，被告仍需向原告支付剩余 27 474.57 美元的律师服务费。

依照《民法通则》第 106 条第 1 款、第 108 条及《合同法》第 61 条之规定，判令被告哈尔克某有限公司在本判决生效后十日内向原告广东某律师事务所上海分所支付 27 474.57 美元及自 2005 年 1 月 19 日起至应付款之日止的利息。

青岛海事法院以判决结案。

【法官后语】

1. 涉外海事案件国内律师事务所的代理权常通过保赔协会、协会或船方的国外律师事务所委托或转委托取得，收取律师费，也会产生因约定俗成的习惯而忽视船方与实际代理案件的国内律师之间须书面明确约定律师费收费标准的情况。这是本案纠纷争讼的根源，因此代理协议签署明确约定律师代理费的收费标准是非常必要的。

本案中：（1）关于原告按时取酬的主张。因律师事务所与船东之间未对代理费收取标准作出书面约定，凭对账单实际列明律师费为 220 美元／工作小时的收费标准。海事法院对该收费标准的合理性判定：一方面，涉外案件

（尤其是海事律师行业）按时取酬的收费标准符合涉外案件通行的行业惯例，220美元/工作小时的收费标准也是我国海事律师界收费的中游标准；另一方面，自被告按照原告第一份账单如期支付代理费用的情况推定，被告是明知也认可原告给出的这一律师费收费标准的。（2）关于被告主张的按照诉讼标的计收律师代理费超出律师行业收费规定标准的抗辩。首先，原告、被告双方对律师事务所所在上海市对律师行业规定的收费标准无争议，故法院可以用该行业标准作为核算本案律师费收取合理性的依据。其次，以案涉诉讼标的来核算本案争讼的律师代理费用收取的合理性，应以律师代理参与诉讼的全部案件诉讼标的总额作为计算律师费收取的依据。经核算，原告律师费用的计费并未超出上海的律师行业收费标准，故其诉求应予支持。

2. 及时、有效保全在国内的涉外财产，是涉外案件生效法律文书执行的保障。

【相关法条】

1.《中华人民共和国民法通则》（2021年1月1日废止）

第一百零六条 公民、法人违反合同或者不履行其他义务的，应当承担民事责任。

公民、法人由于过错侵害国家的、集体的财产，侵害他人财产、人身的，应当承担民事责任。

没有过错，但法律规定应当承担民事责任的，应当承担民事责任。

第一百零八条 债务应当清偿。暂时无力偿还的，经债权人同意或者人民法院裁决，可以由债务人分期偿还。有能力偿还拒不偿还的，由人民法院判决强制偿还。

对应新法：

《中华人民共和国民法典》（2021年1月1日施行）

第五百八十三条 当事人一方不履行合同义务或者履行合同义务不符合约定的，在履行义务或者采取补救措施后，对方还有其他损失的，应当赔偿损失。

2.《中华人民共和国合同法》（2021年1月1日废止）

第六十一条 合同生效后，当事人就质量、价款或者报酬、履行地点等内容没有约定或者约定不明确的，可以协议补充；不能达成补充协议的，按照合同有关条款或者交易习惯确定。

第六十二条 当事人就有关合同内容约定不明确，依照本法第六十一条的规定仍不能确定的，适用下列规定：

（一）质量要求不明确的，按照国家标准、行业标准履行；没有国家标准、行业标准的，按照通常标准或者符合合同目的的特定标准履行。

（二）价款或者报酬不明确的，按照订立合同时履行地的市场价格履行；依法应当执行政府定价或者政府指导价的，按照规定履行。

（三）履行地点不明确，给付货币的，在接受货币一方所在地履行；交付不动产的，在不动产所在地履行；其他标的，在履行义务一方所在地履行。

（四）履行期限不明确的，债务人可以随时履行，债权人也可以随时要求履行，但应当给对方必要的准备时间。

（五）履行方式不明确的，按照有利于实现合同目的的方式履行。

（六）履行费用的负担不明确的，由履行义务一方负担。

第一百零九条 当事人一方未支付价款或者报酬的，对方可以要求其支付价款或者报酬。

第一百一十二条 当事人一方不履行合同义务或者履行合同义务不符合约定的，在履行义务或者采取补救措施后，对方还有其他损失的，应当赔偿损失。

对应新法：

《中华人民共和国民法典》（2021年1月1日施行）

第五百一十条 合同生效后，当事人就质量、价款或者报酬、履行地点等内容没有约定或者约定不明确的，可以协议补充；不能达成补充协议的，按照合同相关条款或者交易习惯确定。

第五百一十一条 当事人就有关合同内容约定不明确，依据前条规定仍不能确定的，适用下列规定：

（一）质量要求不明确的，按照强制性国家标准履行；没有强制性国家标准的，按照推荐性国家标准履行；没有推荐性国家标准的，按照行业标准履行；没有国家标准、行业标准的，按照通常标准或者符合合同目的的特定标准履行。

（二）价款或者报酬不明确的，按照订立合同时履行地的市场价格履行；依法应当执行政府定价或者政府指导价的，依照规定履行。

（三）履行地点不明确，给付货币的，在接受货币一方所在地履行；交付不动产的,在不动产所在地履行;其他标的,在履行义务一方所在地履行。

(四)履行期限不明确的,债务人可以随时履行,债权人也可以随时请求履行,但是应当给对方必要的准备时间。

(五)履行方式不明确的,按照有利于实现合同目的的方式履行。

(六)履行费用的负担不明确的,由履行义务一方负担;因债权人原因增加的履行费用,由债权人负担。

第五百七十九条 当事人一方未支付价款、报酬、租金、利息,或者不履行其他金钱债务的,对方可以请求其支付。

第五百八十三条 当事人一方不履行合同义务或者履行合同义务不符合约定的,在履行义务或者采取补救措施后,对方还有其他损失的,应当赔偿损失。

承办人:郭彦滨
编写人:郭彦滨

22."明某"轮全体船员诉明某海运有限公司船员劳务合同纠纷案

——在船方弃船且船舶滞留国外的情况下我国海事
司法管辖权的获取

【合规提示】

本案系船方实际弃船后,船舶滞留韩国仁川锚地,全体在船船员基于船舶优先权向青岛海事法院主张权利,在海事法院主导下启动对船员与船舶的救援,在船舶回国后,依法实施扣押、拍卖并进行债权分配的海事司法案例。本案给船员、船东带来以下提示:(1)船员工资属于船舶优先权,船员们在船舶漂泊海外、船方放弃管船及补充给养的情况下,应向国内海事法院求援,并依据海事优先权申请扣押、拍卖船舶,以全面保护在国外的船舶安全、中国船员的生命安全等合法利益。(2)船东应对船舶经营期间的优先权之债担责，因此在船舶经营人出现经营极度困难的情况下，船东不应消极等待，应积极作为确保船舶、船员、港口的共同安全。

【案件信息】

1. 裁判文书字号

（1999）青海法海商初字第170号

2. 当事人

原告：24名"明某"轮全体船员

被告：明某海运有限公司

3. 关键词

民事　船员劳务合同　船员工资　船舶优先权　船舶扣押　拍卖船舶债权分配

【裁判要旨】

1. 船舶经营人拖欠的船员工资属于我国《海商法》第22条第1款规定的船舶优先权，船员可以向当事船舶所有人主张权利；本案全套船员合同签订地在青岛港，青岛海事法院对本案有管辖权。

2. 在船方弃船的情况下，将该轮驶抵距离短且最方便的青岛港，就能破解不能跨境行使司法主权的限制。

【基本案情】

圣文森特和格林纳丁斯籍"明某"轮登记船东为明某海运有限公司、经营人为香港某国际海运有限公司。1997年12月26日，中某对外劳务合作公司青岛代表处（以下简称中某青岛）与香港某国际海运有限公司签订《聘用船员协议书》，为"明某"轮配备本案24名原告为该轮的全套船员。1998年1月5日，全套船员登轮开始工作。因经营原因，船东长期拖欠该轮船员工资。1999年，该轮因拖欠韩国仁川港港口费用被港口滞留四个月之久，船员伙食、船舶油物料断供，被港口安全部门以不安全船舶示警，船员身体状况不佳，生活处于十分困难状态。滞留期间，全体船员于1999年6月4日诉至青岛海事法院，主张以船舶优先权提出将该轮驶抵青岛港后予以扣押的申请。基于船东弃船状态，青岛海事法院为解救被困的24名船员，通过韩国某知名航运公司与港口协调，先后委托其垫付该轮在仁川港13.6万美元的相关费用，船舶被放行，并指令船长将该轮直接驶往中国青岛港。1999年6月10日，"明某"轮抵达指定目的港。当日，青岛海事法院下达准予原告保全的民事裁定，并下达扣押船舶命令，在青岛港将当事船舶予以扣押。因船东、经营人均未提供担保，应原告申请，7月10日依法作出民事裁定，拍卖该轮清偿债务。经公告后，8月16日在青岛海事法院"明某"轮拍卖委员会主持下，在青岛市公证处公证下，依法公开拍卖"明某"轮。11家竞买人参加竞买，自40万美元起拍，经过32轮竞价，以63万美元的价格竞拍成功。8月22日，船舶交接完毕，船舶所有权转移，法院解除了对该轮的扣押。债权登记期间，共有15家债权人进行了登记，10月11日，青岛海事法院召开债权人会议，确认了该轮的其他14家债权人总计4 522 220.68元的海事债权，并协商达成13.226%的不足分配比例后，分配完毕。

【裁判说理】

争议焦点：（1）船舶经营人拖欠的船员工资之债，可否向当事船舶主张权利；（2）海事法院行使船舶扣押权的地域限制；（3）海事债权的分配程序。

青岛海事法院认为：

1. 船员基于当事船舶的工资和其他劳动报酬的优先权之债，主张扣押当事船舶的海事请求于法有据，应予支持。

2. 因"明某"轮处于船东实际弃船状态，船员生存与船舶港航的安全处于危险状态，在船全套船员均为中某青岛人员，从航程及后续安置等工作上考量，船舶驶抵青岛港是最方便、最经济的。因此，本着生命至上、安全第一的国际人道主义原则，青岛海事法院大胆尝试，保证并最终促成该轮安全驶抵青岛港。

船舶的扣押应在司法主权及最高人民法院划定的各海事法院的管辖区域内进行，"明某"轮驶抵青岛港，船舶进入青岛海事法院辖区，青岛海事法院可以行使司法扣押的职权。因此，青岛海事法院下达准予原告财产保全的民事裁定和扣押船舶命令，并登轮实施了扣押。

3. 在船舶被依法按程序拍卖后，青岛海事法院按照《最高人民法院关于海事法院拍卖被扣押船舶清偿债务的规定》，完成公示期内的债权登记，确定参加债务清偿的债权人并发出通知，确定债权人清偿顺序，主持召开债权人会议。全体债权人通过协商，确定不足额按比例受偿的比例，并按协议完成了对该轮海事债权分配的全部工作。

【法官后语】

本案发生在《海事诉讼特别程序法》出台之前，是一宗典型的因船员工资纠纷引发海事法院直接参与下的国际海上大救援，是一起极具国际影响力的司法案例。本案中，有三个问题需要解决：（1）原告、被告诉讼主体适格的问题。本案原告主张的船员工资等劳动报酬，是基于其与船舶经营人之间的聘用合同在"明某"轮劳作产生，属于《海商法》第22条第1款规定的船舶优先权的范畴。本案的原告既可以依据劳动合同关系向雇主主张权利，也可以由外派公司代表其向合同相对人主张权利，还可以由船员就其船舶优先权之债直接申请扣押当事船舶并向当事船舶所有人主张行使船舶优先权。原告选择以全体船员的个人名义直接向当事船舶所有人（"明某"轮船东）主张权利，就海事债权债务的主体而言，原告、被告主体适格，应予支持。（2）因海事司法管辖区域受限，海事法院对处于域外的船舶不能行使司法扣押职权。因"明某"轮船东弃船，船员生存与船舶港航的安全处于危险状态，在船全套船员均为中某青岛人员，从航程及后续安置等工作上考量，船舶驶抵青岛港是最方便、最经济的。在后续对船舶的依法拍卖、债权清偿等实践中，亦证明了指定青岛港作为目的港的选择正确。（3）《海事诉讼特别程序法》于1999年12月25日颁布，自2000年7月1日起施行。之前，最高人民法院对已登记的海事债权审理与审查的规定相对笼统，各海事法院、法官在司法实践中的实际操作与把握也略有不同。本案中，法官在先行审查完毕、确认清偿顺序后，召开全体债权人会议，再行集中统一审查的操作，尽到了审慎的注意。在全体债权人协商的基础上，确定不足额按比例受偿的比例，并按协议完成该轮海事债权分配的全部工作。（4）该案从1999年6月4日至10月11日，历时130天，通过一个诉讼案件，完成了从海上国际大救援，到24名船员工资之债的清偿，再到14个海事债权的分配等一系列工作，真正实现了解决一案救助一片的司法效果。

【相关法条】

1.《中华人民共和国海商法》(1993年7月1日施行)

第二十一条 船舶优先权,是指海事请求人依照本法第二十二条的规定,向船舶所有人、光船承租人、船舶经营人提出海事请求,对产生该海事请求的船舶具有优先受偿的权利。

第二十二条 下列各项海事请求具有船舶优先权:

(一)船长、船员和在船上工作的其他在编人员根据劳动法律、行政法规或者劳动合同所产生的工资、其他劳动报酬、船员遣返费用和社会保险费用的给付请求;

……

第二十四条 因行使船舶优先权产生的诉讼费用,保存、拍卖船舶和分配船舶价款产生的费用,以及为海事请求人的共同利益而支付的其他费用,应当从船舶拍卖所得价款中先行拨付。

第二十八条 船舶优先权应当通过法院扣押产生优先权的船舶行使。

2.《最高人民法院关于海事法院拍卖被扣押船舶清偿债务的规定》(2015年3月1日废止)

一、拍卖船舶

(一)船舶被扣押后,申请人提起诉讼的,扣船由诉前保全自动转入诉讼保全,诉讼保全扣船不受诉前扣船期限限制。船舶所有人在法定期限届满拒不提供充分、可靠的担保;或者船舶本身机件、设备不宜继续扣押的,海事法院应申请人的申请依照法定程序对被扣押船舶拍卖。

被拍卖船舶的所有人必须是被告,且应对该项海事请求确实负有责任。

(二)申请人申请拍卖船舶,应向扣押船舶的海事法院提起诉讼,并提交拍卖船舶申请书。

(三)海事法院收到拍卖船舶申请后,应认真进行审查,及时作出准予或不准予拍卖的裁定书。裁定书由院长批准。当事人对裁定不服的,可以申请复议一次;复议期间,不停止裁定的执行。

……

二、债权审查与确认

(一)海事法院应对起诉的案件及时审理,确认原告的债权及数额;

（二）审查已登记的债权，确定参加债务清偿的债权人，并发出通知书；

（三）确定债权人清偿顺序。

三、债务清偿

（一）债权登记届满后，由海事法院主持召开债权人会议。全体债权人通过协商，根据清偿顺序提出分配方案，签订清偿协议，经海事法院裁定予以认可。协商不成由海事法院裁定；

……

对应新法：

《中华人民共和国海事诉讼特别程序法》（2000年7月1日施行）

第二十九条　船舶扣押期间届满，被请求人不提供担保，而且船舶不宜继续扣押的，海事请求人可以在提起诉讼或者申请仲裁后，向扣押船舶的海事法院申请拍卖船舶。

第三十条　海事法院收到拍卖船舶的申请后，应当进行审查，作出准予或者不准予拍卖船舶的裁定。

当事人对裁定不服的，可以在收到裁定书之日起五日内申请复议一次。海事法院应当在收到复议申请之日起五日内作出复议决定。复议期间停止裁定的执行。

第一百一十一条　海事法院裁定强制拍卖船舶的公告发布后，债权人应当在公告期间，就与被拍卖船舶有关的债权申请登记。公告期间届满不登记的，视为放弃在本次拍卖船舶价款中受偿的权利。

第一百一十三条　债权人向海事法院申请登记债权的，应当提交书面申请，并提供有关债权证据。

债权证据，包括证明债权的具有法律效力的判决书、裁定书、调解书、仲裁裁决书和公证债权文书，以及其他证明具有海事请求的证据材料。

第一百一十四条　海事法院应当对债权人的申请进行审查，对提供债权证据的，裁定准予登记；对不提供债权证据的，裁定驳回申请。

第一百一十五条　债权人提供证明债权的判决书、裁定书、调解书、仲裁裁决书或者公证债权文书的，海事法院经审查认定上述文书真实合法的，裁定予以确认。

第一百一十六条　债权人提供其他海事请求证据的，应当在办理债权登记以后，在受理债权登记的海事法院提起确权诉讼。当事人之间有仲裁协议的，应当及时申请仲裁。

海事法院对确权诉讼作出的判决、裁定具有法律效力，当事人不得提起上诉。

第一百一十七条 海事法院审理并确认债权后，应当向债权人发出债权人会议通知书，组织召开债权人会议。

第一百一十八条 债权人会议可以协商提出船舶价款或者海事赔偿责任限制基金的分配方案，签订受偿协议。

受偿协议经海事法院裁定认可，具有法律效力。

债权人会议协商不成的，由海事法院依照《中华人民共和国海商法》以及其他有关法律规定的受偿顺序，裁定船舶价款或者海事赔偿责任限制基金的分配方案。

第一百一十九条 拍卖船舶所得价款及其利息，或者海事赔偿责任限制基金及其利息，应当一并予以分配。

分配船舶价款时，应当由责任人承担的诉讼费用，为保存、拍卖船舶和分配船舶价款产生的费用，以及为债权人的共同利益支付的其他费用，应当从船舶价款中先行拨付。

清偿债务后的余款，应当退还船舶原所有人或者海事赔偿责任限制基金设立人。

承办人：孟庆开

编写人：郭彦滨　于　昊

船舶租赁

23. 海阳某风电公司诉上海某工程公司、新加坡某公司、我国香港某公司、黄某船舶租用合同纠纷案
——准确识别"三无"外籍船舶

📚【合规提示】

本案系一起由海上风电建设施工项目引发的船舶租用合同纠纷案件，原告与被告上海某工程公司约定由上海某工程公司承担部分施工作业，并依照合同约定向其支付锁船定金。在此类案件中，合同各方均应如实按照约定履行，否则不仅将承担违约责任，有关纠纷进入诉讼程序后，还可能面临相关船舶被法院扣押、拍卖的风险。

📚【案件信息】

1. 裁判文书字号

（2023）鲁72民初1209号

2. 当事人

原告：海阳某风电公司

被告：上海某工程公司、新加坡某公司、我国香港某公司、黄某

3. 关键词

民事　船舶租用合同　船舶扣押　"三无"外轮　多元化解　能源安全

📚【裁判要旨】

1.准确识别船舶，确保扣押成功。在根据案涉船舶在中国登记情况实施登船扣押时，因发现该轮内壁涂有不同于中国登记名称的字样，且船舶上仅

有三人，无法提供船舶国籍证书等资料，经主动向有关机关调查核实，在发现该轮系中国公司光租且于近日注销登记信息后，准确推断该轮当前属于"三无"状态，当即决定立刻扣押以防止该轮转移。后主动提示当事人提交该轮在原登记国的登记信息，第一时间掌握该轮在原登记国恢复永久注册等信息后，以该登记信息再行实施扣押。

2. 及时向案外船舶购买人披露信息，避免因案外人不知情造成被扣押船舶所有权移转。在调查到有案外第三人与案涉船舶所有人就船舶买卖达成初步意向后，主动向第三人披露船舶扣押涉诉信息，促使第三人参与诉讼和听证，确保第三人知情，继续开展买卖活动。

【基本案情】

2021年7月，原告海阳某风电公司与被告上海某工程公司及案外人山东某工程咨询公司签订两份海上风电项目施工协议，约定被告上海某工程公司需于约定时间前调遣风机安装船到达海上风电项目现场进行施工，并约定若锁定的船舶未按期进场视为被告上海某工程公司违约，被告上海某工程公司应双倍返还锁船定金。为履行上述合作协议，原告依约向被告上海某工程公司支付锁船定金共计2亿元整。但直至项目风机安装完毕，被告上海某工程公司仍未履行合作协议约定的义务，亦不返还锁船定金。2023年7月，原告与四被告共同签署《协议书》，约定：被告新加坡某公司、我国香港某公司与被告上海某工程公司就欠付原告的2亿元锁船定金及利息共同承担还款责任，被告黄某对被告上海某工程公司的债务承担连带责任保证，此外还约定被告新加坡某公司作为"长某"轮的船舶所有人同意将"长某"轮抵押给原告。

上述协议签订后，各被告未履行合同义务。2023年8月18日，原告海阳某风电公司向青岛海事法院起诉；8月21日，原告海阳某风电公司向青岛海事法院申请扣押"长某"轮，并提供了担保及初步的证据以证明"长某"轮的船舶所有人系新加坡某公司。当日，青岛海事法院作出（2023）鲁72民初1209号民事裁定书，裁定准许原告海阳某风电公司的海事请求保全申请，自即日起扣押"长某"轮。裁定作出后，在扣押过程中，主办法官发现，尽管扣押船舶当地的海事局接收了相关协助扣押"长某"轮的法律文书，且船舶的外壳上印有"长某"字样，但船舱内壁文件有"ＴＳ"字样，船上仅有三个普通船员，提供不了船舶国籍证书等，遂主动向相关海事主管机关调查"长某"轮状况，发现：此轮曾被光船租赁给中国天津某公司，在中国取得国籍和船名"长某"，但该轮在 2022 年 12 月 31 日被注销了中国国籍，船名"长某"已不复存在，即该轮目前处于无船籍港、无船旗国、无船名的"三无"状态。

为避免船舶逃逸的情况发生给债权人造成难以弥补的损失，主办法官决定暂时保留扣押"长某"轮的所有法律文书，并大胆猜测，该轮有可能很快取得名字，并要求原告尽快补充提交该轮在原船籍国新加坡的登记资料。果然，经原告补充提交证据，发现该轮于扣押后次日永久恢复了新加坡国籍，且恢复使用原英文名称"ＴＳ"。随后，青岛海事法院依据相关信息，作出（2023）鲁 72 民初 1209 号之一民事裁定书，裁定继续扣押被告新加坡某公司所属的"ＴＳ"轮船舶，至此，该船被成功扣押。

2023 年 9 月，青岛海事法院又得知被告新加坡某公司同日本某公司已经就"ＴＳ"轮船舶的买卖事宜达成初步意向，而日本某公司对船舶被扣押的状态尚不知情，该案面临船舶扣押但无法实现应有法律效果、后续判决无法执行、原告债权无法实现以及国有资产流失的风险。

【裁判说理】

本案的审理难点在于，当被扣押船舶处于无船籍港、无船旗国、无船名的"三无"状态时，如何通过多元化解手段，在实现船舶扣押应有的法律效果和保障后续判决执行的前提下，实现中外各方当事人的利益最大化。

青岛海事法院认为：案涉船舶在法院作出（2023）鲁 72 民初 1209 号民事裁定书后，恢复了新加坡国籍，如果被告新加坡某公司与案外人日本某公司订立正式船舶买卖合同，并在新加坡主管机关完成所有权转移，将导致船舶扣押应有的法律效果无法实现、后续判决无法执行。此外，即便能够对"ＴＳ"轮进行司法拍卖，受到拍卖价款不确定性的影响，同样可能导致最终判决确认的原告债权无法全部受偿，而且被告新加坡某公司作为船东、日本某公司履行下家合同等的利益也不能得到很好的保障。因此，在法院介入下，向案外人日本某公司及时披露有关情况，并将其引入案件听证程序，促成调解和拍卖程序外的船舶买卖是化解本案纠纷，实现原告、被告、案外人中外各方利益最大化的最优途径。

青岛海事法院于2023年12月14日作出（2023）鲁72民初1209号民事调解书。调解书作出后，案外人日本某公司于2023年12月18日支付了和解款项，当日，青岛海事法院将该案款转付给原告，并依原告申请对船舶解除扣押，日本某公司顺利接管该轮。

【法官后语】

本案案涉标的大，牵扯中国、日本、新加坡、中国香港特别行政区等多个国家和地区，同时因为隶属于新加坡的新加坡某公司对于船舶的登记采取多变的方式，导致本案船舶扣押及拍卖等情况变得极为复杂，如果处理不当，将可能导致有关企业经营受阻、国有资产流失和海上风电产业发展受限。

该案审理期间，在船舶扣押、听证和解、履行方式协商等方面，法官跳出"机械司法""就案办案"的旧思维，充分发挥主观能动性，主动出击、积极作为，充分运用法治智慧、审判智慧，平衡和兼顾各方利益诉求，运用精深专业知识和高超审判能力成功处理了这一起案件。

这起涉外案件高效而圆满的解决，为国际海事司法界处理同类案件提供了可资借鉴的经验，对于保护"一带一路"共建国家相关主体的权利，营造青岛市、山东省乃至中国良好的法治营商环境有非常积极的意义。同时，本案是海事法官实现多赢共赢、政通人和、案结事了，实现政治效果、法律效果和社会效果统一的生动实践和集中体现；对于启发海事法官运用先进理念，充分发挥海事审判职能作用，助力国家海洋新能源产业发展，保障国家能源安全，为海洋经济发展注入海事司法动能具有重要意义和深远影响。

【相关法条】

《中华人民共和国海事诉讼特别程序法》（2000年7月1日施行）

第十二条　海事请求保全是指海事法院根据海事请求人的申请，为保障其海事请求的实现，对被请求人的财产所采取的强制措施。

第十七条　海事法院接受申请后，应当在四十八小时内作出裁定。裁定采取海事请求保全措施的，应当立即执行；对不符合海事请求保全条件的，裁定驳回其申请。

当事人对裁定不服的，可以在收到裁定书之日起五日内申请复议一次。

海事法院应当在收到复议申请之日起五日内作出复议决定。复议期间不停止裁定的执行。

利害关系人对海事请求保全提出异议,海事法院经审查,认为理由成立的,应当解除对其财产的保全。

第二十一条 下列海事请求,可以申请扣押船舶:

(一)船舶营运造成的财产灭失或者损坏;

(二)与船舶营运直接有关的人身伤亡;

(三)海难救助;

(四)船舶对环境、海岸或者有关利益方造成的损害或者损害威胁;为预防、减少或者消除此种损害而采取的措施;为此种损害而支付的赔偿;为恢复环境而实际采取或者准备采取的合理措施的费用;第三方因此种损害而蒙受或者可能蒙受的损失;以及与本项所指的性质类似的损害、费用或者损失;

(五)与起浮、清除、回收或者摧毁沉船、残骸、搁浅船、被弃船或者使其无害有关的费用,包括与起浮、清除、回收或者摧毁仍在或者曾在该船上的物件或者使其无害的费用,以及与维护放弃的船舶和维持其船员有关的费用;

(六)船舶的使用或者租用的协议;

(七)货物运输或者旅客运输的协议;

(八)船载货物(包括行李)或者与其有关的灭失或者损坏;

(九)共同海损;

(十)拖航;

(十一)引航;

(十二)为船舶营运、管理、维护、维修提供物资或者服务;

(十三)船舶的建造、改建、修理、改装或者装备;

(十四)港口、运河、码头、港湾以及其他水道规费和费用;

(十五)船员的工资和其他款项,包括应当为船员支付的遣返费和社会保险费;

(十六)为船舶或者船舶所有人支付的费用;

(十七)船舶所有人或者光船承租人应当支付或者他人为其支付的船舶保险费(包括互保会费);

（十八）船舶所有人或者光船承租人应当支付的或者他人为其支付的与船舶有关的佣金、经纪费或者代理费；

（十九）有关船舶所有权或者占有的纠纷；

（二十）船舶共有人之间有关船舶的使用或者收益的纠纷；

（二十一）船舶抵押权或者同样性质的权利；

（二十二）因船舶买卖合同产生的纠纷。

承办人：刘小娜

编写人：刘小娜　樊羽萌

24. 烟台辰某海运有限公司诉平潭明某海运有限公司航次租船合同纠纷案
——关于定金之订约确认与损害补偿功能的审查认定

【合规提示】

定金具有合同确立之功能，当事人可以约定一方向对方给付定金作为债权的担保，定金合同自实际交付定金时成立。当一方交付定金后，该合同即成立，而无须等待对方回传双方签订的合同。对于接受定金的一方而言，需要谨记该点。《民法典》明确规定，依法成立的合同，受法律保护。依法成立的合同，仅对当事人具有法律约束力，当事人应当按照约定全面履行自己的义务。在航次租船合同的特约事项及违约责任对受载期迟延情况作出约定时，应当严格遵循合同约定，受载期应当顺延。此时支付定金的一方应当注意，如果系其单方违约导致合同目的无法实现，无权要求返还定金。

【案件信息】

1. 裁判文书字号

（2022）鲁72民初194号、（2022）鲁民终2841号

2. 当事人

原告（反诉被告）：烟台辰某海运有限公司

被告（反诉原告）：平潭明某海运有限公司

3. 关键词

民事　航次租船合同　定金　合同成立　单方解除　定金罚则

【裁判要旨】

1. 当事人可以约定一方向对方给付定金作为债权的担保。定金合同自实际交付定金时成立。案涉《航次租船合同》自一方实际支付定金时成立，而不论对方是否回传双签合同。

2. 一方单方解除合同的行为不符合法定解除与约定解除的条件，构成违约，并且导致合同目的无法实现，无权要求返还定金。

3. 可得利益仅限于未来可以得到的利益，不包括履行本身获得的利益，而主要是指获取利润所对应的利益。

【基本案情】

2021年6月23日，烟台辰某海运有限公司（以下简称辰某公司）职员严某与平潭明某海运有限公司（以下简称明某公司）职员施某某通过微信方式进行案涉航次租船合同有关内容的磋商，微信聊天记录载明，双方同意签订合同并约定30万元定金。

2021年6月23日，辰某公司与明某公司签订《航次运输合同》，合同约定船号"某海"，起运港秦皇岛，到达港海南八所，装卸时间6天（两港合并计算），受载期为"2021年6月29日±1天"，运费为64元/吨（含税），滞期费2.5元/天/吨，货量保底42 200吨；运费及结算写明"合同签订后在1小时内预付定金30万元人民币，收到定金，合同生效，剩余运费和滞期费在卸货港靠泊前一次性付清"。特约事项及违约责任第6条写明："由于本合同提前签订，受载期为推算时间，若在上一港因码头压港、码头设施故障、船

舱机器故障及天气等不可抗力因素影响，实际抵装货港时间可能提前或推迟，一旦受载期可能产生变动，船期自动顺延。受载期以承运方船舶实际抵达装货港锚地时间开始计算。"同日，辰某公司向明某公司支付合同定金30万元。

2021年6月23日，辰某公司作为出租方与鹏某公司签订《航次运输合同》，合同约定船号"某海"，起运港秦皇岛，到达港海南八所，装卸时间6天（两港合并），受载日期2021年6月29日±1天，滞期费2.5元/吨/天，单价65元/吨（含税），本航次运费按42 200吨保底结算。2021年7月6日，长某公司与鹏某公司签订《航次运输合同》，合同约定船号"中某86"，起运港秦皇岛，到达港海南八所，装卸时间6天（两港合并），受载日期2021年6月28日±1天，滞期费2元/吨/天，单价61.8/吨（含税），本航次运费按45 800吨保底结算。"中某86"轮实际履行该航次。

2021年6月26日，辰某公司向明某公司发出《商函》要求解除合同并退还30万元定金。

2021年6月28日，明某公司与协某公司签订《航次运输合同》，合同约定船号"某海"，起运港丹东，到达港莆田，装卸时间6天（两港合并计算），受载日期2021年6月30日±1天，运费为40元/吨（含税），滞期费2.0元/天/吨，运费按保底货量40 000吨结算。"某海"轮实际履行该航次，明某公司按照保底货量收取了运费160万元。

另查明，明某公司具有国内水路运输经营许可证。"某海"轮的前一航次为自宁波中宅码头至江苏大丰港。根据"某海"轮船舶日志显示，2021年6月25日0705时在盐城大丰港开始抛锚，2021年6月29日2345时在盐城大丰港开始起锚。2021年6月30日0320时靠泊大丰通用码头1泊位，0354时开始卸货，7月1日0705时卸货完毕，7月1日1231时离开盐城大丰港。7月2日2320时到达丹东港货轮锚地开始抛锚，7月4日1546时开始绞锚，1820时靠泊泊位，2050时系泊装货正常，开始装货，7月6日0505时完货。7月10日1545时在莆田开始卸货，7月11日1350时卸货完毕。

2021年8月18日，辰某公司将律师函微信发与明某公司，催促明某公司返还30万元定金。

2022年1月25日，明某公司支付律师费2万元整。

本诉原告辰某公司向法院提出诉讼请求：（1）请求判令被告明某公司立即归还定金 30 万元；（2）本案诉讼费、保全费由被告明某公司承担。

反诉原告明某公司向法院提出诉讼请求：（1）请求判令反诉被告辰某公司赔偿反诉原告明某公司损失 82.08 万元；（2）本案诉讼费用均由反诉被告辰某公司承担。

【裁判说理】

争议焦点：（1）辰某公司与明某公司之间的《航次租船合同》是否生效；（2）案涉 30 万元定金是否应当返还；（3）反诉诉讼请求是否应当支持。

青岛海事法院认为：

一、辰某公司与明某公司之间的《航次租船合同》是否生效

辰某公司主张，合同签订后，因外轮的提前靠泊，"某海"轮受载期确定要延误，辰某公司未回传双签合同，因此双方签订的航次运输合同并未正式履行。明某公司抗辩，在辰某公司要求发送合同后，明某公司向其发送案涉合同，辰某公司同意接受合同条款，并且支付了 30 万元定金，合同已经生效。

法院认为，2021 年 6 月 23 日，辰某公司与明某公司职员通过微信方式进行航次租船合同有关内容的磋商，协商一致后，辰某公司要求签订合同，并通过微信方式将《航次租船合同》发送给明某公司，合同中关于运费及结算的约定为："合同签订后在 1 小时内预付定金 30 万元人民币，收到定金，合同生效，剩余运费和滞期费在卸货港靠泊前一次性付清。"该约定系当事人双方的真实意思表示，且不违反法律规定，合法有效，双方应当按照该约定履行合同。6 月 23 日 1437 时，辰某公司职员微信中说："30 万定金。合同快点哦。"即辰某公司明确其支付的 30 万元性质为定金，按照《民法典》第 586 条第 1 款的规定，"当事人可以约定一方向对方给付定金作为债权的担保。定金合同自实际交付定金时成立"。因此，案涉《航次租船合同》自辰某公司实际支付 30 万元定金时成立，而不论辰某公司是否回传双签合同。《民法典》第 502 条第 1 款规定："依法成立的合同，自成立时生效，但是法律另有规定或者当事人另有约定的除外。"依照该规定，本案合同于 2021 年 6 月 23 日依法成立，自成立时生效。

二、案涉 30 万元定金是否应当返还

辰某公司主张，双方签订的《航次运输合同》并未正式履行，辰某公司

为了避免扩大损失，于 2021 年 6 月 25 日已另外寻找适载适期船舶执行本次运输任务。基于航次合同已事实上不能履行，请求明某公司退还 30 万元定金款。明某公司抗辩，按照合同第 6 条特约事项的码头压港受载期应当顺延的约定，辰某公司无权以"某海"轮不能在大丰港直靠为由解除合同。本案没有任何证据证明"某海"轮不能在大丰港直靠会给辰某公司造成任何损失或者带来任何不利后果。辰某公司单方违约导致合同目的无法实现，无权要求返还定金。

对此，法院认为，2021 年 6 月 23 日，辰某公司与明某公司职员协商订约时，辰某公司询问明某公司，"能不能提供大丰港明确的直靠证明"，明某公司向辰某公司提供了大丰港船代的联系电话，让辰某公司直接与船代电话确认；辰某公司与船代联系后，告知明某公司，"代理只是说没有明确的直靠计划，大概可能直靠"，而明某公司则回复"行啊，你看看能用了就用，用不了就算了，我再找货没关系"。辰某公司主动要求明某公司："签合同吧。"因此，双方订约时，明某公司并未向辰某公司保证船舶在大丰港一定直靠，辰某公司也清楚船舶没有明确的直靠计划，只是"大概可能直靠"，存在需要等泊的可能性，本案合同是在辰某公司愿意接受船舶在大丰港不能直靠风险的前提下签订的。《航次运输合同》特约事项及违约责任第 6 条写明："由于本合同提前签订，受载期为推算时间，若在上一港因码头压港、码头设施故障、船舶机器故障及天气等不可抗力因素影响，实际抵装货港时间可能提前或推迟，一旦受载期可能产生变动，船期自动顺延。受载期以承运方船舶实际抵达装货港锚地时间开始计算。"该条款系双方当事人签订合同时真实意思的体现。

《民法典》第 465 条规定："依法成立的合同，受法律保护。依法成立的合同，仅对当事人具有法律约束力，但是法律另有规定的除外。"第 509 条第 1 款规定："当事人应当按照约定全面履行自己的义务。"因此辰某公司与明某公司之间的《航次运输合同》受法律保护，双方应当按照合同约定全面履行自己的义务。"某海"轮因外轮优先靠泊无法直靠，符合《航次运输合同》特约事项及违约责任第 6 条中因码头压港导致受载期延迟的情况。即使合同写明受载期为 2021 年 6 月 29 日 ±1 天，但是特约事项及违约责任本就为特殊情况下的合同履行而作出的特别约定，在合同对"上一港码头压港，受载期以承运船舶实际抵达时间开始计算"作出明确约定的情形下，应当严格遵循合同约定，受载期应当顺延。

2021年6月26日，辰某公司向明某公司发出《商函》要求解除合同并退还30万元定金。法院认为，辰某公司单方解除合同的行为不符合法定解除与约定解除的条件，构成违约，且双方之间的《航次运输合同》事实上已履行不能，合同目的落空。《民法典》第587条规定："债务人履行债务的，定金应当抵作价款或者收回。给付定金的一方不履行债务或者履行债务不符合约定，致使不能实现合同目的的，无权请求返还定金；收受定金的一方不履行债务或者履行债务不符合约定，致使不能实现合同目的的，应当双倍返还定金。"故辰某公司无权要求明某公司返还30万元定金，法院对于辰某公司的本诉诉讼请求不予支持。

三、反诉诉讼请求是否应当支持

明某公司主张，2021年6月28日，明某公司与协某公司签订《航次运输合同》，按照保底货量收取了运费160万元。辰某公司解除合同的行为给其造成了110.08万元的运费差价损失，辰某公司支付的30万元定金远远不足以弥补明某公司的上述损失。辰某公司主张为明某公司另行配货，明某公司予以拒绝，明某公司不存在损失，且其损失计算方法不能成立。

对此，法院认为，《民法典》第588条第2款规定："定金不足以弥补一方违约造成的损失的，对方可以请求赔偿超过定金数额的损失。"同时，第584条规定："当事人一方不履行合同义务或者履行合同义务不符合约定，造成对方损失的，损失赔偿额应当相当于因违约所造成的损失，包括合同履行后可以获得的利益；但是，不得超过违约一方订立合同时预见到或者应当预见到的因违约可能造成的损失。"对于本案而言，辰某公司单方违约解除合同，应当能够预见因其突然的解除合同行为会导致"某海"轮货物落空的结果，对已经支付的30万元定金无权要求返还。辰某公司主张为"某海"轮另行配货，但没有提供证据予以证明，对该主张法院不予支持。

2021年6月28日，在"某海"轮上一航次未卸货完毕前，明某公司即与协某公司签订《航次运输合同》，"某海"轮不存在闲置时间损失。关于明某公司损失80.08万元运费收入的主张，明某公司与协某公司航次租船合同中的起运港、目的港不同于与辰某公司航次租船合同中的起运港、目的港，故两个航次的运费不能进行简单的对比，得出可得利益损失为80.08万元的结论。可得利益仅限于未来可以得到的利益，不包括履行本身获得的利益，而主要是指获取利润所对应的利益。对于明某公司基于秦皇岛至海南八所航次可以获得的利润损失,庭审中明某公司曾申请司法鉴定,后因其未缴纳评估费,鉴定程序不再进行。故明某公司对于其主张的80.08万元运费损失未能提供证据予以证明,法院对该部分损失不予支持。

关于2万元律师费的主张,《航次运输合同》特约事项及违约责任第10条规定"本合同未尽事宜,双方按有关法律规定友好协商解决。任何双方不能协商解决的纠纷由起诉方海事法院审理。所发生的诉讼费、律师费等一切费用由败诉方承担"。根据该约定,律师费由败诉方负担,对于明某公司而言,30万元的本诉其为胜诉方,80.08万元的反诉其为败诉方,则明某公司在本案中既为胜诉方也为败诉方,而2万元的律师费包括本诉与反诉,法院酌定按照明某公司在本案中的胜诉比例裁定律师费,明某公司胜诉比例约为27%,则应由辰某公司承担的律师费为5400元,故对明某公司5400元律师费的主张法院予以支持,对其他律师费的主张法院不予支持。

综上,《航次运输合同》合法有效,辰某公司单方解除合同的行为属于违约,无权要求明某公司返还定金30万元,对辰某公司返还定金的本诉请求法院不予支持。明某公司不能提交证据证明其可得利益损失,对其80.08万元运费损失的反诉请求法院不予支持,对于律师费的反诉请求法院酌定支持5400元。法院遂判决如下:一、驳回本诉原告辰某公司对本诉被告明某公司的诉讼请求;二、反诉被告辰某公司应当于本判决生效之日起10日内向反诉原告明某公司支付律师费5400元;三、驳回反诉原告明某公司的其他诉讼请求。

一审判决后辰某公司不服,向山东省高级人民法院提起上诉,山东省高级人民法院判决驳回上诉,维持原判。

【法官后语】

本案争议焦点为明某公司应否定返还辰某公司定金30万元。辰某公司主张定金应当退还,理由是合同目的不能实现的原因不能归结于辰某公司。明某公司抗辩辰某公司单方解除合同的行为不符合法定解除或者约定解除的条件,辰某公司构成违约并致使合同目的不能实现,无权要求返还定金。经查,2021年6月23日,辰某公司与明某公司签订《航次运输合同》,同日,辰某公司向明某公司支付定金30万元。2021年6月26日,辰某公司向明某公司发出《商函》要求解除合同并退还 30 万元定金。《航次运输合同》没有履行。辰某公司与明某公司在《航次运输合同》中约定，合同签订后在 1 小时内预付定金 30 万元，收到定金，合同生效。承运船舶在约定时间内抵达装港锚地等装 48 小时内（此时间可发生在受载期内），托运方仍没有办齐货物装货手续或未支付滞期费保证金或滞期费保证金支付不足，承运方可视为货物落空。如货物落空，托运方赔偿承运方本合同运费的 30% 作为违约金。同时合同解除，承运方有权撤船且不退还预付定金和预付的滞期费保证金。案涉《航次运输合同》没有履行，合同也没有解除。辰某公司没有证据证明明某公司不履行合同。《民法典》第 587 条规定："债务人履行债务的，定金应当抵作价款或者收回。给付定金的一方不履行债务或者履行债务不符合约定，致使不能实现合同目的的，无权请求返还定金；收受定金的一方不履行债务或者履行债务不符合约定，致使不能实现合同目的的，应当双倍返还定金。"该条法律规定是关于定金罚则适用的规定。定金的基本功能是担保，而这种担保功能是通过惩罚性规则，即定金罚则实现的，即若交付定金一方应当对给付不能负责任或者对合同撤销具有过错时，则接受定金一方有权保有定金，定金之功能不仅在于订约确认，亦在最低程度之损害补偿。两审法院认定辰某公司单方解除合同的行为不符合法定解除与约定解除的条件，构成违约，且双方之间的《航次运输合同》事实上已履行不能，合同目的落空，辰某公司无权要求明某公司返还 30 万元定金。

【相关法条】

《中华人民共和国民法典》（2021 年 1 月 1 日施行）

第四百六十五条 依法成立的合同，受法律保护。

依法成立的合同，仅对当事人具有法律约束力，但是法律另有规定的除外。

第五百零二条 依法成立的合同，自成立时生效，但是法律另有规定或者当事人另有约定的除外。

依照法律、行政法规的规定，合同应当办理批准等手续的，依照其规定。未办理批准等手续影响合同生效的，不影响合同中履行报批等义务条款以及相关条款的效力。应当办理申请批准等手续的当事人未履行义务的，对方可以请求其承担违反该义务的责任。

依照法律、行政法规的规定，合同的变更、转让、解除等情形应当办理批准等手续的，适用前款规定。

第五百八十四条 当事人一方不履行合同义务或者履行合同义务不符合约定，造成对方损失的，损失赔偿额应当相当于因违约所造成的损失，包括合同履行后可以获得的利益；但是，不得超过违约一方订立合同时预见到或者应当预见到的因违约可能造成的损失。

第五百八十六条 当事人可以约定一方向对方给付定金作为债权的担保。定金合同自实际交付定金时成立。

定金的数额由当事人约定；但是，不得超过主合同标的额的百分之二十，超过部分不产生定金的效力。实际交付的定金数额多于或者少于约定数额的，视为变更约定的定金数额。

第五百八十七条 债务人履行债务的，定金应当抵作价款或者收回。给付定金的一方不履行债务或者履行债务不符合约定，致使不能实现合同目的的，无权请求返还定金；收受定金的一方不履行债务或者履行债务不符合约定，致使不能实现合同目的的，应当双倍返还定金。

第五百八十八条 当事人既约定违约金，又约定定金的，一方违约时，对方可以选择适用违约金或者定金条款。

定金不足以弥补一方违约造成的损失的，对方可以请求赔偿超过定金数额的损失。

承办人：王爱玲
编写人：王爱玲

25. 嘉某盛航运（海南）有限公司诉宁波外某散杂货物流有限公司航次租船合同纠纷案
——运输产生的滞期费责任承担认定

【合规提示】

本案系一起因航次租船合同履行产生的民商事纠纷，双方对因绑扎杆件返回运输产生的滞期费如何承担的问题存在争议。本案中，原告为船舶出租人，被告系承租人，双方之间的合同在运费部分项下明确约定由"船东负责把绑扎杆件返回中国"，据此应将绑扎杆件返回运输理解为原告的一项合同义务。在未对绑扎杆件的返回运输签订书面航次租船合同的情况下，若因绑扎杆件的返回运输产生滞期费纠纷，一般会根据该航次是属于连续的不同航次，还是属于同一航次的不同阶段，来认定滞期费的承担问题。因此，在签订航次租船合同时，出租人与承租人应当对如绑扎杆件返回运输等易引发纠纷的事项作出明确、具体的约定，防止合同条文产生歧义；同时，合同签订之后，双方当事人应严守诚信原则，按照合同约定履行，避免合规风险的发生。

【案件信息】

1. 裁判文书字号

（2022）鲁72民初846号、（2022）鲁民终2333号

2. 当事人

原告：嘉某盛航运（海南）有限公司

被告：宁波外某散杂货物流有限公司

3. 关键词

民事　航次租船合同　合同约定　滞期费

【裁判要旨】

在航次租船合同约定大件货物运输,且未对绑扎杆件的返回运输签订书面航次租船合同的情况下,若因绑扎杆件的返回运输产生滞期费纠纷,认定该航次是属于连续的不同航次,还是属于同一航次的不同阶段,直接影响到滞期费的认定。

【基本案情】

原告嘉某盛航运(海南)有限公司(以下简称嘉某盛公司)与被告宁波外某散杂货物流有限公司(以下简称外某公司)于 2021 年 12 月 31 日签订《运输合同》,约定由嘉某盛公司将其所有的船舶"金湾某代"轮出租给外某公司,用于自张家港/太仓/南通中的指定装港运输外某公司货物至印尼苏拉威西。将货物运抵苏拉威西卸货完毕后,"金湾某代"轮根据外某公司指示驶往上海以卸载并交还绑扎杆件,"金湾某代"轮于 2022 年 3 月 15 日按照外某公司指示抵达长江口,并向外某公司发送了准备就绪通知书。由于合同约定的 30 天装卸时间在卸货港已使用完毕,因此,自 2022 年 3 月 15 日 22:00 起至 2022 年 4 月 1 日 4:45 船舶起锚进港时止,"金湾某代"轮共计滞期 16 天 6 小时 45 分钟,产生滞期费 407 031.25 美元。

原告嘉某盛公司诉称,依据《海商法》《民法典》等法律规定,被告作为案涉航次租船合同的承租人,案涉船舶在履行合同过程中产生滞期的情况下,被告有义务支付滞期费及律师费共计 2 726 799 元。

被告外某公司辩称,《运输合同》下约定由原告负责将绑扎杆件返还且相关费用包含在包干运费中,绑扎杆件非货物,卸载亦非在约定卸货港发生的装卸时间内,绑扎杆件不适用《运输合同》下货物在合同约定装卸港超出装卸时间而产生的滞期费。因此,被告不存在任何违约行为,原告的诉讼请求无事实依据及法律依据,请求依法判决驳回其全部诉讼请求。

【裁判说理】

争议焦点:(1)《运输合同》项下返回绑扎杆件装卸时间是否应合并计算并连续计算滞期费;(2)外某公司是否应向嘉某盛公司支付其主张的滞期费。

青岛海事法院认为:

一、《运输合同》项下返回绑扎杆件装卸时间是否应合并计算并连续计算滞期费

根据《运输合同》对"航次"的解释和对装卸港的约定，结合JWSD××××1号提单所记载，将10台门机从南通港运至印尼苏拉威西巴霍多皮港，为一个航次（以下简称2××1航次）。同样根据合同对"航次"的解释，结合JWSD××××2号提单所记载，由船东使用约定的船舶，将合同约定的绑扎杆件自装货港"印尼苏拉威西巴霍多皮港"运至卸货港"上海港"，对于绑扎杆件返回的运输，双方约定了新的装货港和卸货港，签发了JWSD××××2号提单，此为一个新的航次（以下简称2××2航次）。根据JWSD××××1号提单和JWSD××××2号提单背面载明的"租约并入提单条款"的约定，JWSD××××2号提单所涉运输的2××2航次未订立租船合同，重大件货物标准运输合同2007年版条款应视为并入JWSD××××2号提单。根据嘉某盛公司签发的JWSD××××2号提单的记载，JWSD××××2号提单根据案涉《运输合同》签发，且提单背面载有"租约并入提单条款"，故将绑扎杆件返回运输的2××2航次的装货时间和卸货时间同样共计30天，从船到达装卸港锚地递交《准备就绪通知书》后6小时开始计算，装货完毕即为装货时间，卸货完毕甲板船长确认后离港计为卸货时间，滞期费也相应从2××2航次装货港印尼苏拉威西巴霍多皮港装货完毕和卸货港上海港卸货完毕合并时间超过30天后重新计算。

二、外某公司是否应向嘉某盛公司支付其主张的滞期费

如焦点一所述，2××2航次免费装卸时间共计30天，滞期费也相应从2××2航次装货港印尼苏拉威西巴霍多皮港装货完毕和卸货港上海港卸货完毕合并时间超过30天后重新计算。2××2航次为绑扎杆件的返回，未有证据证明在装货港印尼苏拉威西巴霍多皮港有装货时间产生，嘉某盛公司提交证据证明工装运抵上海锚地时间为2022年3月15日16:00，《准备就绪通知书》递交时间即为该时间，进上海杂钢码头时间为2022年4月1日4:55，工装码头卸货完毕时间为2022年4月3日15:00，两港总用时16.531 25天，嘉某盛公司主张的16.281 25天滞期时间仍在30天免费时间内。故，嘉某盛公司请求外某公司支付其主张的滞期费于法无据，不予支持。

青岛海事法院于2022年8月22日作出（2022）鲁72民初846号民事判

决书，判决驳回原告嘉某盛公司的诉讼请求。

嘉某盛公司不服一审判决，向山东省高级人民法院提起上诉。山东省高级人民法院于2022年12月16日作出（2022）鲁民终2333号民事判决书，判决驳回上诉，维持原判。

【法官后语】

若航次租船合同仅对大件货物运输作出约定，未对绑扎杆件的返回运输签订书面航次租船合同且因绑扎杆件的返回运输发生滞期费纠纷时，法院对该航次属于连续的不同航次，或是同一航次的不同阶段的认定，将会直接影响到滞期费的认定。

本案的审理即是围绕上述思路展开的。根据《海商法》的规定和本案《运输合同》的约定，结合提单所记载，将10台门机从南通港运至印尼苏拉威西巴霍多皮港，为2××1航次；对于绑扎杆件返回的运输，装货港和卸货港均不同，签发了JWSD××××2号提单，此为2××2航次。根据两提单背面载明的"租约并入提单条款"的约定，JWSD××××2号提单所涉运输的2××2航次未订立租船合同，重大件货物标准运输合同2007年版条款应视为并入JWSD××××2号提单，装卸时间和滞期费应按照新的航次重新计算。

2××2航次免费装卸时间共计30天，滞期费也相应从2××2航次装货港印尼苏拉威西巴霍多皮港装货完毕和卸货港上海港卸货完毕合并时间超过30天后重新计算。2××2航次为绑扎杆件的返回，未有证据证明在装货港印尼苏拉威西巴霍多皮港有装货时间产生，嘉某盛公司提交证据证明工装运抵上海锚地时间为2022年3月15日16:00，《准备就绪通知书》递交时间即为该时间，进上海杂钢码头时间为2022年4月1日4:55，工装码头卸货完毕时间为2022年4月3日15:00，两港总用时16.531 25天，嘉某盛公司主张的16.281 25天滞期时间仍在30天免费时间内。故嘉某盛公司请求外某公司支付其主张的滞期费于法无据，不予支持。

【相关法条】

《中华人民共和国海商法》（1993年7月1日施行）

第九十二条 航次租船合同，是指船舶出租人向承租人提供船舶或者船舶的部分舱位，装运约定的货物，从一港运至另一港，由承租人支付约定运费的合同。

承办人：王 欣
编写人：王 欣 刘 昭

26.烟台港德某供应链管理有限公司诉王某娣、烟台福某建材有限公司船舶租用合同纠纷案
——单方解除权的行使和出资人滥用权利承担民事责任的司法认定

【合规提示】

本案虽然仅系一起船舶租用合同纠纷，却充分反映了商事纠纷中合同解除权如何行使和出资人滥用权力如何承担民事责任等突出问题。

作为承租人，要注意按约定支付租金是其根本合同义务，当欠付租金时，出租人享有合同解除权，解除权属于形成权，解除通知一经到达己方即发生合同关系消灭的法律效果，而无须其同意。公司股东个人虽然成立了有限责任公司，但当股东滥用出资人权利损害债权人利益时，要与公司承担连带还款责任，因此，股东不要带有实际控制该企业，但又以有限责任为掩护逃避责任的幻想。

作为出租人，当租船人欠付租金时有权行使合同解除权，需要注意的是，当其发出附有宽限期限的解除通知时，该期限届满之时即为合同解除之时。特别是解除通知不允许撤销，否则不仅与解除权性质相悖，且易导致法律秩序混乱，因此解除通知不能发送多份。如果债务人公司股东滥用出资人权利，存在擅自挪用公司的财产或者与自己的财产混同、账目混同、业务混同等行为，其有权请求出资人个人与公司承担连带责任。

【案件信息】

1. 裁判文书字号

(2022) 鲁 72 民初 1056 号、(2023) 鲁民终 563 号

2. 当事人

原告：烟台港德某供应链管理有限公司

被告：王某娣、烟台福某建材有限公司

3. 关键词

民事　船舶租用合同　单方解除权　通知解除　出资人　滥用权利　连带责任

【裁判要旨】

1. 当事人一方通知对方当事人解除合同，首先必须享有解除权。解除权属于形成权，解除通知一经到达对方即发生合同关系消灭的法律效果，而无须对方当事人同意。附履行宽限期的解除通知以通知中限定的履行期满之时为合同解除时，解除通知不允许撤销。

2. 出资人不得滥用法人独立地位和出资人有限责任损害债权人的利益。出资人滥用法人独立地位和有限责任逃避债务，严重损害债权人利益的，应当对法人债务承担连带责任。

【基本案情】

"承阳××"轮，系近海甲板货船，2017 年 10 月 31 日建造完工，船籍港盐城，船舶识别号 CN2017409××××，2255 总吨，1262 净吨，船舶所有人为盐城市滨某运输有限公司、王某、胡某卫、郑某。

2021 年 11 月 1 日，烟台港德某供应链管理有限公司（以下简称德某公司）与胡某卫签订《船舶租赁合同》，约定德某公司光租胡某卫所属的甲板货船"承阳××"轮，租赁合同期限暂定 12 个月，自 2021 年 11 月 4 日起至 2022 年 11 月 3 日止，以实际起租时间为准（起租时间以船舶从烟台开航时起至合同期满费用结清时止）。租金每月 45 万元，不含税。德某公司承担船舶及船员安全责任，负责船舶运营所有开销。

2021 年 11 月 4 日，德某公司与烟台福某建材有限公司（以下简称福某

公司）签订《船舶租赁合同》，合同双方当事人为福某公司和德某公司。合同主要内容如下：船舶总吨2255吨，净吨1262吨，实际载重量3680吨，主机总功率704千瓦。福某公司租用德某公司所属"承阳××"轮参与运输，租赁期限四个月，自2021年11月5日起至2022年3月4日止，以实际起租时间为准（起租时间以船舶从烟台东港22号泊位离泊开航时起至合同期满费用结清时止）。租金每月72万元，不含税。租金支付采用先支付后使用的方式，船舶交给福某公司前，福某公司先支付给德某公司当月船舶租金，每月支付租金时间以支付第一个月租金时间为一个月周期，以此类推。合同签订后，福某公司于11月25日前向德某公司支付20万元合同履约保证金，该保证金不计息不含税，如福某公司不按照合同约定按时支付租金或出现其他违约行为，德某公司有权将福某公司的20万元保证金充抵德某公司因此产生的所有损失费用（包括但不限于船舶损失费用、船员工资、租金等）。如福某公司未按合同约定及时支付租金或拖欠租金，德某公司有权随时终止租赁合同，停止施工并禁止福某公司使用，收回租赁物，造成的损失全部由福某公司负责，并按照欠款总金额的5%向德某公司支付违约金。

双方在庭审时确认案涉合同为定期租船合同，船舶由德某公司配备船员。

2021年11月6日13:39，姜某霖与王某娣通过微信交接"承阳××"轮。

《"承阳××"交接证明》记载："承阳××"轮于2021年11月6日正式交接给福某公司王某娣，即日起船方只负责船员工资及伙食费，其余所有费用及安全责任均由福某公司及王某娣承担。王某娣在下方"承租方代表"处签字捺印。同日，王某娣个人账户转账给姜某霖个人账户10万元，11月7日转账13万元，11月8日转账17万元，12月10日转账40万元，共计80万元。

2021年11月6日，姜某亮与福某公司签订《船舶租赁合同》，约定姜某亮租用福某公司所属"承阳××"轮参与运输，租期暂定四个月，以实际起租时间为准。租金每月79万元，押金30万元，租金支付采用先付后使用的方式。合同签订后，姜某亮于11月4日前支付60万元作为履约保证金。船舶交接前，姜某亮派代表测量船舶燃油柜，确定燃油，退租时保持燃油原有数量，合同尾部加盖了福某公司的印章，打印了王某娣个人银行账户信息。

德某公司提交的《事情经过》记载，"承阳××"轮在靠泊期间，由于风力过大，操作困难，船首跳板碰撞到"中×6"轮尾部围墙，造成一定损伤。

经双方船舶协商,由"承阳××"轮赔偿"中×6"轮38 000元,后双方均不互相追究。11月7日凌晨,姜某霖向243××××××账户转账38 000元。

姜某霖于2021年12月8日向交通运输部北海航海保障中心烟台航标处支付28 634元,交易附言"西港承阳××";向烟台厚某航海设备有限公司支付38 000元,转账附言"承阳××轮灯标"。

2022年1月4日,姜某霖通过微信给王某娣发送《通知函》写明,若继续拖欠租金将安排"承阳××"轮进行其他作业。此后,福某公司及王某娣均未再支付合同约定款项。

根据"承阳××"轮航海日志记载,2022年1月5日至3月4日8时,"承阳××"轮一直处于锚泊状态,3月4日10:25备车试船准备靠泊,11:32靠好码头,至3月5日正常靠泊。德某公司未提交证据证明在此期间王某娣和福某公司发出过任何指示,王某娣和福某公司称其未再安排船舶作业。

2022年3月4日,德某公司再次向福某公司发出《通知函》(落款为3月5日)写明,关于"承阳××"轮租赁相关事宜,截至2022年3月5日12时,贵方拖欠我方租金及其余费用合计2 518 283元及柴油约40吨。鉴于此种情况,我方正式通知贵方:"承阳××"轮将于2022年3月5日24时后正式退场。

福某公司的法定代表人为王某娣,庭审中王某娣主张公司股东仅为其一人,但是国家企业信用信息公示系统公示信息显示公司股东为王某娣和衣某娜。

另,德某公司申请对福某公司和王某娣的财产进行保全,法院作出(2022)鲁72财保152号民事裁定书裁定准许,德某公司交纳保全申请费5000元。德某公司为此购买了诉讼财产保全责任保险,支付保险费3417元。

德某公司提出诉讼请求:(1)请求确认原告与被告签订的《船舶租赁合同》于2022年3月5日解除;(2)请求判令被告立即向原告支付租金2 266 669.5元及利息;(3)请求判令被告立即向原告支付燃油款445 000元;(4)请求判令被告立即向原告支付违约金135 583.48元;(5)请求本案诉讼费、保全申请费、保全担保费由被告承担。

【裁判说理】

争议焦点:(1)案涉合同解除时间;(2)应支付给德某公司的租金及其

他费用数额;(3)王某娣是否需要承担责任。

青岛海事法院认为:

一、案涉合同解除时间

《民法典》第562条规定:"当事人协商一致,可以解除合同。当事人可以约定一方解除合同的事由。解除合同的事由发生时,解除权人可以解除合同。"根据双方的合同约定,如福某公司未按约支付租金,德某公司有权随时终止租赁合同,停止施工并禁止福某公司使用,收回租赁物。因此,福某公司欠付租金即为德某公司行使约定解除权的事由。

根据双方《船舶租赁合同》的约定,船舶租金按月支付,每月72万元,先支付租金后使用船舶。交船前先支付当月租金,第一期租金支付期日为以后每期租金支付期日。双方于2021年11月6日交接船舶,福某公司应于租赁期内每月6日前支付租金,即11月6日前支付租金72万元,12月6日前支付租金72万元,以此类推。王某娣共计支付80万元,至2021年12月6日已经欠付租金。德某公司行使解除权的事由已发生,有权解除合同。

《民法典》第565条第1款规定:"当事人一方依法主张解除合同的,应当通知对方。合同自通知到达对方时解除;通知载明债务人在一定期限内不履行债务则合同自动解除,债务人在该期限内未履行债务的,合同自通知载明的期限届满时解除。对方对解除合同有异议的,任何一方当事人均可以请求人民法院或者仲裁机构确认解除行为的效力。"本案中,德某公司于2022年1月4日发出的《通知函》明确表示,如果到2022年1月5日12时未收到相关租金,则将安排"承阳××"轮进行其他项目作业,该通知系附履行宽限期的解除通知。截至《通知函》限定的履行期满,福某公司未履行债务,双方的《船舶租赁合同》于此时即2022年1月5日12时解除。解除权系形成权,德某公司解除合同的意思表示到达对方即生效,无须与对方协商一致。该意思表示系有相对人的意思表示,解释时应首先考虑所使用的词句和相关条款。该《通知函》中关于对方在一定期限内不支付租金即解除合同的意思表示是明确、具体的,不存在歧义,王某娣和福某公司在此后既未支付租金,也未再安排船舶作业,德某公司关于其并非想解除合同,仅系为了催要租金的主张,本院不予支持。福某公司和王某娣主张其已经在2021年12月明确表示不再用船,因其就该主张没有提交有效证据证明,本院不予采信。故,德某公司主张合同于2022年3月5日解除,缺乏事实和法律依据,本院不予支持。

二、应支付给德某公司的租金及其他费用数额

第一，德某公司明确其诉讼请求第二项租金包括合同租期租金288万元、维修费21 999元、航标灯标赔偿费66 634元、"中×6"轮剐蹭赔偿费38 000元、淡水补给费3200元、靠泊费5450元、垃圾处理费400元、船舶物料损耗50 986.5元，扣减已经支付的80万元，剩余2 266 669.5元。本院逐项分析认定如下：

关于租金。双方合同约定租赁期限为2021年11月5日至2022年3月4日，本院认定合同至2022年1月5日12时解除，根据《民法典》第557条和第566条的规定，该合同的权利义务终止，尚未履行的部分终止履行，合同解除后不需再支付租金。福某公司应支付自2021年11月6日13时起至合同解除时止的租金共计1 439 032.3元（720 000×2−720 000÷31÷24×1）。王某娣已经支付80万元，剩余应支付639 032.3元。福某公司与王某娣关于船舶在黑名单内以及船舶吨位不足不能靠泊的抗辩，未提供有效证据证明在黑名单内影响船舶作业，且合同中明确约定了"承阳××"轮的吨位，故福某公司和王某娣的该抗辩不成立，不予支持。

关于"承阳××"轮维修费和拖轮费。因德某公司提交的证据不能证明系在本合同租赁期间内维修"承阳××"轮所支出的费用，以及需要维修的原因、项目等，本院对此项请求不予支持。

关于航标灯标赔偿维修费以及"中×6"轮剐蹭赔偿费。因德某公司没有提交证据证明前者发生的来龙去脉以及事故是否发生在租期、发生的原因与情形以及两笔赔偿的合法合理性，且案涉合同系期租合同，船员、船长均由德某公司配备，福某公司没有派员参与指挥船舶驾驶，仅能对船舶营运作出指示和安排，对船舶驾驶、航行的安全，应由配备驾驶人员的德某公司负责，其要求两被告承担该部分费用，缺乏事实和法律依据，不予支持。

关于淡水补给费、靠泊费、垃圾处理费。因德某公司提交的证据未能证明系租期内"承阳××"轮产生的费用，本院未予确认，且合同约定船员相关费用由出租人承担，德某公司主张该些费用缺乏事实和法律依据，本院不予支持。

关于船舶物料损耗。德某公司仅提交了一份供货单为证，不足以证明系租期内"承阳××"轮产生合理损耗的费用，以及该费用已实际支付，本院

不予支持。

关于利息。自原告主张的 2022 年 3 月 6 日起计算至本判决确定的应付款之日止，以本院认定的租金欠款额 639 032.3 元为基数按照全国银行间同业拆借中心 2022 年 2 月 21 日公布的贷款市场报价利率 3.7% 计算大约为 2.37 万元。违约金根据双方约定按欠款总额 5% 计算，以本院认定的租金欠款额 639 032.3 元为基数计算为 31 951.6 元。因此，按照利息计算的损失赔偿额低于按照违约金计算的金额，本院不再支持利息主张。

第二，关于燃油款。原告主张交接前的燃油费为 34 万元，对此，根据《民事诉讼法》第 67 条第 1 款的规定，原告负有举证义务。根据合同约定，船舶交接之前，福某公司应派代表测量船舶燃油柜，确定船舶燃油，退租时保持燃油原有数量。原告提交了证据证明交接时的燃油确认情况，但对该证据，首先，德某公司未能提交该证据的原件；其次，也未提供其他证据佐证该证据的真实性，最关键之处为该交接单上显示的燃油仅为粗略的油位距离，不能以此证明具体的船上存余油数量，本院对该证据不能采信；最后，德某公司未能证明租赁合同终止时与被告就船舶上存有燃油数量进行过交接。因此，德某公司未提交有效证据证明交接前燃油数量，亦未提交有效证据证明合同终止时船舶上存有燃油数量，该项请求证据不足，本院不予支持。关于租赁期间产生的燃油费 105 000 元，德某公司亦未提交证据证明，本院亦不支持。

第三，关于违约金。合同约定福某公司未按约定及时支付租金的，需按欠款总额 5% 向德某公司支付违约金，本院认定欠款总额为 639 032.3 元，因此违约金数额应为 31 951.6 元。

第四，关于保全申请费和保全担保费，共计 8417 元，本院予以支持。

三、王某娣是否需要承担责任

《民法典》第 57 条规定，法人依法独立享有民事权利和承担民事义务；第 61 条第 2 款规定，"法定代表人以法人名义从事的民事活动，其法律后果由法人承受"；第 83 条第 2 款规定，"营利法人的出资人不得滥用法人独立地位和出资人有限责任损害法人债权人的利益；滥用法人独立地位和出资人有限责任，逃避债务，严重损害法人债权人的利益的，应当对法人债务承担连带责任"。由此可见，不影响法人独立地位的出资人对法人债务不承担责任，反之，滥用法人独立地位损害债权人利益，导致法人独立地位不再的出资人，要对法人债务承担连带责任。从本案《船舶租赁合同》签署的本身来看，合同写明承租方系福某公司，王某娣在代表人处签字捺印，即王某娣系作为福某公司的法定代表人代表福某公司签署合同，其法律后果本应归属福某公司。但是，从合同的实际履行过程来看，德某公司先租来"承阳××"轮，配备船员后，期租给了福某公司，福某公司又期租给了姜某亮。期租合同下，承租人的主要义务就是支付租金。福某公司与德某公司之间的船舶租赁合同所有款项由王某娣个人账户支付，福某公司与姜某亮之间的船舶租赁合同中约定的也是向王某娣的个人账户付款，王某娣未提交证据证明租金是否从王某娣个人账户又流入或者流出公司账户。可见，虽然两份合同都是以福某公司名义签署，但是均以王某娣个人账户结算。王某娣未能提交证据证明公司财产与其个人财产独立，滥用了法人独立地位，严重损害了债权人利益，应当对福某公司债务承担连带责任。且双方在《"承阳××"交接证明》中写明了船舶系交接给福某公司王某娣，其余所有费用及安全责任均由福某公司及王某娣承担。王某娣签字捺印表示认可，构成了债务加入，应对福某公司的债务承担连带责任。

综上所述，德某公司部分诉讼请求符合合同约定，应予支持，其他请求缺乏事实和法律依据，不予支持。判决如下：一、被告福某公司于本判决生效之日起十日内向原告德某公司支付租金 639 032.3 元；二、被告福某公司于本判决生效之日起十日内向原告德某公司支付违约金 31 951.6 元；三、被告福某公司于本判决生效之日起十日内向原告德某公司支付保全申请费、保全担保费 8417 元；四、被告王某娣对上述三项费用的支付承担连带责任；五、驳回原告德某公司的其他诉讼请求。

【法官后语】

本案涉及单方解除权的行使和出资人滥用权利承担民事责任的司法审查认定。

1.关于单方解除权的行使。《民法典》第 565 条第 1 款规定了通知解除。当事人一方通知对方当事人解除合同，首先必须享有解除权。即当事人约定的合同解除事由发生，或者法律规定的解除事由发生。当事人不具有符合《民法典》第 562 条第 2 款、第 563 条规定的解除事由，即不享有解除权。此时即使其通知对方解除合同，对方未提出异议，也不发生合同解除的效果。

本案中，原告因未收到租金享有解除权。原告发出的解除通知系附履行宽限期的解除通知。通知解除的方式意味着解除合同的意思表示到达对方即可，而无须对方当事人同意。采用通知解除的方式，也符合解除权是形成权的本质特征。通知的方式可以是书面形式，也可以是口头形式或者其他形式，但必须能够表明解除权人有解除合同的意思表示，并且到达对方当事人。本案通知到达被告处，以通知中限定的履行期满之时为合同解除之时。解除权属于形成权，解除通知一经到达对方即发生合同关系消灭的法律效果，因此解除通知不允许撤销，否则不仅与解除权性质相悖，且易导致法律秩序混乱。本案中，原告发出的第一份解除通知即产生合同解除的法律后果，之后发出的第二份解除通知没有法律效力。原告不能主张第一份通知载明的解除时间之后的租金。

2.关于出资人滥用权利的民事责任。《民法典》第83条第2款规定，出资人不得滥用法人独立地位和出资人有限责任损害债权人的利益。为降低投资风险，鼓励投资人出资兴办实业，立法创制了出资人有限责任和法人独立责任的制度，并赋予出资人和法人各自不同的人格，以独立人格、独立责任作为法人制度的核心。对出资人而言，其依约缴纳认缴的出资后，即享受有限责任的待遇，不再对营利法人的债务承担责任；出资人与营利法人之间人格独立，营利法人以其全部法人财产独立承担责任。对债权人而言，营利法人的独立财产是其债权实现的一般担保。营利法人在经营活动中，与债权人独立地发生债权、债务关系，承担由此产生的民事责任。但在实际经济生活中，一些出资人在出资之后，并不遵循法律规定的治理结构，而是通过各种途径控制着其所出资的营利法人，为赚取高额利润或逃避债务，常常擅自挪用公司的财产或者与自己的财产混同、账目混同、业务混同。有的出资人为达到非法目的，设立一个空壳企业从事违法活动，实际控制该企业，但又以有限责任为掩护逃避责任。本案即为此情形，福某公司与德某公司之间的船舶租赁合同项下所有款项由王某娣个人账户支付，福某公司与姜某亮之间的船舶租赁合同中约定的也是向王某娣的个人账户付款，王某娣未提交证据证明租金是否从王某娣个人账户又流入或者流出公司账户。可见，虽然两份合同都是以福某公司名义签署，但是均以王某娣个人账户结算。在这种情况下，营利法人实际上已失去了独立地位，该独立法人地位被股东滥用了。同时，出资人利用上述方式逃避其应承担的责任，也滥用了其有限责任的待遇，债权人将面临极大的交易风险。此时应当适用法人人格否认的制度，即当符合法定条件，认定出资人滥用法人独立地位和有限责任时，可以"揭开法人的面纱"，将出资人和法人视为一体，追究二者共同的法律责任。根据本条规定，出资人滥用法人独立地位和有限责任逃避债务，严重损害债权人利益的，应当对法人债务承担连带责任。该规定有利于防止出资人滥用法人人格、有限责任获取非法利益，以保护债权人利益、维护正常的交易秩序。

【相关法条】

《中华人民共和国民法典》（2021 年 1 月 1 日施行）

第八十三条　营利法人的出资人不得滥用出资人权利损害法人或者其他出资人的利益；滥用出资人权利造成法人或者其他出资人损失的，应当依法承担民事责任。

营利法人的出资人不得滥用法人独立地位和出资人有限责任损害法人债权人的利益；滥用法人独立地位和出资人有限责任，逃避债务，严重损害法人债权人的利益的，应当对法人债务承担连带责任。

第一百七十九条　承担民事责任的方式主要有：

（一）停止侵害；

（二）排除妨碍；

（三）消除危险；

（四）返还财产；

（五）恢复原状；

（六）修理、重作、更换；

（七）继续履行；

（八）赔偿损失；

（九）支付违约金；

（十）消除影响、恢复名誉；

（十一）赔礼道歉。

法律规定惩罚性赔偿的，依照其规定。

本条规定的承担民事责任的方式，可以单独适用，也可以合并适用。

第五百五十七条　有下列情形之一的，债权债务终止：

（一）债务已经履行；

（二）债务相互抵销；

（三）债务人依法将标的物提存；

（四）债权人免除债务；

（五）债权债务同归于一人；

（六）法律规定或者当事人约定终止的其他情形。

合同解除的，该合同的权利义务关系终止。

第五百六十五条 当事人一方依法主张解除合同的，应当通知对方。合同自通知到达对方时解除；通知载明债务人在一定期限内不履行债务则合同自动解除，债务人在该期限内未履行债务的，合同自通知载明的期限届满时解除。对方对解除合同有异议的，任何一方当事人均可以请求人民法院或者仲裁机构确认解除行为的效力。

当事人一方未通知对方，直接以提起诉讼或者申请仲裁的方式依法主张解除合同，人民法院或者仲裁机构确认该主张的，合同自起诉状副本或者仲裁申请书副本送达对方时解除。

第五百六十六条 合同解除后，尚未履行的，终止履行；已经履行的，根据履行情况和合同性质，当事人可以请求恢复原状或者采取其他补救措施，并有权请求赔偿损失。

合同因违约解除的，解除权人可以请求违约方承担违约责任，但是当事人另有约定的除外。

主合同解除后，担保人对债务人应当承担的民事责任仍应当承担担保责任，但是担保合同另有约定的除外。

第五百七十九条 当事人一方未支付价款、报酬、租金、利息，或者不履行其他金钱债务的，对方可以请求其支付。

承办人：王爱玲

编写人：王爱玲

27. 山东运某海运有限公司诉平潭综合实验区钧某海运有限公司水路货物运输合同纠纷案
——受载时间顺延应在合理范围内

【合规提示】

本案系国内水路货物运输合同纠纷，双方就是否在约定日期内提供船舶产生争议。合同约定：如船舶上一航次装卸货时滞港或航行时期遇上人力不可抗拒的特殊情况，则受载时间顺延。船舶出租人据此进行抗辩，主张应按约履行合同。对于船舶出租人而言，其对顺延的合理期限具有释明义务，顺延期间应在合理范围内，不应过分长于合同约定的受载日期，若拒绝释明应承担不利的法律后果。对于船舶承租人而言，在货物运输时间系合同订立的主要考虑因素，或对是否能够实现其合同目的具有直接影响时，应注意对"顺延"的时间、发生情形等进行明确约定，以避免出现纠纷。

【案件信息】

1. 裁判文书字号

（2022）鲁72民初1266号

2. 当事人

原告（反诉被告）：山东运某海运有限公司

被告（反诉原告）：平潭综合实验区钧某海运有限公司

3. 关键词

民事　水路货物运输合同　违约责任　受载时间顺延　不可抗力

【裁判要旨】

对于船舶出租人而言，其对于拟定的顺延条款区间具有释明义务。顺延应发生在合理期间内，一般来说不得超过合同约定的受载日期。对于船舶承租人而言，若出租人不能在约定的受载日期内提供船舶而另行签订航次租船合同，属于避免自身损失扩大的正常经营行为，不构成违约。

【基本案情】

2022年5月24日，原告山东运某海运有限公司（以下简称运某公司）与被告平潭综合实验区钧某海运有限公司（以下简称钧某公司）签订《航次租船合同》，约定运某公司承租钧某公司所属"天某心"轮，装载铁矿20 743吨，自连云港运至珠海港，运费46元/吨，受载时间2022年5月31日正负一天，运某公司预付定金10万元。合同载明："如果船舶上一航次装卸货时滞港，则受载时间顺延。""若船货合同落空，应向相对方赔偿总运费的30%。"运某公司依照合同约定支付定金10万元。5月28日，钧某公司通知运某公司，因上一航次卸货港由江阴改为张家港海力码头，船期将出现延误。运某公司得知此情况后不同意延期并要求更换船舶。双方就替换船舶事宜以微信方式进行了协商。5月29日，运某公司以船期推迟为由向钧某公司发送解除函，要求解除原航次租船合同并退还定金，双方互不追究责任。5月30日，运某公司与案外人厦门泓某公司签订新的航次租船合同一份，双方约定运价44元/吨。同日，运某公司发函敦促钧某公司，要求后者在期限内就能否履行合同予以明确答复，如在5月30日12时前不能提供合适船舶保证按时履行合同，双方合同将解除。钧某公司在此期限内未作出相应回复。6月7日，运某公司再次发送解除函。该解除函确认：因钧某公司未在上述最后期限前履行合同，致使合同目的不能实现，双方签订的《航次租船合同》已于5月30日12时正式解除，并要求其双倍返还定金20万元。同日，钧某公司向运某公司回复《继续履行合同通知书》，要求继续履行合同，否则将视为货物落空，没收定金并要求运某公司赔偿总运费的30%。"天某心"轮于5月28日在长江口锚地锚泊，于6月13日（共锚泊17天）靠泊张家港码头卸货。6月15日，该轮卸货完毕后驶离张家港，于6月18日靠泊秦皇岛码头，受载下一航次货物。运某公司请求依法解除双方签订的《航次租船合同》并判决钧某公司双倍返还定金20万元。钧某公司提起反诉，请求依法判令运某公司向钧某公司赔偿违约金，按照总运费的30%计算为289 800元及利息。

【裁判说理】

争议焦点：（1）双方当事人是否分别构成违约；（2）运某公司是否享有解除合同的权利，案涉合同是否已解除；（3）违约责任认定。

青岛海事法院经审理认为：

一、双方当事人是否分别构成违约

对钧某公司而言，其依据合同中关于"因上一航次滞期顺延装货"的约定抗辩，该条款由钧某公司拟定，条款中未对"顺延"的区间加以明确。顺延应发生在合理的时间范围内，从而避免出租人不公平地获得时间利益。本案中，顺延时间不应过分长于合同约定的受载日期，即 5 月 31 日正负一天的范围。实际上案涉船舶系在 6 月 13 日方靠泊卸货，远超运某公司在订立合同时的预期，不在顺延的合理时间范围内。钧某公司迟延履行主要债务，经催告后在合理期限内仍未履行，系迟延履行主要义务，其应承担违约责任。对运某公司而言，其系在钧某公司迟延履行主要义务，案涉船舶不能在约定受载期限内到达装载港的前提下，另行签订航次租船合同，系避免自身损失扩大的正常经营行为。钧某公司就运某公司"撬船"行为违背诚信的主张，虽然提供了可替换船舶的有关信息，但该信息并非向社会保密，系具备一定内海航运经验的主体可以通过船讯网等多种途径获知，且可使用的替换船舶并非仅此一条。另外，案涉合同约定，承租人应以 21 000 吨货物保底。在后续双方商谈更换船舶事宜时，钧某公司要求将保底数额提高至 22 000 吨，运某公司未应允，导致船舶未能替换成功。在船舶延期、装货出运日期迫在眉睫，又无法达到钧某公司提高至 22 000 吨货物保底的前提下，为避免自身损失扩大，确保按时出货，运某公司直接与船方联系，并无不当。综上，运某公司不构成违约。

二、运某公司是否享有解除合同的权利，案涉合同是否已解除

钧某公司未能在合理期限内提供更换的船舶，系迟延履行合同主要义务，运某公司经过两次催告，符合《民法典》第 563 条第 1 款第 3 项规定；双方约定出租人在约定的受载期限内未提供船舶舱位的，承租人有权解除合同，故运某公司同时享有法定和约定解除权。双方约定，出租人在受载期限内将船舶延误情况和船舶预期抵达起运港的日期通知承租人的，承租人应当自收到通知时起 24 小时内，将解除合同的决定通知出租人。运某公司在 5 月 28

日获知船舶延误的确切消息,于5月29日向钧某公司发送解除函,作出解除合同的意思表示;5月30日再次函告,要求其在5月30日12时之前,提供在约定受载期可靠泊装货的船舶。钧某公司未在该期限内提供替换船舶,且在约定受载期内一直未提供替换船舶,系迟延履行主要债务。依照《民法典》第565条第1款的规定,运某公司发出函告的行为,发生案涉合同于5月30日解除的法律效果。

三、违约责任认定

依照《民法典》第587条的规定,钧某公司应当承担双倍返还定金20万元的违约责任。但考虑到下述因素,承办人认为以调解方式结案更有利于化解矛盾纠纷。首先,钧某公司在案涉船舶发生延误时,积极主动寻找替代船舶信息,仅因双方就出运货物吨位未达成一致导致未替换成功。其次,运某公司后续签订的航次租船合同约定运价为44元/吨,较案涉合同低2元/吨,且货物在运某公司要求的期限内正常出运,运某公司未因钧某公司违约而遭受实际损失。综合考虑本案情况,经过多轮与当事人的沟通调解,双方达成调解协议。

青岛海事法院以调解方式结案。

【法官后语】

本案系水路货物运输合同纠纷。本诉原告运某公司作为承租人,以出租人钧某公司未能在约定的受载期限内提供船舶舱位为由要求其双倍返还定金。反诉原告钧某公司以运某公司货物落空为由要求其承担约定的违约责任。在案件审理过程中,双方存在较大争议。

法院审理后认为,钧某公司本应双倍返还定金20万元,综合考虑本案情况,两方当事人存在长期合作关系,若判决钧某公司返还20万元,将进一步加剧双方的矛盾,不利于纠纷化解、案结事了。在本案中,钧某公司存在违约行为,但其在案涉船舶发生延误时,积极主动寻找替代船舶信息,运某公司也未因钧某公司违约而遭受实际损失,且更换船舶后运费有所下降,获得了一定的时间利益与成本利益。为避免一方过度受益,承办人对双方进行多轮释法说理,平衡双方利益,在充分尊重意思自治与当事人处分权的基础上,以调解成功结案。

本案的典型意义在于，第一，厘清了受载时间顺延的合理范围。运某公司在合同签订与履行中多次明确表示，装载货物出港时间对其有重要意义。庭审过程中，钧某公司拒绝释明顺延的合理期限，若受载时间顺延过长，必将损害运某公司的根本利益。本案通过明确钧某公司负有释明义务，认定顺延时间不应过分长于5月31日正负一天，以此确认钧某公司承担违约责任，为同类案件提供有益借鉴。第二，本案的处理结果是积极发挥司法职能作用的生动体现，在平衡双方利益的基础上，以调解方式结案，进一步减轻了当事人诉累，降低了企业诉讼成本，节约了司法资源。案件的圆满解决，有效促进了航运行业的健康发展，有助于营造市场化、法治化的营商环境。

【相关法条】

《中华人民共和国民法典》(2021年1月1日施行)

第五百六十三条　有下列情形之一的，当事人可以解除合同：

（一）因不可抗力致使不能实现合同目的；

（二）在履行期限届满前，当事人一方明确表示或者以自己的行为表明不履行主要债务；

（三）当事人一方迟延履行主要债务，经催告后在合理期限内仍未履行；

（四）当事人一方迟延履行债务或者有其他违约行为致使不能实现合同目的；

（五）法律规定的其他情形。

以持续履行的债务为内容的不定期合同，当事人可以随时解除合同，但是应当在合理期限之前通知对方。

第五百六十五条第一款　当事人一方依法主张解除合同的，应当通知对方。合同自通知到达对方时解除；通知载明债务人在一定期限内不履行债务则合同自动解除，债务人在该期限内未履行债务的，合同自通知载明的期限届满时解除。对方对解除合同有异议的，任何一方当事人均可以请求人民法院或者仲裁机构确认解除行为的效力。

第五百八十七条　债务人履行债务的，定金应当抵作价款或者收回。给付定金的一方不履行债务或者履行债务不符合约定，致使不能实现合同目的的，无权请求返还定金；收受定金的一方不履行债务或者履行债务不符合约定，致使不能实现合同目的的，应当双倍返还定金。

承办人：李　华
编写人：牛　萌　杨紫琼

28.陕西某控融资租赁有限公司诉青岛某航水产有限公司等融资租赁合同纠纷案
——船舶融资租赁法律关系的识别

【合规提示】

本案系一起原告、被告签订《融资租赁合同（售后回租）》，原告诉被告支付逾期租金的融资租赁合同纠纷案件，原告、被告对双方法律关系性质存在争议。以船舶为租赁物订立的融资租赁合同，在合同当事人无转移租赁物所有权的意思表示时，融资租赁合同因缺乏融物属性，不构成融资租赁法律关系。但需要合同当事人注意的是，此份融资租赁合同并非无效，原告、被告双方争议应按照合同实际构成的法律关系处理，即法律关系性质的认定，对合同效力以及该合同项下的担保责任承担并无影响。

【案件信息】

1.裁判文书字号

（2021）鲁72民初379号

2.当事人

原告：陕西某控融资租赁有限公司

被告：青岛某航水产有限公司、青岛某旋远洋渔业有限公司、长海县某军水产有限公司、青岛某航远洋渔业有限公司、于某旋、于某、庞某、中国某租赁有限公司

3. 关键词

民事　融资租赁合同　船舶所有权　借贷　法律关系

【裁判要旨】

以船舶为租赁物订立的融资租赁合同，在合同当事人无转移租赁物所有权的意思表示时，融资租赁合同因缺乏融物属性，不构成融资租赁法律关系，人民法院应按照其实际构成的法律关系处理。

【基本案情】

2017年11月1日，原告与被告青岛某航水产有限公司（以下简称某航水产公司）、青岛某旋远洋渔业有限公司（以下简称某旋渔业公司）共同订立《融资租赁合同（售后回租）》，约定被告某航水产公司、某旋渔业公司向原告转让租赁物件（六艘远洋渔船），原告取得所有权后再将租赁物件回租给被告某航水产公司、某旋渔业公司，并由被告某航水产公司、某旋渔业公司向原告支付租金及其他应付款项。租赁期限为36个月，自2017年11月9日至2020年11月8日；租赁物件转让价款为5000万元，租金总额为人民币56 735 757.96元，共分十二期等额支付，附件《租金支付表》中明确了每期租金的支付时间和金额。被告某航水产公司、某旋渔业公司应向原告支付租赁保证金500万元和租赁手续费225万元。若被告某航水产公司、某旋渔业公司未按期支付租金及其他应付款项，需向原告支付自应付日至实际支付日期间的逾期利息，逾期利息按应付金额的日万分之八计算。同日，保证人被告长海县某军水产有限公司（以下简称某军水产公司）、青岛某航远洋渔业有限公司（以下简称某航渔业公司）、中国某租赁有限公司（以下简称中租公司）、于某旋、于某和庞某分别与原告订立《保证担保合同》，由各保证人分别向原告就被告某航水产公司、某旋渔业公司在《融资租赁合同（售后回租）》中的所有付款义务提供连带责任保证担保，担保原告在《融资租赁合同（售后回租）》项下所有权的实现。

原告诉称：《融资租赁合同（售后回租）》签订后，原告依约履行了所有义务，但被告某航水产公司、某旋渔业公司在支付了租赁保证金、租赁手续费和前五期租金后，拒绝支付于2019年5月8日、8月8日到期的第六期及第七期租金，经原告多次催要仍未支付。遂诉至法院，请求判令被告某航水产公司、某旋渔业公司共同支付原告租金、逾期利息，原告为实现债权而支付的律师代理费、保费、财产保全费、评估费、拍卖费及其他各项费用，判令被告某军水产公司、某航渔业公司、于某旋、于某、庞某、中租公司对上述款项承担连带清偿责任，并判令本案诉讼费由所有被告连带承担。

被告共同答辩称：被告对原告的诉讼请求全部不认可。原告诉状中的阐述具有隐瞒相关事实等情节，甚至本案构成了虚假诉讼。本案的基本事实为原告与被告中租公司串通，将款项借给被告一、被告二之后，又共同指示被告将款项转汇给深圳绿某源农产品有限公司（以下简称绿某源公司），后绿某源公司又将款项转汇给中租公司，再由中租公司将5000万元中的3000万元转借给本案的被告二。3000万元的借款被告二于2019年年末已全部还清。

经审理查明，2017年11月1日，陕西某控融资租赁有限公司（以下简称陕西某控）（甲方）与某航水产公司、某旋渔业公司（乙方）于大连签订一份《融资租赁合同（售后回租）》，约定某航水产公司与某旋渔业公司作为共同承租人向陕西某控转让租赁物件（六艘远洋渔船），租赁物件转让价款为5000万元。甲方取得所有权后再将租赁物件回租给乙方，并由乙方向陕西某控支付租金及其他应付款项。租金总额为人民币56 735 757.96元；租赁期限为36个月，自2017年11月9日至2020年11月8日。租金支付方式为十二期等额支付；每期租金金额为4 727 979.83元。租赁手续费225万元；租赁保证金500万元，在乙方完全履行本合同规定的全部义务后7个工作日内，甲方将租赁保证金如数退还乙方。甲方退还租赁保证金时，只退还本金不计利息。

2017年11月1日，某军水产公司、某航渔业公司、于某旋、于某、庞某、中租公司分别与陕西某控订立《保证担保合同》，担保陕西某控在《融资租赁合同（售后回租）》项下所有债权的实现。保证担保方式为连带责任保证担保；保证期间为自本合同生效之日起至主合同项下债务履行期限届满后两年期满止。11月2日，陕西某控、某航水产公司与某旋渔业公司三方共同盖章确认一份售后回租资产清单，该份清单载明六艘船舶每一艘船舶的评估价值为980万元，合计为5880万元。11月9日，绿某源公司分两次通过银行转账方式共支付725万元给某旋渔业公司。同日，某旋渔业公司分两次通过银行转账方式共支付725万元给陕西某控。之后，陕西某控于2017年11月9日向某旋渔业公司支付购买租赁物的转让价款5000万元。之后，某旋渔业公司通过银行转账方式向陕西某控支付了六期租金共计23 739 899.15元。

2017年11月9日，某旋渔业公司又与绿某源公司签订一份借款合同，合同约定借款金额5000万元；借款期限36个月，还款方式为每三个月还款一次，总还款金额为57 158 089.98元。绿某源公司如未能在约定还款期限内归还借款本息，某旋渔业公司则按逾期金额和天数以日万分之五的利率计收罚息。2019年3月13日，某旋渔业公司与绿某源公司于大连又签订一份上述借款合同的补充协议，协议约定变更合同中解决合同纠纷的方式为，主合同及本补充协议项下产生的一切纠纷由主合同的签订地人民法院管辖。补充协议未尽事宜，依主合同约定执行。该份补充协议由张某作为绿某源公司的联系人签字。

2017年11月28日，某航水产公司与中租公司于大连签订另一份《融资租赁合同（售后回租）》，约定某航水产公司（乙方）向中租公司（甲方）转让租赁物件（六艘远洋渔船），租赁物件转让价款为3000万元。租赁物件为原属乙方所有，乙方依据本合同转让给甲方，并由甲方回租给乙方使用的设备。乙方保证对其向甲方转让的租赁物拥有独立、完整、合法的所有权，该等租赁物件未以任何方式设立抵押、质押和其他担保权益，不存在优先权及其他任何所有权瑕疵。租金总额为人民币34 041 454.83元。租赁保证金300万元、租赁手续费90万元。若某航水产公司未按期支付租金及其他应付款项，需向中租公司支付自应付日至实际支付日期间的逾期利息，逾期利息按应付金额的日万分之八计算。若某航水产公司按本合同约定如期支付全部租金及其他应付款项，可按留购价格100元按"现时现状"留购租赁物，取得租赁物所有权。

2019年1月24日，中租公司出具一份证明书给青岛市工商行政管理局，该份证明书的主要内容如下：我公司与某航水产公司签订的融资租赁合同截至今日，某航水产公司对我公司的债务已经全部偿还，主债权消灭，现同意注销对某航水产公司股权出质。

经查，陕西某控与某航水产公司、某旋渔业公司签订的《融资租赁合同（售后回租）》中的租赁物为登记在某航水产公司名下的六艘远洋渔船，融资租赁合同签订后所有权并未变更，一直在被告名下。赵某红系中租公司负责人，同时系陕西某控董事长，中租公司与陕西某控的股东存在重复现象。

【裁判说理】

争议焦点：（1）案由的确定；（2）借款本金及借款期间利息数额的认定；

（3）案涉保证合同保证责任的认定。

青岛海事法院认为：

一、案由的确定

司法实践中应当根据合同的真实履行情况，考察双方真实意图，对法律关系作出定性，并依据当事人实质构成的法律关系确认合同效力及当事人的权利义务关系。本案原告、被告双方之间虽然签订了名为融资租赁的合同，但并不存在真实的融资租赁关系，实质上是借贷法律关系。由于原告系融资租赁公司，因从事相关金融业务签订的《融资租赁合同（售后回租）》应认定为金融借款合同。理由分析如下：

第一，租赁物客观存在且所有权应由出卖人转移给出租人系融资租赁合同区别于借款合同的重要特征，没有租赁物所有权的转移，仅有资金的融通，不构成融资租赁合同法律关系。本案中，原告、被告双方虽然在融资租赁的合同中约定双方无须办理租赁物转让及租赁的实物移交手续，支付转让价款之日即视为租赁物的所有权转移。然而，《物权法》第24条规定，船舶等物权的设立、变更、转让和消灭，应当向登记机关登记，未经登记不得对抗善意第三人。据此，陕西某控根据合同约定以及承租人出具的所有权转移证书，不足以证明案涉六艘船舶所有权发生过转移。

第二，《公司法》虽然未明确何为关联公司，但是，《公司法》第216条第4款规定，关联关系是指公司控股股东、实际控制人、董事、监事、高级管理人员与其直接或者间接控制的企业之间的关系，以及可能导致公司利益转移的其他关系。本案中，赵某红系中租公司负责人，同时系陕西某控董事长，中租公司与陕西某控的股东存在重复现象，应认定陕西某控与中租公司是存在关联关系的公司。

但被告关于中租公司与陕西某控存在公司混同现象的主张，因其未能提交证据证明此两公司不仅地址混同，并且人员混同、财务混同，对其主张不予采信。

第三，融资租赁法律关系中，变更所有权手续系租赁物回租方的合同义务，出租人负有核实租赁物之合同义务。本案，原告作为专业的融资租赁公司，同时期，与其存在关联关系的中租公司分别就相同的六艘船舶签订《融资租赁（售后回租）合同》，违反常理，应认定原告对合同性质系融资租赁关系丧失合理期待。从案涉六艘船舶上因存在第三人抵押情形导致船舶所有权无法转移给出租人方面来分析，原告怠于行使权利，具有主观过错。

综上，融资租赁交易具有融资和融物的双重属性，然而，原告与某航水产公司、某旋渔业公司签订的《融资租赁（售后回租）合同》约定的租赁物船舶的所有权并未转移至原告名下，现有证据仅证明当事人之间有资金出借与返还，该类融资不具备融资租赁法律关系的双重属性，依照《最高人民法院关于审理融资租赁合同纠纷案件适用法律问题的解释》第1条第2款的规定，"对名为融资租赁合同，但实际不构成融资租赁法律关系的，人民法院应按照其实际构成的法律关系处理"。据此，本案应认定原告与某航水产公司、某旋渔业公司之间系金融借贷法律关系，而非融资租赁合同法律关系。

经审查，此份《融资租赁（售后回租）合同》并不存在合同无效法定情形，应认定合同有效。原告已按照合同的约定足额发放了借款，履行了合同的付款义务，承租人某航水产公司、某旋渔业公司实际为借款人，应按约如期归还借款本金和利息，逾期应承担相应的违约责任。

二、借款本金及借款期间利息数额的认定

本案根据《融资租赁（售后回租）合同》约定，承租人提前交纳500万元保证金以及225万元手续费，出租人再支付转让款，因法律关系的改变，双方当事人之间的法律关系应在金融借贷关系下考虑，《全国法院民商事审判工作会议纪要》将金融借款合同纠纷中的这种情况规定为变相的利息。因此，借款人先支付给出借人的500万元保证金相当于利息，实际出借金额应当予以扣减。关于225万元手续费，这些费用在融资租赁合同中，一般是指办理有关融资租赁交易产生的实际费用。本案中，所谓的租赁物船舶所有权未予变更，也不存在购买租赁物的实际交易，即本案中出租人不能证明其提供了相应融资租赁工作产生了手续费用，这笔款项与前述保证金一样，扣除之后才是实际的出借金额。

综上，本案以《融资租赁（售后回租）合同》约定的转让价款5000万元为依据，扣除预先缴纳的保证金500万元和手续费225万元，实际借款本金为4275万元。

经查，案涉《融资租赁（售后回租）合同》约定的租金56 735 757.96元，包含了借款本金及借款期限内利息，以借款本金5000万为依据，按合同附件《租金支付表》所记载的每期租金4 727 979.83元，系以等额本息方式计算，借款利率为年息8%，结合《融资租赁（售后回租）合同》约定利率为年息8%

浮动，经计算，本院确认以借款本金 4275 万元为基数，年利率 8%，适用等额本息方式计算，还款期限 36 个月，十二期每期还款额为 4 042 422.76 元。

借款人已支付的本金及利息数额，每期应还款金额中包含本金、利息如下：第一期 2018 年 2 月 8 日应还款 4 042 422.76 元，偿还本金 3 187 422.76 元，当期利息 855 000.00 元；第二期 2018 年 5 月 8 日应还款 4 042 422.76 元，偿还本金 3 251 171.21 元，当期利息 791 251.54 元；第三期 2018 年 8 月 8 日应还款 4 042 422.76 元，偿还本金 3 316 194.63 元，当期利息 726 228.12 元；第四期 2018 年 11 月 8 日应还款 4 042 422.76 元，偿还本金 3 382 518.53 元，当期利息 659 904.23 元；第五期 2019 年 2 月 8 日应还款 4 042 422.76 元，偿还本金 3 450 168.90 元，当期利息 592 253.86 元；第六期 2019 年 5 月 8 日应还款 4 042 422.76 元，应偿还本金 3 519 172.28 元，当期利息 523 250.48 元；第七期 2019 年 8 月 8 日应还 4 042 422.76 元，应还本金为 3 589 555.72 元，当期利息 452 867.03 元。

截至判决下发之日，前五期借款人已按期还款，每期实际还款额 4 727 979.83 元超出应还款额 4 042 422.76 元为 685 557.07 元，五期累计超额还款 3 427 785.35 元。2019 年 5 月 31 日，借款人向原告汇款 10 万元。根据《最高人民法院关于适用〈中华人民共和国合同法〉若干问题的解释（二）》第 21 条"债务人除主债务之外还应当支付利息和费用，当其给付不足以清偿全部债务时，并且当事人没有约定的，人民法院应当按照下列顺序抵充：（一）实现债权的有关费用；（二）利息；（三）主债务"的规定，前五期累计超额还款 3 427 785.35 元应当与 2019 年 5 月 31 日的 10 万元汇款合计为 3 527 785.35 元共同抵充第六期、第七期利息 976 117.51 元，再冲抵第六期本金 2 551 667.84 元后，尚有第六期本金 967 504.44 元未予支付。综上，被告偿还的借款本金合计为 19 139 143.87 元，尚余 23 610 856.13 元未予支付。

根据上述查明的事实，原告已按照《融资租赁合同（售后回租）》的约定履行义务支付了借款本金，被告某航水产公司、某旋渔业公司未按约定支付租金（借款本金及利息）。按照《合同法》第 248 条的规定，承租人经催告在合理期限内不支付租金的，出租人可以要求支付全部租金。原告通过邮寄送达《支付全部租金通知书》，宣布所有租金提前到期，符合合同约定及法律规定，本院予以支持。原告请求被告某航水产公司、某旋渔业公司支付到期应付而未付的租金并承担相应的违约责任，符合合同约定及相关法律规定，本院予以支持。但是，由于原告对法律关系的误解，本院对借款本金、利息按照借款合同法律关系重新审查确认数额。原告请求被告某航水产公司、某旋渔业公司按逾期未付租金的日万分之八支付逾期利息，该标准过高，本院予以降低，参照原告起诉时2019年9月20日公布的一年期贷款市场报价利率4.2%的四倍16.8%确定逾期利息利率。原告请求超出部分，本院不予支持。

《支付全部租金通知书》中，原告要求某航水产公司、某旋渔业公司在接函后7日内支付第六期至第十二期全部租金及逾期利息。本院认为，从借款人签收《支付全部租金通知书》日期2019年9月4日之次日起顺延7日，即2019年9月12日开始计算未到期的借款本金的逾期利息，较为公正。已到期应支付的第六期与第七期借款本金的逾期利息起算点分别以应付款日期之次日2019年5月9日、2019年8月9日为起算日期。

借款合同中，逾期付款利息是针对借款本金计收的罚息，而非针对利息计收的利息。因此，关于逾期付款利息的计算基数，本院确认为借款本金欠款数额23 610 856.13元。

第六期借款本金逾期付款利息以未偿还第六期借款本金967 504.44元为基数，自2019年5月9日起至2019年9月11日止，按年利率16.8%计算为55 664.64元。第七期借款本金逾期付款利息以未偿还第七期本金3 589 555.72元为基数，自2019年8月9日起至2019年9月11日止，按年利率16.8%计算为54 521.91元。以上两笔逾期付款利息合计为110 186.55元。

关于原告主张的律师费，案涉《融资租赁合同（售后回租）》约定，被告某航水产公司、某旋渔业公司应承担因违约导致原告支出的相关费用。原告确实已就本案诉讼委托陕西丰瑞律师事务所律师代理参与诉讼活动，本案诉讼争议标的额2000余万元，双方代理合同约定的律师费302 000元，该标准没有不合理之处，对该笔律师费金额，本院予以确认。据此，原告关于律师费的诉讼请求有合同依据，且不违背相关法律规定，本院予以支持。

关于原告主张的保全保险费的问题。根据《民事诉讼法》第100条第2款关于"人民法院采取保全措施，可以责令申请人提供担保，申请人不提供担保的，裁定驳回申请"的规定以及《最高人民法院关于人民法院办理财产保全案件若干问题的规定》第8条关于"金融监管部门批准设立的金融机构以独立保函形式为财产保全提供担保的，人民法院应当依法准许"的规定，原告可以通过保险公司出具保函的形式为财产保全提供担保，而非必须以自己的财产或他人财产担保。因被告某航水产公司、某旋渔业公司违约引起本案诉讼，原告为此向保险公司交纳的诉讼保全担保保险费，属其合理损失部分，应由被告某航水产公司、某旋渔业公司承担。

三、案涉保证合同保证责任的认定

根据《担保法》第18条第2款的规定，连带责任保证的债务人在主合同规定的债务履行期届满没有履行债务的，债权人可以要求债务人履行债务，也可以要求保证人在其保证范围内承担保证责任。提供担保的第三人承担担保责任后，有权向债务人追偿。原告与被告某军水产公司、某航渔业公司、于某旋、于某、庞某、中租公司签订的《保证担保合同》明确约定，保证期间为主合同履行期满后两年，同时约定了保证人对上述债务承担连带保证责任。根据保证人承诺的保证义务，原告请求被告某军水产公司、某航渔业公司、于某旋、于某、庞某、中租公司就案涉某航水产公司与某旋渔业公司的前述债务承担连带清偿责任，符合《保证担保合同》约定及法律规定，本院予以支持。被告某军水产公司、某航渔业公司、于某旋、于某、庞某、中租公司承担保证责任后，有权依法向某航水产公司与某旋渔业公司追偿。

【法官后语】

《民法典》第735条规定："融资租赁合同是出租人根据承租人对出卖人、租赁物的选择，向出卖人购买租赁物，提供给承租人使用，承租人支付租金的合同。"第737条规定："当事人以虚构租赁物方式订立的融资租赁合同无效。"因此，租赁物对于融资租赁法律关系成立的重要性不言而喻。

租赁物客观存在且所有权应由出卖人转移给出租人系融资租赁合同区别于借款合同的重要特征，此外，融资租赁交易具有融资和融物的双重属性，融资租赁合同当事人应具有真实融物意愿。本案中，原告与某航水产公司、某旋渔业公司签订的《融资租赁（售后回租）合同》约定的租赁物船舶的所有权并未转移至原告名下，原告作为专业的融资租赁公司，与其存在关联关系的中租公司分别就相同的六艘船舶签订《融资租赁（售后回租）合同》，违反常理，应认定原告对合同性质系融资租赁关系丧失合理期待。没有租赁物所有权的转移，仅有资金的融通，不构成融资租赁合同法律关系，该类融资不具备融资租赁法律关系的双重属性。现有证据仅能证明当事人之间有资金出借与返还，无转移租赁物所有权的意思表示，依照《最高人民法院关于审理融资租赁合同纠纷案件适用法律问题的解释》第1条第2款的规定,"对名为融资租赁合同,但实际不构成融资租赁法律关系的,人民法院应按照其实际构成的法律关系处理"。据此,本案应认定原告与某航水产公司、某旋渔业公司之间系借贷法律关系,而非融资租赁合同法律关系。

本案合同法律关系虽"名为租赁,实为借贷",但经审查,此份《融资租赁(售后回租)合同》并不存在合同无效法定情形,应认定合同有效。原告已按照合同的约定足额发放了借款,履行了合同的付款义务,被告某航水产公司、某旋渔业公司实际为借款人,应按约如期归还借款本金和利息,即原告与被告某航水产公司、某旋渔业公司间存在真实的交易关系,"名为租赁,实为借贷"的合同仅影响对法律关系性质的认定,对合同效力以及该合同项下的担保责任承担并无影响。

【相关法条】

1.《中华人民共和国合同法》(2021年1月1日废止)

第六十条 当事人应当按照约定全面履行自己的义务。

当事人应当遵循诚实信用原则,根据合同的性质、目的和交易习惯履行通知、协助、保密等义务。

第一百零七条 当事人一方不履行合同义务或者履行合同义务不符合约定的,应当承担继续履行、采取补救措施或者赔偿损失等违约责任。

第一百一十四条 当事人可以约定一方违约时应当根据违约情况向对方支付一定数额的违约金,也可以约定因违约产生的损失赔偿额的计算方法。

约定的违约金低于造成的损失的,当事人可以请求人民法院或者仲裁机构予以增加;约定的违约金过分高于造成的损失的,当事人可以请求人民法院或者仲裁机构予以适当减少。

当事人就迟延履行约定违约金的,违约方支付违约金后,还应当履行债务。

第二百四十八条 承租人应当按照约定支付租金。承租人经催告后在合理期限内仍不支付租金的,出租人可以要求支付全部租金;也可以解除合同,收回租赁物。

对应新法:

《中华人民共和国民法典》(2021年1月1日施行)

第五百零九条 当事人应当按照约定全面履行自己的义务。

当事人应当遵循诚信原则，根据合同的性质、目的和交易习惯履行通知、协助、保密等义务。

当事人在履行合同过程中，应当避免浪费资源、污染环境和破坏生态。

第五百七十七条　当事人一方不履行合同义务或者履行合同义务不符合约定的，应当承担继续履行、采取补救措施或者赔偿损失等违约责任。

第五百八十五条　当事人可以约定一方违约时应当根据违约情况向对方支付一定数额的违约金，也可以约定因违约产生的损失赔偿额的计算方法。

约定的违约金低于造成的损失的，人民法院或者仲裁机构可以根据当事人的请求予以增加；约定的违约金过分高于造成的损失的，人民法院或者仲裁机构可以根据当事人的请求予以适当减少。

当事人就迟延履行约定违约金的，违约方支付违约金后，还应当履行债务。

第七百五十二条　承租人应当按照约定支付租金。承租人经催告后在合理期限内仍不支付租金的，出租人可以请求支付全部租金；也可以解除合同，收回租赁物。

2.《中华人民共和国担保法》(2021年1月1日废止)

第六条　本法所称保证，是指保证人和债权人约定，当债务人不履行债务时，保证人按照约定履行债务或者承担责任的行为。

第十八条　当事人在保证合同中约定保证人与债务人对债务承担连带责任的，为连带责任保证。

连带责任保证的债务人在主合同规定的债务履行期届满没有履行债务的，债权人可以要求债务人履行债务，也可以要求保证人在其保证范围内承担保证责任。

对应新法：

《中华人民共和国民法典》(2021年1月1日施行)

第六百八十一条　保证合同是为保障债权的实现，保证人和债权人约定，当债务人不履行到期债务或者发生当事人约定的情形时，保证人履行债务或者承担责任的合同。

第六百八十八条　当事人在保证合同中约定保证人和债务人对债务承担连带责任的，为连带责任保证。

连带责任保证的债务人不履行到期债务或者发生当事人约定的情形时，

债权人可以请求债务人履行债务，也可以请求保证人在其保证范围内承担保证责任。

3.《最高人民法院关于审理融资租赁合同纠纷案件适用法律问题的解释》（2020年12月29日修正）

第九条 承租人逾期履行支付租金义务或者迟延履行其他付款义务，出租人按照融资租赁合同的约定要求承租人支付逾期利息、相应违约金的，人民法院应予支持。

承办人：周黛娜

编写人：查璎娟

29. 青岛芸某源船务有限公司诉山东胜某隆能源有限公司航次租船合同纠纷案
——没有取得国内水路运输经营资质的承运人签订的航次租船合同效力及责任承担

【合规提示】

本案系一起原告、被告签订《航次租船合同》，原告为被告提供货物运输服务的国内水路货物运输合同纠纷案件。原告为不具备国内水路运输经营资质的承运人，但进行了无船承运人备案。对承运人而言，需要注意的是，当其没有取得国内水路运输经营资质而签订国内水路货物运输合同时，该合同会被法院认定无效，导致不能主张运费、违约金等有效合同下的权益。虽然进行了无船承运人备案，但需注意该业务资质仅限于从事国际海上货物运输，而无权从事国内水路货物运输。对于国内水路货物运输，承运人在没有资质的情形下仅有权以代理身份而非承运人身份收取运费。对租船人而言，要注意对无效合同约定的运费、滞纳金等有权在诉讼中抗辩，申请法院对承运人所主张的运费的适当保护应当以其实际对外支付的金额为限，不应保护其非法利益。

【案件信息】

1. 裁判文书字号

（2021）鲁 72 民初 1995 号

2. 当事人

原告：青岛芸某源船务有限公司

被告：山东胜某隆能源有限公司

3. 关键词

民事　航次租船合同　合同效力　无效法律后果

【裁判要旨】

1. 没有取得国内水路运输经营资质的承运人签订的国内水路货物运输合同，应当认定为无效。

2. 在原告未持有水路运输经营许可证导致合同无效的情形下，对原告所主张的运费的适当保护应当以其实际对外支付的金额为限，不应保护其非法利益。

【基本案情】

2021 年 7 月 1 日、7 月 10 日，原告与国某公司、永某公司分别签订一份《航次租船合同》，国某公司、永某公司为原告提供货物运输服务。相应地，原告与被告签订了两份《航次租船合同》，原告为被告提供货物运输服务。2021 年 7 月 23 日，原告与被告确认该两个航次运费分别为 566 962.97 元、630 312.08 元。原告实际支付给国某公司运费 537 392.96 元、支付给永某公司 603 772.62 元。

原告并不持有国内水路运输经营许可证，但进行了无船承运业务备案。国某公司与永某公司均具有国内水路运输经营许可证。原告诉请被告支付两笔运费 566 962.97 元、630 312.08 元及按合同约定的每天 5‰标准计算的滞纳金。

【裁判说理】

争议焦点：（1）案涉航次租船合同的效力；（2）合同无效后，被告如何承担责任。

青岛海事法院经审理认为：

一、案涉航次租船合同的效力

根据《国内水路运输管理条例》第8条、第33条的规定，国内水路运输业务经营者，必须持有国内水路运输经营许可证，方可从事国内水路运输业务。同时，依据《最高人民法院关于国内水路货物运输纠纷案件法律问题的指导意见》（以下简称《指导意见》）第3条的规定，没有取得国内水路运输经营资质的承运人签订的国内水路货物运输合同，应当认定合同无效。

二、合同无效后，被告如何承担责任

根据《民法典》第157条和《指导意见》第4条第1款的规定，在原告未持有水路运输经营许可证导致合同无效的情形下，对原告所主张的运费的适当保护应当以其实际对外支付的金额为限，不应保护其非法利益。《航次租船合同》无效，关于滞纳金的约定也无效，法院认定利息损失为原告由此遭受的实际损失。判决如下：（一）被告向原告支付运费1 141 165.58元及利息；（二）回原告的其他诉讼请求。

【法官后语】

本案是一起国内港口之间的航次租船合同纠纷，涉及合同效力的认定。众所周知，根据《国内水路运输管理条例》的规定，国内水路运输业务经营者必须持有国内水路运输经营许可证，方可从事国内水路运输业务，没有取得国内水路运输经营资质的承运人签订的国内水路货物运输合同，应当认定为无效。本案的典型之处在于，有两个特别情节：其一，被告没有经营许可证，但委托有许可证的船公司实际承运了货物；其二，被告进行了无船承运人备案。那么这两点是否影响对合同效力的判断？

其一，原告依据其与被告签订的《航次租船合同》提起诉讼主张运费，原告为《航次租船合同》的缔约主体和履行义务人，因此本案仅对原告的主体资格是否符合法律、行政法规的规定进行审查，原告依据《航次租船合同》承接运输义务后是否委托他人实际承担运输义务不属于本案审理的范围，也不影响对《航次租船合同》效力的判断。原告主张实际承担运输义务的两船公司具有经营管理资质，从而案涉《航次租船合同》有效的理由不成立。《指导意见》第3条之所以规定此类合同无效，意在维护水路运输安全和水路运输经营秩序，保护水路运输经营者、货主的合法权益，保障人民生命财产安全，故对无经营资质的承运人签订的水路货物运输合同持否定态度。

其二，原告具有无船承运业务资质是否意味着其有权从事国内水路货物运输？《国内水路运输管理条例》和《国内水路运输经营资质管理规定》并未对无船承运业务作出规定，仅规定了水路运输经营业务和水路运输辅助业务。而《国际海运条例》第7条第2款规定了无船承运业务，但是，《国际海运条例》第2条第1款规定："本条例适用于进出中华人民共和国港口的国际海上运输经营活动以及与国际海上运输相关的辅助性经营活动。"本案为国内港口之间的水路货物运输经营活动，不属于《国际海运条例》的调整范围，属于《国内水路运输管理条例》的调整范围。因此，原告的无船承运业务资质仅限于从事国际海上货物运输，而无权从事国内水路货物运输。对于国内水路货物运输而言，原告仅有权以代理身份而非承运人身份收取运费。

【相关法条】

1.《中华人民共和国民法典》（2021年1月1日施行）

第一条　为了保护民事主体的合法权益，调整民事关系，维护社会和经济秩序，适应中国特色社会主义发展要求，弘扬社会主义核心价值观，根据宪法，制定本法。

第三条　民事主体的人身权利、财产权利以及其他合法权益受法律保护，任何组织或者个人不得侵犯。

第一百五十三条第一款　违反法律、行政法规的强制性规定的民事法律行为无效。但是，该强制性规定不导致该民事法律行为无效的除外。

第一百五十五条　无效的或者被撤销的民事法律行为自始没有法律约束力。

第一百五十七条　民事法律行为无效、被撤销或者确定不发生效力后，行为人因该行为取得的财产，应当予以返还；不能返还或者没有必要返还的，应当折价补偿。有过错的一方应当赔偿对方由此所受到的损失；各方都有过错的，应当各自承担相应的责任。法律另有规定的，依照其规定。

2.《国内水路运输管理条例》（2017年3月1日修订）

第八条第一款　经营水路运输业务，应当按照国务院交通运输主管部门的规定，经国务院交通运输主管部门或者设区的市级以上地方人民政府负责水路运输管理的部门批准。

对应新法：

《国内水路运输管理条例》(2023年7月20日修订)

第八条第一款 经营水路运输业务，应当按照国务院交通运输主管部门的规定，经国务院交通运输主管部门或者设区的市级以上地方人民政府负责水路运输管理的部门批准。

3.《最高人民法院关于国内水路货物运输纠纷案件法律问题的指导意见》(2012年12月24日施行)

第三条 根据《国内水路运输管理条例》和《国内水路运输经营资质管理规定》的有关规定，从事国内水路运输的企业和个人，应当达到并保持相应的经营资质条件，并在核定的经营范围内从事水路运输活动。没有取得国内水路运输经营资质的承运人签订的国内水路货物运输合同，人民法院应当根据合同法第五十二条第（五）项的规定认定合同无效。

第四条第一款 国内水路货物运输合同无效，但是承运人已经按照运输合同的约定将货物安全运输到约定地点，承运人请求托运人或者收货人参照合同的约定支付运费，人民法院可以适当予以保护。

承办人：王爱玲
编写人：王爱玲

30. 南通中某风电工程技术有限公司诉山东裕某海洋工程有限公司航次租船合同纠纷案
——航次租船合同下信赖利益损失的审查认定

【合规提示】

本案系一起航次租船合同下船舶承租人诉出租人合同违约纠纷案件，双方对合同解除及实际损失产生争议。对于合同当事人而言，要注意约定解除权人行使合同解除权也需遵循诚信原则，相对方因信赖其行为，积极履行合同的，即使合同解除也不影响其主张信赖利益损失。

【案件信息】

1. 裁判文书字号

（2021）鲁72民初2026号、（2022）鲁民终692号

2. 当事人

原告（反诉被告）：南通中某风电工程技术有限公司

被告（反诉原告）：山东裕某海洋工程有限公司

3. 关键词

民事　航次租船合同　合同变更　合同解除权　信赖利益损失　赔偿责任

【裁判要旨】

约定解除权人行使合同解除权违背诚信原则，相对方因信赖其行为，积极履行合同的，即使合同解除也不影响其主张信赖利益损失。法院裁判的关键在于：一是认定当事人对合同的履行产生了合理的信赖，信赖利益保护需要引起信赖人产生信赖的是一种合理的、符合社会一般观念的外观事实或者意思表示行为。[①] 二是此种损失是指能从合同履行中客观获得的、能够合理预见的信赖利益损失。三是此种信赖利益的损失必须是对方违背诚信原则的行为造成的，而且应当与该行为之间具有因果关系。信赖利益的保护要求通过损害赔偿来弥补以回复到未信赖前的状况。

【基本案情】

本诉原告南通中某风电工程技术有限公司（以下简称中某公司）诉称：中某公司、山东裕某海洋工程有限公司（以下简称裕某公司）双方于2021年5月31日签订了船舶租赁合同，由裕某公司向中某公司出租船名为"智港×××"号船舶，租金为195万/月，合同签订3个工作日内中某公司支付50万元人民币，剩余145万元在中某公司收到裕某公司的到港通知书3日内支付，双方约定交船日期为2021年6月30日；中某公司在合同签订当日即通过转账形式向裕某公司支付定金50万元，裕某公司未能按约交船，中某公司

[①] 姜淑明、梁程良：《构建信赖利益损害赔偿责任的思考》，载《时代法学》2012年第6期。

于 2021 年 7 月 28 日向裕某公司发出合同解除通知书，请求法院判令被告裕某公司返还原告中某公司定金人民币 50 万元整，同时赔偿原告中某公司 50 万元整。

本诉被告裕某公司答辩称：《船舶租赁合同》合法有效，因台风等不可抗力因素不能按约定时间交船，双方经协商一致，同意交船时间顺延，中某公司主张解除合同属根本违约，无权要求解除合同和返还定金、赔偿损失。双方已经确定合同继续履行，中某公司突然提出解除合同和返还定金并赔偿损失属于其根本违约。2021 年 6 月 28 日、7 月 8 日、7 月 14 日、7 月 16 日，中某公司均表示合同继续履行，7 月 28 日，裕某公司通知中某公司交船时，中某公司突然发函通知裕某公司解除合同，且在未通知裕某公司的情形下，另行与第三人签订租赁合同进行施工，违反诚信原则。

反诉原告裕某公司诉称：2021 年 6 月 30 日因不可抗力因素，裕某公司无法按时交船，双方协商一致同意合同继续履行，对交船时间进行变更，合同终止期限仍是 2021 年 12 月 31 日。其间，裕某公司为履行合同购买钢丝绳 5 捆及 4.2 吨重铁锚 1 件邮寄给中某公司，中某公司签收领取。2021 年 7 月 28 日，裕某公司通知中某公司交船，中某公司突然提出解除合同。中某公司的根本违约行为，导致裕某公司船舶在海上闲置 14 天，给裕某公司造成直接经济损失和可期待利益损失。请求依法判令反诉被告中某公司赔偿反诉原告裕某公司损失 274 万元；反诉被告中某公司返还反诉原告裕某公司钢丝绳 5 捆、铁锚 1 件，若不能返还，反诉原告请求依法判令反诉被告赔偿反诉原告上述物品财产损失 49 300 元。

反诉被告中某公司辩称：双方约定的最迟交船日为 2021 年 6 月 30 日，7 月底中某公司仍未交船，符合双方解除合同的约定条款，中某公司有权解除合同，裕某公司应返还定金并赔偿 50 万元。双方并未达成任何变更交船时间的协议。裕某公司存在明显的违约行为，所谓的损失不存在。关于反诉状中的缆绳和锚返还问题，案涉货物是裕某公司自行运至该地点，中某公司从无扣押此物行为，裕某公司完全可以自行将货物取回，中某公司从未表示不配合，因此裕某公司的该反诉请求不能成立。请求法院驳回反诉原告的请求。

法院经审理查明：被告裕某公司为出租方，原告中某公司为承租方。2021 年 5 月 31 日，裕某公司与中某公司签订了一份《船舶租赁合同》，船名为"智港×××"。合同第 10 条约定了合同的解除、终止：由于双方自身原因需提前解除终止合同时，必须提前30天通知对方，以便双方协商解决。因不可抗力因素致使本合同不能继续履行，需解除终止时，双方互不承担违约责任。第11条约定了违约责任：除本合同约定的双方有权解除本合同的情形外（不可抗力不属双方违约），任何一方存在违约行为，中某公司承担押金作为违约金的违约责任，同样裕某公司应赔付给中某公司押金同等金额（195万元）作为违约金。

2021年6月28日，裕某公司法定代表人蒋某贤与中某公司职员顾某荣的通话记录显示，蒋某贤表示最近几天卸不下来，是天气原因，怕耽误事，可以退还定金，估计30号是来不及。顾某荣表示项目部暂时没催，跟公司确定一下。2021年6月29日，顾某荣对蒋某贤表示，只要一个星期能卸完，倒无所谓的。蒋某贤表示感谢。

2021年7月8日，蒋某贤与顾某荣通过微信签订《合同补充协议》，载明：裕某公司于2021年7月8日向中某公司通过网银转账50万元，此笔转账仅用于走账不作为真正的赔偿金，不涉及合同内任何条款的款项。双方协商由中某公司2个工作日内原路退回裕某公司账户。原合同仍然有效。同日，裕某公司通过网银转账支付给中某公司50万元。7月9日，中某公司又将50万元退还给了裕某公司，蒋某贤微信确认收到了中某公司支付的50万元。

2021年7月10日6:35，裕某公司职员郑某男说："我是'智港×××'，我买的油丝绳从老家用物流发往惠州了，我在海里没信号把你手机号留给物流了，如果给你打电话到时候麻烦帮忙接收一下。"中某公司职员刘某军说："可以。"7月10日14:31，郑某男说："麻烦你给发个码头定位，和那边的接收人，明天我让物流把油丝绳送过去。"刘某军说："惠州集装箱码头，可以。"7月14日12:09，刘某军发了一张油丝绳的图片。

2021年7月6日9:58，中某公司职员沈某娟说："发一份公司营业执照，还有法人身份证给我下，我这边存档。"裕某公司职员蒋某萍发送了公司营业执照和法人身份证。7月6日10:07，蒋某萍说："麻烦发一份您那边的营业执照和法人身份证，我存下档。"沈某娟也发送了公司营业执照和法人身份证。7月16日16:12，沈某娟说："保险人员名单有吗？"蒋某萍发了一张图片，说："没有单独的名单页。"沈某娟说："那可以提供一份船名名单吧？"蒋某萍发了一张图片。

2021年7月28日上午，蒋某贤微信询问："应该是明后天就能卸完，你那边没有变化吧？"顾某荣回答："我现在还不知道，我看我领导怎么安排。"蒋某贤回复："你抓紧落实一下，你要有变化你就告诉我。"顾某荣回复："好的好的，行呀。"

2021年7月28日15:44，中某公司顾某荣通过微信发给蒋某贤一份《合同解除通知书》，解除"智港×××"轮的《船舶租赁合同》，要求退还支付的定金50万元，并赔偿50万元。2021年8月11日，裕某公司与某泰公司签订一份定期租船合同，约定租金每月160万元，租期3个月，定金40万元，2021年8月10日在福州海域交船，某泰公司法定代表人管某涛于8月9日支付了定金40万元。2021年10月20日，蒋某贤与润某公司签订一份船舶租赁合同，约定租金每月150万元，租期7.5个月，润某公司10月27日支付租金50万元。

【裁判说理】

争议焦点：（1）双方是否就迟延交船达成一致意见；（2）裕某公司未按时交船的原因是否构成不可抗力；（3）裕某公司是否应承担违约责任；（4）反诉诉讼请求的租金是否应当支持。

青岛海事法院认为：

一、双方是否就迟延交船达成一致意见

本案中，裕某公司提交了多份通话记录和微信聊天记录佐证双方协商一致变更了交船时间。（1）对于蒋某贤与顾某荣的通话记录，可以看出双方对于延期有一个附条件的合意，即等待一个星期，本案事实是一个星期之内并未卸完，故该条件并未成就，不生效。（2）对于双方7月8日签订的《合同补充协议》，其中最后一句"原合同仍然有效"，但并未对合同变更的具体内容，即裕某公司的交船时间如何变更达成明确的意思表示。（3）对于中某公司与裕某公司职员于7月14日和7月16日的聊天记录，表明双方确实在沟通履行合同有关事宜，但所涉职员并非有权代表中某公司作出承诺的主体，不能证明同意顺延交船以及有变更交船时间的意思表示。

二、裕某公司未按时交船的原因是否构成不可抗力

本案中，裕某公司不能交付船舶的原因是货物在上一个卸货点无法卸下货物。本案中不可抗力应理解为"智港×××"轮在抵达中某公司指定海域的航行途中遇到不能预见、不能避免、不能克服的天气状况，导致无法按时

抵达。裕某公司关于不可抗力的主张本院不予支持。

三、裕某公司是否应承担违约责任

案涉船舶在2021年6月30日前未能到达指定地点交付，上已述及，本院认定未能交船的事由不构成不可抗力，而且双方对变更交船时间的约定不明确，推定为交船时间未变更。故裕某公司应当按照合同约定的6月30日履行交船义务，不能交付船舶时，中某公司有权解除合同。故中某公司有权请求裕某公司承担违约责任，返还定金50万元，并赔偿50万元给中某公司。

四、反诉诉讼请求的租金是否应当支持

裕某公司违约，中某公司有权解除合同。合同解除权的行使期限既可由法律规定，也可由当事人约定。法律没有规定或当事人没有约定的，则解除权人应该在相对人催告后的合理期限内行使。但是，从6月28日到7月28日近一个月的时间内，中某公司与裕某公司一直在通过微信协商能否尽快交船事宜，结合中某公司与裕某公司在合同解除前的多次沟通交船记录，可以看出裕某公司基于对中某公司的信任，一直在为继续履行合同进行准备。对此，中某公司行使解除权的时限较长，虽不能说由此导致中某公司丧失合同解除权，但毕竟在该一个月的时间内，中某公司对其享有的合同解除权，存在既不行使也不放弃的状态，使得裕某公司的权利义务处于不稳定的状态，产生了信赖其不再行使解除权而愿意继续履行合同的认识。中某公司的该行为有违诚信原则。中某公司负有提前通知裕某公司解除合同，并给其合理准备时间的义务，未尽该义务应当承担相应的责任。中某公司应当能够预见因其突然的解除合同行为会导致"智港×××"轮在海上闲置一段时间。"智港×××"轮自2021年7月31日至2021年8月8日9天一直闲置在海上，按照双方租赁合同约定租金每个月195万元计算，9天的租金损失为195万元÷30天×9天=58.5万元。对该损失，中某公司应承担赔偿责任。关于裕某公司主张的与某泰公司、润某公司签订的租赁合同相比较中某公司合同租金减少的损失，因超出中某公司的可预测范围，而且与中某公司仅违反基于诚信原则的附随义务的过错责任明显不匹配，本院对该部分损失不予支持。

一审宣判后，中某公司向山东省高级人民法院提出上诉。山东省高级人民法院判决驳回上诉，维持原判。

📚 **【法官后语】**

本案系因航次租船合同交船时间变更未达成合意，进而解除权人行使解除权解除合同所引发的损失赔偿纠纷。本案特殊之处在于涉及信赖利益损失的司法审查问题。本案争议的焦点和难点在于：对于中某公司突然的合同解除行为，裕某公司所遭受的损失是不是信赖利益损失？可否进行赔偿？赔偿范围如何界定？

一、信赖利益损害赔偿责任以诚信原则为基础

《民法典》合同解除权行使规则意在规范当事人解除行为，为合同关系状态之判断提供规范基础。合同解除是合同当事人摆脱合同关系约束，获"自由状态"的一种行为。符合合同解除事由时，解除权人可以选择合同解除或请求继续履行，也可以选择与相对人协商解决，后两者实际上是解除权备而不用。①

合同解除权人行使解除权的时限较长（法律没有规定及当事人没有约定时，行使期间长达一年），但解除权人对其享有的合同解除权，存在既不行使也不放弃的状态时，就会使相对方的权利义务处于不稳定的状态，产生了信赖其不再行使解除权而愿意继续履行合同的认识。在此期间内，相对方可能会采取各种方式尽力促成合同，包括但不限于继续履行合同义务、与合同解除权人继续磋商变更合同内容等。若解除权人消极行使解除权，相对方为合同的继续履行而付出的信赖利益理应得到保护。此时，合同解除权人的行为有违基于诚信原则的附随义务，应当承担相应的过错责任。

本案即是如此，裕某公司违约，中某公司有权解除合同。根据双方的通话记录和微信聊天记录，可以看出6月28日、7月8日、7月14日、7月16日、7月28日双方一直在沟通继续履行合同事宜。但是7月28日下午，中某公司就发出《合同解除通知书》，通知解除合同，并要求两天内返还定金50万元，赔偿50万元损失。结合上述沟通记录，可以看出裕某公司基于对中某公司的信任，一直在为继续履行合同进行准备。中某公司对其享有的合同解除权，在一个月的时间里存在既不行使也不放弃的状态，使裕某公司的权利义务处于不稳定的状态，产生了信赖其不再行使解除权而愿意继续履行

---

① 崔建远：《合同法》，法律出版社2016年版，第198页。

合同的认识。中某公司的该行为有违基于诚信原则的附随义务，应当承担相应的过错责任。

二、信赖利益损失赔偿责任的司法审查

当事人在订立合同过程中产生一种信赖关系。在此信赖关系基础上基于诚信原则在合同当事人之间产生保护、通知、照顾等法定义务。如一方因过失违反上述义务给对方造成信赖利益的损失应负赔偿责任。信赖利益是合同或要约赋予当事人所固有的因信赖而遭受损失的利益，包括财产利益和机会利益，信赖利益制度是诚信原则在合同领域的具体体现。信赖利益之所以受到保护，是因为过错一方已剥夺了信赖方基于合同而期待得到的利益，或者本可以和其他人订立合同的机会，所以法律保护信赖利益只要求当事人形成合理的信赖，而不考虑当事人之间的交易是否存在足够的对价。

本案诉讼过程中，裕某公司提出反诉，认为中某公司突然提出解除合同，导致裕某公司船舶在海上闲置14天，给裕某公司造成直接经济损失和可期待利益损失，中某公司应予以赔偿。反诉被告中某公司答辩称，在裕某公司违约的情况下，中某公司向其发出解除合同的通知符合双方签订的租船合同第10条约定的合同的解除条件（2021年6月30日，裕某公司船舶还未到达指定地点交付，中某公司有权解除合同）。中某公司在7月28日向对方发出解除合同通知书完全合情、合理、合法，请求驳回反诉原告的请求。

信赖利益的赔偿具有如下特点：（1）信赖利益必须是一种既存利益；（2）信赖利益必须是合理的信赖；（3）此种信赖利益损失是因另一方的不诚信行为而造成的，两者之间具有因果关系。

从全面维护当事人合法权益出发，对于案件当事人主张的信赖利益损失能否支持，法院应当根据以下审判思路进行正确把握。

（一）受损害方应当对信赖利益损失赔偿请求权产生的法律事实承担举证证明责任

根据合同法损害赔偿的构成要件，当事人应当举证证明信赖的合理性和受有损害的事实。信赖人主观上要有信赖合同成立或有效的意思，客观上要有信赖合同成立或有效的行为。受损害一方亦不能任意主张赔偿，受损害一方主张赔偿的损失应是确定的，并且能够提供证据证明。另外，所受损害与对方的不诚信行为之间应存在因果关系。对于本案而言，法院裁判的关键在于受损害方的信赖是否合理以及因果关系是否成立。根据在案证据，裕某公司法定代表人蒋某贤在6月28日通知中某公司职员顾某荣不能交付船舶，询问合同是否解除时，中某公司没有立即行使解除权。7月8日、7月14日、7月16日、7月28日双方一直在沟通继续履行合同事宜。直至7月28日下午中某公司发出《合同解除通知书》，通知解除合同。结合上述沟通记录，可以看出裕某公司基于对中某公司的信任，一直在为继续履行合同进行准备。裕某公司对中某公司将继续履行合同的信赖是合理的。中某公司突然的解除行为导致裕某公司船舶在海上闲置近10天。法院对裕某公司信赖利益损失请求权予以认可。

（二）信赖利益损失金额的确定方法

信赖利益损害赔偿责任赔偿的是信赖人合理的信赖利益的损失，这种信赖利益可以体现为财产利益或者履行利益，也有可能是一种法律行为上的机会性损失，如基于信赖合同订立相对人而放弃了订立其他更富价值的合同的机会，对于信赖人而言，机会利益与财产利益同样重要。因此需要通过损害赔偿来弥补，以回复到未信赖前的状况。[1] 所受损害（直接损失），又称积极的损害，是指损害行为的发生所引起的现存财产价值的直接减少。所失利益（间接损失），又称消极的损害，实践中称之为机会损失，主要表现为丧失与第三人另订合同的机会。对于本案而言，因连续的磋商行为导致裕某公司信任中某公司将继续履行合同，6月28日至7月28日一个月的时间内，裕某公司积极协调卸货，为合同履行做出努力，放弃其他缔约机会。中某公司突然的合同解除行为导致船舶自7月31日至8月8日（共计9天）一直闲置在海上。该信赖利益损失并非表现为直接的费用支出，而是潜在的财产利益或是机会性损失。此种基于落空费用的财产损害属性，应采取有限制的肯定立场，在债权人所花费的时间或劳务具有独立的市场价值或金钱价值时，事实上可将作为费用的这些时间或劳务付出评价为财产价值的一种变形，应肯定对其的赔偿。[2] 信赖利益的保护要求中某公司通过损害赔偿来弥补，以回复到未信赖前的状况。即按照双方租赁合同约定的租金每月195万元计算，9天的租金损失为195万元÷30天×9天=58.5万元。本院认定该损失属于信

---

[1] 丁南：《信赖保护与法律行为的强制有效——兼论信赖利益赔偿与权利表见责任之比较》，载《现代法学》2004年第1期。

[2] 徐建刚：《违约中落空费用的性质及赔偿——基于信赖与信赖利益的区分视角》，载《法学》2020年第2期。

赖利益损失，中某公司应承担赔偿责任。

（三）法院对于信赖利益损失金额的确认，还应考虑可预见性规则、过失相抵原则、减损原则、损益相抵原则等因素，避免信赖利益损失认定范围的扩大化

根据我国《合同法》第113条，违约责任中损失的赔偿额须符合"可预见性"要件，这是限制责任理念的呈现，[①]是指违约方承担的损害赔偿责任，其范围不应超过他订立合同时预见到或者应当预见到的损失的规则。[②]认定可得利益的规则，除了可预见性规则外，还应考虑过失相抵原则、减损原则、损益相抵原则等因素。本案中，裕某公司主张的与某泰公司、润某公司签订的租赁合同相比较中某公司合同租金减少的损失，也属于信赖利益损失。本院认为，该损失超出了中某公司的可预测范围，而且与中某公司仅违反基于诚信原则的附随义务的过错责任明显不匹配，本院对该部分损失不予支持。

法安天下，德润人心。本案是一起贯彻落实《民法典》诚信原则、保障交易公平安全的典型案例。法院结合信赖的合理性、信赖利益损失的法律事实及可预见性规则举证责任的分配，最终认定解除权人行使合同解除权违背诚信原则，应当赔偿相对方的信赖利益损失，重申了诚信的基本原则，实现了对双方当事人的合理归责。本案裁判以司法活动推动社会主义核心价值观的贯彻落实，有利于营造"用司法公正引领社会公正"的良好法治环境。

【相关法条】

1.《中华人民共和国民法典》（2021年1月1日施行）

第五百零九条第二款　当事人应当遵循诚信原则，根据合同的性质、目的和交易习惯履行通知、协助、保密等义务。

第五百四十三条　当事人协商一致，可以变更合同。

第五百四十四条　当事人对合同变更的内容约定不明确的，推定为未变更。

第五百六十二条　当事人协商一致，可以解除合同。

当事人可以约定一方解除合同的事由。解除合同的事由发生时，解除权

[①] 郝丽燕：《违约可得利益损失赔偿的确定标准》，载《环球法律评论》2016年第2期。
[②] 王利明：《合同法要义与案例析解》，中国人民大学出版社2001年版，第403页。

人可以解除合同。

第五百六十四条第二款 法律没有规定或者当事人没有约定解除权行使期限，自解除权人知道或者应当知道解除事由之日起一年内不行使，或者经对方催告后在合理期限内不行使的，该权利消灭。

第五百六十五条第一款 当事人一方依法主张解除合同的，应当通知对方。合同自通知到达对方时解除；通知载明债务人在一定期限内不履行债务则合同自动解除，债务人在该期限内未履行债务的，合同自通知载明的期限届满时解除。对方对解除合同有异议的，任何一方当事人均可以请求人民法院或者仲裁机构确认解除行为的效力。

第五百六十六条第二款 合同因违约解除的，解除权人可以请求违约方承担违约责任，但是当事人另有约定的除外。

第五百八十四条 当事人一方不履行合同义务或者履行合同义务不符合约定，造成对方损失的，损失赔偿额应当相当于因违约所造成的损失，包括合同履行后可以获得的利益；但是，不得超过违约一方订立合同时预见到或者应当预见到的因违约可能造成的损失。

第五百八十七条 债务人履行债务的，定金应当抵作价款或者收回。给付定金的一方不履行债务或者履行债务不符合约定，致使不能实现合同目的的，无权请求返还定金；收受定金的一方不履行债务或者履行债务不符合约定，致使不能实现合同目的的，应当双倍返还定金。

2.《中华人民共和国民事诉讼法》(2017年6月27日修正)

第六十四条第一款 当事人对自己提出的主张，有责任提供证据。

对应新法：

《中华人民共和国民事诉讼法》(2023年9月1日修正)

第六十七条第一款 当事人对自己提出的主张，有责任提供证据。

承办人：王爱玲

编写人：王爱玲

31. 青岛盛世某海上旅游有限公司诉青岛国际某俱乐部有限公司、青岛某集团有限公司船舶泊位租赁合同纠纷案
——可得利益损失的审查认定

【合规提示】

本案是一起因政府举办文化活动导致船舶泊位租赁合同解除而产生的纠纷。双方对合同解除、违约金返还、可得利息损失等产生纠纷。合同双方均应当自觉履行合同约定义务，因不可抗力导致合同无法继续履行时，需积极协调沟通，促进问题解决。法律不保护躺在权利上睡觉的人。关于可得利益损失，对于可得利益损失数额的确认，法院考虑可预见性规则、减轻损失规则、损益相抵规则、过失相抵规则等综合因素。对于守约方而言，若主张可得利益损失，应当对可得利益损失赔偿请求权产生的法律事实承担举证证明责任。对违约方而言，要对应予限制或者减少可得利益损失赔偿数额的抗辩承担举证责任。

【案件信息】

1. 裁判文书字号

（2021）鲁72民初2035号

2. 当事人

原告（反诉被告）：青岛盛世某海上旅游有限公司

被告（反诉原告）：青岛国际某俱乐部有限公司

被告：青岛某集团有限公司

3. 关键词

民事　船舶泊位租赁合同　可得利益损失的认定

【裁判要旨】

1. 守约方应当对可得利益损失赔偿请求权产生的法律事实承担举证证明责任。

2. 法院对于可得利益损失数额的确认，还应考虑可预见性规则、减轻损失规则、损益相抵规则、过失相抵规则等综合因素。

【基本案情】

本诉原告青岛盛世某海上旅游有限公司（以下简称某公司）向法院提出诉讼请求：（1）依法判令解除原告某公司与被告青岛国际某俱乐部有限公司（以下简称某俱乐部）签订的《泊位租赁合同》（9米泊位）及《泊位租赁合同》（120米泊位）；（2）依法判令两被告退还泊位剩余租期租金389 268.49元及逾期退款利息（逾期退款利息暂计至2020年10月22日为51 565.64元，最终计算至被告实际退款之日止）；（3）依法判令两被告支付原告违约金183 600元；（4）依法判令两被告共同赔偿原告可得利益损失2 362 249.05元；（5）依法判令两被告共同赔偿原告船舶维护维修费、人员成本费、船舶折旧费、运输损失费共计4 735 094.12元（以上第2~5项诉讼请求暂计至2020年10月22日，合计金额为7 721 777.3元）；（6）本案的诉讼费、保全费、保全保险费由两被告承担。事实与理由：某公司与某俱乐部签订了《泊位租赁合同》（9米泊位）（以下简称9米泊位合同）及《泊位租赁合同》（120米泊位）（以下简称120米泊位合同），某俱乐部将位于青岛奥林匹克帆船中心码头的部分泊位租赁给某公司，用于停靠船艇使用。租赁合同履行期间，泊位独立业务整体划转至青岛某集团有限公司（以下简称某集团）统一运营、管理。上述租赁合同签订后，某公司按约履行了相关义务，但两被告却无正当理由不准许某公司船艇进入租赁泊位停靠，且切断租赁泊位能源供应。两被告的行为已构成根本违约，并给某公司造成了巨大损失，其应依法承担相应的违约赔偿责任。某俱乐部系由某集团全资出资设立，某集团应当对某俱乐部的债务承担连带责任。为维护自身的合法权益，某公司特诉至法院，请求判如所请。

被告某俱乐部辩称：本案不存在某俱乐部违约事实，相反某公司在合同履行过程中不仅多次逾期付款、违反港口管理规定，还至今拖欠一期28.8万元租金未付，某公司应承担相应的法律责任。2010年至2015年，某俱乐部与某公司签订泊位租赁合同三份，分别为9米泊位合同、120米泊位合同、2012年11月13日签订的《泊位租赁合同》（以下简称9米包道合同）。因筹办2018年6月青岛上合峰会，需要清理奥帆中心港池，2017年10月当时处于保密期，故以升级改造名义向所有船舶发出移泊的通知。这是根据租赁合同当中的"停泊管理"条款实施的合法行为，不存在某公司所称无正当理由不准许其船艇进入泊位停靠的事实。某公司120米泊位合同在上合峰会举办之前已经届满，未实际使用的时段按照合同约定可返还租金。上合峰会后，港航管理局加强了对奥帆中心港池的管理，对停靠船舶要求提供所有权证书、船检证书和国籍证书，从事海上经营的还需要经港航局批准，某公司船舶不符合要求，且9米泊位停靠的"盛某翔"违反管理规定，未提申请自行离港，因此，峰会后双方协商解除合同，但某公司反悔，导致问题至今未能解决，相关责任应由某公司承担。综上，请依法驳回某公司的诉讼请求。

被告某集团辩称：某俱乐部是某集团所属的全民所有制企业，具有独立的财产、业务、机构、人员和独立的法人资格，能够独立承担民事责任。某公司主张某集团对某俱乐部签订的合同承担连带责任没有法律和事实依据，请求依法驳回某公司的诉讼请求。

反诉原告某俱乐部向法院提出诉讼请求：请求依法判令反诉被告某公司支付泊位租金28.8万元，承担违约金14.4万元，反诉费用由反诉被告承担。事实与理由：某俱乐部与某公司在2010年至2015年签订泊位租赁合同三份，分别是9米泊位合同、9米包道合同以及120米泊位合同。上述合同履行期间，某公司少缴纳9米包道合同一年租金28.8万元，并且多次违反合同约定迟延数月缴纳租金，根据9米包道合同及120米泊位合同第4条违约责任条款的约定，违约方向守约方赔偿一个月的租金作为违约金，某公司应承担两租赁合同项下违约金14.4万元。因某公司依据上述合同请求法院解决纠纷，某俱乐部特此提起反诉，请求法院依法查明裁判。

反诉被告某公司辩称：（1）某公司已实际履行完毕9米包道合同，某公司已付清该合同项下的全部租金，且根据某俱乐部提交的《合同解除协议书》也恰能证明某公司并不存在拖欠该合同项下租金的情形。且在提起本诉之前，某俱乐部从未就该合同项下未付租金事宜向某公司主张过任何权利，该合同项下的租金债权诉讼时效已经届满，某俱乐部丧失胜诉权。因此，某俱乐部要求某公司支付泊位租金的反诉请求没有任何事实及法律依据。（2）对于某俱乐部所主张的相关合同项下的违约金，在某公司支付相应租金时，某俱乐部并未提出任何异议，双方实际以实际履行行为改变了相关合同中关于付款期限的约定，且根据某俱乐部提交的《合同解除协议书》也恰能证明某公司并不存在应支付违约金的情形。另外，如上所述，某俱乐部就违约金反诉请求的诉讼时效也已经届满，其已丧失胜诉权。综上所述，某俱乐部的反诉请求没有任何事实及法律依据，请求依法予以驳回。

法院经审理查明，2010年至2015年，某公司与某俱乐部签订了三份《泊位租赁合同》（9米泊位、9米包道、120米泊位合同），租赁期分别为2010年5月10日至2020年5月10日、2012年2月18日至2015年2月17日、2015年2月18日至2018年2月17日。

2017年10月26日，某俱乐部因政府文化活动进行升级改造，要求2017年11月10日前将船只驶离奥帆中心泊位。2017年11月17日，某公司船艇离港。2018年6月19日，某公司申请船艇回港并续约，未获许可。某俱乐部要求与某公司解除合同。

某公司的"盛某图"号2016年船舶营运证中载明，船舶经营范围为"奥帆中心码头经营点至莱西路盛世飞洋码头（海军码头）海上游览观光（双向对开）"，2020年船舶经营范围为"青岛莱西路盛世飞洋码头（海军博物馆四号码头）至奥帆中心折返莱西路盛世飞洋码头海上游览观光"。某公司租赁某俱乐部的泊位系用来经营海上旅游业务使用，相关游客须经过码头才能够上船进行海上游览活动。

2017年度某公司奥帆项目主营业务收入总额为5 797 782.26元，归属于奥帆项目的成本费用为4 908 819.99元，奥帆项目营业利润为888 962.27元。

2020年12月30日，青岛国际某俱乐部进行了改制，改制前为全民所有制企业，改制后名称为青岛国际某俱乐部有限责任公司，公司类型为有限责任公司，某集团系某俱乐部唯一股东。

【裁判说理】

争议焦点：（1）双方之间的9米泊位合同和120米泊位合同是否应当解除；（2）未履行期间的租金是否应当退还；（3）违约金是否应当承担；（4）可得利益损失是否应当支持；（5）船舶维护维修费、人员成本费、船舶折旧费、运输损失费等费用是否应当支持；(6) 反诉诉讼请求是否应当支持。

青岛海事法院认为：

一、双方之间的 9 米泊位合同和 120 米泊位合同是否应当解除

案涉 9 米泊位合同的租赁期限为 2010 年 5 月 10 日至 2020 年 5 月 10 日，120 米泊位合同的租赁期限为 2015 年 2 月 18 日至 2018 年 2 月 17 日，某公司提起诉讼时，该两份合同的租赁期限均已届满。而且，两份合同中均约定了合同的终止条款，其中第（c）条约定，未能兑现合同约定甲方应负的责任和应尽的义务时，某公司有权终止合同。2017 年 10 月 26 日，某俱乐部通知某公司移泊，2017 年 11 月 17 日，某公司船艇离港，之后 120 米泊位合同到期，某俱乐部拒绝与某公司续约，要求与某公司解除合同，9 米泊位合同虽然未到期，但也未再实际履行。该两份泊位租赁合同至今均已没有实际履行的可能性，符合第（c）条约定的终止事由，因此，案涉两份租赁合同实际已经解除。

双方之间的泊位租赁合同系《民法典》施行之前签订，在《民法典》施行之前已经解除，根据《最高人民法院关于适用〈中华人民共和国民法典〉时间效力的若干规定》第 1 条第 2 款的规定，"民法典施行前的法律事实引起的民事纠纷案件，适用当时的法律、司法解释的规定，但是法律、司法解释另有规定的除外"。因此，本案适用当时的法律、司法解释的规定。《合同法》第 93 条第 2 款规定："当事人可以约定一方解除合同的条件。解除合同的条件成就时，解除权人可以解除合同。"因此，案涉 9 米泊位合同和 120 米泊位合同符合合同约定的解除条件，某公司有权请求解除。

二、未履行期间的租金是否应当退还

9 米泊位合同第五（3）条与 120 米泊位合同第二（4）条均约定了未履行期间租金应当退还，并约定了计算方式，即"合同终止时，甲乙双方以年租 + 月租 + 日租的方式进行租金结算，不足一天部分视为一天，不足一月部分按日计算，不足一年部分按月计算。双方按照约定的租金标准进行结算，并计算其他约定费用及违约金，甲方退还乙方所有剩余租金及其他费用"。据此，应当按照该条约定计算应予返还的租金金额。

对于 9 米泊位合同而言，合同约定 2020 年 5 月 10 日到期，离港日为 2017 年 11 月 17 日，未履行期间为 2017 年 11 月 18 日至 2020 年 5 月 10 日，共计 2 年 5 个月 23 天。年租金标准为 36 000 元，月租金为 3000 元，日租金

为 36 000 元 ÷365 天 =98.63 元 / 天。则应退还租金为 36 000 元 / 年 ×2 年 + 3000 元 / 月 ×5 个月 +98.63 元 / 天 ×23 天 =89 268.49 元。

对于 120 米泊位合同而言，合同约定 2018 年 2 月 17 日到期，离港日为 2017 年 11 月 17 日，合同未履行期间为 2017 年 11 月 18 日至 2018 年 2 月 17 日，共计 3 个月。年租金为 1 200 000 元，月租金为 100 000 元，则应退还租金为 100 000 元 / 月 ×3 个月 =300 000 元。

某俱乐部同时应当支付租金的利息，租金利息的计算方式为，以 389 268.49 元为基数，自 2017 年 11 月 18 日起至 2019 年 8 月 19 日止，按中国人民银行同期贷款利率支付逾期付款利息，自 2019 年 8 月 20 日起至实际履行之日止，按全国银行间同业拆借中心公布的贷款市场报价利率支付逾期付款利息。

三、违约金是否应当承担

本案中，9 米泊位合同与 120 米泊位合同关于违约金的约定并不相同。9 米泊位合同关于违约责任约定如下："任何一方违约，违约方向守约方赔偿一个月的租金作为违约金，造成损失的并赔偿实际经济损失。"根据该约定，违约金为一个月的租金 3000 元。某俱乐部抗辩的合同停泊管理规定部分约定：如因举行重大体育赛事、政治文化活动或码头设施维修改造等特殊情况，甲方有权要求乙方船只在一定时间内离开该泊位，则在此期间，甲方有义务在青岛奥林匹克帆船中心港池内向乙方提供其他相同使用功能的泊位，如甲方无法提供其他泊位，则应在合同期满后向乙方免费提供相应时段的靠泊服务，或向乙方返还该时间段内租金。该项约定并未排除违约金条款的适用，不能以此为由免除违约责任。而且，在某俱乐部主张的上合峰会结束后，并未允许某公司继续使用该泊位，构成违约，应当按照约定支付违约金。

120 米泊位合同中有三处关于违约金的约定。在合同终止部分约定："甲方自接到终止合同通知后三个工作日内，应退回乙方预交的剩余租金及各种费用的剩余部分。同时另向乙方支付合同总值的 5% 的违约赔偿金。"在合同中止部分约定："在合同履行期间，如一方因合同条款外的其他原因无法履行合同，则应在赔偿对方违约金的前提下中止合同，违约金为合同总值的 5%，但甲方遇不可抗力和政府调整的情况，双方约定不赔偿违约金。"在违约责任部分约定："任何一方违约，违约方向守约方赔偿一个月的租金作为违约金，造成损失的并赔偿实际经济损失。"某公司主张该合同下总值为 360 万元，违约金为 360 万元 ×5%=18 万元。某俱乐部主张系政府调整原因导致合同未继续履行,不应支付违约金。对此,本院认为,奥帆中心提升改造确系政府原因导致,在合同对政府调整的情况不赔偿违约金作出明确约定的情形下,应当严格遵循合同约定,不予赔偿违约金。故对某公司赔偿该合同项下违约金18万元的请求不予支持。

四、可得利益损失是否应当支持

某公司主张租赁案涉泊位系其经营海上旅游业务的必要条件之一,某俱乐部不提供案涉泊位,则其无法经营海上旅游业务,必然产生经营损失,某俱乐部应当赔偿可得利益损失。

某俱乐部抗辩其为筹备上合峰会向某公司发出船艇移泊的通知,符合合同约定,其无义务为某公司进行海上旅游经营提供租赁泊位,某公司所主张的可得利益损失没有法律依据。

对此,本院认为,9米泊位合同和120米泊位合同中约定:"因不可抗力的影响,不能履行合同的一方可免除违约责任。"即整个合同下仅不可抗力可以免除违约责任,即使合同系因政府举行政治文化活动导致不能履行也应依法承担相应责任。《合同法》第113条第1款规定:"当事人一方不履行合同义务或者履行合同义务不符合约定,给对方造成损失的,损失赔偿额应当相当于因违约所造成的损失,包括合同履行后可以获得的利益,但不得超过违反合同一方订立合同时预见到或者应当预见到的因违反合同可能造成的损失。"该条确立了完全赔偿原则,对于本案而言,因泊位不能正常使用导致某公司产生了可得利益损失。理由如下:其一,根据《青岛市交通运输局关于开展2020年国内水路运输及其辅助业和国际船舶运输业核查工作的通知》中第一部分关于国内水路运输及其辅助业核查工作中第(五)条第1(8)项的规定,在市内水路运输经营者应填报提供的材料中,如企业租赁码头经营的,需提供租赁使用合同证明原件和复印件,以及船舶所有权证书和船检证书的复印件。因此,某公司获取码头泊位使用权,确系其市内水路运输经营的必要条件之一。其二,某公司提交的案涉码头照片显示,某公司租赁某俱乐部的泊位系用来经营海上旅游业务使用,相关游客须经过码头才能够上船进行海上游览活动。其三,根据"盛某图"号2016年船舶营运证与2020年营运证内容的对比可以看出,2016年船舶经营范围为"奥帆中心码头经营点至莱西路盛世飞洋码头(海军码头)海上游览观光(双向对开)";2020年船舶经营范围为"青岛莱西路盛世飞洋码头(海军博物馆四号码头)至奥帆中心折返莱西路盛世飞洋码头海上游览观光"。即当某公司无法使用奥帆中心泊位时，旅客运输业务由双向对开缩减为单向折返了，即不能在奥帆中心码头经营点上客了，自然影响其可得利益。其四，2016年3月9日，青岛市交通运输委员会港航管理局颁发给某公司的《水路运输许可证》载明，奥帆中心码头经营点至莱西路盛世飞洋（海军码头）海上旅游观光（双向对开）。该证据与"盛某图"号2016年的船舶营运证相佐证，可以证明在有泊位使用权的情形下，某公司经营范围为双向上客对开。

对于本案而言，某公司的可得利益损失应为泊位租赁合同正常履行情况下，某公司可以获得的纯利润而非收入，成本费用应当予以扣除。根据尤尼泰振青会计师事务所出具的专项咨询报告，某公司2017年度奥帆项目主营业务收入总额为5 797 782.26元，2017年度归属于奥帆项目的成本费用为4 908 819.99元，奥帆项目营业利润＝收入－成本费用＝5 797 782.26–4 908 819.99＝888 962.27元。因此，计算某公司可得利益损失的依据应为纯利润888 962.27元，而非某公司主张的收入总额5 797 782.26元。

2017年奥帆项目营业利润为888 962.27元，两租赁合同共计129米泊位，一米一年的泊位利润为888 962.27元÷129＝6891.18元，一米一天的泊位利润为6891.18元÷365＝18.88元。9米泊位可得利益损失计算如下：损失期间为2017年11月18日至2020年5月10日，共计905天，该期间泊位利润损失为18.88元×9×905＝153 777.60元。120米泊位可得利益损失计算如下：损失期间为2017年11月18日至2018年2月17日，共计92天，该期间泊位利润损失为18.88元×120×92＝208 435.20元。

五、船舶维护维修费、人员成本费、船舶折旧费、运输损失费等费用是否应当支持

某公司主张船舶维护维修费、人员成本费、船舶折旧费、运输损失费等共计4 735 094.12元系违约造成的损失。某俱乐部认为该上述损失与码头租赁合同之间没有因果关系，且其也不存在违约行为。

对此，本院认为，某公司主张的损失为船舶维护维修费、人员成本费、船舶折旧费、运输损失费等开销，应当视为成本费用，不应纳入履行利益的赔偿范围内。既赔偿某公司的利润，又赔偿某公司的费用支出，将会导致双重赔偿，有违损害赔偿的基本法理。故对某公司船舶维护维修费、人员成本费、船舶折旧费、运输损失费等费用4 735 094.12元的主张，本院不予支持。

六、反诉诉讼请求是否应当支持

根据9米包道合同的约定,租赁期为2012年2月18日至2015年2月17日;租金支付方式为,第一年,乙方应于合同签订之日向甲方支付当年租金,自第二年起,乙方应于每年1月31日前向甲方支付当年租金,甲方收到租金后两个工作日内向乙方开具缴款凭证。2012年12月17日,某公司支付租金28.8万元;2014年4月18日,某公司支付租金28.8万元。对于尚未支付的28.8万元租金,某公司主张,2011年至2013年,城某集团先后26次使用其船舶进行接待,累计产生费用304 500元,后经各方协商,对于上述船舶费用以9米泊位包道租金折抵的方式予以支付,即对于9米泊位包道2014~2015年度28.8万元的租金原告无须再行支付。某俱乐部对此不予认可。

对此,本院认为,根据合同约定,第一年,乙方应于合同签订之日向甲方支付当年租金,自第二年起租金应于每年1月31日前支付,合同租赁期为2012年2月18日至2015年2月17日。第一年租金某公司已按约定于2012年12月17日支付,第二年、第三年的租金应于2013年1月31日、2014年1月31日前支付,某公司仅于2014年4月18日支付了28.8万元,确实尚欠一个年度的租金28.8万元未支付。但结合某公司提交的城某集团2011年至2013年使用其船舶接待的单据及费用,金额确实与一个年度的租金金额大体相当。2015年5月,某集团向青岛某采购中心有限公司出具的《奥帆中心海上旅游资源特许使用招标预认可证明》中,又确认某公司无欠费行为;同时结合某俱乐部提交的证据《合同解除协议书》,也恰能证明某公司并不存在拖欠该合同项下租金的情形。即使不能直接得出接待费用与租金相抵销的结论,根据《民法总则》第188条的规定,某俱乐部也应当自2014年1月31日起在三年诉讼时效期间内向某公司主张该笔租金及违约金,但在法庭给予足够举证期限的情形下,某俱乐部未能提供任何证据证明存在构成诉讼时效中止、中断的情形。根据《民法总则》第192条第1款的规定,诉讼时效期间届满的,义务人可以提出不履行义务的抗辩。故本院对某公司关于超过诉讼时效期间,丧失胜诉权的抗辩予以支持,对某俱乐部的9米包道合同下租金及违约金的反诉诉讼请求不予支持。

关于120米泊位合同下违约金10万元的反诉诉讼请求,按照该泊位合同的约定，租赁期限为 3 年，自 2015 年 2 月 18 日至 2018 年 2 月 17 日；第一年乙方应于合同签订之日向甲方支付当年租金，自第二年起，乙方应于每年 1 月 31 日前向甲方支付当年租金，甲方应在收到租金后两个工作日内向乙方开具缴款凭证。某公司应于 2017 年 1 月 31 日前支付租金，根据查明的事实，某公司于 2017 年 4 月 26 日支付租金，确实违反合同约定的付款期限，则某俱乐部有权主张违约金，但某俱乐部应当于 2017 年 4 月 27 日起在三年诉讼时效期间内向某公司主张违约金，而某俱乐部直至 2021 年 10 月 26 日才提起反诉，在法庭给予足够举证期限的情形下，某俱乐部未能提供任何证据证明存在构成诉讼时效中止、中断的情形。根据《民法总则》第 192 条第 1 款的规定，诉讼时效期间届满的，义务人可以提出不履行义务的抗辩。故本院对某公司关于超过诉讼时效期间，丧失胜诉权的抗辩予以支持，对某俱乐部关于 120 米泊位合同下违约金的反诉诉讼请求不予支持。

出租方在法院一审判决后，服判未上诉，按照一审法院判决自动履行了付款义务，一审判决已发生法律效力。

【法官后语】

本案系一起因青岛市人民政府举行政治文化活动解除船艇泊位租赁合同而引发的纠纷。某公司与某俱乐部签订了三份泊位租赁合同，涉及可得利益损失的司法审查问题。我国法律对于违约可得利益损失虽有诸多条文加以规定，但法院判决却通常只是判予非违约方以实际损失而很少支持其可得利益损失的请求，可得利益损失的法律表达与司法实践存在一定脱节。通过本案确立的裁判规则，期望实现船舶泊位出租人与承租人两方面的利益平衡，从而适切地规范当事人之间的关系。

在本案已经确定租赁合同约定的违约责任条款适用的情况下，是否还应支持当事人提出的违约金、约定损失赔偿之外的其他损失赔偿请求，是本案合同解除后，损失赔偿问题面临的又一个法律适用问题。对此，涉及违约金、约定损失赔偿、其他损失赔偿请求之间的关系。应当明确的是，违约金请求权与损失赔偿请求权各自独立，其中一个请求权发生效力时，并不排斥另一个请求权的效力。违约行为导致可得利益损失的，只有对可得利益损失进行弥补，才能与违约金以"补偿性为主，惩罚性为辅"的性质相符合。

可得利益是非违约方通过损害赔偿达到合同正常履行境况的重要保障。

但可得利益属于未来可取得之利益，因违约打断合同履行和后续进程，能否取得及其具体数额均难以绝对确定。因此，从全面维护当事人合法权益出发，对于案件当事人主张的可得利益损失能否支持，法院应当根据以下审判思路进行正确把握。

一、守约方应当对可得利益损失赔偿请求权产生的法律事实承担举证证明责任

根据合同法违约损害赔偿的构成要件，当事人应当举证证明其存在其他损失，其所主张的损失与对方当事人的违约行为之间存在因果关系。合同守约方主张可得利益损失应有充分证据证明。需举证的法律事实主要包括违约方存在违约行为、守约方存在可得利益损失（数额）、所受损失和违约行为之间存在因果关系。对于本案而言，法院裁判的关键在于判断船艇的营业利润损失与泊位合同的解除之间是否具有直接的因果关系。根据某公司提交的证据，法院从办理国内水路运输经营资格的必备条件、游客通过码头上船才能观光游览的事实要素、游艇在2016年与2020年营运证的双向对开与单向折返的客观现实对比等方面进行综合裁判，得出结论，本案中，因某俱乐部的违约行为导致泊位租赁合同无法履行，影响了某公司相关船舶的营运线路，守约方完成了所受损失和违约行为之间存在因果关系的举证责任，法院对其可得利益损失请求权予以认可。

二、可得利益损失金额的确定方法

可得利益是与现存利益相对的概念，它是指在合同履行前并不为当事人所拥有的，而为当事人所期望在合同适当履行以后可以实现和取得的财产权利。可得利益具有如下特点：第一，可得利益是一种未来利益。第二，可得利益必须具有一定的确定性。对于可得利益的计算，《最高人民法院关于当前形势下审理民商事合同纠纷案件若干问题的指导意见》第9条明确指出："……根据交易的性质、合同的目的等因素，可得利益损失主要分为生产利润损失、经营利润损失和转售利润损失等类型。生产设备和原材料等买卖合同违约中，因出卖人违约而造成买受人的可得利益损失通常属于生产利润损失。承包经营、租赁经营合同以及提供服务或劳务的合同中，因一方违约造成的可得利益损失通常属于经营利润损失。先后系列买卖合同中，因原合同出卖方违约而造成其后的转售合同出售方的可得利益损失通常属于转售利润损失。"可得利益主要是一种经济"财产利益"，通常表现为营业可得利润，对

于本案而言，某公司提交的会计师事务所出具的奥帆项目营业收入和营业利润专项咨询报告（2017年度）可以证明其经营利润损失，也符合可得利益的上述特点和计算要求。但是某公司主张以收入总额计算法院不予支持，某公司的可得利益损失应为泊位租赁合同正常履行情况下，其可以获得的纯利润，而非收入，成本费用应当予以扣除。法院据此计算了两租赁合同下9米泊位和120米泊位的可得利益损失分别为153 777.60元和208 435.20元。

三、船舶维护维修费、人员成本费、船舶折旧费、运输损失费等费用的认定

对于某公司主张的船舶维护维修费、人员成本费、船舶折旧费、运输损失费等费用共计4 735 094.12元，某公司主张系违约造成的损失，某俱乐部认为该上述损失与码头租赁合同之间没有因果关系，且其也不存在违约行为。法院认为应当视为成本费用，不应纳入履行利益的赔偿范围内。既赔偿某公司的利润，又赔偿某公司的费用支出，将会导致双重赔偿，有违损害赔偿的基本法理，故不予支持。

四、法院对于可得利益损失数额的确认，还应考虑可预见性规则、减轻损失规则、损益相抵规则、过失相抵规则等综合因素

根据我国《合同法》第113条的规定，违约责任中损失的赔偿额"包括合同履行后可以获得的利益，但不得超过违反合同一方订立合同时预见到或者应当预见到的因违反合同可能造成的损失"。该规定包含了两大基本理念——完全赔偿和限制责任。可预见性规则是限制违约损害赔偿范围的一个重要规则，可预见性规则与完全赔偿原则相辅相成，互为补充，共同发挥着保护当事人合法权益的综合效应。认定可得利益的规则，除了可预见性规则外，还会涉及减损规则、损益相抵规则以及过失相抵规则等。对此，违约方要对应予限制或者减少可得利益损失赔偿数额的抗辩承担举证责任。《最高人民法院关于当前形势下审理民商事合同纠纷案件若干问题的指导意见》第11条规定："人民法院认定可得利益损失时应当合理分配举证责任。违约方一般应当承担非违约方没有采取合理减损措施而导致损失扩大、非违约方因违约而获得利益以及非违约方亦有过失的举证责任；非违约方应当承担其遭受的可得利益损失总额、必要的交易成本的举证责任。对于可以预见的损失，既可以由非违约方举证，也可以由人民法院根据具体情况予以裁量。"本案违约方并未提交证据证明上述利益损失超出其可预见的范围。可得利益的损失赔

偿额应在可得利益损失总额的基础上扣除违约方不可预见的损失、守约方不当扩大的损失及过失造成的损失、守约方因违约获得的利益和必要的交易成本后确定。

本案进一步对当事人提出的其他损失赔偿请求，从违约责任构成的角度进行了分析，更全面地考虑了当事人提出的诉讼请求可能存在的合理性，从保护当事人诉讼权利的角度看，既充分保障了出租方因政府行为免除违约金的抗辩权，又依法维护了守约方的正当合法权益。需要说明的是，出租方在法院一审判决后，服判未上诉，按照一审法院判决自动履行了付款义务，并且双方达成继续合作的意向，法院的该裁判获得了政治效果、法律效果、社会效果的统一。

【相关法条】

1.《中华人民共和国民法总则》(2021年1月1日废止)

第一百八十八条　向人民法院请求保护民事权利的诉讼时效期间为三年。法律另有规定的，依照其规定。

诉讼时效期间自权利人知道或者应当知道权利受到损害以及义务人之日起计算。法律另有规定的，依照其规定。但是自权利受到损害之日起超过二十年的，人民法院不予保护；有特殊情况的，人民法院可以根据权利人的申请决定延长。

第一百九十二条第一款　诉讼时效期间届满的，义务人可以提出不履行义务的抗辩。

对应新法：

《中华人民共和国民法典》(2021年1月1日施行)

第一百八十八条　向人民法院请求保护民事权利的诉讼时效期间为三年。法律另有规定的，依照其规定。

诉讼时效期间自权利人知道或者应当知道权利受到损害以及义务人之日起计算。法律另有规定的，依照其规定。但是，自权利受到损害之日起超过二十年的，人民法院不予保护，有特殊情况的，人民法院可以根据权利人的申请决定延长。

第一百九十二条第一款　诉讼时效期间届满的，义务人可以提出不履行义务的抗辩。

2.《中华人民共和国合同法》(2021年1月1日废止)

第九十三条第二款 当事人可以约定一方解除合同的条件。解除合同的条件成就时，解除权人可以解除合同。

第一百一十三条第一款 当事人一方不履行合同义务或者履行合同义务不符合约定，给对方造成损失的，损失赔偿额应当相当于因违约所造成的损失，包括合同履行后可以获得的利益，但不得超过违反合同一方订立合同时预见到或者应当预见到的因违反合同可能造成的损失。

对应新法：

《中华人民共和国民法典》(2021年1月1日施行)

第五百六十二条第二款 当事人可以约定一方解除合同的事由。解除合同的事由发生时，解除权人可以解除合同。

第五百八十四条 当事人一方不履行合同义务或者履行合同义务不符合约定，造成对方损失的，损失赔偿额应当相当于因违约所造成的损失，包括合同履行后可以获得的利益；但是，不得超过违约一方订立合同时预见到或者应当预见到的因违约可能造成的损失。

3.《中华人民共和国公司法》(2018年10月26日修正)

第五十七条第二款 本法所称一人有限责任公司，是指只有一个自然人股东或者一个法人股东的有限责任公司。

第六十三条 一人有限责任公司的股东不能证明公司财产独立于股东自己的财产的，应当对公司债务承担连带责任。

对应新法：

《中华人民共和国公司法》(2023年12月29日修正)

第二十三条第三款 只有一个股东的公司，股东不能证明公司财产独立于股东自己的财产的，应当对公司债务承担连带责任。

4.《中华人民共和国民事诉讼法》(2017年6月27日修正)

第六十八条第一款 当事人对自己提出的主张应当及时提供证据。

对应新法：

《中华人民共和国民事诉讼法》(2023年9月1日修正)

第六十八条第一款 当事人对自己提出的主张应当及时提供证据。

5.《最高人民法院关于适用〈中华人民共和国民法典〉时间效力的若干

规定》(2021年1月1日施行)

第一条第二款 民法典施行前的法律事实引起的民事纠纷案件,适用当时的法律、司法解释的规定,但是法律、司法解释另有规定的除外。

承办人:王爱玲

编写人:王爱玲 杨 俊

32. 郑某诉王某海上船屋租赁合同纠纷案
——海上船屋租赁合同效力、租金条款及新冠肺炎疫情下租金减免的审查认定

【合规提示】

本案系一起因海上船屋租赁合同引起的纠纷案件。原告将其在趸船码头上非法改建的三层船屋出租给被告用于餐饮宾馆经营,双方对海上船屋租赁合同效力、租金条款及新冠肺炎疫情下租金减免的审查认定问题产生争议。对于出租人而言,案涉标的为趸船码头上的船屋,要注意兼具船舶和码头港口属性,应当使其符合管理船舶与港口码头的法律法规的强制性规定。同时因其用于餐饮宾馆经营,应当符合海域使用和海洋环境保护的规定。如果违反了强制性规定,合同属于无效合同,违约金条款也自始无效,不能据此主张违约金。对于承租人而言,要注意租赁合同虽然无效,并不代表其可以不支付任何租金,在其存在实际占用案涉趸船码头经营的情形下,出租人有权参照合同约定的租金标准向承租人主张房屋占有使用费。新冠肺炎疫情构成不可抗力,承租人因疫情停止经营期间的租金可予以免除。

【案件信息】

1. 裁判文书字号

(2021)鲁72民再1号、(2021)鲁民再284号

2. 当事人

原告：郑某

被告：王某

3. 关键词

民事　海上船屋租赁合同　合同效力　租金条款　新冠肺炎疫情下租金减免　审查认定

【裁判要旨】

1. 案涉标的为趸船码头上的船屋，趸船码头是指用锚碇在岸边的、供船舶停靠的趸船组成的码头，兼具船舶和码头港口属性。因为具有船舶与港口码头的双重属性，其应当符合管理船舶与港口码头的法律法规的强制性规定。同时，因其用于餐饮宾馆经营，还应当符合海域使用和海洋环境保护的规定。案涉船屋租赁合同违反了上述强制性规定，属于无效合同。

2. 案涉租赁合同虽然无效，但承租人存在实际占用海上船屋进行经营的情形，出租人有权参照合同约定的租金标准向王某主张房屋占有使用费。

3. 2020年发生的新冠肺炎疫情对经济发展和人们的生产生活造成了重创，构成了不可抗力，承租人因疫情停止经营期间的租金可予以免除。

4. 两份合同对最关键的条款即租金条款的描述产生重大歧义，两审法院从是否符合常理因素、交易习惯因素、相关条款因素、诚实信用因素、格式条款因素等方面对租金条款作出了解释，认定双方在第二份《房屋租赁合同》中仅对租赁时间进行了重新约定，不能认定双方对租金标准进行了变更，案涉合同的租金仍应为第一份《海上船屋租赁合同》中约定的每年100万元。

【基本案情】

再审申请人王某申请再审，请求：（1）撤销青岛海事法院（2019）鲁72民初1383号民事判决；（2）依法驳回再审被申请人的诉讼请求；（3）本案诉讼费由再审被申请人承担。事实和理由：原审法院送达程序违法，判决认定的基本事实缺乏证据证明，被申请人存在恶意诉讼的行为，符合《民事诉讼法》第200条第1项和第9项，有新的证据，足以推翻原判决、裁定的；违反法律规定，剥夺当事人辩论权利的，人民法院应当再审。申请人提起再审，请求依法裁判。

被申请人郑某辩称：（1）一审认定事实清楚，适用法律正确。（2）原告系本案适格主体。（3）被告隐瞒事实真相以达到拖欠租金及逃避违约责任之目的。（4）被告租赁后一直正常经营。所以，被告在答辩状中称因原告原因导致被告无法实际经营与事实严重不符。

郑某向原审法院起诉请求：（1）判令解除郑某与王某签订的《房屋租赁合同》；（2）判令王某支付自2019年9月1日起至实际搬离之日止的占有使用费（按照年租金100万元计算）；（3）判令王某支付违约金30万元。事实和理由：郑某（作为出租人）与王某（作为承租人）于2018年7月22日签订租期为三年的租赁合同，约定租金每年7月31日前支付，租金为100万元。后双方再次签订租期为2018年8月30日至2023年8月30日的合同，租金仍为每年100万元，支付期限为2018年7月30日，但王某未支付第二年以来的租金。

青岛海事法院经审理查明，2018年7月22日，郑某与王某签订《海上船屋租赁合同》一份，双方约定郑某将坐落于青岛市的海上浮动码头整体2600平方米（除原告自用两间）租赁给王某。自2018年8月18日起至2021年8月18日止，租期三年。租金每年7月31日前一次性付清，租金100万元。合同签订当日，郑某将出租房屋交付给被告；王某于2018年7月24日和8月3日分别向郑某支付了60万元、36万元、4万元三笔款项，共计100万元，郑某向其出具了收据，收据载明为2018年8月18日至2019年8月17日租金。

之后双方又签订一份《房屋租赁合同》，签订时间郑某主张为2018年11月中旬，王某主张为2018年10月下旬。该份合同约定房屋坐落为青岛市市南区青岛海某集团海域浮码头船舶，共计三层，经营使用。租赁期限共五年，出租方从2018年8月30日起将出租房屋交付给承租方使用，至2023年8月30日收回。承租人拖欠租金累计达三个月的，出租人可以终止合同，收回房屋。租金人民币100万元，交纳期限2018年7月30日。修缮房屋是出租人的义务。出租人对房屋及其设备应每隔三个月认真检查、修缮一次，以保障承租人居住安全和正常使用。如果出租人有赠予，应与承租人协商，并根据实际情况重新签订合同。合同中的内容为手写的，庭审中王某确认是其丈夫书写的。

2019年1月12日，郑某作为某公司总经理，代表该公司与青岛市救生协会签订捐赠协议，无偿捐赠案涉趸船码头。2019年7月3日，某公司与青岛市救生协会签订公益捐赠协议终止协议。

2020年4月20日，青岛市海洋发展局到四川路××号乙对王某作了一份询问笔录，告知王某其租赁的"海上×号"趸船超出了海域使用范围，需要移入海域使用证规定范围内。

2020年6月9日，青岛市海洋发展局对宁某汉作了一份询问笔录，询问海域出租时海上都有什么物品，回答海域出租时只有一个突堤码头，一个浮码头，再没有其他物品；询问现在海域内放置的趸船是谁放的，回答是某公司放的，2017年5月以来其曾多次要求某公司整改；询问宁某汉租赁海域到原登记机关备案了吗，回答没有备案；询问依据《海域使用权管理规定》第43条，海域使用权出租应当到原登记机关备案，是否知道，回答不知道。

2020年6月17日，青岛市海洋发展局出具的《提取证据材料登记表》显示，某公司擅自将海域原有较小浮码头撤掉，安放了较大的趸船，改变海域用途用海0.005公顷，非法占用海域0.024公顷。

2020年7月30日，青岛海事局前海海事处向郑某出具一份《关于四川路××号乙"海上×号"浮码头座浅善后安全处置工作的告知书》，载明2020年7月23日，四川路××号乙"海上×号"浮码头的座浅，目前已经对通航环境造成影响，应尽快打捞清除，消除影响。

另查明，2005年6月28日，宁某汉与海某公司签订了一份租赁合同，宁某汉承租海某公司所属的位于青岛市的浮码头、突堤码头、海域以及卸鱼棚、油罐等相关设施及资产。租赁期限为2005年7月1日至2020年6月30日。租金为每年人民币10万元。2014年12月，宁某汉与某公司签订一份协议书，将自己承租的上述区域租赁给某公司使用，使用期限暂定为五年六个月。自2015年1月1日起至2020年6月30日止，使用费为每年25万元。上述海域使用权人为海某公司，地址为青岛市，项目名称为渔业码头，用海类型为交通运输用海，批准使用终止日期为2019年6月11日。

2015年7月9日，郑某从株洲某运输贸易有限公司处购买一艘绞吸式挖泥船，价款为65万元。2015年10月23日，该船在湖南省株洲市地方海事局办理了船舶注销登记。郑某将该挖泥船经青岛某船舶设计有限公司设计后，改造为趸船浮码头。

2017年4月18日，郑某在青岛市市南区市场监督管理局办理了个体工商户营业执照，名称为市南区某服务旅游社，经营场所为青岛市市南区四川路××号乙渔业码头，经营范围为服务和批发、零售。服务：旅游服务信息咨询、住宿、娱乐、休闲垂钓、保健理疗、餐饮（凭许可证经营）、依据食药部门批准的食品经营许可项目经营。批发、零售：工艺品、食品（凭许可证经营）、经营其他无须行政审批的一般经营项目。依法须经批准的项目，经相关部门批准后方可开展经营活动。郑某确认其并未办理餐饮、食品的经营许可证。

2017年8月，青岛市海洋与渔业局向海某公司发函称，海乐某帆船俱乐部向某公司租赁海域进行水上娱乐，违反海域用途及法律规定。

庭审中，郑某确认案涉趸船替换了原来小的浮码头，改造为浮码头后并未到有关主管部门办理登记检验经营资质等手续。在王某租赁经营期间，郑某并未定期进行修缮。王某确认餐饮经营至2020年1月，因疫情原因停止经营。王某提供的员工工资表证明其经营至2020年1月15日。2020年7月23日，该浮码头沉没座浅。

【裁判说理】

争议焦点：（1）案涉租赁合同的效力问题；（2）案涉《房屋租赁合同》约定的租金是否为每年100万元；（3）原审对房屋占有使用费、违约金的认定是否正确。

山东省高级人民法院认为：

一、案涉租赁合同的效力

《合同法》第52条规定："有下列情形之一的，合同无效：（一）一方以欺诈、胁迫的手段订立合同，损害国家利益；（二）恶意串通，损害国家、集体或者第三人利益；（三）以合法形式掩盖非法目的；（四）损害社会公共利益；（五）违反法律、行政法规的强制性规定。"本案中，案涉标的为趸船码头上的船屋，兼具船舶和港口码头的双重属性，应当符合船舶管理、港口码头相关法律法规的规定。但从本案事实看，案涉趸船码头系由注销的绞吸船改装，未经检验和审批，亦不具备环保设施、手续及排污审批；营业执照载明的经营范围包括垂钓靠泊等，具备港口功能，但却未获得港口经营许可；案涉海域的用途亦不包括餐饮、住宿、服务经营，系违法使用海域。因此，无论案涉趸船码头，还是案涉租赁合同，均违反了相关法律、行政法规的强制性规定,属于《合同法》第52条第5项规定的情形,青岛海事法院认定案涉租赁合同无效,并无不当,本院予以维持。

二、案涉《房屋租赁合同》约定的租金是否为每年100万元

双方对2018年7月22日签订的《海上船屋租赁合同》中约定的每年租金100万元没有异议,争议主要产生于双方重新签订的《房屋租赁合同》,郑某主张租期为5年,租金为每年100万元,王某则主张租金为5年100万元。本院认为,双方签订《海上船屋租赁合同》后不久,即协商签订了《房屋租赁合同》,租金却出现了从每年100万元到5年100万元的重大差异,不符合常理,王某对此没有提供证据予以合理解释。案涉《房屋租赁合同》中有关于承租人拖欠租金情况下的处置条款,若案涉合同约定租金为5年100万元且一次性支付完毕,则没有设置该条款的必要,亦没有设置租金交纳期限的必要。案涉海域经层层转租,郑某承租时的价格已为每年25万元,加之又进行了趸船改建、装修,其再对外出租时,若将租金定为每年20万元,与经营的惯常做法不相符。综上,双方在《房屋租赁合同》中仅对租赁时间进行了重新约定,不能认定双方对租金标准进行了变更,案涉合同的租金仍应为《海上船屋租赁合同》中约定的每年100万元。

三、原审对房屋占有使用费、违约金的认定是否正确

案涉租赁合同虽然无效,但王某存在实际占用案涉趸船码头经营的情形,郑某有权参照合同约定的租金标准向王某主张房屋占有使用费,青岛海事法院适用法律并无不当。对于占有使用费的数额,2020年发生的新冠肺炎疫情对经济发展和人们的生产生活造成了重创,王某的经营活动于2020年1月15日停止。青岛海事法院认定新冠肺炎疫情构成不可抗力,并免除了王某停止经营期间的支付责任,故判令王某支付2019年9月1日至2020年1月15日的房屋占有使用费,符合法律规定。郑某没有证据证明王某何时恢复了经营,故2020年1月16日至2020年7月22日的房屋占有使用费,青岛海事法院未予支持,并无不当。对于违约金,因案涉合同无效,违约金条款自始无效,青岛海事法院未支持郑某关于违约金的主张,亦符合法律规定。

王某、郑某的上诉请求均不能成立,法院驳回再审申请,维持原判。

【法官后语】

青岛市滨海旅游资源丰富,滨海旅游业是青岛市特色旅游产业。海上船

屋是滨海旅游业的一种重要业态，可以满足人民对生活在美丽大海上的愿望，但相关经营应当符合法律法规要求。本案就是这样一起因海上船屋租赁合同引起的纠纷。原告将其在趸船码头上非法改建的三层船屋出租给被告用于餐饮宾馆经营，涉及租赁合同的效力、两份合同条款的解释、新冠疫情期间租金是否扣减等问题，具有重要的指导意义。

一、案涉租赁合同的效力

案涉标的为趸船码头上的船屋，趸船码头是指用锚碇在岸边的、供船舶停靠的趸船组成的码头，兼具船舶和码头港口属性。因为具有船舶与港口码头的双重属性，其应当符合管理船舶与港口码头的法律法规的强制性规定。同时，因其用于餐饮宾馆经营，应当符合海域使用和海洋环境保护的规定。

但从本案事实看，趸船码头违反了上述规定，具体体现为以下四方面：第一，从船舶管理角度看，违反了《船舶检验管理规定》第 11 条、第 12 条关于改建船舶检验和审批的规定，涉案趸船浮码头系由注销的绞吸船改装为趸船码头，未经检验和审批。第二，从港口码头管理角度看，涉案趸船浮码头可以垂钓，具备港口功能，但未获得港口经营许可。第三，从海域的使用角度看，应当取得所在海域的海域使用权，但并未登记备案。涉案海域用途为交通运输用海，不能用于餐饮、住宿、服务经营，属于违法使用海域。第四，从海洋环境保护角度看，涉案趸船码头不具备环保设施、手续及排污的审批。

因此，涉案租赁物不具备合法性，不具有开设服务旅游社（宾馆）的功能，无论是涉案趸船码头本身，还是海上船屋租赁合同，均违反了相关法律、行政法规的强制性规定。按照《合同法》第 52 条第 5 项的规定，涉案租赁合同无效。

二、两份合同条款的解释

对合同的解释应依合同条款性质的不同而不同，按照合同所使用的词句、合同的有关条款、合同的目的、交易习惯及诚信原则进行解释为合同解释的一般原则。案涉两份合同对最关键的条款即租金条款的描述产生重大歧义，两审法院从是否符合常理因素、交易习惯因素、相关条款因素、诚实信用因素、格式条款因素等方面对租金条款作出了解释。认定双方在第二份《房屋租赁合同》中仅对租赁时间进行了重新约定，不能认定双方对租金标准进行了变更，涉案合同的租金仍应为第一份《海上船屋租赁合同》中约定的每年

100万元。

三、案涉合同无效的法律后果

虽然案涉租赁合同无效，但根据《最高人民法院关于审理城镇房屋租赁合同纠纷案件具体应用法律若干问题的解释》第4条第1款的规定，房屋租赁合同无效，当事人请求参照合同约定的租金标准支付房屋占有使用费的，人民法院一般应予支持。因此，出租人有权参照合同约定的租金标准请求房屋占有使用费。2020年发生的新冠疫情构成了不可抗力。两审法院酌定因疫情原因停止经营期间的租金免除支付责任。

在本案审理期间，非法经营的案涉海上船屋沉没座浅，证明该未经审批的船坞的违法性和危害性。虽然当事人基于真实意思表示签订并履行了合同，但基于标的物的违法性，两审法院仍认定合同无效，违约金不予支持，有力维护了国家对海洋的监管秩序和人民的生命财产安全。通过本案确立的裁判规则，打击了海上非法经营的违法违规行为，为海洋生态文明建设、海洋监管秩序维护提供了有力的司法服务和保障。

【相关法条】

1.《中华人民共和国合同法》(2021年1月1日废止)

第四十一条 对格式条款的理解发生争议的，应当按照通常理解予以解释。对格式条款有两种以上解释的，应当作出不利于提供格式条款一方的解释。格式条款和非格式条款不一致的，应当采用非格式条款。

第五十六条 无效的合同或者被撤销的合同自始没有法律约束力……

第五十七条 合同无效、被撤销或终止，不影响合同中独立存在的有关解决争议方法的条款的效力。

第一百一十七条 因不可抗力不能履行合同的，根据不可抗力的影响，部分或者全部免除责任，但法律另有规定的除外。当事人迟延履行后发生不可抗力的，不能免除责任。

本法所称不可抗力，是指不能预见、不能避免并不能克服的客观情况。

第一百二十五条第一款 当事人对合同条款的理解有争议的，应当按照合同所使用的词句、合同的有关条款、合同的目的、交易习惯以及诚实信用原则，确定该条款的真实意思。

对应新法：

《中华人民共和国民法典》(2021年1月1日施行)

第一百四十二条第一款 有相对人的意思表示的解释，应当按照所使用的词句，结合相关条款、行为的性质和目的、习惯以及诚信原则，确定意思表示的含义。

第一百五十五条 无效的或者被撤销的民事法律行为自始没有法律约束力。

第一百八十条第二款 不可抗力是不能预见、不能避免且不能克服的客观情况。

第四百六十六条第一款 当事人对合同条款的理解有争议的，应当依据本法第一百四十二条第一款的规定，确定争议条款的含义。

第四百九十八条 对格式条款的理解发生争议的，应当按照通常理解予以解释。对格式条款有两种以上解释的，应当作出不利于提供格式条款一方的解释。格式条款和非格式条款不一致的，应当采用非格式条款。

第五百零七条 合同不生效、无效、被撤销或者终止的，不影响合同中有关解决争议方法的条款的效力。

第五百九十条 当事人一方因不可抗力不能履行合同的，根据不可抗力的影响，部分或者全部免除责任，但是法律另有规定的除外。因不可抗力不能履行合同的，应当及时通知对方，以减轻可能给对方造成的损失，并应当在合理期限内提供证明。

当事人迟延履行后发生不可抗力的，不免除其违约责任。

2.《中华人民共和国港口法》(2018年12月29日修正)

第三条 本法所称港口，是指具有船舶进出、停泊、靠泊，旅客上下，货物装卸、驳运、储存等功能，具有相应的码头设施，由一定范围的水域和陆域组成的区域。

港口可以由一个或者多个港区组成。

第二十二条 从事港口经营，应当向港口行政管理部门书面申请取得港口经营许可，并依法办理工商登记。

港口行政管理部门实施港口经营许可，应当遵循公开、公正、公平的原则。

港口经营包括码头和其他港口设施的经营，港口旅客运输服务经营，在港区内从事货物的装卸、驳运、仓储的经营和港口拖轮经营等。

3.《中华人民共和国海洋环境保护法》(2017年11月4日修正)

第四十八条 海洋工程建设项目的环境保护设施，必须与主体工程同时设计、同时施工、同时投产使用。环境保护设施未经海洋行政主管部门验收，或者经验收不合格的，建设项目不得投入生产或者使用。

拆除或者闲置环境保护设施，必须事先征得海洋行政主管部门的同意。

第六十三条 船舶必须按照有关规定持有防止海洋环境污染的证书与文书，在进行涉及污染物排放及操作时，应当如实记录。

对应新法：

《中华人民共和国海洋环境保护法》(2023年10月24日修订)

第六十二条第二款 环境保护设施应当与主体工程同时设计、同时施工、同时投产使用。环境保护设施应当符合经批准的环境影响评价报告书（表）的要求。建设单位应当依照有关法律法规的规定，对环境保护设施进行验收，编制验收报告，并向社会公开。环境保护设施未经验收或者经验收不合格的，建设项目不得投入生产或者使用。

第八十条第三款 船舶应当取得并持有防治海洋环境污染的证书与文书，在进行涉及船舶污染物、压载水和沉积物排放及操作时，应当按照有关规定监测、监控，如实记录并保存。

承办人：王爱玲
编写人：王爱玲

33. 北京某旅行社公司、北京某旅行社公司山东分公司诉某邮轮公司申请财产保全错误损害责任纠纷案

——财产保全错误损害赔偿责任的认定

【合规提示】

本案是一起申请人申请财产保全且被判决败诉后，被申请人提起的财产保全错误损害赔偿纠纷。申请财产保全错误给被申请人造成损失属于侵权行为，应当依法承担侵权责任。对于申请人而言，应当在确定己方诉讼请求能够得以支持的前提下向法院申请财产保全，保全财产的价值应与诉讼请求标的额相当，并向法院提供可供执行的担保。在执行阶段，如果被申请人欲主动履行生效判决确定的义务，申请人应当及时配合接收案款，并尽快处理保全措施；如果诉讼请求最终被驳回或部分驳回，申请人应在收到生效判决后，及时向法院申请解除保全。对于被申请人而言，因申请人的错误财产保全行为致使己方财产被查封、冻结或扣押导致的损失包括银行账户被冻结期间被申请人不能正常使用存款产生的损失、房产被查封期间无法正常交易的预期收益损失、车辆被扣押期间的营运损失等，被申请人可就这些损失要求申请人予以赔偿，但应注意保存损失产生、损失数额等证据。

【案件信息】

1. 裁判文书字号

（2020）鲁72民初68号

2. 当事人

原告：北京某旅行社公司、北京某旅行社公司山东分公司

被告：某邮轮公司

3. 关键词

民事　财产保全错误　侵权责任　损害赔偿

【裁判要旨】

财产保全错误损害赔偿责任属于侵权责任，认定保全申请人是否因保全错误而向被申请人承担赔偿责任，需要审查其保全行为是否构成侵权行为。具体需要审查申请人申请财产保全时是否存在过错，保全措施是否得当，诉请是否明显不合理，而不能仅以申请人的诉讼请求是否得到支持来判断是否要承担保全错误的赔偿责任。如果申请人是因对某种法律关系的性质认识不当导致其诉讼请求未被支持，则其申请财产保全的行为并不具有违法性，其不应向被申请人承担赔偿责任。但如果生效判决驳回申请人的诉讼请求后，因申请人的原因导致被申请人的财产持续被保全从而产生损失，则申请人需要对此承担赔偿责任。

【基本案情】

2017年，某邮轮公司向法院提起航次租船合同纠纷诉讼，要求北京某旅行社公司及其山东分公司承担双方包船合同项下的航次取消费、包船费等费用共计7 785 420元。法院根据某邮轮公司的诉前财产保全申请，依法冻结了北京某旅行社公司及其山东分公司的银行存款共计740万元。法院经审理该案，判决北京某旅行社公司及其山东分公司向某邮轮公司支付各项费用合计2 247 180元。对于某邮轮公司主张的其他部分费用，法院认为，双方签订合同后，在履行过程中因客观情况发生了当事人在订立合同时无法预见的重大变化，导致合同目的已无法实现，北京某旅行社公司及其山东分公司提出解除合同的主张成立，其不应承担该部分费用的赔偿责任。该案二审维持了一审判决。

二审判决生效后，北京某旅行社公司及其山东分公司曾多次向法院提出向某邮轮公司履行判决义务，并申请解除对其银行账户的冻结，但某邮轮公司未及时提供有效的收款账户。为尽快解除账户冻结，北京某旅行社公司及其山东分公司向法院请求将案款汇付至法院账户并解除对剩余存款的冻结。

2020年，北京某旅行社公司及其山东分公司提起本案诉讼，要求某邮轮公司承担申请财产保全错误损害赔偿责任。

【裁判说理】

争议焦点：申请财产保全错误损害赔偿的责任如何认定。

青岛海事法院认为：本案系申请财产保全错误损害赔偿责任纠纷。根据《民事诉讼法》的规定，申请财产保全是当事人的权利，但如果权利行使不当，造成他人经济损失的，应当由申请保全人承担侵权赔偿责任。依照《侵权责任法》第6条第1款的规定，申请保全人申请财产保全的行为是否构成侵权行为，并非仅依据其诉请是否得到生效判决的支持来认定，还应审查其是否有过错，即是否存在故意或明显过失。

在某邮轮公司起诉北京某旅行社公司及其山东分公司的租船合同纠纷案件中，某邮轮公司对于北京某旅行社公司及其山东分公司解除合同的行为是否属于《最高人民法院关于适用〈中华人民共和国合同法〉若干问题的解释（二）》第26条规定的情形以及该行为是否构成违约，产生了法律上的认识不当，其据此提起诉讼，并为保证将来判决得以执行，申请了诉前财产保全，冻结了北京某旅行社公司及其山东分公司的银行存款，其行为本身不具备违法性。虽然法院生效民事判决未全部支持某邮轮公司的诉讼请求，但不能就此认定其申请财产保全的行为具有主观上的故意或明显过失，其申请财产保全行为不构成侵权。故对于北京某旅行社公司及其山东分公司请求的其存款被冻结之日起至生效判决确定的债务履行期满之日止期间的损失，不予支持。

二审判决送达后，北京某旅行社公司及其山东分公司为解除对其多余存款的冻结，欲主动履行付款义务，曾多次向法院申请付款并请求解除账户冻结，但某邮轮公司未及时配合接收判决款项，导致北京某旅行社公司及其山东分公司无法主动履行付款义务而向法院提起了提存申请，其多余存款才得以被解除冻结，某邮轮公司对于北京某旅行社公司及其山东分公司的银行存款因超期冻结而导致的损失存在过错，北京某旅行社公司及其山东分公司有权要求其赔偿因此而产生的损失。法院认定，北京某旅行社公司及其山东分公司的该部分损失应以按同期贷款利率计算的利息为限，考虑到银行账户冻结期间仍按照活期存款利率存入利息，故还应扣除按同期活期存款利率计算的利息。

青岛海事法院于2020年7月31日作出（2020）鲁72民初68号民事判决书，判决：一、某邮轮公司向北京某旅行社公司及其山东分公司赔偿损失

16 082 元；二、驳回北京某旅行社公司及其山东分公司的其他诉讼请求。

【法官后语】

民事诉讼法中设立财产保全的目的是保证生效判决能够全面、顺利得以执行，从而维护生效判决的法律效果与社会效果，最终达到真正保护一方当事人合法权益的目的。在司法实践中，无论是诉前财产保全，还是诉中财产保全，法院对当事人的财产保全申请只作形式审查，不作实体认定。但在形式审查模式下，可能会发生申请人借行使权利之名，滥用财产保全制度，恶意损害被申请人利益的情形。如何认定财产保全错误以及赔偿责任，法律并没有作出明确规定，司法实践中也存在争议与裁判不统一的情形，故有必要就财产保全错误损害赔偿责任进行探讨。

一、财产保全错误损害赔偿责任的构成要件

《民事诉讼法》第100条第1款规定："人民法院对于可能因当事人一方的行为或者其他原因，使判决难以执行或者造成当事人其他损害的案件，根据对方当事人的申请，可以裁定对其财产进行保全、责令其作出一定行为或者禁止其作出一定行为；当事人没有提出申请的，人民法院在必要时也可以裁定采取保全措施。"第105条规定："申请有错误的，申请人应当赔偿被申请人因保全所遭受的损失。"

依照上述法律规定，财产保全错误损害赔偿责任属于侵权责任，应适用侵权责任法的相关规定，特殊侵权行为中未包含这种情形，则应系一般侵权行为，适用过错责任原则，错误财产保全行为是否构成侵权行为应审查该行为是否符合一般侵权行为的要件，即侵权行为、过错、损害后果、侵权行为与损害后果之间的因果关系。

侵权行为即当事人的申请财产保全行为，包括诉前保全与诉中保全。过错包括主观与客观两方面，主观上分为故意或重大过失，客观上表现为申请人的诉讼请求全部或部分未得到法院实体判决的支持。损害后果即因申请人的财产保全行为致使被申请人的财产被查封、冻结或扣押导致的损失，例如银行账户被冻结期间被申请人不能正常使用存款产生的损失、房产被查封期间无法正常交易的预期收益损失、车辆被扣押期间的营运损失等。侵权行为与损害后果之间的因果关系，即被申请人的损失与申请人申请财产保全的行为之间的内在联系，这种关联性是认定财产保全错误损害赔偿责任的必要条件。

二、认定财产保全错误损害赔偿责任是否成立不应以生效裁判结果为标准

对财产保全错误的认定主要在于对"错误"的认定，从构成要件上来说，即审查申请人是否存在过错。申请保全是否错误，不仅要看其诉讼请求是否得到支持，还要看其是否存在故意或重大过失，前者是客观评价，后者是主观认定。申请人是否存在故意或过失，应根据其诉讼请求及事实与理由审查其提起诉讼是否合理、是否具有合理的权利基础、申请保全的标的额是否与其诉讼请求金额相当、其申请保全的财产种类是否与其诉讼请求金额存在显著差异等。

考虑到当事人的法律认知水平、举证能力、知识结构各不相同，当事人在诉讼中对某种法律关系与法律后果的认识与法院的实体判决结果不一致属于正常情况。如申请人因对某种民事法律关系是否违法或违约产生法律上的认识不当，则其不具有主观上的故意或重大过失。例如，申请人认为被申请人不履行合同义务的行为构成违约，但实体判决认定系因不可抗力或情势变更导致合同无法继续履行，不构成违约，则申请人申请财产保全的行为本身并不具有违法性，属于一般诉讼风险，申请人并非恶意保全、恶意诉讼，不应承担申请财产保全错误损害赔偿责任。

需要注意的是，对申请人的过错审查应着眼于整个财产保全期间，当申请人的诉请已全部或部分被生效判决驳回时，此时应足以判断如果继续实施保全行为将导致被申请人的合法权益受损，申请人应审慎对待其保全行为，及时提出解除财产保全申请，停止对被申请人的财产的侵害。如果申请人怠于提供接收案款的账户，导致被申请人欲履行付款义务却没有途径向申请人支付案款，其账户还处于被冻结状态，则此时应认定申请人具有主观上的过错，其应承担由此给被申请人造成的损失。

三、财产保全错误损害赔偿责任的承担方式

《侵权责任法》中规定的承担侵权责任的方式主要有：（1）停止侵害；（2）排除妨碍；（3）消除危险；（4）返还财产；（5）恢复原状；（6）赔偿损失；（7）赔礼道歉；（8）消除影响、恢复名誉。对于财产保全错误损害赔偿责任，主要适用上述第6项承担方式。赔偿损失的范围应限定于直接损失的范围。对于银行账户的损失而言，根据中国人民银行、最高人民法院、最高

人民检察院、公安部发布的《关于查询、冻结、扣划企事业单位、机关、团体银行存款的通知》第2条的规定,被冻结的款项,不属于赃款的,冻结期间应计付利息,在扣划时其利息应付给债权单位。据此,银行账户被冻结期间,存款是可以取得利息的,因此被申请人的损失应认定为贷款利息与存款利息的差额。

具体到本案,某邮轮公司认为北京某旅行社公司山东分公司因萨德问题取消双方租船合同约定航次的行为构成违约,并据此要求其赔偿违约损失。但法院经审理认为,因管理部门发布相关规定,客观情况出现了在订立合同时无法预见的重大变化,致使合同约定的031×、032×航次无法启动,合同目的无法达成,符合《最高人民法院关于适用〈中华人民共和国合同法〉若干问题的解释(二)》第26条规定的情形,法院据此认定两个航次的取消是基于法定的理由,北京某旅行社公司山东分公司不应当承担某邮轮公司主张的取消费与人数差额费。由此可以认定,某邮轮公司对北京某旅行社公司山东分公司取消航次的行为是否属于《最高人民法院关于适用〈中华人民共和国合同法〉若干问题的解释(二)》第26条规定的情形以及该行为是否构成违约,产生了法律上的认识不当,即认为北京某旅行社公司山东分公司解除合同的行为构成违约,并认为根据合同约定北京某旅行社公司及其山东分公司应向其赔偿损失。某邮轮公司据此提起航次租船合同案的诉讼,并为保证将来判决得以执行,申请了诉前财产保全,冻结了北京某旅行社公司及其山东分公司的银行存款,其行为本身不具备违法性。虽然法院生效民事判决未全部支持某邮轮公司的诉讼请求,但不能就此认定某邮轮公司申请财产保全的行为具有主观上的故意或明显过失,某邮轮公司的申请财产保全行为不构成侵权。故对于北京某旅行社公司及其山东分公司请求的其存款被冻结之日起至生效判决确定的债务履行期满之日止期间的损失,法院不予支持。

北京某旅行社公司及其山东分公司收到二审判决后,应在判决确定的履行期限内及时履行付款义务。某邮轮公司作为收款方,亦应配合提供收款方式,如因未及时配合北京某旅行社公司及其山东分公司接收判决款项,导致北京某旅行社公司及其山东分公司无法主动履行付款义务而使其银行存款因超期冻结受到损失,某邮轮公司对此行为系存在过错,北京某旅行社公司及其山东分公司有权要求某邮轮公司赔偿因此而产生的损失。法院认定北京某旅行社公司及其山东分公司的该部分损失应以按同期贷款利率计算的利息为限，考虑到银行账户冻结期间仍按照活期存款利率存入利息，故还应扣除按同期活期存款利率计算的利息。

本案判决说理部分分两个阶段分析认定申请人申请财产保全行为是否构成侵权行为。第一个阶段明确了申请财产保全错误行为属于侵权行为，认定申请人应否承担保全错误损害赔偿责任应根据侵权责任法的相关规定，适用过错归责原则，审查申请人的财产保全行为是否存在主观上的明显过错、申请财产保全措施是否缺乏适当性、申请人的诉讼请求是否明显缺乏合理性，同时审查保全是否给被申请人造成损失及保全行为与损失之间的因果关系，而不能仅以其诉讼请求是否被生效判决所支持来判断申请人是否承担财产保全错误损害赔偿责任。如申请人因对某种民事法律关系是否违法或违约产生法律上的认识不当，则其不具有主观上的故意或重大过失，其申请财产保全的行为本身并不具有违法性，属于一般诉讼风险，申请人并非恶意保全、恶意诉讼，不应承担申请财产保全错误损害赔偿责任。第二个阶段明确了如果生效判决驳回申请人的诉请后，因申请人的原因导致被申请人的财产持续被保全而造成损失，申请人应承担赔偿责任。本案的典型意义在于引导当事人合理地行使财产保全的权利，同时应及时配合履行付款义务，避免因己方怠于行使权利导致对方损失而承担的赔偿责任。

【相关法条】

1.《中华人民共和国侵权责任法》(2021年1月1日废止)

第六条第一款　行为人因过错侵害他人民事权益，应当承担侵权责任。

对应新法：

《中华人民共和国民法典》(2021年1月1日施行)

第一千一百六十五条第一款　行为人因过错侵害他人民事权益造成损害的，应当承担侵权责任。

2.《中华人民共和国民事诉讼法》(2017年6月27日修正)

第一百条第一款　人民法院对于可能因当事人一方的行为或者其他原因，使判决难以执行或者造成当事人其他损害的案件，根据对方当事人的申请，可以裁定对其财产进行保全、责令其作出一定行为或者禁止其作出一定行为；当事人没有提出申请的，人民法院在必要时也可以裁定采取保全措施。

第一百零五条　申请有错误的，申请人应当赔偿被申请人因保全所遭受的损失。

对应新法：

《中华人民共和国民事诉讼法》（2023年9月1日修正）

第一百零三条第一款 人民法院对于可能因当事人一方的行为或者其他原因，使判决难以执行或者造成当事人其他损害的案件，根据对方当事人的申请，可以裁定对其财产进行保全、责令其作出一定行为或者禁止其作出一定行为；当事人没有提出申请的，人民法院在必要时也可以裁定采取保全措施。

第一百零八条 申请有错误的，申请人应当赔偿被申请人因保全所遭受的损失。

承办人：王妍娥
编写人：王妍娥　段琪祺

34. 信某海事有限责任公司诉荣成市连某渔业有限公司航次租船合同纠纷案
——租船人何时应承担亏舱费、改港费

【合规提示】

本案是航次转载租船协议的出租人诉承租人支付亏舱费、改港费的案件。双方就承租人是否应承担亏舱费和改港费产生争议。只有在人为造成亏舱的情况下，才存在支付亏舱费的问题。在航次租船合同下，通常亏舱费是由承租方支付给出租方的一项费用。承租人应提供租约约定的积载因数和货物数量，若因未正确提供租约约定的积载因数和货物数量而导致出租人亏舱，将面临支付亏舱费的情形。而当出租人宣载有误，或积载不当造成亏舱，出租人应自己承担亏舱的损失。

【案件信息】

1. 裁判文书字号

（2020）鲁 72 民初 1159 号

2. 当事人

原告：信某海事有限责任公司

被告：荣成市连某渔业有限公司

3. 关键词

民事　航次租船合同　亏舱费　改港费

【裁判要旨】

1. 对航次转载租船协议内容的理解，应当按照双方合同约定，在不违反法律、行政法规等强制性规定和一般性理解的情况下，判定合同内容的履行及责任承担。

2. 已出运未到港的货物改港，需出具改港保函给船公司，由船公司核实该票货物是否已发目的港舱单、该票货物是否已过中转港，这些都将决定是否能改港。如果已发目的港舱单，那么船公司需发邮件到目的港确认改港可行性和罚金；如果货物已过中转港，则需要确认所去往的港口是否为这条船途经挂靠的港口，如果不是挂靠港口，那么不能直接更改，需要到目的港后，再与船东确认改港事项。

【基本案情】

原告诉请：（1）判令被告向原告支付剩余运费、亏舱费以及利息；（2）判令被告向原告支付改港费用及成本等损失以及利息；（3）本案诉讼费、公证认证费等费用由被告承担。

被告辩称：（1）原告关于亏舱费的主张，没有任何事实和法律依据。《航次转载租船协议》没有关于亏舱费的约定，也没有约定被告应装载货物的数量。（2）原告主张的改港费用没有任何依据，改港卸货的货物并非被告的货物，而是日照市景某渔业有限公司（以下简称景某渔业公司）的货物。而停靠岚山港是经过协商一致、原告同意的。

经审理查明，2018 年 1 月 6 日，信某海事有限责任公司（以下简称信某海事公司)(甲方)作为出租人与荣成市连某渔业有限公司(以下简称连某渔业公司)(乙方)作为承租人签订《航次转载租船协议》。2018年1月10日,信某海事公司(甲方)与连某渔业公司(乙方)就2018年1月6日签订的《航次转载租船协议》达成补充协议。2018年2月26日,"大西洋某石"轮在装货港进行转载作业,转载连某渔业公司所属鱼货共计毛重2639.89吨。最后装载日期为2018年4月20日。2018年3月7日,信某海事公司(甲方)作为出租人与景某渔业公司(乙方)作为承租人签订《航次转载租船协议》。后信某海事公司按照连某渔业公司的要求出具提单。

2018年9月4日,"大西洋某石"轮到达日照岚山港。在该港口,信某海事公司卸下连某渔业公司所属毛重858.23吨的鱼货以及景某渔业公司所属鱼货。

2018年9月10日,"大西洋某石"轮到达石岛港,并于9月19日卸下连某渔业公司所属毛重1781.66吨的鱼货。

【裁判说理】

争议焦点:(1)原告、被告之间的法律关系;(2)关于剩余运费金额的确定标准;(3)被告是否需要支付亏舱费和改港费用。

青岛海事法院认为:

一、原告、被告之间的法律关系

本案中,原告与被告于2018年1月6日签订了《航次转载租船协议》,原告作为出租人向被告承租人提供"大西洋某石"轮装运约定的冷冻鱼货,从西南大西洋公海渔场运至中国石岛港,由被告支付约定的运费。2018年1月10日,针对上述《航次转载租船协议》,原告、被告双方签订补充协议,就最终的运费支付等内容进行了补充约定。案涉《航次转载租船协议》以及补充协议均系原告、被告双方真实意思的表示,且不存在违反法律、行政法规等强制性规定的情形,因此,该协议在原告、被告之间依法成立并生效,对原告、被告双方均具有约束力,原告、被告之间依法成立航次租船合同法律关系。

二、关于剩余运费金额的确定标准

根据庭审查明的事实以及原告、被告之间签订的《航次转载租船协议》第5条的约定,案涉鱼货运费率为260美元/毛吨,未支付鱼货共计858.23

毛吨，因此，被告欠付的运费金额为 858.23 毛吨 ×260 美元/毛吨 =223 139.8 美元。《合同法》第 107 条规定："当事人一方不履行合同义务或者履行合同义务不符合约定的，应当承担继续履行、采取补救措施或者赔偿损失等违约责任。"第 109 条规定："当事人一方未支付价款或者报酬的，对方可以要求其支付价款或者报酬。"因此，被告应当向原告支付欠付的运费 223 139.8 美元。原告主张汇率以 2018 年 9 月 19 日即卸货完成之日美元与人民币中间价 6.8569 为基准计算相应费用，本院予以支持，被告应当向原告支付剩余运费共计人民币 1 530 047.29 元。

关于利息，本院认为，被告长期拖欠原告运费，客观上确实造成了原告的经济损失，对于原告的利息主张依法应当支持。根据中国人民银行的规定，自 2019 年 8 月 20 日起贷款利息的基本标准已改为全国银行间同业拆借中心公布的贷款市场报价利率，故本案应适用上述规定分段确定相应的利息。关于利息起算日的确定，原告主张从 2018 年 9 月 19 日起计算至实际支付之日止，本院予以支持。综上，本案利息应以人民币 1 530 047.29 元为基数，自 2018 年 9 月 19 日起至 2019 年 8 月 19 日止按照中国人民银行同期贷款基准利率计算，自 2019 年 8 月 20 日起至被告实际付款之日止按照全国银行间同业拆借中心公布的贷款市场报价利率计算。

三、被告是否需要支付亏舱费和改港费用

关于被告是否需要支付亏舱费。《合同法》第 125 条第 1 款规定："当事人对合同条款的理解有争议的，应当按照合同所使用的词句、合同的有关条款、合同的目的、交易习惯以及诚实信用原则，确定该条款的真实意思。"本案中，从合同用语的含义看，原告、被告签订的《航次转载租船协议》第 2 条约定该协议项下货量具体数量以卸货数量为准，并且在 2018 年 1 月 10 日达成的补充协议中亦再次明确约定以卸货港卸货数量结算最终运费。本院认为，因《航次转载租船协议》第 2 条已就货量约定为以卸货数量为准，并且从该航次实际装载情况看，原告亦根据其与景某渔业公司 2018 年 3 月 7 日签订的《航次转载租船协议》同时转载了景某渔业公司的冷冻鱼货，本案中，应按照双方合同约定的以卸货数量为准，故对于原告主张的被告应遵守满舱满载的装运要求并支付亏舱费的诉讼请求，本院不予支持。

关于被告是否需要支付因船舶改港而产生的费用。根据当事人提供的证据以及庭审查明的事实，原告在日照岚山港系对被告案涉的毛重 858.23 吨鱼货以及景某渔业公司所属鱼货进行卸货,并且从原告与景某渔业公司签订的《航次转载租船协议》第 4 条约定看,双方约定的卸货港包括中国石岛港一个安全泊位或日照港一个安全泊位,由乙方即景某渔业公司选择,乙方至少提前 7 天告知甲方(原告),因此,原告停靠日照岚山港所产生的费用并非均系因被告改港而产生,其停靠岚山港亦为履行与景某渔业公司间《航次转载租船协议》约定而为。相关费用系因履行原告与被告以及景某渔业公司的协议而共同产生,而对因被告改港卸载案涉鱼货额外增加的费用,原告在庭审中并未提供充分证据举证证明,无法证明其损失的发生,根据《民事诉讼法》第 64 条第 1 款的规定,原告应当承担举证不能的法律后果。因此,原告主张被告承担因船舶变更卸货港而产生的改港费用缺乏事实和法律依据,本院不予支持。

青岛海事法院以判决结案。

【法官后语】

一般而言,亏舱是指船舶货舱未装满货物造成的容积损失。造成亏舱的因素很多,有些情况下的亏舱是不可避免的,如货物间的正常间隙、垫舱物料所占空间、货物通风所占空间、船舶型式、船舶首尾货舱的侧舷无法利用的空间等。而有些人为过失造成的亏舱则是可以避免的,如承租人或托运人没有按照约定提供足够的货物、提供了错误的积载因数、出租人或承运人宣载错误等。亏舱费,又称亏舱损失或空舱费,是指货舱容积不能被充分利用而造成的船舶运费收入的减少。显然,只有在人为造成亏舱的情况下,才存在支付亏舱费的问题。在航次租船合同下,通常亏舱费是由承租方支付给出租方的一项费用。但是,当承租人未能提供租约约定的货物数量而导致亏舱,或者提供了错误的积载因数导致亏舱,承租人要向出租人支付亏舱费。当出租人宣载有误,或积载不当造成亏舱,出租人应自己承担亏舱的损失。当因双方失误产生亏舱损失,则由双方共同承担。

【相关法条】

《中华人民共和国合同法》(2021 年 1 月 1 日废止)

第一百零七条 当事人一方不履行合同义务或者履行合同义务不符合约定的,应当承担继续履行、采取补救措施或者赔偿损失等违约责任。

第一百零九条 当事人一方未支付价款或者报酬的,对方可以要求其支付价款或者报酬。

第一百二十五条 当事人对合同条款的理解有争议的，应当按照合同所使用的词句、合同的有关条款、合同的目的、交易习惯以及诚实信用原则，确定该条款的真实意思。

合同文本采用两种以上文字订立并约定具有同等效力的，对各文本使用的词句推定具有相同含义。各文本使用的词句不一致的，应当根据合同的目的予以解释。

对应新法：

《中华人民共和国民法典》（2021年1月1日施行）

第四百六十六条 当事人对合同条款的理解有争议的，应当依据本法第一百四十二条第一款的规定，确定争议条款的含义。

合同文本采用两种以上文字订立并约定具有同等效力的，对各文本使用的词句推定具有相同含义。各文本使用的词句不一致的，应当根据合同的相关条款、性质、目的以及诚信原则等予以解释。

第五百七十七条 当事人一方不履行合同义务或者履行合同义务不符合约定的，应当承担继续履行、采取补救措施或者赔偿损失等违约责任。

第五百七十九条 当事人一方未支付价款、报酬、租金、利息，或者不履行其他金钱债务的，对方可以请求其支付。

承办人：孙　鹏
编写人：原浩洋

35. 青岛龙某海洋生态养殖有限公司诉李某、李某某光船租赁合同纠纷案
——光船租赁合同中交付及适航法律关系的认定

【合规提示】

本案系一起光船租赁合同纠纷，当事双方主要对租赁船舶是否交付和适航存在争议。光船租赁合同，是指船舶出租人向承租人提供不配备船员的船舶，在约定的期间内由承租人占有、使用和营运，并向出租人支付租金的合同。对于光船租赁的法律规定主要见于《海商法》《海事诉讼特别程序法》《最高人民法院关于适用〈中华人民共和国海事诉讼特别程序法〉若干问题的解释》等。对于出租人来说，应当在合同约定的时间和地点向承租人交付约定的船舶以及船舶证书，而且出租人应当在交付船舶之前对船舶进行详细的检查，包括船舶的机械设备、船体结构、安全设备等使船舶适航。对于承租人来说，承租人应当负责船舶的保养、维修，确保船舶始终处于良好的工作状态。另外，如果因承租人对船舶的占有、使用和营运使出租人的利益受到影响或者遭受损失的，承租人还应负责消除影响或者赔偿损失。

【案件信息】

1. 裁判文书字号

（2020）鲁72民初1548号

2. 当事人

原告：青岛龙某海洋生态养殖有限公司

被告：李某、李某某

3. 关键词

民事　光船租赁合同　交付　适航　举证责任

【裁判要旨】

1. 船舶租用合同以船舶的交付为必要条款，承租人在船舶交付后才能对船舶享有真正的控制权，这是承租人在租赁期间因船舶发生毁损承担赔偿责任的基础。此外，出租人还负有使交付的船舶适航的义务，适航意味着交付的船舶不能存在重大的安全隐患，出现安全事故后，应依照相关部门作出的事故认定书来判明事故中的责任方。

2. 我国《海商法》第147条规定了承租人负责船舶的保养、维修义务，这里的维修指承租人的一般维修，而不是指火灾事故造成的船厂大修。

【基本案情】

2018年3月5日，原告青岛龙某海洋生态养殖有限公司就所属的租赁专业钓鱼船与被告李某达成租赁协议，租赁期间为2018年3月1日至2019年5月1日，年租金10万元。2018年9月，案涉钓鱼船在出海期间发生火灾，被拖至荣成市石岛院夼某船厂进行修理。由于拖欠拖船及维修费用，某船厂申请本院依法扣押了案涉船舶并诉至本院，经本院调解，原告支付了救助费和维修费17.2万元后收回了案涉渔船。

原告诉称：光船租赁期间，承租人负责船舶的保养、维修，案涉渔船的救助、维修费用，以及自火灾发生之日起至实际收回渔船之日止的租金均应由承租人即被告承担。

被告李某辩称：签订光船租赁合同属实，但原告实际控制使用案涉渔船，被告须向原告申请才能使用案涉船舶；本次出海被告并未向原告申请使用案涉船舶，被告并未在船上，原告未经被告同意擅自将案涉渔船交由李某某使用；本次出海发生火灾事故，是由于案涉渔船存在火灾隐患，原告未尽到安全保障义务；被告负担火灾发生后至收回船舶期间的租金没有事实和法律依据。故请求法院驳回原告对其的诉讼请求。

【裁判说理】

争议焦点：租赁船舶是否交付和适航。

青岛海事法院认为：虽然原告、被告之间签订的光船租赁合同合法有效，但原告青岛龙某海洋生态养殖有限公司作为渔船的出租方，应当按照我国

《海商法》第 146 条规定，履行向承租人被告李某交付船舶以及使船舶适航的义务。本案没有证据证明出租人和承租人在山东省青岛市崂山区王哥庄港东码头办理了案涉渔船的交接，不能证明承租人实际控制案涉渔船，承租人李某事发时不在船上，不承认组团或者授权他人组团出海。本次出海发生火灾，造成巨额财产损失，船舶存在火灾安全隐患，不能视为出租人履行了使船舶适航的义务，这与光船租赁期间承租人负责船舶的保养、维修与出租人使船舶适航并不矛盾，在火灾事故原因不明的情况下，原告无权要求李某赔偿火灾事故造成的救助费和修理费。本案特殊之处就在于案涉渔船不是用于海上运输，而是用于海上休闲活动，海上休闲活动需要依法依规进行，确保人员财产安全。案涉渔船发生火灾后，毁损严重，已经不能实现合同目的，在不能证明被告李某存在过错的情况下，原告要求被告李某支付合同期满后的租金，没有事实和法律依据，不应予以支持。按照"谁主张，谁举证"的一般举证规则，原告显然未尽到应尽的举证义务。

青岛海事法院以判决方式结案，驳回原告青岛龙某海洋生态养殖有限公司的诉讼请求。

【法官后语】

在船舶租赁合同中，船东交付船舶和保证船舶适航是租赁合同顺利履行的关键，交付后承租人才能对船舶享有真正的控制权，这是承租人在租赁期间对船舶发生毁损承担赔偿责任的基础，而保证船舶适航则是出租人应尽的义务。船舶租赁合同的当事人还应当具备契约精神，这是一种在商业、法律和个人交往中非常重要的价值观，指在达成协议和签订合同时，双方应该诚实守信，遵守已经达成的协议和签署的合同，我国《民法典》规定民事主体从事民事活动，应当遵循诚信原则，秉持诚实，恪守承诺，只有双方遵循诚信原则行使权利和履行义务，才能实现利益最大化。当事人进行商业活动时应该树立"遵纪守法，生命至上"的理念，特别是从事海上运输、休闲活动的风险很高，保证船舶的安全行驶不仅仅是一项民事合同义务，更是作为公民应尽的义务。

【相关法条】

1.《中华人民共和国海商法》(1993年7月1日施行)

第一百四十四条 光船租赁合同,是指船舶出租人向承租人提供不配备船员的船舶,在约定的期间内由承租人占有、使用和营运,并向出租人支付租金的合同。

第一百四十五条 光船租赁合同的内容,主要包括出租人和承租人的名称、船名、船籍、船级、吨位、容积、航区、用途、租船期间、交船和还船的时间和地点以及条件、船舶检验、船舶的保养维修、租金及其支付、船舶保险、合同解除的时间和条件,以及其他有关事项。

第一百四十六条 出租人应当在合同约定的港口或者地点,按照合同约定的时间,向承租人交付船舶以及船舶证书。交船时,出租人应当做到谨慎处理,使船舶适航。交船的船舶应当适于合同约定的用途。

出租人违反前款规定的,承租人有权解除合同,并有权要求赔偿因此遭受的损失。

第一百四十七条 在光船租赁期间,承租人负责船舶的保养、维修。

2.《中华人民共和国消防法》(2019年4月23日修正)

第五十一条 消防救援机构有权根据需要封闭火灾现场,负责调查火灾原因,统计火灾损失。

火灾扑灭后,发生火灾的单位和相关人员应当按照消防救援机构的要求保护现场,接受事故调查,如实提供与火灾有关的情况。

消防救援机构根据火灾现场勘验,调查情况和有关的检验、鉴定意见,及时制作火灾事故认定书,作为处理火灾事故的证据。

对应新法:

《中华人民共和国消防法》(2021年4月29日修正)

第五十一条 消防救援机构有权根据需要封闭火灾现场,负责调查火灾原因,统计火灾损失。

火灾扑灭后,发生火灾的单位和相关人员应当按照消防救援机构的要求保护现场,接受事故调查,如实提供与火灾有关的情况。

消防救援机构根据火灾现场勘验，调查情况和有关的检验、鉴定意见，及时制作火灾事故认定书，作为处理火灾事故的证据。

承办人：李俊锋

编写人：李俊锋　褚　茜

36.信某海事有限责任公司诉青岛某洋渔业有限公司航次租船合同纠纷案
——航次租船合同中对于承运人损失的赔偿责任分担与认定

【合规提示】

本案系一起托运人原因致承运人损失，承运人诉托运人的航次租船合同纠纷案件。双方对承运人损失的承担产生争议。对承运人而言，应当做好航行日志，搜集并保存托运人存在违法行为及因何受到行政处罚、支付罚款的证据材料。对于托运人而言，应当妥善包装货物，并在合同中列明货物装船时所提供的货物的品名、标志、包数或者件数、重量或者体积；保存好支付吊装费、运费等的付款凭证。

【案件信息】

1. 裁判文书字号

（2020）鲁72民初1789号、（2021）鲁民终475号

2. 当事人

原告：信某海事有限责任公司

被告：青岛某洋渔业有限公司

3. 关键词

民事　航次租船合同　托运人　承运人　滞期费

【裁判要旨】

1. 航次租船合同的当事人为出租人和承租人。《海商法》将航次租船合同作为特别的海上货物运输合同予以规定。该法第94条规定："本法第四十七条和第四十九条的规定，适用于航次租船合同的出租人。本章其他有关合同当事人之间的权利、义务的规定，仅在航次租船合同没有约定或者没有不同约定时，适用于航次租船合同的出租人和承租人。"因此，航次租船合同当事人的权利义务主要源于合同的约定。在航次租船合同有明确约定的情形下，出租人应当按照航次租船合同的约定履行义务，并履行《海商法》第47条、第49条规定的义务。

2. 间接委托的适用。原《合同法》第402条（现为《民法典》第925条）规定："受托人以自己的名义，在委托人的授权范围内与第三人订立的合同，第三人在订立合同时知道受托人与委托人之间的代理关系的，该合同直接约束委托人和第三人，但有确切证据证明该合同只约束受托人和第三人的除外。"若第三人在合同签订时明知委托人与受托人之间的委托代理关系，第三人可直接要求委托人承担合同项下的义务。

3. 托运人的义务。《海商法》第66条第1款规定："托运人托运货物，应当妥善包装，并向承运人保证，货物装船时所提供的货物的品名、标志、包数或者件数、重量或者体积的正确性；由于包装不良或者上述资料不正确，对承运人造成损失的，托运人应当负赔偿责任。"第70条第1款规定："托运人对承运人、实际承运人所遭受的损失或者船舶所遭受的损坏，不负赔偿责任；但是，此种损失或者损坏是由于托运人或者托运人的受雇人、代理人的过失造成的除外。"根据上述规定，托运人提供货物品名不正确对承运人造成损失的，应当负赔偿责任，因其他过错导致承运人遭受损失的，亦应承担责任。

4. 滞期费的认定。《海商法》第98条规定："航次租船合同的装货、卸货期限及其计算办法，超过装货、卸货期限后的滞期费和提前完成装货、卸货的速遣费，由双方约定。"关于船舶装卸时间的起算点，在航运实践中通常从船舶抵达时起算，一般租约中会通过两种方式进行约定：一种是约定船舶抵达装卸货港泊位时开始起算装卸时间；另一种是约定船舶抵达装卸港锚地时开始起算装卸时间。

【基本案情】

在信某海事有限责任公司（以下简称原告）诉青岛某洋渔业有限公司（以下简称被告）航次租船合同纠纷一案中，青岛海事法院查明案件事实如下：2019年1月1日，被告委托香港宝某航运集团有限公司与原告签订《航次租船合同》，合同约定由原告所属的"大西洋某石"轮为被告运输冻鱼，运费率按照后续补充协议约定。2019年8月27日，双方签订《租约运费补充协议》，确定了2019年2月18日前装船3207.701吨，2019年6月1日后装船5728.187吨，并对运费标准和运费的支付方式作了明确的约定。根据该约定，被告应当向原告支付运费共计2 480 279.86美元，但被告仅支付了运费1 240 500美元。2019年12月18日，原告在运输途中，因被告捕捞了非法鱼货并将非法鱼货装载于"大西洋某石"轮上，"大西洋某石"轮遭到了船旗国政府处罚，原告为此支付了罚款、代理费及律师费，为进行本案诉讼产生了公证认证费。因被告装载非法鱼货造成船舶延期装货14天，按照双方对于滞期费率的约定，被告应支付滞期损失。被告捕捞并向"大西洋某石"轮装载非法鱼货并未如实告知原告，原告在毫不知情的情况下因装载了被告的非法鱼货而遭受上述损失。在本航次中，被告委托原告在新加坡为其捎带滑油，原告在新加坡为被告进行了滑油吊装作业，产生吊装费。

原告提出诉讼请求：判令被告向原告支付运费及利息；判令被告向原告支付因被告提供非法货物造成的原告经济损失，代理费和律师费用，以及利息；判令被告向原告支付因违法货物不能按期装货的滞期损失；判令被告向原告支付滑油吊装费用及利息；判令被告承担本案的全部诉讼费、公证认证费用。

被告辩称：（1）关于运费，目前原告还不具备要求付款的条件。被告对"大西洋某石"轮进行了救助，原告应支付救助报酬。双方就救助费进行协商，并约定相互抵销。因此，在救助费确定前不应支付运费，更不应要求利息。（2）关于原告所称的"因被告提供非法货物"导致罚款，没有事实和法律依据。原告证据也不能证明"非法货物"的存在。该罚款与被告托运货物无关，原告无权向被告主张。被告托运货物已于2019年10月6日在中国黄岛港卸货完毕，而原告在本航次的两个月之后受到处罚，其在《起诉状》《变更诉讼请求申请书》中均自认"2019年12月18日，原告在运输途中"因为装载的鱼货受到处罚,明显与被告无关。根据原告证据,其受到处罚是因为运输了黑鳕鱼,与被告托运货物中存在极少量疑似南极犬牙鱼、小鳞犬牙南极鱼没有关联,两者明显不是同一批货物。《南极海洋生物资源养护公约》第1条明确规定了受保护的范围。被告所属渔船从未在受保护海域作业,直至今日,没有任何国家政府部门或国际组织以任何形式确认被告托运的鱼货中存在南极犬牙鱼、小鳞犬牙南极鱼。与此相反,在乌拉圭当局从鱼货中发现疑似鱼类后,经中国农业部交涉,即使假设这两种鱼确实在鱼货中存在,也是在公约保护范围之外获取,并不构成违法。乌拉圭当局即刻对全部鱼货放行,并未对被告或原告进行任何处罚,且相关鱼货到达中国后也顺利通关。被告所托运货物从未经过巴拿马,原告受到的处罚由巴拿马政府作出,证明该处罚与被告托运货物没有关联。(3)原告所称的"处罚"与被告无关,因"处罚"产生的律师费、代理费、公证费等费用,也与被告无关。至于原告所称"滞期"亦与被告无关。原告未按约定支付当地代理费,才导致货物未能及时装船。(4)关于捎带滑油费用。为客户免费捎带少量物资是此类运输船为招揽客户的惯常做法。原告虽曾要求被告对捎带费用予以确认,经协商后,原告同意免费捎带。因此,原告的主张也没有事实依据。综上所述,原告的诉讼请求应予驳回。被告在诉讼过程中表示对原告主张的欠付运费本金数额没有异议。

【裁判说理】

争议焦点:被告是否应当赔偿原告相应的损失(含罚款、代理费、律师费、滞期费、吊装费及公证认证费)。

青岛海事法院认为:

一、被告欠付运费的利息

因被告对欠付运费本金数额没有异议,本院认定被告欠付运费的数额为1 239 779.86美元。双方有争议的是欠付运费的利息起算时间和利率两个问题。关于起算时间。原告主张欠付运费自2019年11月1日起开始计息。根据《租约运费补充协议》约定,运费共计2 480 279.86美元,以两次各50%的方式支付,首笔运费需在货物到达卸货港前3个银行工作日内支付,剩余运费在货物卸出后20个银行工作日内支付。2019年10月6日卸货完毕,剩余运费1 239 779.86美元应在2019年11月4日前支付,未支付则应自次日即2019年11月5日起计算利息。关于利率。原告主张按照同期全国银行间同业拆借中心公布的贷款市场报价利率计算利息。因双方运费以美元结算，全国银行间同业拆借中心公布的贷款市场报价利率中并不含有美元利率，该主张没有直接依据，本院确定按中国银行公布的美元同期存款利率计算至生效判决确定的支付之日止。被告主张以救助费用抵销运费，但并未提供证据支持，本院不予支持。

二、被告应否赔偿原告罚款损失及与此相关的律师费和滞期损失

原告以巴拿马政府的罚款决议主张罚款损失。《海商法》第66条第1款规定："托运人托运货物，应当妥善包装，并向承运人保证，货物装船时所提供的货物的品名、标志、包数或者件数、重量或者体积的正确性；由于包装不良或者上述资料不正确，对承运人造成损失的，托运人应当负赔偿责任。"第70条第1款规定："托运人对承运人、实际承运人所遭受的损失或者船舶所遭受的损坏，不负赔偿责任；但是，此种损失或者损坏是由于托运人或者托运人的受雇人、代理人的过失造成的除外。"根据上述规定，托运人提供货物品名不正确对承运人造成损失的，应当负赔偿责任，因其他过错导致承运人遭受损失的，亦应承担责任。原告主张其受到的罚款损失应由被告赔偿，并提供了处罚决议、缴纳罚款的证据、提单、被告出具的情况说明等作为事实依据。本院认为，巴拿马027号决议以"大西洋某石"轮第一次涉及行政处罚程序为由更改了罚款金额，并未载明作出罚款的事实根据。原告没有提交巴拿马027号决议的基础决议，即DG IVC/RF/PINT/057-19号决议（以下简称巴拿马057-19号决议）以及维持巴拿马057-19号决议的第002-2020号决议，上述决议认定原告的行为违法或者违规并对其作出了处罚，是原告索赔的更为直接的证据。原告未提交有效直接证据证明所受到的罚款处罚针对的是"大西洋某石"轮何时、何地的何种行为，直接证据不足。在直接证据不完整的情况下，原告应提供充分的间接证据证明其主张。原告主张罚款是因被告托运了小鳞犬牙南极鱼、南极犬牙鱼造成的。首先，原告提交的有效证据不足以证明被告交付原告运输的货物中有小鳞犬牙南极鱼、南极犬牙鱼：原告的航行日志记载有违禁鱼货，但没有说明具体种类；被告出具的《关于"大西洋某石"轮运载鱼货的情况说明》记载"渔业局官员发现类似南极犬牙鱼、洋枪鱼鱼货"，只是类似，没有确认就是这两种鱼，不能构成被告自认；巴拿马027号决议中唯一一次出现小鳞犬牙南极鱼是引用原告诉状中的内容，

而不是该机构认定的内容。因此,原告主张罚款是因被告托运了小鳞犬牙南极鱼、南极犬牙鱼造成的,没有事实依据。其次,原告主张小鳞犬牙南极鱼是《南极海洋生物资源养护公约》保护鱼种,但被告举证证明其船舶未进入《南极海洋生物资源养护公约》规定的保护范围,也即其捕捞行为发生在公约保护范围之外。原告未能举证证明被告交付运输的鱼货属于非法捕捞而得,也未能举证证明依据巴拿马的国内法无论是在何处捕获小鳞犬牙南极鱼都将受到处罚。综上所述,原告提交的证据尚不足以证明被告交付给原告运输的货物中有小鳞犬牙南极鱼、南极犬牙鱼,也没有证明被告有其他过错导致原告受到处罚。原告请求被告承担其罚款损失的诉讼请求,本院不予支持。相应地,原告为减轻该罚款支付的律师费等费用,被告亦不应承担。

滞期损失是因船舶靠泊修理需要装货,由于不能正常装货而造成的船期损失。原告主张自2019年4月24日至5月7日共14天的滞期损失,应举证证明原告船舶及手续已经准备就绪,仅仅因为被告的原因导致不能装货或开航。"大西洋某石"轮因需要修理而进入乌拉圭蒙得维的亚港,航海日志记载,"4月27日乌拉圭卸货期间,乌拉圭渔业部门检查出船舶有违禁鱼货,通报船旗国巴拿马相关部门,巴拿马派官员一人到船舶了解情况"。该记载没有表明有关方面具体查处情况,或者表明限制船舶离港。原告提交的2019年5月6日的电子邮件载明,"我们仍然没有收到乌拉圭渔业部门同意装货的授权……但如在完成卸货之前,我们没有收到汇款,我们将不会签发准许'大西洋某石'轮离开的手续"。该邮件表明不能开航的原因之一是原告没有汇款,无法获得准许离港的手续,即至5月6日,即使乌拉圭渔业部门同意装货,"大西洋某石"轮仍然不能开航。因此,原告未能举证证明不能装货离港是被告的原因造成的,主张被告承担滞期损失证据不足,本院不予支持。

三、被告是否应向原告支付滑油吊装费用

原告、被告之间关于捎带滑油主要是通过电话沟通。诉讼过程中,双方对于是否收费各执一词。在货物已装船,到达目的港前,原告曾给被告发送电子邮件,要求"按照100元人民币一吊结算,请回复确认",但没有提交被告认可的证据。原告主张该费用为支付给船员的劳务费,但没有提供证明该费用已实际支付给船员的证据。根据《最高人民法院关于适用〈中华人民共和国民事诉讼法〉的解释》第90条的规定,当事人对自己提出的诉讼请求所依据的事实,应当提供证据加以证明,当事人未能提供证据或者证据不足以证明其事实主张的，由负有举证证明责任的当事人承担不利的后果。原告未举证证明该费用已实际支付，其关于由被告承担支付给船员的吊装费的主张，证据不足，本院不予支持。

四、关于公证认证费用

原告主张其为提起诉讼对主体资格、委托授权进行了公证认证，公证认证费用及相关证据公证费用应由被告承担，该主张缺乏法律依据，本院不予支持。

一审宣判后，原告向山东省高级人民法院提出上诉，山东省高级人民法院判决驳回上诉，维持原判。

【法官后语】

航次租船合同等海上货物运输合同的法律关系较为复杂，由此引发的纠纷种类繁多，滞期费索赔就是其中因违反装卸期限约定而引起的一类争议。随着我国国际航运大国地位的巩固及各类航运业务的发展，滞期费索赔案件数量呈现上升趋势。现就这类特定争议中的若干法律问题，包括滞期费的法律性质、滞期费责任的产生和承担等问题作初步探讨。

一、滞期费的法律性质

海上货物运输可以分为班轮运输和航次租船运输两种形式，滞期费通常是航次租船合同的产物。航次租船合同具有海上货物运输合同的性质，出租人的船舶在指定的装、卸港口之间运输货物，向租船人收取约定的运费。船舶的航行时间由出租人（船方）负责，装卸时间则因为货物装卸工作需要船、货等各方合作配合而受到租船人（货方）的影响。由于装卸时间的长短关系到整个航次所需要的时间及出租人的利益，航次租船合同一般均确定装卸期限以约束租船人。合同约定的运费一般包括船舶在航行及装卸期限内船方应得的费用，滞期费则是因装卸工作未能在合同约定的装卸期限内完成，由租船人向出租人支付的其他费用。

滞期费的定义是国际公认的，我国《海商法》第98条将滞期费表述为"超过装货、卸货期限后的"费用。因此，在审判实践中，应将滞期费的法律性质界定为（租船人等）因违反装卸期限约定而向出租人等承担的一种违约责任，其形式有支付违约金和赔偿违约损失两种。即滞期费赔偿包括支付合同约定的滞期费或滞期损失的赔偿两种形式。

滞期费是（租船人等）因违反装卸期限约定而承担的违约责任，从其性质可以看出，合同中是否存在装卸期限的约定，以及是否构成针对这种约定的违约是判断滞期费责任是否产生的根本依据。

二、滞期费责任的产生和承担

1. 产生滞期费责任的合同依据。在滞期费索赔案件的处理过程中，首先需要判断的就是滞期费责任的产生是否具有合同依据，从滞期费的法律性质可以看出，合同中关于装卸期限的约定就是滞期费责任产生的合同依据，而是否构成对装卸期限的违约则是判断是否承担滞期费责任的关键，也是进而确定合同主体之间滞期费债权债务关系的依据。

2. 滞期费责任的形式。滞期费责任是一种违约责任，其形式有支付违约金和赔偿违约损失两种。当事人可以在合同中约定滞期费或滞期费率，这时滞期费责任的形式是按合同约定的计算方法支付违约金。当然，根据原《合同法》的规定，如果确能证明约定的滞期费低于或过分高于滞期损失，当事人可以请求法院或仲裁机构予以增加或适当减少；在没有约定滞期费或滞期费率的情况下，出租人可以根据滞期造成的实际损失索赔滞期费，这时滞期费责任的形式就是违约损失的赔偿。两者的区别在于：后一种情况下出租人除了要证明违约（滞期）事实外，对于其自身因滞期所受的损失也负有举证责任。

3. 租船合同项下提单中的滞期费责任。在 CIF 等条件的国际贸易中，具有订立运输合同义务的卖方可能与承运人订立航次租船合同（其中订有装卸期限等与滞期费有关的条款），将货物运至买方所在地，因货物所有权转移及结汇的需要，卖方还会要求承运人签发托运人为卖方、收货人为买方的提单，这种提单被称为租船合同项下的提单。由于提单是根据航次租船合同签发的，其中可能会加入租船合同中的装卸期限等与滞期费有关的条款，或通过"租船合同并入条款"将合同中的权利义务条款并入提单，使其在法律上成为约束承运人以外的提单主体（货方）的条款，这样，受让提单的收货人也可能成为滞期费的责任主体。这时的提单在卖方（托运人）手里仅起到货物收据和物权凭证的作用，除非另有约定，托运人与承运人之间包括滞期费在内的权利义务以航次租船合同为依据。而当收货人受让提单后，提单在收货人与承运人之间实际起到运输合同的作用，收货人将受到提单中订明或并入的装卸期限等与滞期费有关条款的约束。由此可见，要正确认定各运输合同主体之间的滞期费责任，首先必须准确判断约定他们之间权利义务的合同依据。

4. 装货港、卸货港滞期费责任的承担。航次租船合同一般分别订明装货港和卸货港的装卸期限，此时装、卸两港可能会各自产生独立的滞期费。在单一航次租船合同的情况下，所有的滞期费均由租船人承担；但在租船合同与其项下提单并存的情况下，提单托运人（租船人）与受让提单的收货人均可能成为滞期费的责任主体，如果产生了装、卸两港的滞期费，应如何承担？根据我国《海商法》第78条的规定，受让提单的收货人不承担装货港发生的滞期费等与装货有关的费用，除非提单中明确载明该费用由其承担。因此，除非提单另有约定，承运人一般应依据租船合同向租船人（提单托运人）索赔装货港滞期费。至于卸货港的滞期费，《海商法》未作明确规定。承运人仍可依据租船合同向租船人（提单托运人）索赔，如果提单中订明或并入了约束货方的装卸期限等滞期费条款，承运人也可以据此向受让提单的收货人索赔。

【相关法条】

1.《中华人民共和国海商法》（1993年7月1日施行）

第四十七条 承运人在船舶开航前和开航当时，应当谨慎处理，使船舶处于适航状态，妥善配备船员、装备船舶和配备供应品，并使货舱、冷藏舱、冷气舱和其他载货处所适于并能安全收受、载运和保管货物。

第四十九条 承运人应当按照约定的或者习惯的或者地理上的航线将货物运往卸货港。

船舶在海上为救助或者企图救助人命或者财产而发生的绕航或者其他合理绕航，不属于违反前款规定的行为。

第六十六条 托运人托运货物，应当妥善包装，并向承运人保证，货物装船时所提供的货物的品名、标志、包数或者件数、重量或者体积的正确性；由于包装不良或者上述资料不正确，对承运人造成损失的，托运人应当负赔偿责任。

承运人依照前款规定享有的受偿权利，不影响其根据货物运输合同对托运人以外的人所承担的责任。

第七十条 托运人对承运人、实际承运人所遭受的损失或者船舶所遭受的损坏，不负赔偿责任；但是，此种损失或者损坏是由于托运人或者托运人的受雇人、代理人的过失造成的除外。

托运人的受雇人、代理人对承运人、实际承运人所遭受的损失或者船舶所遭受的损坏，不负赔偿责任；但是，这种损失或者损坏是由于托运人的受雇人、代理人的过失造成的除外。

第九十四条 本法第四十七条和第四十九条的规定，适用于航次租船合同的出租人。

本章其他有关合同当事人之间的权利、义务的规定，仅在航次租船合同没有约定或者没有不同约定时，适用于航次租船合同的出租人和承租人。

第九十八条 航次租船合同的装货、卸货期限及其计算办法，超过装货、卸货期限后的滞期费和提前完成装货、卸货的速遣费，由双方约定。

2.《中华人民共和国合同法》(2021年1月1日废止)

第四百零二条 受托人以自己的名义，在委托人的授权范围内与第三人订立的合同，第三人在订立合同时知道受托人与委托人之间的代理关系的，该合同直接约束委托人和第三人，但有确切证据证明该合同只约束受托人和第三人的除外。

对应新法：

《中华人民共和国民法典》(2021年1月1日施行)

第九百二十五条 受托人以自己的名义，在委托人的授权范围内与第三人订立的合同，第三人在订立合同时知道受托人与委托人之间的代理关系的，该合同直接约束委托人和第三人；但是，有确切证据证明该合同只约束受托人和第三人的除外。

承办人：李　伟
编写人：崔婷婷

37. 青岛瑞某物流有限公司诉天津福某船务有限公司航次租船合同纠纷案
——沿海航次租船合同纠纷请求权诉讼时效的法律适用

【合规提示】

本案是一起沿海航次租船合同中，承租人诉出租人违约赔偿纠纷案件。双方就原告的诉讼请求是否已超过诉讼时效以及被告是否应承担违约责任存在争议。就本案中的诉讼时效问题：沿海航次租船合同纠纷请求权的诉讼时效既不适用《海商法》，亦不适用《最高人民法院关于如何确定沿海、内河货物运输赔偿请求权时效期间问题的批复》（法释〔2001〕18号），应当适用《民法总则》（现《民法典》）的一般规定。

【案件信息】

1. 裁判文书字号

（2019）鲁72民初1409号、（2020）鲁民终2474号

2. 当事人

原告：青岛瑞某物流有限公司

被告：天津福某船务有限公司

3. 关键词

民事　航次租船合同　沿海航次租船合同　诉讼时效

【裁判要旨】

沿海航次租船合同纠纷请求权的诉讼时效既不适用《海商法》，亦不适用《最高人民法院关于如何确定沿海、内河货物运输赔偿请求权时效期间问题的批复》（法释〔2001〕18号），应当适用《民法总则》（现《民法典》）的一般规定。

【基本案情】

2017年9月2日,原告、被告双方就"华×9"轮签订《航次租船合同》;9月4日,"华×9"轮在双方约定的起运港做好了装货准备;9月5日,被告在未征得原告同意的情况下将"华×9"自约定的起运港撤船。庭审查明,在"华×9"撤船前,原告作为承租人一直向被告主张已经在起运港备好货物,只是由于天气原因不便装船,愿意承担由此导致的滞期费,但被告仍然罔顾原告的要求执意从起运港撤船,原告于2019年8月14日以被告违约为由诉至青岛海事法院。

原告青岛瑞某物流有限公司(以下简称瑞某公司)诉称:2017年9月2日,瑞某公司与被告天津福某船务有限公司(以下简称福某公司)签署《航次租船合同》,合同约定瑞某公司租用福某公司所属"华×9"轮运输卷钢5004吨。合同签订后,瑞某公司如约履行了合同,并向福某公司支付了定金。但福某公司没有如约承运货物,构成违约。瑞某公司请求法院依法判令:(1)福某公司向瑞某公司支付违约金人民币108 086.4元及利息;(2)福某公司赔偿瑞某公司律师费损失人民币30 000元;(3)福某公司承担本案诉讼费、保全费、保全担保费、差旅费等。

被告福某公司辩称:(1)福某公司已经履行航次租船合同,但是,瑞某公司没有按合同约定提供泊位,在受载期内不能提供装船的货物,又不能提供装载计划,合同无法继续履行。瑞某公司于2017年9月6日要求福某公司去其他地方装运货物,事实上是在以行动表示取消了本航次装货计划,双方的合同实际已经终止。(2)瑞某公司提起本案诉讼已过一年的诉讼时效。综上,福某公司认为瑞某公司的诉请没有事实和法律依据,请求法院依法驳回瑞某公司的诉讼请求。

【裁判说理】

争议焦点:(1)瑞某公司的诉讼请求是否已超过诉讼时效;(2)福某公司是否应承担违约责任。

青岛海事法院认为:本案为中华人民共和国港口之间的航次租船合同纠纷。

一、瑞某公司的诉讼请求是否已超过诉讼时效

瑞某公司主张本案诉讼时效应当适用《海商法》第257条第2款之规定，"有关航次租船合同的请求权，时效期间为二年，自知道或者应当知道权利被侵害之日起计算"；福某公司认为应当适用《最高人民法院关于如何确定沿海、内河货物运输赔偿请求权时效期间问题的批复》（法释〔2001〕18号）之规定，"托运人、收货人就沿海、内河货物运输合同向承运人要求赔偿的请求权，或者承运人就沿海、内河货物运输向托运人、收货人要求赔偿的请求权，时效期间为一年，自承运人交付或者应当交付货物之日起计算"。法院认为，从《海商法》的设置体系看，《海商法》第2条第2款规定"本法第四章海上货物运输合同的规定，不适用于中华人民共和国港口之间的海上货物运输"，第257条规定"就海上货物运输向承运人要求赔偿的请求权，时效期间为一年，自承运人交付或者应当交付货物之日起计算……有关航次租船合同的请求权，时效期间为二年，自知道或者应当知道权利被侵害之日起计算"，第257条第1款规定了远洋班轮运输的请求权时效，第2款规定了远洋航次租船合同的请求权时效，即第257条的规定，不适用于中华人民共和国港口之间的海上货物运输，因此本案并不适用《海商法》的诉讼时效规定。《最高人民法院关于如何确定沿海、内河货物运输赔偿请求权时效期间问题的批复》的适用范围仅为沿海、内河货物运输赔偿请求，并不包括沿海航次租船合同，因此该批复并不适用于本案，本案的诉讼时效应适用《民法总则》第188条的规定，"向人民法院请求保护民事权利的诉讼时效期间为三年……诉讼时效期间自权利人知道或者应当知道权利受到损害以及义务人之日起计算"。

2017年9月5日，福某公司从起运港撤船，瑞某公司要求福某公司继续履行航次租船合同未果，此时为瑞某公司知道或应当知道权利被侵害的时间，诉讼时效应从2017年9月5日开始计算，瑞某公司提起本案诉讼的时间为2019年8月14日，并未超出诉讼时效期间。

二、福某公司是否应承担违约责任

福某公司在未征得瑞某公司同意的情况下撤船，违反了合同约定，构成违约，应当承担违约责任。合同约定，"一方未履行合同约定的需支付对方总运费30%的违约金"，根据上述约定，福某公司应向瑞某公司支付总运费30%的违约金。

山东省高级人民法院二审驳回上诉，维持原判。

【法官后语】

本案主要涉及沿海航次租船合同请求权诉讼时效的法律适用问题。

本案中，原告、被告双方对于本案的诉讼时效的主张分别代表着司法实践中争议各方的观点。其中，持有瑞某公司观点的人在司法实践中占有很大的比例，持有该观点的人认为，《海商法》第2条第2款规定"本法第四章海上货物运输合同的规定，不适用于中华人民共和国港口之间的海上货物运输"，该条款意味着《海商法》除第四章外，其他章节的内容，包括第十三章时效的规定应适用于沿海货物运输合同，因此《海商法》第十三章第257条第2款关于航次租船合同的时效制度，适用于沿海航次租船合同纠纷。持有福某公司观点的人则认为，本案应当适用《最高人民法院关于如何确定沿海、内河货物运输赔偿请求权时效期间问题的批复》。

判断上述观点正确与否，关键在于对《海商法》第257条第2款规定的有关航次租船合同请求权的时效期间、《最高人民法院关于如何确定沿海、内河货物运输赔偿请求权时效期间问题的批复》中所规定的时效期间等条款的理解及适用，这是解决本案争议的关键问题。

对于《海商法》第257条第2款的规定，应当从《海商法》的整体设置体系的角度分析，不能把《海商法》的条款进行孤立和割裂，对《海商法》进行碎片化的理解。

从《海商法》的整体设置体系看，《海商法》第十三章分别就海上货物运输、海上旅客运输、船舶租用合同、船舶拖航合同、船舶碰撞、海难救助、共同海损分摊、海上保险合同、油污损害赔偿共计九类请求权的诉讼时效作了相应规定，上述九类请求权相对应的合同或者侵权行为主体的相关权利义务及责任划分等分别在《海商法》第四章海上货物运输合同、第五章海上旅客运输合同、第六章船舶租用合同、第七章海上拖航合同、第八章船舶碰撞、第九章海难救助、第十章共同海损、第十二章海上保险合同作了相应实体性规定，即《海商法》第十三章时效的规定，是对《海商法》第四章至第十二章中涉及的合同及侵权纠纷请求权诉讼时效的规定，对于《海商法》没有规定的章节，《海商法》第十三章没有作出相应的诉讼时效规定（油污损害请求权除外）。

《海商法》第2条第2款规定，"本法第四章海上货物运输合同的规定，不适用于中华人民共和国港口之间的海上货物运输",上述条款说明《海商法》第四章关于海上货物运输合同的法律规定仅适用于远洋海上货物运输,不适用于中华人民共和国港口之间的海上货物运输。而有关远洋航次租船合同的特别规定,在《海商法》的设置体系下,是放在了第四章海上货物运输合同中。因此,在《海商法》第四章仅适用于远洋货物运输合同的情形下,相应地,《海商法》第十三章第 257 条第 2 款关于航次租船合同的时效制度,仅适用于远洋航次租船合同纠纷,不适用于沿海航次租船合同纠纷。

而《最高人民法院关于如何确定沿海、内河货物运输赔偿请求权时效期间问题的批复》的适用范围仅为沿海、内河货物运输的赔偿请求,并不包括沿海航次租船合同纠纷请求权,因此该批复并不适用于本案。

综上所述,本案属于沿海航次租船合同纠纷,在特别法没有规定的情况下,应适用一般法的规定,本案法律事实发生在《民法典》施行前,因此,本案诉讼时效应适用《民法总则》第 188 条的规定。如果该案法律事实发生在《民法典》施行后,则应当适用《民法典》第 188 条的规定。

【相关法条】

1.《中华人民共和国民法总则》(2021 年 1 月 1 日废止)

第一百八十八条 向人民法院请求保护民事权利的诉讼时效期间为三年。法律另有规定的,依照其规定。

诉讼时效期间自权利人知道或者应当知道权利受到损害以及义务人之日起计算。法律另有规定的,依照其规定。但是自权利受到损害之日起超过二十年的,人民法院不予保护;有特殊情况的,人民法院可以根据权利人的申请决定延长。

对应新法:

《中华人民共和国民法典》(2021 年 1 月 1 日施行)

第一百八十八条 向人民法院请求保护民事权利的诉讼时效期间为三年。法律另有规定的,依照其规定。

诉讼时效期间自权利人知道或者应当知道权利受到损害以及义务人之日起计算。法律另有规定的,依照其规定。但是,自权利受到损害之日起超过二十年的,人民法院不予保护,有特殊情况的,人民法院可以根据权利人的申请决定延长。

2.《中华人民共和国海商法》(1993年7月1日施行)

第二百五十七条 就海上货物运输向承运人要求赔偿的请求权，时效期间为一年，自承运人交付或者应当交付货物之日起计算；在时效期间内或者时效期间届满后，被认定为负有责任的人向第三人提起追偿请求的，时效期间为九十日，自追偿请求人解决原赔偿请求之日起或者收到受理对其本人提起诉讼的法院的起诉状副本之日起计算。

有关航次租船合同的请求权，时效期间为二年，自知道或者应当知道权利被侵害之日起计算。

3.《最高人民法院关于如何确定沿海、内河货物运输赔偿请求权时效期间问题的批复》(2001年5月31日施行)

根据《中华人民共和国海商法》第二百五十七条第一款规定的精神，结合审判实践，托运人、收货人就沿海、内河货物运输合同向承运人要求赔偿的请求权，或者承运人就沿海、内河货物运输向托运人、收货人要求赔偿的请求权，时效期间为一年，自承运人交付或者应当交付货物之日起计算。

承办人：刘小娜
编写人：刘小娜　原浩洋

38. 山东滨州博某建设工程有限公司诉苏某某船舶租用合同纠纷案
——超航区租用内河船舶合同效力的认定及可得利益的处理

【合规提示】

本案系一起原告、被告签订《船舶租用合同》，原告委托被告进行货物运输的业务纠纷案件。原告租用被告所属航行区域为长江流域的内河船舶在鸭绿江流域进行运输，超出了被告船舶的所属航行区域。被告船舶航行区域为长江流域，其欲到达鸭绿江必将超出航区经海域航行。而该轮并不持有海上航行船舶相应技术证书，船员也未经海上专业技术训练且不持有海船船员适任证书，因此被告船舶在海上航行属于船舶不适航、船员不适任的情形，客观上极大增加了人员和船舶的安全风险，违反了法律的强制性规定，该合同被认定为无效。可得利益是在合同有效并正常履行情况下可获取的利益，以合同有效成立为前提条件，本案中的当事人不得基于合意行为获得其所期待的合同利益。故双方在签订合同时，要注意不得违反法律的强制性规定，以防合同最终被认定为无效。

【案件信息】

1. 裁判文书字号

（2019）鲁72民初1689号、（2020）鲁民终833号

2. 当事人

原告（反诉被告）：山东滨州博某建设工程有限公司

被告（反诉原告）：苏某某

3. 关键词

民事　船舶租用合同　强制性规定　无效合同　期待利益

【裁判要旨】

1. 超航区租用内河船舶的行为，属于"违反法律、行政法规的强制性规定"的情形，应认定为无效。

2. 超航区租用内河船舶的交易无效，当事人不得基于合意行为获得其所期待的合同利益。

【基本案情】

2019年6月28日，山东滨州博某建设工程有限公司（以下简称博某公司）与苏某某签订《打捞运输协议书》，博某公司因打捞沉船工程需要，委托苏某某使用自有的"湘娄底机××××"轮在鸭绿江浪头港至丹东港之间进行约20海里运距的运输，并约定："一、运费8.5元/吨；二、合同履行期限从2019年6月28日起至满一年为止；三、合同签订后，博某公司支付10万元预付款，苏某某收到后派遣船舶8天内到达施工现场，博某公司再支付5万元预付款；四、开工后自第二个月起，博某公司保证苏某某每月工作十四个航

次；五、'湘娄底机××××'轮有合法有效的内河船证件及船员证件；六、在合同期内，苏某某不得自行提前将船舶调离，否则苏某某应支付博某公司30万元违约金。"同日，双方还就施工船舶的安全管理事宜签订了《施工船舶安全生产责任书》。2019年6月28日，博某公司分两笔支付预付款98 000元。2019年7月16日，博某公司向苏某某支付预付款52 000元。

"湘娄底机××××"轮，钢质散货自卸砂船，持内河船舶相应证书，船籍港娄底，船舶所有人苏某某，船舶核定的经营范围为长江中下游干线及其支流省际普通货船运输，航区为B级，限五级风以下航行，最低安全配员5人，该轮未办理任何海上航行船舶相应技术证书。"湘娄底机××××"轮于2019年7月5日开航，途中维修故障并避风，后从长江出海，经过黄海，于2019年7月15日到达鸭绿江指定水域；随后博某公司现场负责人安排该轮去"九江采××××"采沙船装载约2000吨鹅卵石；后因船舶出现故障，经维修于2019年7月25日将鹅卵石卸载于博某公司指定码头；博某公司未再向该轮指派运输工作，该轮在鸭绿江停航至今。

2019年8月14日，丹东海事局浪头海事处因苏某某、船长曹某某违反《海上交通安全法》第10条规定，分别向两人当场处以罚款6000元、3000元；并因苏某某违反《内河交通安全管理条例》第18条及《船舶安全监督规则》第10条至第13条规定，向苏某某当场处以罚款7000元。2019年8月16日，丹东浪头海事处执法人员在鸭绿江文安滩水域对"湘娄底机××××"轮进行船舶安全检查后，作出《船旗国监督检查报告》，载明："湘娄底机××××"轮存在的七项缺陷应于十四日内纠正，其他四项缺陷应对船舶滞留。

另外，苏某某称："湘娄底机××××"轮在船船员为5人，其中四名船员持有内河船舶船员适任证书；船长工资每月15 000元，二副每月12 000元，轮机长每月10 000元，普通船员每月6000元，厨师每月4500元，每月合计47 500元。后苏某某于2019年9月2日遣返了其中四名船员。

原告诉称：判令苏某某支付违约金30万元及利息。

被告辩称：（1）"湘娄底机××××"轮及船员均享有合法手续；（2）该轮自到达指定的施工水域至今从未离开，根本不存在苏某某擅自调离船舶的情况。

另被告苏某某向法院提出反诉请求：判令博某公司支付运费及船期损失。原告博某公司针对反诉请求辩称：（1）博某公司不存在违约行为及违约过错；

（2）丹东海事局浪头海事处因"湘娄底机××××"轮存在缺陷作出滞留港口的处罚决定，因此苏某某无法驶离产生的停航损失，系因其船舶不适航、不适货导致，系自身过错，与博某公司无关。

【裁判说理】

争议焦点：（1）合同效力问题；（2）责任如何承担；（3）损失的计算。

青岛海事法院认为：本案系船舶租用合同纠纷。博某公司租用苏某某所属航行区域为长江流域的内河船舶"湘娄底机××××"轮在鸭绿江流域进行运输。

一、合同效力

根据《合同法》第52条的规定，违反法律、行政法规强制性规定的合同无效。《海上交通安全法》第4条规定："船舶和船上有关航行安全的重要设备必须具有船舶检验部门签发的有效技术证书。"第7条规定："船长、轮机长、驾驶员、轮机员、无线电报务员话务员以及水上飞机、潜水器的相应人员，必须持有合格的职务证书。其他船员必须经过相应的专业技术训练。""湘娄底机××××"轮的航行区域为长江流域，其欲到达鸭绿江必将超出航区经海域航行。而该轮并不持有海上航行船舶相应技术证书，船员也未经海上专业技术训练且不持有海船船员适任证书，因此"湘娄底机××××"轮在海上航行属于船舶不适航、船员不适任的情形，客观上极大增加了人员和船舶的安全风险，严重违反了上述法律的强制性规定，故该合同应当认定为无效。

二、责任的承担

《合同法》第58条规定："合同无效或者被撤销后，因该合同取得的财产，应当予以返还；不能返还或者没有必要返还的，应当折价补偿。有过错的一方应当赔偿对方因此所受到的损失，双方都有过错的，应当各自承担相应的责任。"首先，因案涉合同无效，苏某某因该合同取得的15万元预付款，依法应当向博某公司返还，并支付相应的利息，博某公司主张利息自起诉之日2019年10月23日起计算并无不当，本院予以支持；其次，双方在签约时均明知"湘娄底机××××"轮不具有海上航行技术证书，也明知船员不持有海船船员适任证书，因此均具有缔约过错，对于由此所产生的损失，双方应当各自承担相应的过错责任。

三、损失的计算

根据《合同法》第 58 条规定，当事人因合同无效而遭受的损失是指实际发生的损失，并不包括预期收益，因此苏某某要求博某公司赔偿船期损失以及运费中的收入部分，并无法律依据，本院不予支持。根据船舶经营实务，苏某某在案涉合同履行过程中将产生船舶轻重油耗、船员工资及待遇、船舶折旧、靠泊费等各类费用，博某公司应按过错责任比例对苏某某进行赔偿，而苏某某也应当承担减少损失的法定义务。综合考虑双方的诉讼请求、过错程度以及本案相关事实，根据公平原则，本院酌定博某公司应赔偿苏某某各类损失 15 万元。

山东省高级人民法院驳回上诉，维持原判。

【法官后语】

超航区租用内河船舶的行为，属于"违反法律、行政法规的强制性规定"的情形，应认定为无效。根据《海上交通安全法》第 4 条、第 7 条的规定，船舶在海上航行必须具有船舶检验部门签发的有效技术证书，船员必须持有合格的职务证书或经过专业技术训练，这是保护海上交通安全和海上人命财产安全等社会公共利益的必然要求，因此上述规定属于效力性强制性规定。从内河船舶的构造来看，其抗风浪能力较低，船舶稳定性不适合在海上航行，一旦出海，极易发生海事事故，并可能危及第三方。由此可见，超航区租用内河船舶的行为严重违反上述规定，侵害行业正常经营秩序，并威胁海上交通安全和海上人命财产安全。本案对于超航区租用内河船舶的行为予以否定性评价，对治理航运领域内的乱象有积极推动作用。自 2021 年 1 月 1 日起施行的《民法典》第 143 条也作出了类似的规定："具备下列条件的民事法律行为有效：（一）行为人具有相应的民事行为能力；（二）意思表示真实；（三）不违反法律、行政法规的强制性规定，不违背公序良俗。"据此，在《民法典》施行之后，超航区租用内河船舶的行为依然应当认定为无效。

超航区租用内河船舶的交易无效，当事人不得基于合意行为获得其所期待的合同利益。可得利益是在合同有效并正常履行情况下可获取的利益，以合同有效成立为前提条件。本案中，合同为无效合同，双方基于缔约过错向对方索赔损失，赔偿范围应当仅限于直接损失和间接损失，而不应包括可得利益损失。苏某某关于运费收入部分以及船期损失的诉讼请求，违背了任何人不得因违法行为获益的基本法理，故法院仅支持了苏某某的部分实际损失，有助于引导市场主体依法经营，不断提升航运相关领域各类人员的法治意识和法治素养。

《民法典》第157条规定："民事法律行为无效、被撤销或者确定不发生效力后，行为人因该行为取得的财产，应当予以返还；不能返还或者没有必要返还的，应当折价补偿。有过错的一方应当赔偿对方由此所受到的损失；各方都有过错的，应当各自承担相应的责任。法律另有规定的，依照其规定。"由此可见，《民法典》对于因违法导致合同无效后损失的承担，与《合同法》一脉相承，仍然以实际损失为基础，并未涵盖可得利益。

【相关法条】

《中华人民共和国合同法》（2021年1月1日废止）

第五十二条　有下列情形之一的，合同无效：

（一）一方以欺诈、胁迫的手段订立合同，损害国家利益；

（二）恶意串通，损害国家、集体或者第三人利益；

（三）以合法形式掩盖非法目的；

（四）损害社会公共利益；

（五）违反法律、行政法规的强制性规定。

第五十八条　合同无效或者被撤销后，因该合同取得的财产，应当予以返还；不能返还或者没有必要返还的，应当折价补偿。有过错的一方应当赔偿对方因此所受到的损失，双方都有过错的，应当各自承担相应的责任。

对应新法：

《中华人民共和国民法典》（2021年1月1日施行）

第一百四十三条　具备下列条件的民事法律行为有效：

（一）行为人具有相应的民事行为能力；

（二）意思表示真实；

（三）不违反法律、行政法规的强制性规定，不违背公序良俗。

第一百五十三条第一款　违反法律、行政法规的强制性规定的民事法律行为无效。但是，该强制性规定不导致该民事法律行为无效的除外。

第一百五十七条　民事法律行为无效、被撤销或者确定不发生效力后，行为人因该行为取得的财产，应当予以返还；不能返还或者没有必要返还的，应当折价补偿。有过错的一方应当赔偿对方由此所受到的损失；各方都有过错的，应当各自承担相应的责任。法律另有规定的，依照其规定。

承办人：李 华
编写人：李 华 陈 超

39. 唐某铁矿（塞拉利昂）有限公司、非洲铁某和港某服务（塞拉利昂）有限公司诉青岛山某航运有限公司、蓝某有限公司、中国外某山东有限公司海上货物运输合同纠纷案
——合同违约下的责任承担及违约金的调整

【合规提示】

本案系一起原被告签订《转运合同》，被告向原告提供货物转运服务，原告根据转运数量支付运费的海上货物运输合同纠纷案。双方对船舶迟延抵达转运港口的赔偿金及因违约造成的各项损失等产生争议。对债权人而言，要注意根据合同约定主张违约金及各项损失，否则可能会被法院酌减而不能得到全部支持。对于债务人而言，要注意对约定过高的违约金等有权在诉讼中抗辩，申请法院综合各项因素予以调整酌减。

【案件信息】

1. 裁判文书字号

（2018）鲁72民初356号、（2020）鲁民终1613号

2. 当事人

原告（反诉被告）：唐某铁矿（塞拉利昂）有限公司、非洲铁某和港某服务（塞拉利昂）有限公司

被告（反诉原告）：青岛山某航运有限公司、蓝某有限公司、中国外某

山东有限公司

3. 关键词

民事　海上货物运输合同　违约金　合同的相对性

【裁判要旨】

1. 对于合同履行的原则，我国《民法典》第509条规定，合同的双方当事人应当按照约定全面履行自己的义务。当事人应当遵循诚信原则，根据合同的性质、目的和交易习惯履行通知、协助、保密等义务。基于该项规定，判断是否违约，也是基于合同的约定。

2. 我国法律和行政法规未对海上货物运输合同的违约金比例作出明确限定。对于合同中约定的具有违约金性质的赔偿金，如果当事人主张约定的违约金过高请求予以适当减少的，人民法院应当以实际损失为基础，兼顾合同的履行情况、当事人的过错程度以及预期利益等综合因素，根据公平原则和诚信原则予以衡量，并作出裁决。

3. 关于滞期费的承担。由于涉案转运合同对远洋船舶滞期费的负担和支付进行了明确约定，依照合同第20条约定，如果由于船方的原因导致远洋船舶滞期费的产生，由船方承担；仅当远洋船舶向租方主张滞期费时，船方对因其原因造成的才应向租方支付。根据已查明的转运合同船方实际完成转运量严重低于合同约定最低转运量的事实，应当认定远洋船舶滞期费的产生是由于转运合同船方转运效率低下所致，转运合同船方应向租方支付已经发生的远洋船舶滞期费。

4. 合同的相对性原则是指合同主要在特定的合同当事人之间发生法律约束力，只有合同当事人一方能基于合同向合同对方提出请求或提起诉讼，而不能向与其无合同关系的第三人提出请求。主要包含三方面内容：一是主体的相对性，即指合同关系只能发生在特定的主体之间，只有合同当事人一方能够向合同的另一方当事人基于合同提出请求或提起诉讼；二是内容的相对性，只有合同当事人才能享有合同约定的权利，并承担该合同约定的义务，当事人以外的任何第三人不能主张合同上的权利，更不承担合同中约定的义务；三是责任的相对性，即指违约责任只能在特定的合同关系当事人之间发生，合同关系以外的人不负违约责任，合同当事人也不对其承担违约责任。

【基本案情】

在唐某铁矿（塞拉利昂）有限公司（以下简称唐某公司，第一原告）、非洲铁某和港某服务（塞拉利昂）有限公司（以下简称港某服务公司，第二原告）诉青岛山某航运有限公司（以下简称山某航运公司，第一被告）、蓝某有限公司（以下简称蓝某公司，第二被告）、中国外某山东有限公司（以下简称外某山东公司，第三被告）海上货物运输合同纠纷案中，青岛海事法院查明案件事实如下：2015年8月，第一被告、第三被告作为乙方，两原告作为甲方，签订《合作协议书》，约定乙方向原告提供塞拉利昂佩佩尔港口到远洋锚地的铁矿石转运服务，原告根据转运数量支付运费。基于协议书的约定，2015年10月28日第一被告、第二被告与原告签订了《转运合同》，约定由第一被告、第二被告共同承担上述铁矿石的转运业务，原告根据实际转运量支付运费。在上述合同履行过程中，三被告安排的船舶转运能力严重不足，存在未能根据合同约定时间安排船舶抵达涉案港口作业地点、未能完成合同约定的最低运量等一系列严重违约行为。在未经原告同意的情况下，被告于2017年11月至今擅自停运所有转运船舶，致使原告货物无法及时转运，被告的严重违约行为给原告造成了经济损失。

外某山东公司的企业变更资料表明，该公司已更名为中国外运华某有限公司（以下简称华某外运公司）。2019年8月5日，青岛老某长航运有限公司提交企业变更登记信息显示，青岛老某长航运有限公司已于2018年6月20日更名为山某航运公司。

两原告提出诉讼请求：（1）判令山某航运公司、蓝某公司共同支付迟延抵达转运港口赔偿金和利息；（2）判令山某航运公司、蓝某公司共同支付未达合同最低转运量的表现不达标赔偿金和利息；（3）判令山某航运公司、蓝某公司共同赔偿因违约造成的远洋船舶滞期费损失和利息；（4）判令山某航运公司、蓝某公司共同返还运费和利息；（5）判令山某航运公司、蓝某公司共同支付营地服务费和利息；（6）判令山某航运公司、蓝某公司共同支付船舶防护垫欠付款和利息；（7）判令山某航运公司、蓝某公司共同赔偿因违约所造成的其他直接经济损失和利息；（8）判令华某外运公司对前述诉讼请求对原告承担连带支付责任；（9）诉讼费、律师费由被告负担。

第一被告辩称：山某航运公司与二原告之间存在港口转运合同关系，但二原告所称损失均不成立。在转运合同履行过程中，并非山某航运公司违约，而是二原告违约在先，且持续违约。因此，二原告的损失应由其自身承担。另外，据山某航运公司计算，二原告共计欠付山某航运公司各项损失及费用7900余万美元，即使山某航运公司在转运合同项下有一定的支付义务，也有权行使合同法上的抵销权。请求驳回原告的诉讼请求。

第三被告辩称：（1）原告提交的《合作协议书》对华某外运公司无约束力，原告与华某外运公司之间不存在海上货物运输合同关系。《合作协议书》没有加盖华某外运公司印章，也没有华某外运公司法定代表人签字，而在华某外运公司授权代表落款处签字的签字人非华某外运公司的法定代表人、工作人员或授权代表，协议书对华某外运公司不发生法律效力。（2）即使《合作协议书》可以约束华某外运公司，该协议书也应定性为预约合同，原告事后并未要求华某外运公司订立本约，而是与老某长公司、蓝某公司订立转运合同，应当视为原告解除了与华某外运公司订立的《合作协议书》，原告要求华某外运公司承担违约责任的主张不成立。（3）华某外运公司并非《转运合同》的当事人，原告无权要求华某外运公司与老某长公司、蓝某公司承担连带责任。（4）原告主张的损失无事实和法律依据。

第一被告提出反诉，诉讼请求为：（1）判令反诉被告唐某公司、港某服务公司向反诉原告山某航运公司支付各类欠付款项及相应利息；（2）判令反诉被告承担本案所有诉讼费用。

两原告针对反诉辩称：山某航运公司的反诉请求无事实和法律依据。关于转运设备提前到场奖励，涉案合作协议及转运合同明确约定，转运船舶及相关拖轮在规定的时间内到达指定港口，同时具备每月50万吨的转运能力，才能达到合同约定的支付奖励资金的条件。根据反诉被告在本诉中提交的证据，山某航运公司的转运船迟延到场，应当支付迟延到场罚金。关于合同终止费，《转运合同》第27条约定的是《合同法》第93条第2款规定的一方解除合同的情形，而本案双方当事人协商一致解除转运合同，关于单方解除合同的合同终止费的约定不应适用。山某航运公司提交了协议书，足以证明双方是协商一致解除合同，《转运合同》第27条不应适用。

【裁判说理】

争议焦点：（1）山某航运公司、蓝某公司应否向唐某公司、港某服务公司支付转运船舶迟延抵达转运港口赔偿金和利息、未达合同最低转运量的表现不达标赔偿金和利息；（2）山某航运公司、蓝某公司应否向唐某公司、港某服务公司赔偿因违约造成的远洋船舶滞期费损失和利息；（3）山某航运公司、蓝某公司应否向唐某公司、港某服务公司支付营地服务费和利息、船舶防护垫欠款和利息；（4）山某航运公司、蓝某公司应否向唐某公司、港某服务公司返还运费并支付利息及其数额，应否向唐某公司、港某服务公司赔偿因违约所造成的其他直接经济损失；（5）唐某公司、港某服务公司应否向山某航运公司、蓝某公司支付欠款和利息；（6）华某外运公司是否应就山某航运公司、蓝某公司的涉案债务对唐某公司、港某服务公司承担连带支付责任。

青岛海事法院认为：

一、山某航运公司、蓝某公司应否向唐某公司、港某服务公司支付转运船舶迟延抵达转运港口赔偿金和利息、未达合同最低转运量的表现不达标赔偿金和利息

涉案《转运合同》第4.2.2条明确约定，若船方在本协议约定日期（2015年10月15日前调配一套转运设备到达佩佩尔港，2015年12月1日前调配第二套转运设备到达佩佩尔港）没有到达现场，船方将支付给租方每天150 000美元的罚款，直到船方转运设备按照第2条约定到达现场并具备相应的转运能力为止。依照上述约定，船方是否应向租方支付迟延抵达转运港罚款的判断依据是两套转运设备是否在约定日期到达佩佩尔港。唐某公司、港某服务公司未提供证据证明两套转运设备迟延抵达佩佩尔港，而是依据转运船舶准备就绪通知书记载时间作为索赔依据，不符合合同约定，对其该项请求不予支持。

涉案《转运合同》约定的表现不达标赔偿金具有违约金性质，约定比例高达未完成货运量应得运费的100%，即使唐某公司、港某服务公司主张其中的一部分，亦超过未完成货运量应得运费的一半。我国法律和行政法规未对海上货物运输合同的违约金比例作出明确限定，但凭经验判断，按此计算的违约金通常应当远低于未完成运量的全部运费。参照《水路货物运输合同实施细则》第19条及《铁路货物运输合同实施细则》第18条规定，可以认定

本案转运合同约定的具有违约金性质的表现不达标赔偿金明显过高。根据原《最高人民法院关于适用〈中华人民共和国合同法〉若干问题的解释（二）》第29条规定，当事人主张约定的违约金过高请求予以适当减少的，人民法院应当以实际损失为基础，兼顾合同的履行情况、当事人的过错程度以及预期利益等综合因素，根据公平原则和诚信原则予以衡量，并作出裁决。山某航运公司虽未明确要求法院减少表现不达标赔偿金，但其辩称不应承担该表现不达标赔偿金，应当含有该表现不达标赔偿过高的意思。据此，本院酌定山某航运公司应支付的表现不达标赔偿金以不超过未完成货运量应得运费的30%为宜，即73 596 306.9×30%=22 078 892.25美元。

本案原被告双方未在诉前就不达标赔偿金进行计算并经双方确认，也未对利息利率进行约定，唐某公司、港某服务公司主张按中国银行公布的同期美元存款利率分别支付自2016年7月16日、2017年7月16日、2018年1月24日起至实际之日止的逾期付款利息，不具有事实和法律依据，本院酌定从原告起诉之日即2018年2月6日起，按中国银行公布的同期同币种存款利率计算相应的利息。

二、山某航运公司、蓝某公司应否向唐某公司、港某服务公司赔偿因违约造成的远洋船舶滞期费损失和利息

涉案转运合同对远洋船舶滞期费的负担和支付进行了明确约定，依照合同第20条约定，如果由于船方的原因导致远洋船滞期费的产生，由船方承担；仅当远洋船舶向租方主张滞期费时，船方对因其原因造成的才应向租方支付。依据合同第16.5条约定，大船滞期费应在船方收到租方发出的账单后第10天向租方支付。现已查明，第一合同年度租方共向远洋船船东支付滞期费1 437 099.60美元，同时该合同年度产生速遣费44 603.21美元；第二合同年度转运合同租方共向远洋船船东支付滞期费4 435 655.38美元；第三合同年度转运合同租方共向远洋船船东支付滞期费5 091 363.88美元。依据转运合同第2.1.4条关于速遣费由双方共享的约定，第一合同年度的速遣费双方各享有22 301.6美元，以该速遣费抵顶滞期费后，第一合同年度滞期费为1 414 798美元。唐某公司、港某服务公司认可其已在支付第二合同年度运费时抵扣了该年度滞期费150 000美元，其主张的第二合同年度滞期费为4 285 655美元。三个合同年度滞期费总计10 791 816.88美元。鉴于山某航运公司关于唐某公司、港某服务公司提供佩佩尔港航道水深资料错误以及供转

运货物不符合合同约定等抗辩理由不成立，根据已查明的转运合同船方实际完成转运量严重低于合同约定最低转运量的事实，本院认定远洋船舶滞期费的产生是由于转运合同船方转运效率低下所致，转运合同船方应向租方支付已经发生的远洋船舶滞期费。关于滞期费利息，酌定从原告起诉之日即2018年2月6日起，按中国银行公布的同期同币种存款利率计算。

三、山某航运公司、蓝某公司应否向唐某公司、港某服务公司支付营地服务费和利息、船舶防护垫欠款和利息

《转运合同》第10条明确约定租方为常驻在装货港的船方代表提供办公区域以及食宿等，相关费用由船方承担。现查明，老某长公司、蓝某公司通过电子邮件以及签字方式确认应向唐某公司、港某服务公司支付2015年10月至2017年9月的营地服务费468 611.03美元，2017年10月至2018年1月的营地服务费40 674.55美元。唐某公司、港某服务公司在支付运费时抵扣了2015年10月至2017年9月的营地服务费468 611.03美元，并继续主张2017年10月至2018年1月的营地服务费40 674.55美元，均无不当，本院予以支持。关于利息，本院酌定从原告起诉之日即2018年2月6日起，按中国银行公布的同期同币种存款利率计算。

双方当事人在履行转运合同过程中，签订护舷合同，虽然该合同形式上独立于转运合同，但两合同的履行紧密相关，尤其是该护舷合同明确约定合同价款可以以转运合同运费抵扣，因此，为减少当事人诉累，本院于本案中对护舷合同纠纷一并处理。现查明，护舷合同项下买方山某航运公司、蓝某公司应向唐某公司、港某服务公司支付价款金额1 242 500美元。在山某航运公司、蓝某公司未按约定支付价款的情况下，唐某公司、港某服务公司按合同约定在支付运费时就其中的942 500美元予以抵扣并无不当，剩余300 000美元山某航运公司、蓝某公司应继续支付。关于欠款利息，酌定从原告起诉之日即2018年2月6日起，按中国银行公布的同期同币种存款利率计算。

四、山某航运公司、蓝某公司应否向唐某公司、港某服务公司返还运费并支付利息及其数额，应否向唐某公司、港某服务公司赔偿因违约所造成的其他直接经济损失

《转运合同》第12条对运费作了明确约定，即2015年12月1日前每吨3.5美元，2015年12月1日后每吨3.2美元。现已查明，第一个合同年度2015年12月1日前实际转运货物174 860吨，2015年12月1日后3 316 567吨，第

二个合同年度实际转运货物 6 990 742.22 吨，第三个合同年度实际转运货物 2 393 030.01 吨。据此，2015 年 12 月 1 日前的运费应为 174 860×3.5=612 010 美元；2015 年 12 月 1 日后的运费应为（3 316 567+6 990 742.22+2 393 030.01 吨）×3.2=40 641 085.5 美元，合计 41 253 095.5 美元。三个合同年度转运合同租方向船方实际支付运费数额分别为 15 837 654.24 美元、19 119 453.14 美元、7 650 000 美元，合计 42 607 107.38 美元。唐某公司、港某服务公司支付运费时抵顶滞期费 150 000 美元，抵顶营地服务费 468 611.03 美元，抵顶护舷合同价款 942 500 美元。另外，因转运合同船方未按照双方约定的转运计划转运货物导致租方向远洋船船东支付亏舱费 3312 美元，应由船方承担，唐某公司、港某服务公司主张该 3312 美元抵顶运费亦无不当。以上实际支付运费与抵顶运费部分相加，总额为 44 171 530.41 美元，应视为唐某公司、港某服务公司已支付运费。唐某公司、港某服务公司提交的已付运费与应付运费汇总表中，尚有垫付 70% 码头检测费 11 989.6 美元的抵扣项目，因未提交相应证据，不予支持。据此，唐某公司、港某服务公司向山某航运公司、蓝某公司多支付运费 44 171 530.41−41 253 095.5=2 918 434.91 美元。唐某公司、港某服务公司请求返还，本院予以支持。关于利息，酌定从原告起诉之日即 2018 年 2 月 6 日起，按中国银行公布的同期同币种存款利率计算。

唐某公司、港某服务公司主张的亏舱费损失已抵顶了运费，在此属于重复主张，不予支持。唐某公司、港某服务公司要求赔偿其代蓝某公司向塞拉利昂国家税务局缴纳的 30 万美元税款保证金，鉴于该款项缴纳义务人为蓝某公司，唐某公司、港某服务公司实际代缴后，有权要求赔偿或返还。对税款保证金的利息，酌定从原告起诉之日即 2018 年 2 月 6 日起，按中国银行公布的同期同币种存款利率计算。唐某公司、港某服务公司要求赔偿因山某航运公司、蓝某公司违约停工导致其向远洋船船东支付的违约金 393 750 美元，鉴于其未提交相关证据原件，山某航运公司对证据真实性不予认可，不予支持。

五、唐某公司、港某服务公司应否向山某航运公司、蓝某公司支付欠款和利息

山某航运公司反诉请求的款项包括提前到达奖励、运费、《协议书》项下款项、合同终止费。关于提前到达奖励，本院认为，转运合同第 4.2.1 条约定，若船方在本协议约定日期前（2015 年 10 月 15 日前调配一套转运设备到

达佩佩尔港，2015年12月1日前调配第二套转运设备到达佩佩尔港）提前到达现场并具备约定的转运能力，租方将支付每天150 000美元的奖励。山某航运公司提交证据证明"天龙星"号转运船提前达到了佩佩尔港，但合同约定支付提前到达奖励的条件是调配一套转运设备到达佩佩尔港并且具备约定的转运能力，因此，山某航运公司主张"天某星"号转运船提前达到奖励，证据不足，不予支持。山某航运公司提交证据证明第二艘转运船于2015年11月19日发出准备就绪通知书，该通知书的发出意味着船舶可以即时装载货物，但不能证明已达到约定的转运能力。从已查明的此后发生的事实来看，船方于各合同年度均未达到约定的转运能力。因此，对山某航运公司该项主张本院不予支持。关于运费，山某航运公司提交的证据不能证明唐某公司、港某服务公司欠付运费。因此，对山某航运公司该主张，不予支持。关于《协议书》项下款项，依据《协议书》，唐某公司、港某服务公司应向山某航运公司、蓝某公司支付275万美元退场费及270万美元设备款。唐某公司、港某服务公司于庭后提交证据证明上述款项已实际支付462万美元，未支付的金额为1 594 274美元，其中83万美元系协议书项下设备买卖款，因山某航运公司未交回设备而不予支付，另764 274美元系"盛某"轮案外运输合同项下运费，因该项运输未完成而不应支付。山某航运公司收到寄交的相关证据后拒不提交书面质证意见，亦未提交反证，故对该事实予以认定，对山某航运公司该部分主张不予支持。关于合同终止费，本院认为，根据《转运合同》第27.1条约定，自合同起始日两年后任何一方均可解除，但需提前9个月书面通知对方，任何一方根据本条终止合同，必须支付欠对方的债务，并支付相应的合同终止费。因此，转运合同约定的终止费系针对单方解除合同行为而言。从2018年1月24日双方达成的《协议书》来看，双方当事人系协商一致解除转运合同，不符合合同约定的支付合同终止费的条件。因此，对山某航运公司该部分主张不予支持。

　　六、华某外运公司是否应就山某航运公司、蓝某公司的涉案债务对唐某公司、港某服务公司承担连带支付责任

　　《转运合同》第1条明确约定，不属于本合同一方的任何人不享有本合同项下的任何权利，无权行使或享受本合同任何条款的利益；《转运合同》第37.1条约定，本合同构成双方达成的全部协议，并取代双方先前的一切协议、通信和意见交换。据此，应当认定本案转运合同的权利义务主体限于签署合

同的双方当事人，不应包括其他主体。唐某公司、港某服务公司提交《合作协议书》，并据以主张华某外运公司与山某航运公司、蓝某公司就转运合同义务承担连带责任，即使该《合作协议书》是真实的且确由华某外运公司签字，因华某外运公司未签署转运合同，唐某公司、港某服务公司的主张亦不能成立。

一审宣判后，被告山某航运公司向山东省高级人民法院提起上诉，但其未在规定时间内缴纳上诉费，山东省高级人民法院裁定按撤回上诉处理，一审判决生效。

【法官后语】

一、迟延交付的认定

迟延交付是指承运人未在合同明确约定的时间内在约定的卸货港交付货物，以及合同没有明确约定交付时间承运人未能在合理时间内交付货物。1987年《水路货物运输规则》第29条规定，"承运人应按规定或约定的期限，将货物运抵到达港"，并详细规定了运到期限的计算办法。当事人未约定运到期限，根据该规定，应认定承运人迟延交付。

二、关于承运人的赔偿范围

根据我国现行法律法规规定，国际海上货物运输与国内水路货物运输对迟延交付的赔偿范围有明显的区别。国际海上货物运输中迟延交付赔偿，根据我国《海商法》第57条的规定，承运人对货物因迟延交付造成经济损失的赔偿限额，为所迟延交付货物的运费数额。但《海商法》第59条规定，经证明迟延交付是由于承运人的故意或者轻率的作为或者不作为造成的，则丧失责任限制的权利。国内水路货物运输中的迟延交付，依照《水路货物运输合同实施细则》第24条、1987年《水路货物运输规则》第52条、1995年《水路货物运输规则》第74条的规定，承运人应向收货人支付约定的违约金，合同没有约定时违约金的数额为运费的5%至20%。根据《经济合同法》第31条的规定，违约已给对方造成的损失超过违约金的，还应进行赔偿，补偿违约金不足的部分。从上可以看出，国内水路货物运输迟延运到的赔偿，并没有数额上的限制，而以赔偿实际损失为原则。

本案中，唐某公司、港某服务公司主张的三个合同年度表现不达标赔偿金分别为4 425 904.96美元、23 253 735.76美元和13 116 164.98美元，合计 40 795 805.7 美元。涉案转运合同约定的表现不达标赔偿金具有违约金性质，约定比例高达未完成货运量应得运费的100%，即使唐某公司、港某服务公司主张其中的一部分，亦超过未完成货运量应得运费的一半。我国法律和行政法规未对海上货物运输合同的违约金比例作出明确限定，但《水路货物运输合同实施细则》第19条规定，承运人在履行时未配备足够的运力应按落空的运量每吨偿付违约金1元；《铁路货物运输合同实施细则》第18条规定，未按货物运输合同履行，每车向托运人偿付违约金50元。尽管该两个实施细则未规定违约金比例，而是规定了每吨或每车特定的违约金数额，但凭经验判断，按此计算的违约金通常应当远低于未完成运量的全部运费。参照以上规定，可以认定本案转运合同约定的具有违约金性质的表现不达标赔偿金明显过高。《最高人民法院关于适用〈中华人民共和国合同法〉若干问题的解释（二）》第29条规定，当事人主张约定的违约金过高请求予以适当减少的，人民法院应当以实际损失为基础，兼顾合同的履行情况、当事人的过错程度以及预期利益等综合因素，根据公平原则和诚信原则予以衡量，并作出裁决。山某航运公司虽未明确要求法院减少表现不达标赔偿金，但其辩称不应承担该表现不达标赔偿金，应当含有该表现不达标赔偿过高的意思。据此，本院酌定山某航运公司应支付的表现不达标赔偿金以不超过未完成货运量应得运费的30%为宜，即 73 596 306.9 × 30%=22 078 892.25 美元。

【相关法条】

1.《中华人民共和国海商法》（1993年7月1日施行）

第五十七条 承运人对货物因迟延交付造成经济损失的赔偿限额，为所迟延交付的货物的运费数额。货物的灭失或者损坏和迟延交付同时发生的，承运人的赔偿责任限额适用本法第五十六条第一款规定的限额。

第五十九条 经证明，货物的灭失、损坏或者迟延交付是由于承运人的故意或者明知可能造成损失而轻率地作为或者不作为造成的，承运人不得援用本法第五十六条或者第五十七条限制赔偿责任的规定。

经证明，货物的灭失、损坏或者迟延交付是由于承运人的受雇人、代理人的故意或者明知可能造成损失而轻率地作为或者不作为造成的，承运人的受雇人或者代理人不得援用本法第五十六条或者第五十七条限制赔偿责任的规定。

2.《最高人民法院关于适用〈中华人民共和国合同法〉若干问题的解释（二）》(2021年1月1日废止)

第二十九条　当事人主张约定的违约金过高请求予以适当减少的，人民法院应当以实际损失为基础，兼顾合同的履行情况、当事人的过错程度以及预期利益等综合因素，根据公平原则和诚实信用原则予以衡量，并作出裁决。

当事人约定的违约金超过造成损失的百分之三十的，一般可以认定为合同法第一百一十四条第二款规定的"过分高于造成的损失"。

对应新法：

《**中华人民共和国民法典**》(2021年1月1日施行)

第五百八十五条　当事人可以约定一方违约时应当根据违约情况向对方支付一定数额的违约金，也可以约定因违约产生的损失赔偿额的计算方法。

约定的违约金低于造成的损失的，人民法院或者仲裁机构可以根据当事人的请求予以增加；约定的违约金过分高于造成的损失的，人民法院或者仲裁机构可以根据当事人的请求予以适当减少。

当事人就迟延履行约定违约金的，违约方支付违约金后，还应当履行债务。

承办人：于喜富

编写人：崔婷婷

40. 某国际控股有限公司诉常州凯某特国际贸易有限公司航次租船合同纠纷案
——国际海上承运人货物留置权的认定和实现

【合规提示】

本案系一起原告、被告签订《租船确认书》，原告接受被告委托承运货物至目的港后行使货物留置权的航次租船合同纠纷案。被告作为货方，应当按照合同约定支付运费、滞期费等费用，当被告未在约定期限内及时付款时，作为违约方应承担因违约而面对的汇率风险。原告作为承运人有权在合理的限度内留置案涉货物，货权转移、人民法院采取保全措施等情形均不影响原告对货物的优先受偿权。

【案件信息】

1. 裁判文书字号

（2018）鲁72民初1607号

2. 当事人

原告：某国际控股有限公司

被告：常州凯某特国际贸易有限公司

3. 关键词

民事　航次租船合同　承运人　货物留置权

【裁判要旨】

承运人的货物留置权，是指在海上货物运输中，当货方不支付相应的有关运输费用时，承运人依照法律规定留置相应的运输货物，并可在一定条件下处分留置物以优先受偿其债权的权利。海上货物留置权的成立要件如下：（1）承运人依运输合同已占有货物。（2）应当向承运人支付的运费、共同海损分摊、滞期费和承运人为货物垫付的必要费用以及其他应付费用未付清，又未提供适当担保的。（3）承运人对货物的占有和对有关费用的债权应由同一运输合同关系而发生。

【基本案情】

2018 年 3 月 23 日，某国际控股有限公司（以下简称原告）、常州凯某特国际贸易有限公司（以下简称被告）订立《租船确认书》，约定由原告向被告即货主提供"新某"轮装运散装镍矿粉，其中约定运费支付如下：100% 运费在装货结束后 3 个银行工作日内卸货开始之前由租家支付到船东指定账户，滞期/速遣/滞留费如果有的话，在卸货完毕 15 天内结清。"新某"轮的装卸港事实记录显示，"新某"轮在装货港波马拉港共滞期 24 天 8 小时 7 分，在卸货港岚桥港共滞期 2 天 6 小时 42 分。"新某"轮承运的镍矿货物现堆存于日照岚桥港。

2018 年 5 月 29 日，原告作为丙方、被告作为甲方、山东蓝某矿业有限公司（以下简称蓝某公司）作为乙方，三方签订了《协议书》一份，约定："一、甲乙双方于 2018 年 5 月 11 日签订的镍矿购销合同及补充协议项下，承运船舶为'新某'轮……甲方已收到乙方支付的购销合同项下预付货款人民币叁佰伍拾万元，甲方同意由乙方代缴本船海关增值税冲抵货款，甲方即将正本提单交与丙方；二、甲乙丙三方协商协议签订后，甲方将全部货权转移至乙方，由乙方拿到货物检验报告后，将最终货款扣除代缴海关增值税及预付款 350 万元后的剩余货款支付给丙方，但最迟不晚于报告日期后 15 天，该付款用于冲抵甲方所欠丙方运输费用共计 1 108 012.64 美元，不足部分由甲方另行承担，并于本协议签订后的 40 天内支付，丙方收到乙方付款和正本提单后一个工作日内安排'新某'轮整船货放货给乙方，不能因其他原因延误；三、……此协议不影响甲方与丙方所签的租船合同法律效力，或者影响丙方在租船合同项下享有的任何权利，丙方有权选择依据本协议或者租船合同行使权利。"

另查明，广东省阳江市江城区人民法院（以下简称江城区法院）受理了案外人诉被告的买卖合同纠纷案，并裁定查封被告堆放在岚桥港的镍矿货物，裁定已生效。

原告向法院提出诉讼请求：（1）判令被告向原告支付运费 646 380 美元、

滞期费 361 908.33 美元，共计 1 008 288.33 美元（按照 2018 年 8 月 9 日中国人民银行公布的美元对人民币汇率中间价 6.8317，折合人民币 6 888 323.38 元）及该款项自 2018 年 8 月 9 日至本判决确定的支付之日按照中国人民银行同期贷款利率计算的利息；（2）确认原告就上述债权 1 008 288.33 美元及利息对"新某"轮承运的现堆存于日照岚桥港的 51 300 吨镍矿享有留置权，并有权在拍卖、变卖该货物所得的价款中优先受偿；（3）本案诉讼费用由被告承担。

被告辩称：（1）对原告主张的运费与滞期费共计 1 008 288.33 美元无异议，但应按照在目的港卸货完毕之日的美元对人民币汇率折合人民币数额；（2）被告已与蓝某公司签订镍矿买卖合同，案涉货物的所有权已转移给蓝某公司。

【裁判说理】

争议焦点：（1）原告、被告之间签订的《租船确认书》是否合法有效，被告是否应当支付运费及滞期费；（2）关于原告主张对货物享有留置权的主张能否支持。

青岛海事法院认为：

一、原告、被告之间签订的《租船确认书》系双方真实的意思表示，双方之间成立了合法有效的航次租船合同关系

原告已依约完成了运输义务，被告应及时依约支付运费及因未按时装卸货产生的滞期费。承运船舶"新某"轮共载货 51 300 吨，按照双方《租船确认书》约定的运费 12.6 美元 / 吨，运费共计 646 380 美元；按照双方《租船确认书》约定的滞期费率 14 000 美元 / 天，结合"新某"轮的装卸货事实记录，"新某"轮在装货港滞期 24 天 8 小时 7 分，产生装货港滞期费 340 734.72 美元，原告主张经双方协商确定该金额为 330 000 美元；在卸货港滞期 2 天 6 小时 42 分，产生卸货港滞期费 31 908.33 美元。被告在庭审中对原告主张的运费 64 6380 美元与滞期费 361 908.33 美元的数额均无异议，故本院对原告主张被告应支付运费与滞期费共计 1 008 288.33 美元的诉讼请求予以支持。原告主张其于 2018 年 8 月 9 日提起本案诉讼，并主张以中国人民银行于该日公布的美元对人民币汇率中间价 6.8317 折合上述欠款的人民币金额，被告则认为应按照目的港卸货完毕之日的美元对人民币汇率中间价折算人民币金额。

对此，本院认为，双方《租船确认书》中约定了被告支付运费及滞期费的期限，但被告未在约定期限内及时付款，原告作为守约方有权选择向被告主张债权的时间，被告作为违约方应承担因违约而面对的汇率风险，因此，选择原告向被告主张权利之日即提起本案诉讼之日的美元对人民币汇率中间价折合人民币金额系本案外币之债折算的合理标准。因本院实际收到诉状之日2018年8月27日中国人民银行公布的美元对人民币汇率中间价较8月9日公布的汇率中间价低，因此本院按照原告主张的2018年8月27日中国人民银行公布的美元对人民币汇率中间价6.8317计算，上述款项1 008 288.33美元折合人民币共计6 888 323.38元。

此外，根据双方合同约定，被告应在装货结束后3个银行工作日内支付全部运费，并在卸货完毕15天内结清滞期费，逾期未付即构成违约，则原告有权向被告主张欠款利息，因此，对原告要求被告支付上述款项即人民币6 888 323.38元自2018年8月9日至本判决确定的支付之日按照中国人民银行人民币同期贷款利率计算的利息的请求，本院予以支持。

二、关于原告对货物享有留置权的主张

首先，《海商法》第87条规定，应当向承运人支付的运费、共同海损分摊费、滞期费和承运人为货物垫付的必要费用以及应当向承运人支付的其他费用没有付清，又没有提供适当担保的，承运人可以在合理的限度内留置其货物。根据该条规定，被告欠付原告运费与滞期费，原告作为承运人有权在合理的限度内留置案涉货物，即堆存于日照岚桥港的51 300湿吨散装镍矿货物。根据《担保法》第82条之规定，原告享有对案涉货物的留置权，并以该货物折价或者以拍卖、变卖该货物的价款优先受偿。其次，虽然原告、被告与蓝某公司签订的《协议书》中约定协议签订后被告将全部货权转移给蓝某公司，但蓝某公司并未取得正本提单，其不享有货物所有权，且原告占有留置物，《协议书》约定的货权转移不影响原告享有对案涉货物的留置权。最后，《最高人民法院关于适用〈中华人民共和国民事诉讼法〉的解释》第154条第2款规定，查封、扣押、冻结担保物权人占有的担保财产，一般由担保物权人保管；由人民法院保管的，质权、留置权不因采取保全措施而消灭。第157条规定，人民法院对抵押物、质押物、留置物可以采取保全措施，但不影响抵押权人、质权人、留置权人的优先受偿权。依照上述规定，案涉货物目前由被告保管，虽然江城区法院已对该批货物采取了保全措施，但原告对货物享有的留置权并未因此而消灭,且保全措施不影响原告对货物的优先受偿权。

青岛海事法院以判决方式结案。

【法官后语】

本案涉及国际海上承运人货物留置权的问题。公平原则是留置权制度的依据,立法者认为,他人之物的占有人对该物拥有债权时,在受清偿时拒绝返还该物,增强债权的效力符合公平原则。在海商法领域,规定承运人有留置权的理由,乃收货人或提单持有人非海上承运人所选,其支付能力与信用,是否有给付运费或其他费用的意愿均难以知晓,因此赋予货物留置权以保护海上承运人,通过对承运人的特定债权以优先保护而维护船货双方合同目的利益的均衡与交易公平。承运人对货物所能采取的留置权,并非指承运人对留置货物具有所有权,仅是一种对抗提货的要求,并赋予占有及可在一定条件下处分留置物以优先偿还其债权的权利,是为履行海上运输合同业已提供劳务和支出费用的承运人因合同目的落空而遭受的损失提供的一种补偿与法律救济手段。

海上承运人为保全其运费及其他费用得以清偿,对于承运物有留置的权利,属于法定留置权的一种,是不需要契约而产生的。承运人所留置的货物是否必须属于债务人所有?《海商法》第 87 条并没有对"其"货物作出具体定义。法院认为,如果坚持只能留置债务人所有的财产的观点,承运人可行使留置权的可能性大大降低;同时,债务人还可以使用转移货物所有权的方式来阻止承运人行使留置权,使承运人不能依法保护自己的权利,使货物留置权的法律规定形同虚设。因此,以承运人依运输合同已占有货物为宜。这样解释和归纳的合理性在于以下三方面:

1. 满足立法者的立法意图,使其法律功能得到有效实施。《海商法》第 87 条的目的在于保障承运人的合法利益,鼓励承运人尽责尽力保证运输质量,维护正常的经济秩序。取消货物归债务人所有条件的限制,为承运人运用法律手段维护自己的合法利益提供了有效的保证,可以最大限度地保护承运人的利益,同时使担保物权的法律功能得到充分的发挥。

2. 公平原则的体现。一个法律规范是否公平合理在很大程度上取决于它是否体现了法律对当事人双方的公平或者说是公正。取消货物归债务人所有这一限制对承运人的公正性自不必说,那么是否对善意的提单受让人不公平?从表面上看似乎是这样,因为依提单的性质其本来可以从承运人手中拿到提单载明的货物而无须承担额外的费用,现在因托运人的过错所导致的留置权的存在,使其无法顺利地提取货物。其实不然,提单的转让就其实质而言,是一个买卖合同的履行,一方支付价款,另一方支付物权的凭证。无论是中国的《合同法》还是《联合国货物买卖合同公约》,对卖方都规定了货物的权利担保义务。卖方因运输合同的约定负有的支付费用的义务未履行,导致了货物留置权的成立,而影响提单持有人——买方的利益,违反了买卖合同中卖方的权利担保义务。提单持有人买方因此受到的损失可以根据买卖合同向托运人卖方索赔,而承运人则依据法律规定保证运输合同项下的权利的实现,完全符合公平原则。

3. 与国外立法和国际惯例接轨。综观大陆法系的一些国家的法律,并未明确规定被留置的货物必须属于债务人所有,只强调留置物是"相关的运输货物"。通过英美法国家的判例和惯例也可看出,英美法在赋予"船东在卸货港继续占有其船上所承运的货物作为运费及其他费用清偿的担保"的同时也未强调"货物须归债务人所有"。结合本案来看,《协议书》约定的货权转移不影响原告享有对案涉货物的留置权,且保全措施不影响原告对货物的优先受偿权。

【相关法条】

1.《中华人民共和国合同法》(2021年1月1日废止)

第一百零七条 当事人一方不履行合同义务或者履行合同义务不符合约定的,应当承担继续履行、采取补救措施或者赔偿损失等违约责任。

第一百零九条 当事人一方未支付价款或者报酬的,对方可以要求其支付价款或者报酬。

对应新法:

《中华人民共和国民法典》(2021年1月1日施行)

第五百七十七条 当事人一方不履行合同义务或者履行合同义务不符合约定的,应当承担继续履行、采取补救措施或者赔偿损失等违约责任。

第五百七十九条 当事人一方未支付价款、报酬、租金、利息,或者不履行其他金钱债务的,对方可以请求其支付。

2.《中华人民共和国海商法》(1993年7月1日施行)

第六十七条 托运人应当及时向港口、海关、检疫、检验和其他主管机关办理货物运输所需要的各项手续,并将已办理各项手续的单证送交承运人;因办理各项手续的有关单证送交不及时、不完备或者不正确,使承运人的利益受到损害的,托运人应当负赔偿责任。

3.《中华人民共和国担保法》(2021年1月1日废止)

第八十二条 本法所称留置,是指依照本法第八十四条的规定,债权人按照合同约定占有债务人的动产,债务人不按照合同约定的期限履行债务的,债权人有权依照本法规定留置该财产,以该财产折价或者以拍卖、变卖该财产的价款优先受偿。

对应新法:

《中华人民共和国民法典》(2021年1月1日施行)

第四百四十七条 债务人不履行到期债务,债权人可以留置已经合法占有的债务人的动产,并有权就该动产优先受偿。

前款规定的债权人为留置权人,占有的动产为留置财产。

4.《最高人民法院关于适用〈中华人民共和国民事诉讼法〉的解释》(2015年2月4日施行)

第一百五十四条第二款 查封、扣押、冻结担保物权人占有的担保财产,一般由担保物权人保管;由人民法院保管的,质权、留置权不因采取保全措施而消灭。

第一百五十七条 人民法院对抵押物、质押物、留置物可以采取财产保全措施,但不影响抵押权人、质权人、留置权人的优先受偿权。

对应新法:

《最高人民法院关于适用〈中华人民共和国民事诉讼法〉的解释》(2022年4月1日修正)

第一百五十四条第二款 查封、扣押、冻结担保物权人占有的担保财产,一般由担保物权人保管;由人民法院保管的,质权、留置权不因采取保全措施而消灭。

第一百五十七条 人民法院对抵押物、质押物、留置物可以采取财产保全措施,但不影响抵押权人、质权人、留置权人的优先受偿权。

承办人:王妍娥

编写人:孙学燕

41. 上海某航运有限公司诉蓝某有限责任公司、青岛某航运有限公司定期租船合同纠纷案
——定期租船合同提前解除的相互求偿

【合规提示】

本案是一起由于国际定期租船合同不能正常履行而提前解约产生的纠纷。船舶出租方提供的是一条普通的自卸散货船,采用船上皮带装置进行装卸,适合通常的粮食、煤炭等散装货物。承租方期租该船的目的是在非洲装卸铁矿石。由于作业地区雨水较大,矿石的规格大小不一,导致装卸效率始终不能达到预期。建议企业在推进"一带一路"涉外项目之前,提前了解当地天气、人员、物产等详细情况,针对生产需求租赁适用船舶,避免造成浪费和损失。各方在签订租船合同时,对于各类费用分担应充分商讨清楚,避免产生争议。

【案件信息】

1. 裁判文书字号

(2017)鲁72民初382号、(2019)鲁民终296号

2. 当事人

原告(反诉被告):上海某航运有限公司

被告(反诉原告):蓝某有限责任公司、青岛某航运有限公司

3. 关键词

民事　定期租船合同　租金计算　合同解除

【裁判要旨】

国际海上船舶期租合同纠纷中,船舶装卸效率对租金费率存在较大的影响,即使当事人在合同签订时就对装卸效率有了约定,但该约定中也指出了

要根据货物性质和港口条件的不同进行考察，并且前提是在海况及货物流动性正常的情况下。

在该类案件审判中，应充分尊重当事人的意思自治，在确定各项费用的计算标准时，均以当事人的合同约定为基础，并且根据合同履行的根本目的对停租期间扣减、费用承担进行逐项考察，对境外产生的各项作业记录、证明材料、费用单据进行认真质证分析，最终对于合同涉及的各项纷繁复杂的问题逐一解决。

【基本案情】

2015年9月2日，原告上海某航运有限公司与被告蓝某有限责任公司（以下简称蓝某公司）签订《"天某星"轮期租合同》（以下简称《期租合同》），约定该被告租用原告"天某星"号自卸散货船；根据货物性质和港口条件的不同，在海况及货物流动性正常的情况下，卸货效率每小时2000~3000吨（最大设计卸率为3500吨/小时）；若在船舶连续卸货过程中，由于船自身原因造成单船（指大船）平均卸货效率低于每小时1900吨，承租人有权按照未达到的比例扣除相应租金，受海况及货物影响的除外；租金水平为每天23 500美元。此外，合同中还约定了船舶状况、期租期间、交船地点、航行区域及航线、航行航速和油耗、交还船油量及油价、交还船检验、停租、船舶通信费、扫舱费、法律适用与管辖。被告青岛某航运公司（以下简称某公司）作为上述期租合同项下承租人的担保人向原告出具《履约担保函》，保证监督承租人履行主合同约定的各项义务。2015年9月2日，"天某星"轮在大连交船。10月14日，"天某星"轮抵达塞拉利昂的佩佩尔港锚地。

2015年10月25日至2016年4月11日，"天某星"轮共作业38个航次，38个航次所有货物的卸货效率为863.16吨/小时，其中装卸AL32同种货物的18个航次的货物的卸货效率为701.13吨/小时。2016年4月11日，原告、被告三方公司在上海签署《"天某星"轮期租合同补充协议》（以下简称《补充协议》），对租金水平、卸货效率、继续提供担保重新进行了约定。

2016年4月14日至2016年7月17日，"天某星"轮共作业22个航次，22个航次装卸的货物均为AL32，卸货效率为568.23吨/小时。2016年7月15日，"天某星"轮在卸货中，皮带被石头划破。该轮后仅于7月和10月进行了 2 个航次作业。

2016 年 6 月至 10 月，原告多次向两被告催要拖欠的租金。但两被告以船舶表现不佳被案外人索赔为由，未按原告要求付款。2016 年 11 月 9 日，原告向两被告通过电子邮件发送了《解除"天某星"轮期租合同的通知》。同日，"天某星"轮驶离弗里敦锚地，返回中国。2017 年 1 月 9 日，"天某星"轮抵达长江口，1 月 10 日在上海某船厂系缆。

原告、被告分别向法院提出要求对方支付租金和返还租金的请求。

原告诉称：（1）请求确认原告与被告蓝某公司之间的《期租合同》已于 2016 年 11 月 9 日合法解除；（2）请求判令两被告连带赔偿原告损失 350 万美元（按照汇率 1∶6.88 折算成人民币 2408 万元），以及按照中国人民银行同期贷款利率计算的利息；（3）本案诉讼费、保全费、诉讼财产保全责任保险费、律师费及其他法律费用由两被告承担。

两被告共同辩称：（1）原告的诉请没有事实和合同依据，应予以全部驳回；（2）原告应偿还被告多支付的租金款项以及担保金 600 万元及利息，具体金额详见被告的反诉状；（3）其他的答辩意见也以被告反诉状内容为准。

两被告反诉称：（1）请求判令原告返还被告蓝某公司租金 2 374 338.68 美元（按照起诉之日汇率换算成人民币 15 552 393.221 7 元），以及按照中国人民银行同期贷款利率计算的利息人民币 861 861.79 元（按人民币 15 552 393.221 7 元来计算利息）（从 2016 年 7 月 23 日起暂计算至本次反诉提起之日，并计算至实际支付之日）；（2）请求判令原告返还被告某公司履约担保金人民币 600 万元，以及按照中国人民银行同期贷款利率计算的利息人民币 332 500 元（从 2016 年 7 月 23 日起暂计算至本次反诉提起之日，并计算至实际支付之日）；（3）请求判令原告承担本案的诉讼费、保全费、诉讼财产保全责任保险费及其他法律费用。事实及理由：2015 年 9 月 2 日，原告作为船东与被告蓝某公司作为承租人签订《期租合同》，约定每天租金为 23 500 美元，卸率最低为 1900 吨/小时。被告某公司也在交船前向原告支付了人民币 600 万元的现金担保。2016 年 4 月 11 日，原告与两被告签署《补充协议》。该补充协议约定每天租金为 16 000 美元，每一期提前支付 20 天租金；船东保证卸货效率不得低于本协议签订之前船舶的实际表现，并保证相关卸货设备处于良好使用状态，同时在确保船舶、人员和设备安全的前提下，原告和船员承诺无条件配合发货人和被告蓝某公司对船舶卸货及对相关设备进行维修、整改，尽可能提高卸货效率至原合同水平。但在履约过程中，原告未如约履行，卸货效率严重违反合同约定，合同实际于 2016 年 7 月 23 日终止。

原告对反诉辩称：（1）两被告主张期租合同"实际已经于 2016 年 7 月 23 日终止"无任何事实和法律依据。（2）两被告要求原告返还租金 2 347 338.68 美元及人民币 600 万元的履约担保金没有任何事实和法律依据。（3）原告认可停租期间在 2016 年 7 月 24 日前共计 12.9184 天。自 2015 年 9 月 2 日至 2016 年 7 月 23 日，被告蓝某公司欠付原告租金 1 849 376.04 美元，自 2016 年 7 月 23 日至 2016 年 11 月 9 日撤船时应付金额为 1 650 516.03 美元。自 2016 年 11 月 9 日至 2017 年 1 月 9 日回国时应付金额为 1 413 732.30 美元，上述费用共计 4 912 624.37 美元，扣除担保金后，尚欠 4 011 723.46 美元。

【裁判说理】

争议焦点：（1）租金的计算标准如何确定；（2）租期内出现哪种情况应认定为停租；（3）租家费用和船东费用应如何区分。

青岛海事法院认为：本案为国际定期租船合同纠纷，本案被告某公司办公所在地位于山东青岛，并且当事人在《期租合同》和《履约担保函》中均约定了青岛海事法院管辖以及适用中华人民共和国法律。因此，青岛海事法院对本案有管辖权，本案应适用中华人民共和国法律。本案的争议焦点如下：（1）租金的计算标准；（2）租期的确定；（3）租金的计算；（4）租家应承担的费用；（5）船东应承担的费用；（6）被告某公司的担保责任；（7）期租合同解除的后果。

关于焦点一租金的计算标准，应按《期租合同》和《补充协议》约定，确定租金标准并进行相应租金调整。关于焦点二租期的确定，主要涉及合同何时解除以及是否存在停租的问题。（1）电子邮件为即时到达的联络方式，因此，合同解除之日应按电子邮件到达日确定。（2）"天某星"轮抵达长江口前，原告并未将国内港口还船地点通知两被告，因此，视为原告放弃在约定国内港口还船的权利，自该船到达长江口时即视为完成还船。（3）关于皮带修理期间，原告未完成合同约定的"船东证明"义务，应视为停租。（4）关于清理残货期间，船舶并未开始进入施工期间，不应扣租。（5）关于工人敲击清理货物期间，也是作业的一部分，不能认为是中断施工的表现，不应扣租。（6）关于电流问题造成的停时，两被告未能提供充分证据证明是由船舶问题还是货物外因造成，不应扣租。（7）关于航速减少2节，两被告未能充分提交相关证据证明好天气的前提存在，并且风浪流等因素符合合同约定的条件，不能认定航速不达标，不应扣租。关于焦点三租金的计算，定期租船合同承租人应当按照约定的期限支付租金5 786 470.70美元，原告承认已收到租金共计3 407 999.16美元（不包括履约保证金人民币600万元），因此，被告蓝某公司欠付原告的租金为2 378 471.54美元。关于焦点四租家应承担的费用，被告应承担两次检验费用、毛里求斯路易港清污底费用、燃油款、通信费、还船扫舱费、自卸设备修理相关费用494 346美元。关于焦点五船东应承担的费用，原告应当承担马达维修费、运输钢板劳务费、住宿费、医疗费、路费、淡水费用、签证费用、卸煤费用、验船师费用等共计175 089.64美元。关于焦点六被告某公司的担保责任，被告某公司作为被告蓝某公司的保证人向原告提供的《履约担保函》符合第三人单方提交的担保书的形式，原告接受该担保函，保证合同成立。《补充协议》未改变被告某公司担保人的身份。被告某公司应承担连带责任。关于焦点七期租合同解除的后果。（1）合同解除后，原告所属"天某星"轮不再继续为承租方服务。（2）被告蓝某公司应支付原告租金2 378 471.54美元；原告无须返还该被告租金。（3）被告蓝某公司应支付原告租家承担费用494 346美元。（4）原告应支付被告蓝某公司船东费用175 089.64美元。（5）被告蓝某公司应支付原告诉讼财产保全责任保险费36 000元、律师费185 400元。被告某公司作为被告蓝某公司的履约担保人，对上述费用应承担连带支付责任。（6）被告某公司已支付履约保证金人民币600万元，原告无须返还该项保证金，两被告尚需连带支付人民币12 781 767.95元。

综上所述，依照《合同法》第107条、第226条、第227条，《担保法》第18条之规定，判决如下：一、原告、被告之间的《期租合同》已于2016年11月9日依法解除；二、被告蓝某公司支付原告租金、费用等共计人民币12 781 767.95元及利息；三、被告某公司对前述费用承担连带支付责任。

山东省高级人民法院二审维持原判。

【法官后语】

本案是具有较强涉外性、专业性的海商案件。本案涉及的定期租船合同的背景是国内航运公司服务于"一带一路"，远赴非洲参与开发矿产的经济活动。本案的租船人为境外公司，作业地点主要在非洲塞拉利昂，并且船舶中途在新加坡、南非进行检验、加油、修理。本案的专业性在于案件不仅涉及基本民法中的合同解除、担保责任等问题，还涉及了海商法中的船舶装卸效率对租金费率的影响、船舶停租期间的计算、租家费用的承担、船东费用的承担，以及在没有明确约定的情况下对各种费率如何进行调整和确认。

本案中引起争议最大的是船舶的装卸效率问题。虽然当事人在《期租合同》签订时就对装卸效率有了约定，但该约定中也指出了要根据货物性质和港口条件的不同进行考察，并且前提是在海况及货物流动性正常的情况下。由于案涉地区的降雨量大，铁矿石含水量高，大小不均，导致在国内常用于装卸煤矿、粮食等的皮带式输送作业无法在该地区的作业中体现出高效，而且故障频发。对由此造成的装卸效率不能达标的问题，当事各方通过《补充协议》进行了调整，但生产上的根本问题无法通过调减租金费率解决，最终导致合同解除。本案在审判中，充分尊重当事人的意思自治，在确定各项费用的计算标准时，均以当事人的合同约定为基础，并且根据合同履行的根本目的对停租期间扣减、费用承担进行逐项考察，对境外产生的各项作业记录、证明材料、费用单据进行认真质证分析，最终对合同涉及的各项纷繁复杂的问题逐一解决。本案的判决对于同类的定期租船合同纠纷的审理具有一定的参考价值。

【相关法条】

1.《中华人民共和国合同法》(2021年1月1日废止)

第九十四条 有下列情形之一的，当事人可以解除合同：

（一）因不可抗力致使不能实现合同目的；

（二）在履行期限届满之前，当事人一方明确表示或者以自己的行为表明不履行主要债务；

（三）当事人一方迟延履行主要债务，经催告后在合理期限内仍未履行；

（四）当事人一方迟延履行债务或者有其他违约行为致使不能实现合同目的；

（五）法律规定的其他情形。

第九十六条第一款 当事人一方依照本法第九十三条第二款、第九十四条的规定主张解除合同的，应当通知对方。合同自通知到达对方时解除……

第九十七条 合同解除后，尚未履行的，终止履行；已经履行的，根据履行情况和合同性质，当事人可以要求恢复原状、采取其他补救措施，并有权要求赔偿损失。

第九十八条 合同的权利义务终止，不影响合同中结算和清理条款的效力。

第一百零七条 当事人一方不履行合同义务或者履行合同义务不符合约定的，应当承担继续履行、采取补救措施或者赔偿损失等违约责任。

第一百二十五条第一款 当事人对合同条款的理解有争议的，应当按照合同所使用的词句、合同的有关条款、合同的目的、交易习惯以及诚实信用原则，确定该条款的真实意思。

第二百二十六条 承租人应当按照约定的期限支付租金……

第二百二十七条 承租人无正当理由未支付或者迟延支付租金的，出租人可以要求承租人在合理期限内支付。承租人逾期不支付的，出租人可以解除合同。

对应新法：

《中华人民共和国民法典》（2021年1月1日施行）

第四百六十六条 当事人对合同条款的理解有争议的，应当依据本法第一百四十二条第一款的规定，确定争议条款的含义。

合同文本采用两种以上文字订立并约定具有同等效力的，对各文本使用的词句推定具有相同含义。各文本使用的词句不一致的，应当根据合同的相关条款、性质、目的以及诚信原则等予以解释。

第五百六十三条 有下列情形之一的，当事人可以解除合同：

（一）因不可抗力致使不能实现合同目的；

（二）在履行期限届满前，当事人一方明确表示或者以自己的行为表明不履行主要债务；

（三）当事人一方迟延履行主要债务，经催告后在合理期限内仍未履行；

（四）当事人一方迟延履行债务或者有其他违约行为致使不能实现合同目的；

（五）法律规定的其他情形。

以持续履行的债务为内容的不定期合同，当事人可以随时解除合同，但是应当在合理期限之前通知对方。

第五百六十五条 当事人一方依法主张解除合同的，应当通知对方。合同自通知到达对方时解除；通知载明债务人在一定期限内不履行债务则合同自动解除，债务人在该期限内未履行债务的，合同自通知载明的期限届满时解除。对方对解除合同有异议的，任何一方当事人均可以请求人民法院或者仲裁机构确认解除行为的效力。

当事人一方未通知对方，直接以提起诉讼或者申请仲裁的方式依法主张解除合同，人民法院或者仲裁机构确认该主张的，合同自起诉状副本或者仲裁申请书副本送达对方时解除。

第五百六十六条 合同解除后，尚未履行的，终止履行；已经履行的，根据履行情况和合同性质，当事人可以请求恢复原状或者采取其他补救措施，并有权请求赔偿损失。

合同因违约解除的，解除权人可以请求违约方承担违约责任，但是当事人另有约定的除外。

主合同解除后，担保人对债务人应当承担的民事责任仍应当承担担保责任，但是担保合同另有约定的除外。

第五百六十七条 合同的权利义务关系终止，不影响合同中结算和清理条款的效力。

第五百七十七条 当事人一方不履行合同义务或者履行合同义务不符合约定的，应当承担继续履行、采取补救措施或者赔偿损失等违约责任。

第七百二十一条 承租人应当按照约定的期限支付租金。对支付租金的期限没有约定或者约定不明确，依据本法第五百一十条的规定仍不能确定，租赁期限不满一年的，应当在租赁期限届满时支付；租赁期限一年以上的，应当在每届满一年时支付，剩余期限不满一年的，应当在租赁期限届满时支付。

第七百二十二条 承租人无正当理由未支付或者迟延支付租金的，出租人可以请求承租人在合理期限内支付；承租人逾期不支付的，出租人可以解除合同。

2.《中华人民共和国担保法》(2021年1月1日废止)

第十八条 当事人在保证合同中约定保证人与债务人对债务承担连带责任的，为连带责任保证。

连带责任保证的债务人在主合同规定的债务履行期届满没有履行债务的，债权人可以要求债务人履行债务，也可以要求保证人在其保证范围内承担保证责任。

第二十四条 债权人与债务人协议变更主合同的，应当取得保证人书面同意，未经保证人书面同意的，保证人不再承担保证责任。保证合同另有约定的，按照约定。

对应新法：
《中华人民共和国民法典》(2021年1月1日施行)

第六百八十八条 当事人在保证合同中约定保证人和债务人对债务承担连带责任的，为连带责任保证。

连带责任保证的债务人不履行到期债务或者发生当事人约定的情形时，债权人可以请求债务人履行债务，也可以请求保证人在其保证范围内承担保证责任。

第六百九十五条 债权人和债务人未经保证人书面同意，协商变更主债权债务合同内容，减轻债务的，保证人仍对变更后的债务承担保证责任；加重债务的，保证人对加重的部分不承担保证责任。

债权人和债务人变更主债权债务合同的履行期限，未经保证人书面同意的，保证期间不受影响。

3.《中华人民共和国涉外民事关系法律适用法》(2011年4月1日施行)

第三条 当事人依照法律规定可以明示选择涉外民事关系适用的法律。

第四十一条 当事人可以协议选择合同适用的法律……

承办人：李 军
编写人：李 军

42. 荣成市海某有限公司诉烟台瑞某船舶燃料有限公司光船租赁合同以及被告反诉原告返还保证金和赔偿损失纠纷案

——光船租赁合同中出租人实际交付船舶义务的认定

【合规提示】

本案原告、被告签订《船舶光船租赁合同》后,双方当事人对实际交付船舶、保证金、损失赔偿等问题产生争议,原告为出租人,被告为承租人。对于出租人而言,应当履行船舶的实际交付义务,包括交付船舶营业运输证等随船必备材料,保证船舶处于适航状态;对于承租人而言,应当按照约定支付租金,保证船舶在约定航区内的安全港口或者地点从事约定的海上运输,否则都将触及合同的法定解除权。

【案件信息】

1. 裁判文书字号

(2017)鲁72民初1097号、(2018)鲁民终1333号

2. 当事人

原告(反诉被告):荣成市海某有限公司

被告(反诉原告):烟台瑞某船舶燃料有限公司

3. 关键词

民事　光船租赁合同　承租人　实际交付船舶义务　法定解除权

【裁判要旨】

光船租赁合同中如何认定出租人已经完成实际交付船舶的义务?关于光船租赁合同项下的出租人的"船舶交付"的相关法律规定,主要体现在《海商法》第146条第1款中。根据法条的具体内容,出租人应承担的交付船舶

的义务，不仅仅包括转移船舶实体占有，还应包括以下三个方面：第一，出租人应当按照合同的约定不迟延地将船舶和船舶的相关证件在约定的目的港交付给承租人；第二，出租人应保证该船舶处于适航状态，既包含形式上出租人应提供完整的船舶证件也应包括实质上船舶能够适航；第三，交付的船舶能够适用于光船租赁合同约定的用途即承租人能够占有、使用和营运该船舶。如此才能被认定出租人已经完成实际交付船舶的义务。

【基本案情】

荣成市海某有限公司（以下简称海某公司）提出诉讼请求：（1）解除原告、被告于2016年12月22日签订的"鲁荣油×××"轮光船租赁合同。（2）被告返还原告"鲁荣油×××"轮。（3）被告支付原告租金480 000元、违约金360 000元、诉讼代理费35 000元，合计人民币875 000元。（4）案件受理费15 650元由被告负担。被告辩称：原告向被告交付的该轮不仅没有营业运输证，且2017年3月30日原告还将该轮证书以及船员证件全部拿走，至今未予返还。原告的种种行为构成严重违约，给被告造成了严重损失，应驳回原告的诉讼请求。

烟台瑞某船舶燃料有限公司（以下简称瑞某公司）提出反诉请求：（1）原告返还被告40万元保证金和以40万元为基数自2017年4月5日起至实际返还之日止按同期银行贷款利率计算的利息。（2）原告赔偿被告船员工资97 799元、生活费8950元、码头停靠费27 000元、其他支出5682元，合计139 431元的损失。（3）案件受理费6700元由原告负担。原告针对被告的反诉辩称：（1）被告接收船舶后，既未按照约定支付租金，还将该轮丢失，被告无权要求原告退还保证金。（2）该轮的船舶营业运输证至今未交接的原因是被告没有给上该轮工作的船员购买社会保险，违反了租赁合同的约定和相关海事部门的强制性规定。（3）被告主张该轮不适航却长期营运该轮，属于自相矛盾。（4）被告主张的船员工资、码头停靠等费用是运营该轮过程中必然产生的费用，不能证明是其损失。

青岛海事法院查明案件事实如下：2016年12月22日，原告作为出租人和被告作为承租人签订一份"鲁荣油×××"轮光船租赁合同，约定了租金、保证金、违约金等事宜。2017年3月1日，原告、被告办理了该轮以及相关随船证件的交接手续，但未办理船舶营业运输证。2017年5月24日，原告向被告发出解除合同通知,要求解除合同并收回"鲁荣油×××"轮,5月31日,被告向原告发出解除合同通知函,要求原告先返还保证金和船员证件后,被告再返还"鲁荣油×××"轮。庭审中,原告、被告一致同意解除于2016年12月22日签订的"鲁荣油×××"轮光船租赁合同。

【裁判说理】

争议焦点:(1)在《船舶光船租赁合同》履行中谁存在违约行为;(2)海某公司应否向瑞某公司返还40万元保证金及利息,应否赔偿瑞某公司损失;(3)海某公司为本案支出律师费35 000元的依据是什么。

山东省高级人民法院认为:

关于第一个焦点问题。2016年12月22日,海某公司和瑞某公司签订"鲁荣油×××"轮《船舶光船租赁合同》,海某公司为出租人,瑞某公司为承租人。根据合同约定,双方于2017年3月1日办理了"鲁荣油×××"轮以及相关随船证件的交接手续,但海某公司未向瑞某公司交付船舶营业运输证。瑞某公司接船后,一直未收到海某公司应当交付的船舶营业运输证,因船舶营业运输证是船舶的随船必备材料,系船舶适航的必备条件,《船舶光船租赁合同》第15.2条亦约定,交付适航船舶是海某公司的基本合同义务。因此,海某公司向瑞某公司交付的船舶为不适航船舶,海某公司的行为违反了合同约定。瑞某公司在与海某公司交涉不能得到船舶营业运输证的情况下,瑞某公司法定代表人于2017年4月4日通过电话以口头形式告知海某公司解除合同,随后,又以书面形式通知海某公司解除合同,海某公司亦认可在上述时间收到解除合同的通知。《合同法》第94条规定:"有下列情形之一的,当事人可以解除合同:(一)因不可抗力致使不能实现合同目的;(二)在履行期限届满之前,当事人一方明确表示或者以自己的行为表明不履行主要债务;(三)当事人一方迟延履行主要债务,经催告后在合理期限内仍未履行;(四)当事人一方迟延履行债务或者有其他违约行为致使不能实现合同目的;(五)法律规定的其他情形。"由于海某公司不能交付船舶营业运输证,从而使"鲁荣油×××"轮不适航,瑞某公司无法正常营运,合同目的不能实现。根据上述法律第4项的规定,本案合同法定解除的条件成就,瑞某公司解除合同的理由正当。《合同法》第96条规定:"当事人一方依照本法第九十三条第二款、第九十四条的规定主张解除合同的,应当通知对方。合同自通知到达对方时解除。对方有异议的，可以请求人民法院或者仲裁机构确认解除合同的效力。法律、行政法规规定解除合同应当办理批准、登记等手续的，依照其规定。"根据上述法律规定，2017年4月4日案涉《船舶光船租赁合同》解除。海某公司在审理中主张未能交付船舶营业运输证的原因为办理改证需要提交随船船员缴纳社会保险的资料，因为瑞某公司一直不提交该资料导致办证不能也无法向瑞某公司交付证件。本院在审理中要求海某公司提供支持其主张的依据，但海某公司在本院指定期限内未能向本院提供证明其主张成立的依据，故，海某公司该项抗辩事由不能成立。一审法院在既无事实依据也无法律根据的情况下，认定瑞某公司未提供随船船员缴纳社会保险的资料导致办证不能，系瑞某公司违约导致合同解除是错误的，在此予以纠正。

关于第二个焦点问题。《船舶光船租赁合同》签订后，瑞某公司按照合同约定向海某公司支付了40万元保证金。《合同法》第97条规定："合同解除后，尚未履行的，终止履行；已经履行的，根据履行情况和合同性质，当事人可以要求恢复原状、采取其他补救措施，并有权要求赔偿损失。"根据上述法律规定，《船舶光船租赁合同》解除后，海某公司应当向瑞某公司返还上述40万元保证金及其利息。因合同自2017年4月4日解除，海某公司自2017年4月5日即应返还瑞某公司40万元保证金，但其并未返还。所以，40万元保证金的利息应自2017年4月5日起计算至实际返还之日止。《船舶光船租赁合同》解除后，瑞某公司失去了占有"鲁荣油×××"轮的合同依据，瑞某公司应当及时向海某公司返还"鲁荣油×××"轮，但其一直占用"鲁荣油×××"轮未返还，给海某公司造成经济损失。《合同法》第98条规定："合同的权利义务终止，不影响合同中结算和清理条款的效力。"根据上述法律规定，海某公司的损失可以参照《船舶光船租赁合同》约定的租金数额计算，即每月6万元。海某公司在一审中只主张了《船舶光船租赁合同》约定租期内8个月的费用，一审法院也按照其主张的时间进行审理。本院认为，瑞某公司应向海某公司支付8个月的损失人民币480 000元。其他因瑞某公司占用"鲁荣油×××"轮给海某公司造成的损失，海某公司可另行起诉。瑞某公司主张因海某公司违反合同约定，未向其提供船舶营业运输证，"鲁荣油×××"轮一直停泊不能使用，致使瑞某公司产生了船员工资97 799元、生活费8950元、码头停靠费27 000元和其他支出5682元的损失。本院认为，瑞某公司未提交有效证据证明上述损失的产生的依据和实际数额。瑞某公司主张海某公司赔偿其上述损失，本院不予支持。

关于第三个焦点问题。本院认为，《船舶光船租赁合同》载明：因瑞某公司违约而给海某公司造成损失的，瑞某公司赔偿海某公司的损失范围包括但不限于直接、间接、诉讼费、律师费等各项费用的损失。本案系海某公司违约在先，合同法定解除。因此，上述合同约定并不能支持海某公司请求瑞某公司向其支付律师费 35 000 元的主张。本案中，海某公司并未提交委托诉讼代理人的合同及发票，其主张瑞某公司向其支付律师费 35 000 元无事实依据，本院不予支持。

【法官后语】

本案涉及光船租赁合同承租人、出租人的义务和合同法定解除权的实现，对于光船租赁合同，我国《海商法》规定了具有针对性的法定解除事由。

一、承租人的法定解除事由

根据《海商法》第 146 条第 2 款的规定，出租人违反前款规定，承租人有权解除合同，并有权要求赔偿因此遭受的损失。也就是说，如果出租人无法在指定时间、指定地点完成船舶的实际交付，那么承租人当然取得合同的法定解除权。光船租赁合同下，承租人的法定解除事由如下：（1）出租人迟延交付船舶或船舶证书；（2）出租人未能在指定地点交付船舶或船舶证书；（3）出租人未尽到谨慎处理的义务，交付的船舶不适航；（4）出租人未尽到谨慎处理的义务，交付船舶不适于合同约定的用途。

不难看出，法律对于出租人实际交付船舶的义务规定得比较严格，只要光船租赁合同中没有相反的约定，出现上述四个条件中的任何一种情况，法律并没有赋予出租人任何弥补的机会，承租人即刻获得法定解除权。

二、出租人的法定解除事由

1. 承租人未按照约定支付租金超过 7 日的。《海商法》第 152 条第 1 款规定，承租人应当按照合同约定支付租金。承租人未按照合同约定的时间支付租金连续超过 7 日的，出租人有权解除合同，并有权要求赔偿因此遭受的损失。

这条规定就是针对承租人迟延交付租金达到一定天数的情况而使出租人获得合同的法定解除权。支付租金是承租人的基本义务之一，迟延履行支付租金的义务并不立刻产生法定解除权，我国《海商法》给予了 7 天的宽限期，这种规定可以防止在承租人因疏忽导致租金短暂的未及时支付的情况下，出租人恶意地行使解除权。

2.违反关于船舶在航行区域内安全港口运输的约定的。《海商法》第134条规定，承租人应当保证船舶在约定航区内的安全港口或者地点之间从事约定的海上运输。承租人违反前款规定的，出租人有权解除合同，并有权要求赔偿因此遭受的损失。

承租人在使用和运营船舶的时候，应当符合两个条件：一是在约定的航区内进行海上运输；二是承租人必须选择安全的港口进行运输。光船租赁不同于定期租船，船长及船员都由承租人指派，因此出租人无法对船舶进行任何控制。所以只要承租人违反合同有关航区的约定，或者选择不安全的港口，如正在发生战争、瘟疫等的港口进行运输，很有可能会对船舶本身造成很大的影响，导致出租人的利益受到严重的损害。因此，法律规定出现上述情况时，出租人可以行使法定解除权。

【相关法条】

1.《中华人民共和国海商法》(1993年7月1日施行)

第一百四十四条 光船租赁合同，是指船舶出租人向承租人提供不配备船员的船舶，在约定的期间内由承租人占有、使用和营运，并向出租人支付租金的合同。

2.《中华人民共和国合同法》(2021年1月1日废止)

第八条 依法成立的合同，对当事人具有法律约束力。当事人应当按照约定履行自己的义务，不得擅自变更或者解除合同。

依法成立的合同，受法律保护。

第九十四条 有下列情形之一的，当事人可以解除合同：

（一）因不可抗力致使不能实现合同目的；

（二）在履行期限届满之前，当事人一方明确表示或者以自己的行为表明不履行主要债务；

（三）当事人一方迟延履行主要债务，经催告后在合理期限内仍未履行；

（四）当事人一方迟延履行债务或者有其他违约行为致使不能实现合同目的；

（五）法律规定的其他情形。

第九十六条 当事人一方依照本法第九十三条第二款、第九十四条的规定主张解除合同的，应当通知对方。合同自通知到达对方时解除。对方有异议的，可以请求人民法院或者仲裁机构确认解除合同的效力。

法律、行政法规规定解除合同应当办理批准、登记等手续的，依照其规定。

第九十七条 合同解除后，尚未履行的，终止履行；已经履行的，根据履行情况和合同性质，当事人可以要求恢复原状、采取其他补救措施，并有权要求赔偿损失。

第九十八条 合同的权利义务终止，不影响合同中结算和清理条款的效力。

对应新法：

《中华人民共和国民法典》（2021年1月1日施行）

第四百六十五条 依法成立的合同，受法律保护。

依法成立的合同，仅对当事人具有法律约束力，但是法律另有规定的除外。

第五百六十三条 有下列情形之一的，当事人可以解除合同：

（一）因不可抗力致使不能实现合同目的；

（二）在履行期限届满前，当事人一方明确表示或者以自己的行为表明不履行主要债务；

（三）当事人一方迟延履行主要债务，经催告后在合理期限内仍未履行；

（四）当事人一方迟延履行债务或者有其他违约行为致使不能实现合同目的；

（五）法律规定的其他情形。

以持续履行的债务为内容的不定期合同，当事人可以随时解除合同，但是应当在合理期限之前通知对方。

第五百六十五条 当事人一方依法主张解除合同的，应当通知对方。合同自通知到达对方时解除；通知载明债务人在一定期限内不履行债务则合同自动解除，债务人在该期限内未履行债务的，合同自通知载明的期限届满时解除。对方对解除合同有异议的，任何一方当事人均可以请求人民法院或者仲裁机构确认解除行为的效力。

当事人一方未通知对方，直接以提起诉讼或者申请仲裁的方式依法主张解除合同，人民法院或者仲裁机构确认该主张的，合同自起诉状副本或者仲裁申请书副本送达对方时解除。

第五百六十六条 合同解除后，尚未履行的，终止履行；已经履行的，根据履行情况和合同性质，当事人可以请求恢复原状或者采取其他补救措施，并有权请求赔偿损失。

合同因违约解除的,解除权人可以请求违约方承担违约责任,但是当事人另有约定的除外。

主合同解除后,担保人对债务人应当承担的民事责任仍应当承担担保责任,但是担保合同另有约定的除外。

第五百六十七条 合同的权利义务关系终止,不影响合同中结算和清理条款的效力。

3.《中华人民共和国民事诉讼法》(2017年6月27日修正)

第一百七十条 第二审人民法院对上诉案件,经过审理,按照下列情形,分别处理:

……

(二)原判决、裁定认定事实错误或者适用法律错误的,以判决、裁定方式依法改判、撤销或者变更;

……

对应新法:

《中华人民共和国民事诉讼法》(2023年9月1日修正)

第一百七十七条 第二审人民法院对上诉案件,经过审理,按照下列情形,分别处理:

……

(二)原判决、裁定认定事实错误或者适用法律错误的,以判决、裁定方式依法改判、撤销或者变更;

……

承办人:李俊锋

编写人:孙学燕

43. 渤海某有限公司诉海南某旅游股份有限公司船舶租用合同纠纷案

——原告诉讼请求是否具备诉的利益的认定

【合规提示】

本案系一起原告、被告签订《"中某山"邮轮切舱合同》并已经实际履约完毕后，双方对彼此在合同中法律地位的认识产生争议的确认之诉。现有法律规范并没有对邮轮行业中"包船"以及"切舱"进行法律定义，对于双方理解所产生的争议，应当根据约定以及履约行为进行综合裁判。目前，旅行社与邮轮公司遵循合同自由原则订立邮轮舱位租用合同，因尚未形成船舶租用合同的标准合同范本，签订此类合同时，双方当事人应当明确"切舱""包船"的具体含义和履约行为，避免事后产生争议。

【案件信息】

1. 裁判文书字号

（2017）鲁72民初1186号、（2018）鲁民终1424号

2. 当事人

原告：渤海某有限公司

被告：海南某旅游股份有限公司

3. 关键词

民事　船舶租用合同　切舱　承租　包船　确认之诉

【裁判要旨】

本案首先审查的是原告的诉讼请求是否具备诉的利益，诉的利益与诉权相衔接——"无利益即无诉权"。如原告的起诉欠缺诉的利益，则起诉将被法院裁定驳回，无须进入实体审理。若滥用诉讼程序，不仅浪费国家之人力财

力，且使他造当事人为不必要之应诉，影响法律生活的安定性。判断确认利益的标准有三：一是对象的妥当性，即确认之诉的标的原则上应为现存的法律关系。二是纠纷的成熟性，即因被告否定原告的法律地位，或被告主张的法律地位与原告的法律地位相抵触，从而给原告造成现实的不安或危险。三是方法的妥当性。若纠纷当事人存在确认之诉以外的纠纷解决方式，如其他形态的诉讼等，则应认定不存在确认利益。

【基本案情】

在渤海某有限公司诉海南某旅游股份有限公司邮轮切舱合同纠纷一案中，原告提出诉讼请求：（1）请求确认被告邮轮部分舱房承租人法律地位，被告没有履行包船行为；（2）请求判令被告承担本案诉讼费用。被告答辩理由如下：（1）原告的诉讼请求不具备诉的利益；（2）原告的诉讼请求错误；（3）尽管原告、被告双方在合同履行完毕后已无法律上的争议，但对于合同内容及合同履行的理解不同，被告实际履行了行业惯例中所谓的包船行为。

青岛海事法院认定如下事实：2016年11月25日，原告由渤海某管理有限公司代理作为承运方与作为切舱方的海南某国际旅行社有限公司签订《"中某山"邮轮切舱合同》，合同约定了运营航线、售价、争议解决方式等内容。原告报备航线后自2017年1月6日起正式开设并运营某邮轮旅游航线。

2017年1月24日，原告与海南某旅游有限公司签订补充协议，对合同第2条第3款第2项内容作了调整。2017年3月10日，原告与海南某旅游有限公司签订《补充协议》，约定合同至2017年3月10日的海口—岘港—海口航次结束后终止。被告依《"中某山"邮轮切舱合同》及《补充协议》，就2017年1月6日至2017年3月13日"中某山"邮轮执行的海口—越南相应航次向原告支付了费用。

海南某国际旅行社有限公司更名为被告现名称海南某旅游股份有限公司。原告当庭确认因海南地方政府招商，其所属的"中某山"轮开辟了海南—越南航线，因与被告就哪一方有权向政府申请奖励发生争议，故提起本案确认之诉。被告当庭确认政府有相关奖励，也未对因申请政府奖励与原告发生争议予以否认。

【裁判说理】

争议焦点：（1）原告的诉讼请求是否具有诉的利益；（2）本案争议是否属于人民法院管辖范畴；（3）被告是否系"中某山"邮轮的包船方。

青岛海事法院认为：

一、关于第一个焦点问题

本案原告、被告在《"中某山"邮轮切舱合同》的实际履行过程中确实没有发生因履约不当而在当事人之间导致直接经济纠纷的争议，而且该合同已经实际履约完毕，但这并不意味双方对彼此在合同中法律地位的认识没有争议。就本案而言，原告、被告就被告在《"中某山"邮轮切舱合同》中的法律地位，即被告究竟是"切舱"方还是"包船"方、被告履行的是"切舱"行为还是"包船"行为，存在明显不同理解，而且双方就谁有权申请航线的政府奖励已经实际发生争议，所以原告向法院提起本案确认之诉，请求确认"被告邮轮部分舱房承租人法律地位，被告没有履行包船行为"，即被告系部分舱房的承租人而非包船方。该诉请建立在双方存在的争议基础上，所以原告的起诉具备诉的利益，符合法律规定。

二、关于第二个焦点问题

如被告抗辩所称，现有法律规范并没有对邮轮行业中"包船"以及"切舱"进行法律定义。被告理解的"包船"以及"切舱"指的是全部或者部分舱房的销售经营模式；原告理解的"包船""切舱"是指部分和全部舱位的承租方式。对于双方因理解所产生的争议，应当根据约定以及履约行为进行综合裁判。《"中某山"邮轮切舱合同》前言中即约定"切舱方希望就该船舶向承运方切舱（租用船舶舱房用于旅客运输）"，该措辞的文意明确，"切舱"系"租用船舶舱房"而不是销售船舶舱房/舱位；与此相对应，"包船"即应当被理解为"租用船舶全部舱房/舱位"，故本案应对原告开设并运营的海口—越南邮轮旅游航线中，被告是"中某山"邮轮部分舱房/舱位还是全部舱房/舱位的承租人身份进行审查确认，从而认定被告在合同中的履约行为究竟系"切舱"还是"包船"。

无论是"切舱"还是"包船"，被告方所承租并销售的是"中某山"轮可由具体自然人所使用的"舱房/舱位"。所以，原告方主张被告系舱房/舱位承租人并无不当，被告适用《海商法》中船舶承租人的法律概念予以对抗并主张原告请求确认被告是承租人法律地位错误的观点不能成立；原告诉请所指代的"部分舱位"指向"中某山"轮每航次中被告支付基本"切舱"价格的舱位，并非不确定、不具体的抽象事物；而且，原告诉请确认的是被告履约行为的法律性质以及被告在合同中的具体法律地位，不存在诉讼标的不明的情形；现有法律虽然没有"切舱""包船"的法律概念，但是不影响法院依据法律规则对经济生活中真实出现的客观情况进行裁判。综上，本院认定原告诉请具体明确，属于人民法院受案范畴，被告该抗辩本院不予支持。

三、关于第三个焦点问题

根据双方合同中的约定，"切舱"费用被分为不同档位，被告根据不同档位的"切舱"指标向原告支付"切舱"费用，即舱房/舱位的承租费用。"切舱"指标内的舱房销售盈亏由被告自行享有或负担，该部分舱房/舱位即被告所称的"保底舱位"，由被告承租并按基本"切舱"价格向原告支付费用。但是双方还约定，"切舱"指标以外的由被告销售的舱房/舱位另外计价并由被告向原告支付费用，这也充分说明被告在合同履行期间并非承租"中某山"轮全部舱房/舱位。

双方合同确实约定，被告方是航期内原告唯一销售代理商，原告不得擅自销售舱房/舱位，而且如需销售，应当按照切舱方给予的销售政策进行销售和结算，销售量计入切舱方的保底舱数量。但根据该约定，被告得到的是"中某山"轮舱位的唯一销售代理权，而且被告无须承担合同约定的"切舱"舱位以外的舱房/舱位销售不能的经济风险，这显然不是"包"字措辞所指代；被告在合同履行过程中，并未就"中某山"轮每航次全部舱房/舱位向原告支付费用，其抗辩所称"保底费用加实际人数综合结算的方式买断全部舱位"并非实际真实买断全部舱位。所以，被告该主张与事实不符，不能成立。

被告以其有权决定舱房/舱位在市场销售过程中的定价为由主张"包船"行为成立，理由不充分，本院亦不予支持。

综上，根据原告、被告所签订的《"中某山"邮轮切舱合同》的约定以及双方的实际履约行为，被告只是在合同履行期间承租了"中某山"邮轮的部分舱房，即其所称的"保底舱位"，对于"保底舱位"以外的舱房/舱位，被告不是承租人而只是原告的销售代理商。本院认定，在本案"中某山"邮轮运营的海口—越南邮轮旅游航线中，被告只是"中某山"邮轮部分舱房/舱位承租人,并没有实施对全部舱房/舱位的"包租"行为,不是其主张的"包船人",被告认为其实际履行了"包船"行为的主张没有事实依据。

被告上诉后,山东省高级人民法院驳回上诉,维持原判。

【法官后语】

所谓确认之诉,是指以特定权利关系存在(或不存在)之主张以及要求作出确定其存在(或不存在)之确认判决为请求内容的诉。本案即原告要求确认被告系"中某山"邮轮的部分舱位承租人,不是该轮的包船方。本案的价值既在于对确认之诉中诉的利益进行认定,也在一定程度上反映出目前邮轮旅游涉及法律关系的复杂性。

当今全球化形势下,中国邮轮产业规模加速扩张、邮轮旅游消费市场进一步成熟,但是,中国既有法律规范的不足与此种发展态势不够匹配,致使邮轮旅游涉及的法律关系,尤其是民事法律关系以及相应的纠纷解决在理论和实践中均不乏争议。目前,我国邮轮旅游的主要销售模式为邮轮包船模式,由旅行社包船并转售给游客的比例占市场总额的98%。此种模式涉及邮轮公司、旅行社、国际船舶代理企业、邮轮码头等众多主体,法律关系复杂,尚缺乏据以明确界定各方权利义务的法律规范。加之国际邮轮企业的营运惯例与中国普通消费者的认知存在相当程度的差异,因天气、其他事件等因素造成航程变更而引发的旅客维权等事件时有发生。《海商法》修改是中国邮轮旅游法律制度完善的理想途径,以期构建相对完整的邮轮旅游法律制度。

【相关法条】

1.《中华人民共和国民事诉讼法》(2017年6月27日修正)

第二条 中华人民共和国民事诉讼法的任务,是保护当事人行使诉讼权利,保证人民法院查明事实,分清是非,正确适用法律,及时审理民事案件,确认民事权利义务关系,制裁民事违法行为,保护当事人的合法权益,教育公民自觉遵守法律,维护社会秩序、经济秩序,保障社会主义建设事业顺利进行。

第三条 人民法院受理公民之间、法人之间、其他组织之间以及他们相互之间因财产关系和人身关系提起的民事诉讼,适用本法的规定。

第一百一十九条 起诉必须符合下列条件:

(一)原告是与本案有直接利害关系的公民、法人和其他组织;

（二）有明确的被告；

（三）有具体的诉讼请求和事实、理由；

（四）属于人民法院受理民事诉讼的范围和受诉人民法院管辖。

对应新法：

《**中华人民共和国民事诉讼法**》（2023 年 9 月 1 日修正）

第二条　中华人民共和国民事诉讼法的任务，是保护当事人行使诉讼权利，保证人民法院查明事实，分清是非，正确适用法律，及时审理民事案件，确认民事权利义务关系，制裁民事违法行为，保护当事人的合法权益，教育公民自觉遵守法律，维护社会秩序、经济秩序，保障社会主义建设事业顺利进行。

第三条　人民法院受理公民之间、法人之间、其他组织之间以及他们相互之间因财产关系和人身关系提起的民事诉讼，适用本法的规定。

第一百二十二条　起诉必须符合下列条件：

（一）原告是与本案有直接利害关系的公民、法人和其他组织；

（二）有明确的被告；

（三）有具体的诉讼请求和事实、理由；

（四）属于人民法院受理民事诉讼的范围和受诉人民法院管辖。

2.《**中华人民共和国合同法**》（2021 年 1 月 1 日废止）

第二百一十二条　租赁合同是出租人将租赁物交付承租人使用、收益，承租人支付租金的合同。

对应新法：

《**中华人民共和国民法典**》（2021 年 1 月 1 日施行）

第七百零三条　租赁合同是出租人将租赁物交付承租人使用、收益，承租人支付租金的合同。

承办人：吕延铭
编写人：孙学燕

44. 海某海运（香港）有限公司诉南京诚某船务有限公司、李某某航次租船合同纠纷案

——航次租船合同中的债务主体及相关费用的认定

【合规提示】

本案是一起船舶出租人诉船舶承租人及承租人的法定代表人的航次租船合同纠纷案件，双方当事人因案涉债务承担主体及相关费用的认定产生争议。航次租船合同作为海上货物运输合同的一种，是指船舶出租人向承租人提供船舶或者船舶的部分舱位，装运约定的货物，从一港运至另一港，由承租人支付约定运费的合同。该合同常因当事人之间合同约定不明及合同履行等产生纠纷。对于船舶出租人而言，航次租船合同的约定要尽量具体、详细、明确，涉及多个航次的，每个航次都要有明确约定，避免因合同约定不明导致纠纷。同时，在合同条款或者合同约定的未尽事宜适用的其他合同的条款对滞期费等费用起算作了明确约定的情况下，要按照约定履行，如若双方实际变更了履行或计算方式，应注意留存航海日志、装货记录、装卸货准备就绪通知书等证据。对于承租人而言，要按照双方合同约定全面履行合同义务，要注意合同装卸时间及滞期费条款，避免因为不及时履行合同义务而承担相应费用，当然，在全面履行合同义务的同时，要注意妥善保存证据，在船舶出租人提出的诉讼中积极进行答辩，维护自身权益。对于承租人的法定代表人而言，需明确其在航次租船合同上签字系职务行为，若在诉讼中船舶出租人将其与船舶承租人列为共同被告，要积极进行答辩，避免承担责任。

【案件信息】

1. 裁判文书字号

（2011）青海法海商初字第 502 号

2. 当事人

原告：海某海运（香港）有限公司

被告：南京诚某船务有限公司、李某某

3. 关键词

民事　航次租船合同　交易习惯　债务承担主体

【裁判要旨】

1. 法定代表人依照法律或者公司章程的规定履行职务的行为，不属于个人行为，其行为应由法人承担责任。

2. 双方合同约定未尽事宜参照其他合同条款执行时，人民法院要准确查明其他合同相关内容进行裁判。

3. 航次租船合同中双方当事人对受载期、货物名称、数量等未作明确约定，亦没有补充协议且无法确定交易习惯的，航次的履行情况以实际履行情况为准。

【基本案情】

2011年1月17日，原告海某海运（香港）有限公司（以下简称海某海运公司）与被告南京诚某船务有限公司（以下简称诚某船务公司）签订案涉《航次租船合同》约定，诚某船务公司承租海某海运公司所属"海顺×××"轮运输自马尔代夫至泰国曼谷港的冻鱼2000吨，受载期为2011年2月4日至6日，每吨运费为145美元，装卸率为装货每晴天工作日130公吨，星期五和节假日除外，除非已经使用，卸货每晴天工作日180公吨，星期五和节假日除外，除非已经使用，装卸时间可调配，滞期费每天2000美元。若有争议，协商解决，协商不成由中华人民共和国青岛海事法院裁决，适用中国《海商法》，未尽事宜按金康94条款执行。租船人诚某船务公司保证以同等的价格连续用两个航次。合同落款租船人处盖有被告诚某船务公司印章和李某某的签名，合同落款船东处盖有原告海某海运公司印章和姚某某的签名。李某某系诚某船务公司法定代表人，任该公司执行董事。

双方当事人确认签订的航次租船合同载明的受载期2011年2月4日至6日是对第一航次受载期的约定，没有明确约定第二个航次的受载期。案涉船舶"海顺×××"轮于2011年2月8日到达案涉第一航次装货港马尔代夫KOODDOO港,并于2011年5月12日23时到达泰国SAMUTSAKORN港卸货。海某海运公司主张该航次因船舶滞期造成损失,并提供2011年5月13日至5月21日和2011年5月18日案涉船舶两份卸货记录的复印件。原告、被告对存在2011年5月13日至5月21日记载了卸货1734.45吨的卸货记录复印件无争议,但对2011年5月18日记载案涉船舶"3舱"的22.4吨卸货记录复印件有争议。海某海运公司称"3舱"系诚某船务公司的代理笔误造成,但未提交证据;诚某船务公司主张案涉船舶没有3舱。案涉"海顺×××"轮于2011年5月完成马尔代夫至泰国的第一航次后,于2011年5月至2011年8月完成自马朱罗港至青岛的航次,该航次的费用双方已经结清。海某海运公司主张马朱罗港至青岛的航次是减损航次,诚某船务公司未按合同约定履行第二航次。

海某海运公司提出诉讼请求:(1)依法判令被告支付原告滞期费余额40 300美元(计人民币257 807.16元)及同期银行贷款利息;(2)支付原告运费余额3248美元(计人民币20 778.11元)及同期银行贷款利息;(3)支付原告损失人民币572 724元及同期银行贷款利息;(4)承担本案诉讼费用。

诚某船务公司辩称:(1)被告与原告订立的《航次租船合同》合法有效,双方均应受该合同约束,并遵照执行。(2)原告向被告索赔滞期费缺乏事实和法律依据。第一,原告未提供证据证明案涉航次中存在滞期事实。第二,双方签订的航次租船合同约定航次的装卸时间应当自船东在装/卸货港口向承租人或其代理递交装/卸准备就绪通知书并被接受后起算。原告未依约提交准备就绪通知书,装卸时间就不应开始起算,故滞期是不存在的,原告无权索赔滞期费。第三,被告已经依约定支付第一航次的全部运费,原告所称的运费损失并不存在。第四,案涉航次租船合同的第二航次已履行完毕,被告亦已向原告支付相关运费。原告主张第二航次没有履行无事实依据。事实上,在第二航次履行的过程中,原告违反合同约定和法律规定,没有按照习惯或者地理上的航线将货物运往卸货港,造成航程严重延误,市场发生了变化,青岛的收货人因此拒绝接收货物。为了避免造成更大的损失,被告要求原告将船舶驶往泰国曼谷卸货,并承诺向原告补偿因此而增加的合理费用。但是,原告却借机提出高额无理索赔,此后又不顾被告的劝告执意将船舶开往青岛，严重损害了被告的合法权益。而在 2011 年 9 月 26 日，案涉货物的收货人就船舶延误及未能按照约定驶往泰国一事，向被告索赔违约损害赔偿金 709 371 美元。因原告在履行第二航次中的不当行为给被告造成了巨大的经济损失，被告保留就此向原告提出索赔的权利。

李某某辩称：其与原告之间不存在航次租船运输合同关系，其作为诚某船务公司的法定代表人，代表诚某船务公司从事的经营活动都是职务行为，应当由诚某船务公司承担相应的法律后果，被告并非本案适格被告。

【裁判说理】

争议焦点：（1）本案原告诉讼请求中涉及的债务承担主体；（2）第一航次是否存在滞期和实际卸货的数量；（3）航次租船合同中约定的"连续用两个航次"中的第二个航次是否履行。

青岛海事法院认为：

一、本案原告诉讼请求中涉及的债务承担主体

《民法通则》第 43 条规定："企业法人对它的法定代表人和其他工作人员的经营活动，承担民事责任。"《最高人民法院关于贯彻执行〈中华人民共和国民法通则〉若干问题的意见（试行）》第 58 条规定："企业法人的法定代表人和其他工作人员，以法人名义从事的经营活动，给他人造成经济损失的，企业法人应当承担民事责任。"本案航次租船合同落款租船人处盖有被告诚某船务公司印章和李某某的签名，合同落款船东处盖有原告海某海运公司印章和姚某某的签名。因此应当认定，李某某作为诚某船务公司的法定代表人，其身份为该公司执行董事，姚某某作为海某海运公司的法定代表人，其身份为该公司董事，在本案中签订合同的行为是履行职务行为，故李某某和姚某某的行为不应认定为个人行为，其行为的法律后果也不应由其个人承担，而应当由公司承担。本案航次租船合同的主体应当是海某海运公司和诚某船务公司，对被告李某某的该抗辩本院予以支持。

二、第一航次是否存在滞期和实际卸货的数量

双方在航次租船合同中明确约定滞期费 USD2000.00/ 天，但未约定滞期费的具体起算时间，按照双方合同中的约定，其他未尽事宜，按金康 94 条款执行。1994 年金康格式租船合同第 6 条约定："装卸时间的起算，如就绪准备通知书在中午之前递交，装卸时间从下午 1 时起算；如通知书在下午办公

时间递交，装卸时间从下一个工作日上午 6 时起算。在装货港，通知书应递交给托运人。装卸时间起算前已实际使用的时间计为装卸时间。等待泊位所损失的时间计为装卸时间。"本案中，原告称船舶到达装货港后，船舶就绪是以电话方式通知的被告，但被告予以否认，原告也未提交证据证明其向被告提交过案涉航次的船舶就绪通知书。本院认为，案涉船舶"海顺×××"轮于 2011 年 2 月 8 日到达案涉第一航次装货港马尔代夫 KOODDOO 港，并不意味着案涉船舶已经做好装货的准备，根据金康 94 条款，船舶到达装卸地点在各方面做好装卸货准备，准备就绪通知书递交给托运人才能起算装卸时间。原告未提供证据证明案涉船舶"海顺×××"轮于 2011 年 2 月 8 日到达案涉第一航次装货港马尔代夫 KOODDOO 港后递交装货准备就绪通知书。原告主张的滞期除了提供原告与案外人之间的两份邮件外，并没有提供充分证据（如航海日志、装货记录、装卸货准备就绪通知书等证据）证明本案第一航次装卸作业的开始时间及存在滞期的事实。根据原告、被告双方签订的航次租船合同及 1994 年金康格式租船合同相关条款，案涉航次的装卸时间应当自原告在装卸货港口向被告或其代理递交装卸准备就绪通知书并被接受后才能开始起算。原告提供的用以证明滞期起算时间的两份电子邮件均系原告与案外人之间转发的电子邮件，本院要求原告提交转发的这两份电子邮件内容的原始邮件及案涉船舶的航海日志，但原告称原始邮件和航海日志遗失，未能提供。

根据 1994 年金康格式租船合同第 6 条的约定，装卸货的时间本应于装卸货准备就绪通知书递交之时起算，因原告未能提供案涉船舶"海顺×××"轮装卸货准备就绪通知书、航海日志等有效的证据证明该轮在第一航次存在滞期，应当以该轮实际装卸货时间为准。原告未能提供有效证据证明案涉船舶在装货港马尔代夫 KOODDOO 港的实际装船时间，不能证明案涉船舶在装货港的实际装货时间（滞期时间），应承担举证不能的后果。原告、被告提交的卸货记录显示，案涉船舶"海顺×××"轮到达卸货港泰国 SAMUTSAKORN 港于 2011 年 5 月 13 日 17 时开始卸货至 5 月 20 日 3 时卸货结束，该轮在卸货港用时 89.20 小时。因原告、被告双方均未提供装货港的实际装船时间以供查实，无法计算装货港的用时，因此该航次的装货时间无法计算。双方航次租船合同中约定的 2000 吨的冻鱼及装卸时间可调配使用，在共用装卸时间的情况下，本案该轮在第一航次是否产生滞期难以确定，因此，本院对原告的滞期费请求不予支持。

原告主张在第一航次中，共为被告运输货物 1756.85 吨，但被告仅向原告支付 1734.45 吨货物运费，尚有 22.4 吨货物运费 3248 美元（22.4 吨 × 145 美元）未付。原告提供的两份卸货记录复印件中关于 2011 年 5 月 18 日案涉船舶 3 舱的 22.4 吨记载，原告称卸货记录的 3 号舱记载是笔误，该笔误是由被告的代理造成，正确的记录应该是 1 号舱或 2 号舱，但原告未能提供原件予以核实。被告称案涉航次只有一份卸货记录，从未见过和制作过 2011 年 5 月 18 日案涉船舶 3 舱的 22.4 吨的卸货记录，并对此提出异议。本院认为，原告未提供案涉航次卸货记录的原件予以核实，被告当庭确认案涉船舶没有 3 舱。根据双方签订的航次租船合同的约定，运费是在卸完货后按实际卸货量为准支付，因原告未提交有效证据证明其主张实际卸货数量为 1756.85 吨，本院认为实际卸货的数量应当以本案查明的实际卸货数量 1734.45 吨为准，原告未提供有效的证据证明其主张被告尚欠 22.4 吨货物运费未付，故本院对原告的该项诉讼请求不予支持。

三、航次租船合同中约定的"连续用两个航次"中的第二个航次是否履行

庭审中，双方争议焦点在于案涉船舶"海顺×××"轮在完成第一航次后，于 2011 年 5 月至 2011 年 8 月完成自马朱罗港至青岛的航次，是否属航次租船合同中约定的"连续用两个航次"中的第二个航次。

原告与被告诚某船务公司签订的《航次租船合同》第 18 条约定："租船人保证以同等的价格连续用两个航次。"庭审中，原告对该条解释称，以案涉合同第 1~17 条的约定再履行相同的另外一个航次，即货物的数量、装卸港分别按照合同第 3~5 条的约定履行。被告对该条解释称，案涉船舶跑两个航次，因为两个航次的受载期不可能是一致的，对第二个航次的具体条款还需要双方具体商定。合同第 6 条约定的"受载期为 2011 年 2 月 4 至 6 日"，原告、被告双方对该条载明的受载期是第一航次的受载期予以确认，也就是说，双方对案涉船舶第二航次的受载期没有明确约定。双方对存在争议的《航次租船合同》第 18 条"租船人保证以同等的价格连续用两个航次"中的第二个航次没有明确约定，仅是对第二个航次的运费价格进行了约定，对第二个航次的受载期、货物名称、数量等未明确约定。《合同法》第 61 条规定："合同生效后，当事人就质量、价款或者报酬、履行地点等内容没有约定或者约定不明确的，可以协议补充；不能达成补充协议的，按照合同有关条款或者交易

习惯确定。"双方在合同中没有对"连续用两个航次"中的第二航次作出明确约定，也没有相关的协议补充，原告亦没有提供符合《最高人民法院关于适用〈中华人民共和国合同法〉若干问题的解释（二）》第7条规定的"交易习惯"的证据。因此，第二个航次的履行情况应当以实际履行为准。

原告主张案涉船舶"海顺×××"轮在完成第一航次后，被告诚某船务公司拒不履行第二航次并单方解除合同，构成违约，并要求被告承担因不履行第二航次的违约行为致使原告损失第二航次的预期收益人民币572 724元的赔偿责任。本案中，原告与被告诚某船务公司并没有明确约定第二个航次的受载期，被告诚某船务公司在案涉船舶"海顺×××"轮完成第一航次后，明确要求原告执行马朱罗港至青岛的航次。原告主张马朱罗港至青岛的航次是减损航次，并对该航次提出过异议，但未提供证据证明其提出异议或要求解除合同，而是根据被告诚某船务公司的指示继续受载，"海顺×××"轮也实际执行了该航次，并收取了该航次的全部费用。庭审中，原告、被告双方确认马朱罗港至青岛港航次实际履行且费用已经全部结清，故本院认为，案涉船舶"海顺×××"轮在2011年5月21日完成第一航次后，于2011年5月至2011年8月执行自马朱罗港至青岛的航次，是继第一航次履行完毕连续执行的第二航次，双方对第二航次的受载期、卸货港和运费已经取得一致意见并予以实际履行，应当认定双方已经执行完毕航次租船合同中约定的"连续用两个航次"中的第二个航次。原告主张被告不履行第二航次致使原告损失第二航次的预期收益人民币572 724元，但原告未提供证据予以证明。《民事诉讼法》第64条第1款规定："当事人对自己提出的主张，有责任提供证据。"因原告未能提供任何证据，应承担举证不能的后果，对其主张不予支持。因此，驳回海某海运公司对诚某船务公司及李某某的诉讼请求。

青岛海事法院以判决结案。

【法官后语】

当事人将诉争事实诉至法院，法院对事实的认定存在真伪不明的可能性，在此情形下，民事诉讼要求当事人提出证据，证明自己主张的事实。如果一方当事人举不出证据或所举证据达不到对证明力的要求，其应当承担举证不能的法律责任，也即需承担败诉的风险。本案是原告、被告在履行双方签订的航次租船合同过程中发生的纠纷，被告的法定代表人李某某在盖有其公司公章的航次租船合同上签字的行为，应当认定为履行职务行为，其行为的法律后果应由公司承担。原告未能举证证明案涉船舶在装货港的实际装货时间（滞期时间），应承担举证不能的后果。实践中经常存在合同约定内容不明确的情形，在当事人不能达成补充协议时，才适用交易习惯对合同进行解释。交易习惯通常只有在当事人明示或默示采用且接受其约束的情况下，才对当事人产生约束力。同时，交易习惯作为事实，应由当事人举证证明，只有当事人主张法院才能适用。案涉航次租船合同中没有对"连续用两个航次"中的第二航次作出明确约定，也没有相关的补充协议，原告亦没有提供有关"交易习惯"的证据。在履行完毕第一航次后，双方对第二航次的受载期、卸货港和运费已经取得一致意见并予以实际履行，应当认定双方已经执行完毕航次租船合同中约定的"连续用两个航次"中的第二个航次。故不能认定被告拒不履行合同约定的第二航次，案涉第二个航次的履行情况应当以实际履行为准。原告未能举证证明本案的滞期时间和案涉合同的交易习惯，故其诉讼请求没有事实和法律依据。

【相关法条】

1.《中华人民共和国民法通则》（2021年1月1日废止）

第四十三条　企业法人对它的法定代表人和其他工作人员的经营活动，承担民事责任。

对应新法：

《中华人民共和国民法典》（2021年1月1日施行）

第六十一条　依照法律或者法人章程的规定，代表法人从事民事活动的负责人，为法人的法定代表人。

法定代表人以法人名义从事的民事活动，其法律后果由法人承受。

法人章程或者法人权力机构对法定代表人代表权的限制，不得对抗善意相对人。

第六十二条　法定代表人因执行职务造成他人损害的，由法人承担民事责任。

法人承担民事责任后，依照法律或者法人章程的规定，可以向有过错的法定代表人追偿。

2.《中华人民共和国合同法》(2021年1月1日废止)

第六十一条　合同生效后，当事人就质量、价款或者报酬、履行地点等内容没有约定或者约定不明确的，可以协议补充；不能达成补充协议的，按照合同有关条款或者交易习惯确定。

对应新法：

《中华人民共和国民法典》(2021年1月1日施行)

第五百一十条　合同生效后，当事人就质量、价款或者报酬、履行地点等内容没有约定或者约定不明确的，可以协议补充；不能达成补充协议的，按照合同相关条款或者交易习惯确定。

3.《中华人民共和国民事诉讼法》(2007年10月28日修正)

第六十四条　当事人对自己提出的主张，有责任提供证据。

当事人及其诉讼代理人因客观原因不能自行收集的证据，或者人民法院认为审理案件需要的证据，人民法院应当调查收集。

人民法院应当按照法定程序，全面地、客观地审查核实证据。

对应新法：

《中华人民共和国民事诉讼法》(2023年9月1日修正)

第六十七条　当事人对自己提出的主张，有责任提供证据。

当事人及其诉讼代理人因客观原因不能自行收集的证据，或者人民法院认为审理案件需要的证据，人民法院应当调查收集。

人民法院应当按照法定程序，全面地、客观地审查核实证据。

4.《最高人民法院关于贯彻执行〈中华人民共和国民法通则〉若干问题的意见(试行)》(2021年1月1日废止)

第58条　企业法人的法定代表人和其他工作人员，以法人名义从事的经营活动，给他人造成经济损失的，企业法人应当承担民事责任。

对应新法：

《中华人民共和国民法典》(2021年1月1日施行)

第一百七十条　执行法人或者非法人组织工作任务的人员，就其职权范围内的事项，以法人或者非法人组织的名义实施的民事法律行为，对法人或者非法人组织发生效力。

法人或者非法人组织对执行其工作任务的人员职权范围的限制，不得对抗善意相对人。

5.《最高人民法院关于适用〈中华人民共和国合同法〉若干问题的解释（二）》(2021年1月1日废止)

第七条 下列情形，不违反法律、行政法规强制性规定的，人民法院可以认定为合同法所称"交易习惯"：

（一）在交易行为当地或者某一领域、某一行业通常采用并为交易对方订立合同时所知道或者应当知道的做法；

（二）当事人双方经常使用的习惯做法。

对于交易习惯，由提出主张的一方当事人承担举证责任。

对应新法：

《最高人民法院关于适用〈中华人民共和国民法典〉合同编通则若干问题的解释》(2023年12月5日施行)

第二条 下列情形，不违反法律、行政法规的强制性规定且不违背公序良俗的，人民法院可以认定为民法典所称的"交易习惯"：

（一）当事人之间在交易活动中的惯常做法；

（二）在交易行为当地或者某一领域、某一行业通常采用并为交易对方订立合同时所知道或者应当知道的做法。

对于交易习惯，由提出主张的当事人一方承担举证责任。

承办人：孙　鹏

编写人：孙　鹏　刘文文

45. 洋浦海某航运有限责任公司诉青岛市恒某热电有限公司航次租船合同纠纷案
——船舶装卸时间和滞期费的认定

【合规提示】

本案系一起原告、被告签订《航次租船合同》，原告作为出租人诉被告承租人的航次租船合同纠纷案件，双方对船舶装卸时间和滞期费的认定问题产生争议。对于出租人而言，起算装货时间的前提条件是始终保持船舶处于可让承租人装货的状态；须注意迟延靠泊造成的时间损失应自行承担。对于承租人而言，合同约定滞期费的起算点为锚地起算，则无须以发出装卸准备就绪通知书作为计算滞期费的前提；要注意当合同中体现了双方的真实意思表示时，则不能按照逆利益方解释原则解释合同内容。

【案件信息】

1. 裁判文书字号

（2010）青海法海商初字第81号

2. 当事人

原告（反诉被告）：洋浦海某航运有限责任公司

被告（反诉原告）：青岛市恒某热电有限公司

3. 关键词

民事　航次租船合同　滞期费的认定

【裁判要旨】

合同约定滞期费的起算点为锚地起算，则无须以发出装卸准备就绪通知书作为计算滞期费的前提。证据显示合同体现了双方当事人的真实意思表示时，不能按照逆利益方解释原则解释合同内容。装港采取灭火措施所花费的时间不属于装货作业的范畴，不应计入装卸时间。出租人存有过错的情形下，卸货港迟延靠泊造成的时间损失应不计入装卸时间。

【基本案情】

2009年3月3日，青岛市恒某热电有限公司（以下简称恒某公司）与洋浦海某航运有限责任公司（以下简称海某公司）传真签订航次租船合同。合同约定恒某公司是承租人，海某公司是出租人；船名"津某成"轮，起运港秦皇岛某公司，到达港青岛前湾港，受载期限3月4日，装船期限48小时，卸船期限48小时，滞期费率20 000元/天；总运费每吨22元整（含税）。特约事项和违约责任中具体规定："1.承租方必须保证装、卸港各为一个安全泊位，航线原则上不得更改，若需改港、移泊，须经出租方同意，所产生的所有费用由承租方负责（影响时间计入装卸时间），否则出租方有权拒绝要求，并视为承租方违约。2.此合同为单航次合同，合同签订当日承租方付人民币伍万元整作为履行合同的定金，运费和滞期费等在船抵卸货港锚地开仓卸货前全部付清（付款期恰逢双休日或节假日承租方必须提前付清运费），否则出租方有权不开舱卸货并有权滞留货物变卖来冲抵运费、滞期费和其他出租人合理费用，造成延误的时间按滞期费计算，并按所欠金额每日5‰滞纳金计算，滞期不足一天按比例计算……9.装卸时间船到达锚地起算，两港合并计算。"

2009年3月3日，恒某公司向海某公司支付了50 000元定金。

根据"津某成"轮航海日志的记载，"津某成"轮在装货港秦皇岛的作业过程如下：2009年3月4日17：33在秦皇岛港锚泊，报交管；3月5日15：30锚离地动车，报交管，17：56靠泊，报交管；3月6日13：30申请交管同意离泊，15：08锚泊，报交管；3月11日14：24起锚进港，报交管同意，16：26靠泊，19：30装货正常；3月12日6：30装完货，装货13 163吨，7：00发现小部明火，15：15港调通知移泊，19：22移泊秦皇岛港14#泊位，22：25开工卸货；3月13日19：07停止卸货，卸货4000吨左右；3月14日11：55装货，18：30装货完毕。对于3月5日17：56靠泊，海某公司解释是靠泊给船舶做常数，3月6日13：30常数测量完毕，申请交管离泊，15：08锚泊，继续在锚地等候。海某公司提供的"津某成"轮船舶常数表复印件载明该轮确于2009年3月6日进行了常数测量。"津某成"轮在卸货港青岛的作业过程如下：2009年3月17日9：32在青岛港锚泊；3月20日11：30申请VTS起锚进港，11：31起锚，14：45靠泊，19：30卸货正常；3月21日11：40卸货完毕。卸货后，中国检验认证集团某有限公司出具了水尺重量检验报告，载明所卸货物的重量为12 686.2公吨。

2009年3月9日，"津某成"轮开具了案涉货物的水路货物运单，载明货物重量为13 163吨。

2009年3月14日，海某公司作为租船人，浙江乾某煤炭物资有限公司（以下简称乾某公司）作为发货人，与"津某成"轮签署一份保函。保函载明，"津某成"第5航次在秦皇岛200泊位装货期间在2009年3月12日发生自燃现象，由200泊位移到西港14泊位进行扒舱、卸货，用水冷却，现经租船人、发货人等验货验舱同意，将卸下的货物再次装船。

2009年3月20日，"津某成"轮出具证明称，由于燃煤灭火期间注水，导致二次装煤，大约同等数量的煤留在秦皇岛港。

2009年3月17日，海某公司向恒某公司发出一份通知函，通知恒某公司"津某成"轮已于17日9：32抵青岛锚地抛锚，要求恒某公司按照合同支付全部运费，并支付已经滞期的费用、移泊产生的费用、预付青岛港产生的2天滞期费。如果恒某公司不支付上述费用，该轮不予靠泊，由此产生的滞期费由恒某公司负担。恒某公司主张海某公司卸货港迟延靠泊，海某公司解释其虽然发了该措辞严厉的传真，但并未留置货物，不属于迟延靠泊，是港口正常的等候靠泊，但未能提交港口等候靠泊记录。同日，恒某公司向海某公司支付了剩余运费236 000元。此外，海某公司确认预收了40 000元的滞期费。

恒某公司于2009年3月2日与乾某公司签订煤炭买卖合同，该合同因履行过程中产生纠纷，恒某公司起诉乾某公司至胶南市人民法院，案号为（2009）胶南商初字第1832号。胶南市人民法院于2010年9月15日判决乾某公司赔偿恒某公司损失296 083.08元（货损243 693元+多支付的船运费52 390.08元）。该判决现已生效，并已申请执行。

原告海某公司诉称：2009年3月3日，其与恒某公司签订了一份航次租船合同，约定提供"津某成"轮给恒某公司，装48小时，卸48小时，滞期费率2万元/天。该轮3月4日17：30抵达锚地，3月11日16：25靠泊，3月12日7：00装货完毕后发现煤炭自燃，当日19：00移至14号码头卸货处理后再装货,14日23:21开航。3月17日9:32抵达青岛锚地,20日中午靠泊卸货,3月21日14:00离开码头。装卸时间合计为14天半,扣除合同约定的4天及已支付的2天滞期费,尚欠滞期费为170 000元。请求法院判令恒某公司支付滞期费170 000元,移泊费、剩余运费、停泊费等50 000元,合计220 000元,并判令恒某公司承担诉讼费用。

被告恒某公司辩称:(1)案涉租船合同并未发生滞期,海某公司无权索要滞期费。其一,海某公司未提交装卸准备就绪通知书,因此只能以装卸作业实际开始的时间为准计算装卸时间。其二,案涉装卸时间的计算方式应当是"正常的工作小时+加班的工作小时"。其三,货物于3月12日6:30已经装货完毕,之后船舶移泊、卸货、重新装货的时间是海某公司采取灭火措施的时间,该段时间与装卸作业无关,不应计入装卸时间。(2)海某公司索要移泊费和停泊费,缺乏法定的或约定的权利基础。(3)货物存在短卸,海某公司无权索要剩余运费。

被告恒某公司反诉称:原告运输的货物卸货后,经检验货物重量为12 686.2吨,比在装货港的重量减少了476.8吨,由于原告短货,导致被告产生货物价值损失183 568元,以及产生多付运费损失6903.6元。海某公司应当返还该预付的50 000元滞期费。对上述损失提起反诉,请求原告予以赔偿。

原告海某公司对反诉辩称:(1)货物并未短少,根据合同约定,封舱交接,原装原卸。(2)并未收取5万元滞期费,仅收取4万元,而且装卸时间滞期10天半,尚欠滞期费17万元。(3)运费收取是按照秦皇岛装港数量计算的,尚欠3000多元运费。

【裁判说理】

争议焦点:(1)滞期的时间与滞期费的计算;(2)关于海某公司主张的移泊费、停泊费等费用问题;(3)关于恒某公司主张的短货损失问题;(4)关于海某公司主张的剩余运费及恒某公司主张的多付运费问题。

青岛海事法院经审理认为:

一、滞期的时间与滞期费的计算

依据原告与被告签订的运输合同的约定,装卸货时间从船到达锚地起算,两港合并计算,则应从装港装船与卸港卸船时间两方面计算。

1.装港装船时间的计算。按照航次租船合同的约定,装货时间从船到达锚地起算，本案船舶于2009年3月4日17：33到达锚地，应从此时起算装货时间。但在航次租船合同项下，船舶在装港靠泊后，出租人开始起算装货时间的前提条件是始终保持船舶处于可让承租人装货的状态。案涉船舶在3月4日17：33到达锚地后，于3月5日离开锚地靠泊测量船舶常数，直至3月6日15：08重新锚泊，这证明该船尚未做好装卸准备，此段时间不应计入装船时间之内，故船舶装船时间应从2009年3月6日15：08起算装卸时间，计算至3月12日6：30装完货，共计135.37小时。恒某公司关于案涉装卸时间的计算方式应当是"正常的工作小时＋加班的工作小时"的主张没有事实与法律依据，不予支持。

2. 装港采取灭火排险措施的时间计算。根据航海日志的记载，采取灭火措施的时间为2009年3月12日15：15港调通知移泊至3月14日18：30装货完毕。对该段时间能否计入装卸时间，法院认为，按照《国内水路货物运输规则》的规定，海某公司已经同意装运案涉货物并且于3月12日6：30装货完毕，就应开始进入海某公司的管货期间。海某公司有权在管货期间就发生自燃的已装船的部分案涉货物采取"使之不能为害"的措施而不承担赔偿责任，但该措施不是装卸作业的组成部分。装卸时间特指货物交接过程所使用的时间，而案涉施救措施仅是海某公司接收货物之后的行为，是单方面采取的，而不是恒某公司与海某公司交接货物的行为过程。因此，采取该灭火措施所花费的时间不应计入装卸时间。

综上，装货时间为2009年3月6日15：08至3月12日6：30（共计135.37小时）。

3. 卸港卸船时间的计算。恒某公司主张海某公司卸货港迟延靠泊，3月17日，海某公司通知恒某公司支付运费、滞期费，否则船舶不予靠泊。实际上，船舶3月17日9：39锚泊，一直到3月20日11：30才第一次申请VTS进港靠泊，该期间应当从卸货时间中扣除。海某公司解释其虽然发了该措辞严厉的传真，但并未留置货物，不属于迟延靠泊，而是港口正常的等候靠泊，但未能提交港口等候靠泊记录。法院认为，在海某公司不能提交证据证明该期间属于合理的等候靠泊的情形下，结合其3月17日的通知函中关于"不支付费用不给予靠泊"的陈述，可以认定迟延靠泊的事实清楚。海某公司迟延靠泊造成的时间损失应由其自行承担。3月17日9：39锚泊后迟延至3月20日11：30第一次申请靠泊的这段时间不应计入卸货时间。卸货时间应从3月

20日11：30起算，至3月21日11：40止，共计24.17小时。

因此，装港装货时间为135.37小时，卸港卸货时间为24.17小时，按照航次租船合同两港合并计算的约定，两港合并计算时间为135.37小时+24.17小时=159.54小时。该时间减去合同约定的装船48小时和卸船48小时，剩余的63.54小时为滞期时间。恒某公司应当按照约定的20 000元/天向海某公司支付63.54小时的滞期费共计52 949.79元。恒某公司主张已经支付了50 000元的滞期费，海某公司只确认已收40 000元滞期费，在恒某公司没有其他证据证明的情形下，认定恒某公司已经支付了40 000元的滞期费，则其仍应支付给海某公司12 949.79元的滞期费。

二、关于海某公司主张的移泊费、停泊费等费用问题

海某公司主张因为煤炭装船后发生自燃导致移至14号泊位卸货重新装货，产生油耗21 047.55元、拖轮费10 710元、自引费1080元等移泊费、停泊费，应当由恒某公司承担。对此费用，海某公司有义务证明因为恒某公司的违约行为使其实际遭受了损失。而详细分析海某公司提交的关于油耗、拖轮费、自引费的证据，不能证明其已经支付了其主张的这些费用，也就不能证明其因此所受到的损失，海某公司对该部分诉讼请求应承担举证不能的法律后果，故对该部分主张法院不予支持。

三、关于恒某公司主张的短货损失问题

恒某公司主张原告短装导致其产生货物价值损失183 568元，对此，法院认为：第一，海某公司虽然签发了重量为13 163吨的运单，因重新卸货又装运之后有部分货物未能装上船，留在码头上，显然载明重量为13 163吨的运单不能证明装运货物的实际重量。恒某公司以此数量与卸货港数量对比主张货物短损数量，没有事实依据。第二，在胶南市人民法院审理的恒某公司与乾某公司的诉讼中，该法院已经确认恒某公司收到的货物数量为12 686.20吨，而非乾某公司主张的13 163吨，因此认为恒某公司并未收到该476.8吨的货物，该部分的货款无须向乾某公司支付。故恒某公司主张的货物价值损失183 568元因并未实际支付给卖方，也就并未实际承担该损失，其要求海某公司承担该损失的主张没有事实与法律依据，法院不予支持。

四、关于海某公司主张的剩余运费及恒某公司主张的多付运费问题

"津某成"轮在3月12日6：30装完货时的装货重量为13 163吨，但之后因为煤炭自燃，卸下加水灭火，又重新装船，有部分货物未能装上船。因

此，海某公司该航次运载的货物重量实际少于 13 163 吨，在其不能提交证据证明实际装载的货物重量的前提下，恒某公司在目的港检验的实际到港重量 12 686.20 吨为海某公司运载的重量。按照双方合同第 3 条的约定，12 686.20 吨显然不足 13 000 吨，仍应按 13 000 吨计算运费。因此案涉货物的运费应当按照 13 000 吨计算，海某公司关于欠付 163 吨运费的主张本院不予支持。恒某公司关于返还多支付的运费的主张本院也不予支持。

青岛海事法院以判决结案。

【法官后语】

本案处理的重点在于如何计算装卸时间，主要存在以下几个问题。

一、如何看待锚地起算与装卸准备就绪通知书的关系

按照航次租船合同的约定，装货时间从船到达锚地起算，恒某公司辩称海某公司到达锚地后未发送装卸准备就绪通知书，因此不能起算装货时间。对此，我国的《海商法》和《国内水路货物运输规则》并没有规定在租船合同中必须约定发出装卸准备就绪通知书作为计算滞期费的前提，双方在运输合同中约定从船舶到达锚地开始计算装卸时间，系合同双方的真实意思表示，于法无悖，应予支持。"津某成"轮到达锚地后，及时报告交管，可以视为通知的一种方式。而且租船合同约定船舶的受载期为 3 月 4 日，"津某成"轮确于该日到达锚地，恒某公司可以通过查询交管知道该日船舶已经到达。因此，法院不予支持恒某公司的该抗辩理由是合法有据的，装船时间应当按照合同约定从船到达锚地时起算。但起算时间还有一个前提是船舶在各方面做好装卸货的准备，"津某成"轮测量船舶常数说明其未做好装货的准备，因此法院扣除该段时间是合理的。

二、如何看待恒某公司关于"小时"应解释为"正常的工作小时 + 加班的工作小时"的抗辩主张

案涉合同约定的装卸时间均为"小时"，该"小时"是法定的工作小时，还是连续计算的 24 小时？该条款并不明确，对此，恒某公司认为按照逆利益方解释原则来理解，即如果约定不明确或者可能有多种解释时，应当作出不利于提供格式条款一方的解释。对此，笔者认为，恒某公司不能提交证据证明该合同属于海某公司提交的固定格式合同，单从合同第 10 条对于"争议交由承租人所在地法院裁决"的约定可以看出，该合同也体现了恒某公司的真

实意思表示，因此，恒某公司关于应当作出不利于海某公司一方的解释的主张没有事实依据。再者，恒某公司不能证明秦皇岛港装卸作业部门的工作时间是8小时，不排除该港装卸作业部门连续24小时进行装卸工作的可能性，实际通过航海日志的记载可以看出秦皇岛港是连续24小时进行的装船作业，因此恒某公司的该抗辩主张不应予以支持。

三、如何看待装港采取灭火排险措施重装货物产生的时间损失

《国内水路货物运输规则》第32条规定："承运人应当妥善地装载、搬移、积载、运输、保管、照料和卸载所运货物。"第37条第2款规定："承运人知道危险货物的性质并已同意装运的，仍然可以在该项货物对于船舶、人员或者其他货物构成实际危险时，将货物卸下、销毁或者使之不能为害，而不承担赔偿责任……"在案涉货物于2009年3月12日6：30装货完毕后，属于海某公司的管货期间。海某公司在管货期间就发生自燃的已装船的部分案涉货物采取浇水灭火的措施是法律许可的，但由于船舶满载，海某公司不得不先将货物卸到岸上进行浇水灭火，而后重新装回船上。因此，在装港采取的卸船而后装船的措施是海某公司在履行管货义务期间为合法处理危险货物而采取的灭火措施的组成部分，属于施救措施，而非装卸作业的组成部分。装卸时间特指货物交接过程所使用的时间，而案涉施救措施仅是海某公司接收货物之后的行为，是单方面采取的，不是恒某公司与海某公司交接货物的行为过程。因此，采取该灭火措施所花费的时间不属于装货作业的范畴，不应计入装卸时间。但海某公司有权请求恒某公司赔偿其采取补救措施导致船舶延误的延滞损失，该损失不同于滞期费。

根据《1993年航次租船合同装卸时间解释规则》的规定，滞期费是指非出租人的责任造成的，超过装卸时间产生的船舶迟延而付给出租人的约定金额。滞期不适用装卸时间的除外规定。从中可以看出以下两点：（1）滞期费是一种约定损害赔偿，即按照合同当事人的约定，当一方当事人违约时，应向另一方支付一定数额的金钱。（2）滞期费的发生往往与装卸时间紧密相关。即承租人有权依据合同安排装卸时间，当装卸时间届满而装卸工作仍未完成时，只能向承租人索赔滞期费，除非承租人的违约非常严重，构成合同受阻时，出租人才有权解除合同。

而延滞损失不是当事人双方事先约定的，或者不能完全预见到，而是由于承租人的过失，或者是非承租人过失的其他原因，造成船舶延误而产生的

损失，应按船舶的实际损失赔偿。一般来说，该损失与装卸作业无关。可见，延滞损失是具有补偿性的违约赔偿金而非违约金，主张延滞损失的一方需要举证证明损失的存在和损失数额。

因此，本案中海某公司主张的为灭火而重装货物的时间损失属于延滞损失，该损失与货物装卸作业无关。但海某公司对该延滞损失负有举证责任，需举证证明同类船只在市场上可收取的运费或租金。本案海某公司并未举证证明其存有该项损失，而仅主张滞期费，所以未获得法院支持。

同时，案涉航次租船合同第1条约定："承租方必须保证装、卸港各为一个安全泊位，航线原则上不得更改，若需改港、移泊，须经出租方同意，所产生的所有费用由承租方负责（影响时间计入装卸时间），否则出租方有权拒绝要求，并视为承租方违约。"即如果恒某公司要求移泊的，须经海某公司同意，并由恒某公司承担所有费用，并列计装卸时间。但案涉装港发生的移泊并不是恒某公司要求的，而是海某公司在履行管货义务过程中采取处理危险货物的灭火措施的组成部分，因此该移泊所产生的费用和时间不属于上述合同条款的范畴，不符合关于滞期费的约定，海某公司不能根据该条款的约定向恒某公司主张该段时间的滞期费。

四、如何看待海某公司卸货港迟延靠泊的行为

在出租人存有过错的情形下，可以中断计算装卸时间，英美法中称为船东违约或为自己的利益妨碍租家使用装卸时间，基本原则为出租人对自己的违约行为导致的船舶延滞负责。本案中，海某公司于3月17日发出了书面的不支付运费、滞期费就不予靠泊的通知函，一直到3月20日11：30收到运费后才第一次申请VTS进港靠泊，而且海某公司不能提交港口合理等候靠泊的记录，因此其存有违约行为的事实清楚，证据充分。锚地起算装卸时间条件下，海某公司仍负有尽快申请靠泊的义务，即使恒某公司欠费，海某公司只是有权不开舱卸货，但无权让船舶滞留锚地、迟延靠泊，因此，出租人存有过错的情形下造成的该段时间损失应不计入装卸时间。

【相关法条】

1.《中华人民共和国民法通则》(2021年1月1日废止)

第一百一十二条 当事人一方违反合同的赔偿责任，应当相当于另一方因此所受到的损失。

当事人可以在合同中约定，一方违反合同时，向另一方支付一定数额的违约金；也可以在合同中约定对于违反合同而产生的损失赔偿额的计算方法。

对应新法：

《中华人民共和国民法典》（2021年1月1日施行）

第五百八十四条　当事人一方不履行合同义务或者履行合同义务不符合约定，造成对方损失的，损失赔偿额应当相当于因违约所造成的损失，包括合同履行后可以获得的利益；但是，不得超过违约一方订立合同时预见到或者应当预见到的因违约可能造成的损失

第五百八十五条第一款　当事人可以约定一方违约时应当根据违约情况向对方支付一定数额的违约金，也可以约定因违约产生的损失赔偿额的计算方法。

2.《中华人民共和国民事诉讼法》（2007年10月28日修正）

第六十四条第一款　当事人对自己提出的主张，有责任提供证据。

对应新法：

《中华人民共和国民事诉讼法》（2023年9月1日修正）

第六十七条第一款　当事人对自己提出的主张，有责任提供证据。

3.《中华人民共和国合同法》（2021年1月1日废止）

第六十条　当事人应当按照约定全面履行自己的义务。

当事人应当遵循诚实信用原则，根据合同的性质、目的和交易习惯履行通知、协助、保密等义务。

第一百零七条　当事人一方不履行合同义务或者履行合同义务不符合约定的，应当承担继续履行、采取补救措施或者赔偿损失等违约责任。

第二百九十二条　旅客、托运人或者收货人应当支付票款或者运输费用。承运人未按照约定路线或者通常路线运输增加票款或者运输费用的，旅客、托运人或者收货人可以拒绝支付增加部分的票款或者运输费用。

对应新法：

《中华人民共和国民法典》（2021年1月1日施行）

第五百零九条第一款、第二款　当事人应当按照约定全面履行自己的义务。

当事人应当遵循诚信原则，根据合同的性质、目的和交易习惯履行通知、协助、保密等义务。

第五百七十七条 当事人一方不履行合同义务或者履行合同义务不符合约定的,应当承担继续履行、采取补救措施或者赔偿损失等违约责任。

第八百一十三条 旅客、托运人或者收货人应当支付票款或者运输费用。承运人未按照约定路线或者通常路线运输增加票款或者运输费用的,旅客、托运人或者收货人可以拒绝支付增加部分的票款或者运输费用。

4.《国内水路货物运输规则》(2016年5月30日废止)

第三十二条 承运人应当妥善地装载、搬移、积载、运输、保管、照料和卸载所运货物。

第三十七条 托运人未按照本规则第十七条规定通知承运人或者通知有误的,承运人可以在任何时间、任何地点根据情况需要将危险货物卸下、销毁或者使之不能为害,而不承担赔偿责任。托运人对承运人因运输此类货物所受到的损失,应当承担赔偿责任。

承运人知道危险货物的性质并已同意装运的,仍然可以在该项货物对于船舶、人员或者其他货物构成实际危险时,将货物卸下、销毁或者使之不能为害,而不承担赔偿责任。但是,本款规定不影响共同海损的分摊。

承办人:王爱玲
编写人:王爱玲

46. 槐某奇诉吴江市某疏浚建筑有限公司船舶租用合同纠纷案
——合同相对人应证明代理行为符合表见代理的构成要件

【合规提示】

本案件是船舶租用引起的法律纠纷,原告是船舶承租人的项目经理,其以个人名义与被告公司前员工孙某某签订了船舶租用合同。双方对孙某某的行为是否构成表见代理,对被告是否有约束力产生争议。对于船舶承租人而言，在合同签订过程中应当尽到合理审慎的审查注意义务，审查包括但不限于合同相对方存续情况、工商登记情况，标的物所有人情况，签约人的主体资格、授权范围，留存对方授权证明或合同书、公章、印鉴等有权代理的客观表象形式要素。在合同履行过程中，了解船舶交付情况、合同履行情况等，并固定相关证据。对于船舶所有人而言，签订合同不仅需要审查签约主体的资格及授权文件等，还需要注意公章的使用和保管。

【案件信息】

1. 裁判文书字号

（2008）青海法海商初字第95号

2. 当事人

原告：槐某奇

被告：吴江市某疏浚建筑有限公司

3. 关键词

民事　船舶租用合同　代理行为　表见代理

【裁判要旨】

合同相对人主张构成表见代理的，应当承担举证责任，举证证明代理行为存在诸如合同书、公章、印鉴等有权代理的客观表象形式要素。

【基本案情】

原告诉称：2008年3月26日，原告、被告在黄岛签订《租船协议》，约定被告将其所属"胤某号"船租给原告，租期二年，自2008年3月28日至2010年3月27日。合同签订后，原告投入大量资金用于该船的维修，并用该船同第三方签订了吹填工程项目合同。2008年4月，被告突然要求停止履行租船协议，要将"胤某号"船收回。在原告拒绝的情况下竟然派人将船上的机器部件强行拆走，致使原告不能正常使用该船，原告面临着不能履行同第三方签订的吹填项目工程从而导致巨额赔偿的风险。根据租船协议约定，如一方违约，应赔偿守约方50万元及由此所造成的一切损失。综上，原告认为《租船协议》合法有效，双方均应按照诚实、信用原则严格履行，被告违约侵害了原告的合法权益，理应承担继续履行、赔偿损失的民事责任。为此特诉至青岛海事法院,请求判令:(1)被告继续履行租船协议;(2)被告支付违约金50万元;(3)由被告承担本案诉讼费用。在审理过程中,原告自愿放弃第一项诉讼请求。

被告辩称:第一,原告槐某奇订立租船协议的行为系职务行为或授权行为,槐某奇本人不具有诉讼主体资格,其起诉应当被依法裁定驳回。第二,孙某某与原告签署的租船协议不能约束被告,其法律后果应当由孙某某自己承担,与被告无关。第三,孙某某订立租船协议擅自将船舶出租给原告的行为属于无权处分,案涉租船协议并未生效,并最终归于无效。第四,孙某某的行为既不构成对王某的表见代理,更不构成对被告公司的表见代理,其签署的租船协议之法律后果不应当由被告承担。第五,原告主张的违约金或实际损失,没有事实和法律依据,不应得到支持。

法院经审理查明,2008年3月26日,孙某某与槐某奇在青岛市黄岛区签订了一份租船协议。约定被告为甲方,原告为乙方,被告将其所有的"胤某号"船舶租给原告使用,月租金15万元,租期二年,如违约,违约方赔偿人民币50万元及由此所造成的一切损失。甲方下方为孙某某签名并备注"(代王某)",乙方为槐某奇签字。原告认为孙某某为被告的总经理,其签字的法律后果应由被告承担。合同签订后,被告违约收回船舶,给原告造成损失,请求被告支付违约金50万元。对此,被告否认孙某某的签字经被告法定代表人王某授权,认为其签字行为不能构成表见代理,对被告不具有约束力。关于合同的签订过程,孙某某出庭证明其并未参与合同内容的拟定,签字是根据王某电话指示。原告也认可合同内容是与王某电话协商确定,由被告总经理孙某某签字。

实际上,涉案的"胤某号"船舶的船舶所有权人为苏州胤某公司,并非被告,被告乃租用了苏州胤某公司的船舶。2008年4月27日,苏州胤某公司以被告未经其同意将船舶转租给他人使用为由起诉本案被告至江苏省吴江市人民法院,请求解除双方签订的租赁合同,立即返还"胤某号"挖泥船。槐某奇作为第三人参加了诉讼。本案被告在该案中认可苏州胤某公司的主张,但认为造成该案纠纷的原因是其原副总经理孙某某擅自将挖泥船转租给了第三人槐某奇。吴江法院判决解除苏州胤某公司与被告签订的租赁合同,并判令第三人槐某奇将"胤某号"返还原告。

孙某某于2006年1月18日曾与被告签订长期劳动协议,但2007年6月

22日孙某某向被告申请辞职，6月28日被告准许其辞职。12月8日，孙某某与被告进行了结算，并与被告法定代表人王某签订了一份海洋工程内部承包协议，被告再未向其发放工资。

2007年10月23日，被告与烟台某海洋工程有限公司签订了一份海洋港工程分包合同，载明被告代表为孙某某，该合同由王某签字，加盖被告公司公章。孙某某出庭作证确认该合同就是其与王某签订的海洋工程承包协议中的项目，但该合同并非其在与原告签订租船合同时出具给原告的，孙某某并未凭此证明其有权代理被告签署与原告的租船协议。

2008年3月25日，青岛合某公司向槐某奇出具聘书一份，聘请槐某奇为文登项目部经理。根据原告提供的考勤表，"胤某号"船舶于2008年4月至7月一直被用于该文登项目。原告提交的部分增值税专用发票表明，2008年5月至8月，青岛合某公司购买了一些船舶配件，但不能证明这些配件与"胤某号"船舶的关系。被告据此主张在租赁协议订立之前槐某奇即已成为合某公司的员工，而且有关修船费用的发票中记载的付款人也是合某公司，证明其签约行为属于职务行为。因此，槐某奇本人不具备诉讼主体资格。

【裁判说理】

争议焦点：（1）原告是否具备向被告索赔的诉讼主体资格；（2）孙某某签署的租船协议的法律后果是否由被告承担；（3）如果孙某某的签约行为构成表见代理，对被告具有约束力，原告的证据能否证明其已经履行了租船协议且系被告构成违约。

青岛海事法院认为：

一、原告是否具备向被告索赔的诉讼主体资格

被告抗辩称合某公司聘用槐某奇作为项目经理，出具聘书的时间在案涉租船协议订立之前，这充分说明在租赁协议订立之前槐某奇即已成为合某公司的员工，其签约行为属于职务行为。原告提交的所谓有关修船费用的发票中记载的付款人也是合某公司，这说明原告自认案涉船舶租船协议事实上是由合某公司而非槐某奇个人来履行的，因此槐某奇本人不具备诉讼主体资格。

对此，青岛海事法院认为，其一，法律并未禁止槐某奇在成为合某公司的项目经理后以个人名义与第三人签订租船合同，也未禁止槐某奇租用船舶后将船舶交由其所属的公司使用，除非其所属的公司明令禁止槐某奇这种行

为或单独主张其诉讼权利。事实上，审理过程中合某公司一直派人旁听庭审，自始至终都未主张过诉讼权利。因此，在合某公司没有授权槐某奇代公司签约或追认其签约行为由公司承担法律后果的情形下，被告不能证明槐某奇的签约行为属于合某公司的职务行为或授权行为。其二，在江苏省吴江市人民法院审理的（2008）吴江民二初字第 0648 号苏州胤某公司与本案被告及第三人槐某奇租赁合同纠纷一案中，被告也认为是孙某某擅自将船舶转租给了槐某奇，最终该法院判决槐某奇于判决生效之日起十日内将"胤某号"船舶返还给苏州胤某公司，该判决已经生效。因此，生效的吴江市人民法院判决书可以证明槐某奇是以个人名义签订的租船协议，是案涉租船协议的权利义务的相对方。因此，青岛海事法院认为槐某奇具备向被告索赔的诉讼主体资格，被告的该项抗辩理由没有事实和法律依据，青岛海事法院不予采纳。

二、孙某某签署的租船协议的法律后果是否由被告承担

原告主张孙某某是被告公司的总经理，其签署的租船协议构成表见代理，协议合法有效，法律后果应当由被告承担。被告抗辩孙某某与原告签署的租船协议不能约束被告，孙某某的行为既不构成对王某的表见代理，更不构成对被告公司的表见代理，其签署的租船协议之法律后果不应当由被告承担，应当由孙某某自己承担。孙某某订立租船协议擅自将船舶出租给原告的行为属于无权处分，案涉租船协议并未生效，并最终归于无效。

青岛海事法院认为，孙某某并非被告公司的法定代表人，如何认定其签约行为的法律后果关键是看其是否构成了表见代理。《合同法》第 49 条规定："行为人没有代理权、超越代理权或者代理权终止后以被代理人名义订立合同，相对人有理由相信行为人有代理权的，该代理行为有效。"因此，表见代理的构成应具备以下要件：

1. 无权代理人没有代理权，即行为人的代理行为属无权代理行为。若代理人有完全的、明确的代理权，则被代理人应当直接承担有权代理的法律后果。本案中，孙某某虽然与被告签署了长期的劳动协议，但其已于 2007 年 6 月 22 日向被告提出了辞职书，与被告于 2007 年 12 月 8 日进行了账务清理与对账，之后被告再未向其发放工资。审理中，被告及王某均不认可曾授权孙某某与原告订立租船协议，因此孙某某没有代理权签署租船协议。

2. 相对人有合理的充足理由相信行为人有代理权。所谓合理的理由即被代理人虽未明确授予行为人代理权，但根据行为人的客观表象足以推断行为

人具有代理权。根据最高人民法院发布的《关于当前形势下审理民商事合同纠纷案件若干问题的指导意见》（法发〔2009〕40号，以下简称《指导意见》）第四部分的规定，合同相对人主张构成表见代理的，应当承担举证责任，举证证明代理行为存在诸如合同书、公章、印鉴等有权代理的客观表象形式要素。本案中，孙某某在订立租船协议时，并未向原告出具王某或被告公司的授权证明或合同书、公章、印鉴等文件。原告仅提交了一份《海阳港扩建一期工程航道疏浚及吹填工程分包合同》复印件，该合同也不能证明其有理由相信孙某某可以签订案涉租船合同。理由如下：其一，孙某某在庭审作证时明确指出该份合同并不是其签订租船协议时提供给原告的，也从未以此作为其有权签订合同的证明。因而，原告不能以此证明其是在签订租船协议的当时看到的该合同从而依据该合同相信孙某某有代理权，如果是在订立租船协议很长时间之前或事后才看到的该合同，也不能构成表见代理。其二，该合同是由王某本人签字并加盖被告公司的公章，而并非像案涉租船协议一样只有孙某某的签字，这恰恰说明只有王某本人签字并加盖公司印章的合同才对被告有约束力。其三，合同中，孙某某作为乙方代表的身份是指代表乙方对分包工程的安全、质量、进度、环保、文明施工进行现场管理并履行合同，履行被告和烟台某海洋工程有限责任公司之间的合同，和原告无关，孙某某在庭审作证时也认为该合同和原告无关。因此，不能以此证明孙某某有权签署案涉的租船协议。原告一直主张通过处理被告公司的厦门事件认识孙某某，并知悉其总经理的身份，但未提交任何书面证据加以证明。相反地，孙某某在庭审作证时却称不认识槐某奇，只是在签合同时见过槐某奇，签署该租船协议仅凭王某的电话指示。在被告不承认口头电话指示授权签约的情形下，原告未能提交证据证明其有合理的充足理由相信行为人有代理权的客观表象形式要素，因此不符合表见代理的该要件。

3. 相对人主观上是善意的，且无过错。根据法发〔2009〕40号《指导意见》第四部分的规定，表见代理制度不仅要求代理人的无权代理行为在客观上形成具有代理权的表象，而且要求相对人在主观上善意且无过失地相信行为人有代理权。对此，合同相对人即本案原告负有举证责任，在判断其主观上是否属于善意且无过失时，应当结合合同缔结与履行过程中的各种因素综合判断合同相对人是否尽到合理注意义务。本案中，原告在签订租船协议的过程中没有尽到合理的注意义务。其一，协议载明甲方为"吴江市某建筑有限公司",该名称与被告的名称不符,被告的名称为吴江市某疏浚建筑有限公司,证明原告未尽到最起码的审核被告是否存在及工商登记情况的注意义务。其二,租船协议中载明"胤某号"属于吴江市某建筑有限公司,这是错误的。根据"胤某号"的船舶所有权证书,"胤某号"船舶于2007年5月29日起就登记在苏州胤某公司处,其法定代表人为沈某生。该船舶并非被告公司所有。证明原告未尽到审慎地审查租船协议的标的物所有权人的合理注意义务。其三,甲方签字处孙某某后加"(代王某)",并未加盖单位公章,如果原告认为孙某某是公司总经理,有权利代被告签约,则其签字后无须再加"(代王某)",原告未尽到核查孙某某有对被告公司的代理权还是有对王某个人的代理权的合理注意义务。其四,原告槐某奇从未与孙某某签署过合同,在与孙某某并不熟悉的情形下,对其是否可以代理被告公司或王某签署合同,在没有被告公司的空白合同、介绍信或王某的印鉴等佐证的前提下,未尽到合理谨慎的审查义务。其五,关于船舶如何交付、被告是否参与了船舶的交付,原告没有提交书面证据,对于被告是否参与了合同的履行,原告未尽到合理的注意义务。因此,原告在签订租船协议的过程中有过错,未尽到合理注意义务,不符合表见代理的主观上善意无过错的构成要件。

因此,本案中原告不能举证证明其有合理的充足理由相信孙某某有权签订租船协议及原告在主观上善意无过错,所以不能构成表见代理法律关系。孙某某签订的租船协议的法律后果不应当由被告承担。被告的抗辩理由于法有据,应予支持。

三、如果孙某某的签约行为构成表见代理,对被告具有约束力,原告的证据能否证明其已经履行了租船协议且系被告构成违约

被告抗辩称原告没有证据证明其已履行了租船协议,因为其未按照租船协议的约定支付租金或修理船舶,其主张没有事实和法律依据,应当不予支持。对此,原告主张按照合同的约定其无须支付租金,只对船舶进行维修即可,并且其已经进行了维修。青岛海事法院认为,原告租用船舶具有支付租金的义务,虽然租船协议未约定原告将租金直接支付给被告,但约定原告应当将租金打入专用账户用于修船(主体大修件),即3个月汇入一次(注专用账号使用必须有甲方专管,大修费用必须甲方派人审核,甲方派人:夏某宏)。根据原告提供的"胤某号"船舶2008年4月至7月在文登工地中的考勤表,可以看出"胤某号"船舶在原告处工作已经至少四个月,则原告负有

在第三个月时将租金打入专用账号的支付义务，但原告不能提交证据证明其将租金打入过专用账户。原告提交了 2008 年 5 月至 8 月的部分增值税专用发票，这些发票的购买人为合某公司而非原告，不能证明是原告支付的相应价款。此外，发票只能证明购买过船舶配件，不能证明这些配件是否用于"胤某号"船舶的维修。原告自始至终未能提交合同约定的由甲方审核的大修费用清单，故不能证明其已按照合同约定支付了船舶至少四个月的租金。因此，原告不能证明其合同履行情况或其主张的违约金或实际损失，被告的抗辩理由于法有据，应予支持。

青岛海事法院以判决结案。

【法官后语】

本案处理重点在于对表见代理的理解。我国《合同法》第 49 条规定："行为人没有代理权、超越代理权或者代理权终止后以被代理人名义订立合同，相对人有理由相信行为人有代理权的，该代理行为有效。"因此，表见代理应具备三个构成要件。

具体到本案中，孙某某没有代理权签署租船协议符合第一个要件。第二个要件是相对人有理由相信行为人有代理权，这要求被代理人虽未明确授予行为人代理权，但根据行为人的客观表象足以推断行为人具有代理权。根据法发〔2009〕40 号《指导意见》第四部分的规定，合同相对人主张构成表见代理的，应当承担举证责任，举证证明代理行为存在诸如合同书、公章、印鉴等有权代理的客观表象形式要素。本案中，原告仅提交了一份海阳港工程分包合同复印件，但结合孙某某的出庭证言，可以查明孙某某是凭王某的电话指示而非该合同书复印件签订的合同。因而，该合同书不能证明其有理由相信孙某某有权签署案涉协议。第三个要件是相对人主观上是善意的，且无过错。根据法发〔2009〕40 号《指导意见》第四部分的规定，表见代理制度不仅要求代理人的无权代理行为在客观上形成具有代理权的表象，而且要求相对人在主观上善意且无过失地相信行为人有代理权。对此，合同相对人即本案原告负有举证责任，在判断其主观上是否属于善意且无过失时，法院通过分析合同缔结与履行过程中的各种因素综合判断合同相对人是否尽到合理注意义务。通过审理发现，原告在订约及履行过程中存在诸多过失，未尽合理审查义务，不符合善意无过错的要件。

【相关法条】

1.《中华人民共和国合同法》(2021年1月1日废止)

第四十九条 行为人没有代理权、超越代理权或者代理权终止后以被代理人名义订立合同，相对人有理由相信行为人有代理权的，该代理行为有效。

对应新法：

《中华人民共和国民法典》(2021年1月1日施行)

第一百七十二条 行为人没有代理权、超越代理权或者代理权终止后，仍然实施代理行为，相对人有理由相信行为人有代理权的，代理行为有效。

2.《中华人民共和国民事诉讼法》(2007年10月28日修正)

第六十四条 当事人对自己提出的主张，有责任提供证据。

当事人及其诉讼代理人因客观原因不能自行收集的证据，或者人民法院认为审理案件需要的证据，人民法院应当调查收集。

人民法院应当按照法定程序，全面地、客观地审查核实证据。

对应新法：

《中华人民共和国民事诉讼法》(2023年9月1日修正)

第六十七条 当事人对自己提出的主张，有责任提供证据。

当事人及其诉讼代理人因客观原因不能自行收集的证据，或者人民法院认为审理案件需要的证据，人民法院应当调查收集。

人民法院应当按照法定程序，全面地、客观地审查核实证据。

承办人：王爱玲

编写人：王爱玲

47. 新某铸管股份有限公司诉中国环某国际运输有限公司、东某海运公司航次租船合同纠纷案

——航次租船合同关系与海上货物运输合同关系并存时责任主体的确定和责任承担

【合规提示】

本案是一起承运人不当履行航次租船合同义务造成损失的索赔案件。作为货方的托运人与航次出租人签订了航次租船合同运输货物，货装船后船舶所有人向托运人签发已装船提单，后案涉船舶迟延到港，并拒绝履行后续航次义务，导致托运人利益受损。对于托运人货方而言，其与航次出租人成立航次租船合同关系，同时因持有船舶所有人签发的提单而与船舶所有人之间成立海上货物运输合同关系，当两种关系并存时，托运人货方须选择一种法律关系进行诉讼索赔损失；两个法律关系的相对人即航次出租人与船舶所有人不符合承担连带责任的法律条件。因此，在选择诉讼时，货方需要全面判断两相对人的法律义务和责任，并全面了解两相对人的判后执行能力，以免无法最终实现判决确定的权利。

【案件信息】

1. 裁判文书字号

（2008）青海法海商初字第 165 号

2. 当事人

原告：新某铸管股份有限公司

被告：中国环某国际运输有限公司（原名新某船务有限公司）、东某海运公司

3. 关键词

民事　航次租船合同　租约与运输合同共存　责任主体和责任承担

【裁判要旨】

本案确定了"在航次租船合同关系下没有实际承运人这一概念，仅能由租船相对方对损失进行赔偿"的海商法重要理论。这一理论在海事司法界占据重要地位。

【基本案情】

原告就售予西班牙某公司的球墨铸铁管、管件和配件货物的海上运输，于2007年1月17日与新某船务有限公司（以下简称新某船务）签订了《海上运输合同》。合同约定承运船舶为"M×××"；装货港青岛；卸货港西班牙萨贡托；受载期为2007年1月25日至30日；海运费率为FIO条款60.0USD/CBM。合同第10条约定："乙方预计承运船舶在装货完毕后45天内到达卸货港，但由于不可抗力导致的延误除外。如在规定时间内船舶未能到达卸货港而引起客户向甲方的正当索赔，则所有索赔损失由乙方承担。"

2007年2月1日，货物装上承运船舶，青岛新某国际船舶代理有限公司代表承运人东某海运公司（以下简称东某海运）签发了已装船清洁提单。提单载明：托运人为原告，收货人和通知方均为西班牙某公司，装货港中国青岛，卸货港西班牙萨贡托，运费预付。原告以合同约定支付了上述运费。

承运船舶由第二被告东某海运期租经营，因东某海运未支付租金，该轮抵达中途卸港后，期租出租人决定撤回船舶。原告为将货物运抵目的港交予其买方西班牙某公司，向期租出租人支付运费345 000美元，船舶继续运至目的港。

诉讼期间，新某船务更名为中国环某国际运输有限公司（以下简称环某运输），并继承了原新某船务的权利义务。

原告新某铸管股份有限公司（以下简称新某铸管）诉称：新某铸管于2007年1月17日与新某船务签订了《海上运输合同》，约定由"M×××"船承运新某铸管出口至西班牙萨贡托港的球墨铸铁管。合同第10条约定承运船舶在装货完毕后45天内到达卸货港，如在规定时间内船舶未能到达卸货港而引起收货人索赔，由新某船务承担。上述货物于2007年2月1日装船完毕，并且签发了已装船提单，但承运船舶在 2007 年 4 月 22 日才到达卸货港，比合同规定的到达日期迟延 36 天。新某船务非中国企业法人，在中国境内无可供执行财产，并且违反《国际海运条例》规定在中国境内从事无船承运业务，未向中华人民共和国交通运输部交存保证金，所以原告有权按照《合同法》第 68 条的规定中止履行合同。作为实际承运人的东某海运在合同项下的运输义务尚未履行完毕的情况下即拒绝执行"M×××"剩余的航程（从公海至意大利热那亚港再到西班牙萨贡托港的一段），违反了承运人的义务，致使原告不得不另行安排未完成航程的运输，并因此遭受巨额损失。原告诉请法院依法判令：（1）中止履行 2007 年 1 月 17 日签订的《海上运输合同》；（2）被告环某运输（原新某船务）返还海运费 22 760 美元、赔偿损失 322 240 美元及上述费用至实际支付日的利息，并承担本案的全部诉讼费用；（3）被告东某海运承担连带责任。原告新某铸管起诉时将青岛新某国际船舶代理有限公司作为共同被告，认为其应承担新某船务代理人的责任，后原告新某铸管撤回了对该被告的起诉。庭审中，原告变更诉讼请求，放弃第 1 项中止履行合同的诉讼请求，将第 2 项变更为请求被告环某运输赔偿二次海运费共计 345 000 美元及利息。

二被告经法院依法传唤，无正当理由未到庭应诉。

【裁判说理】

争议焦点：在同一海上货物运输中，原告同时为航次租船合同中的航次租船人和海上货物运输合同中的托运人，并将航次出租人和海上货物运输承运人两个合同相对方在本案中同时提起诉讼，要求二被告依据不同的合同关系承担连带责任。在原告最终选择航次租船合同关系诉讼后，该诉讼请求能否得到支持。

青岛海事法院认为：本案系因履行航次租船合同产生的争议，是涉外海上运输合同纠纷。依据相关法律青岛海事法院对本案享有管辖权，并依照案涉合同约定及相关法律，适用中华人民共和国法律解决本案的实体争议。

原告与环某运输之间的《海上运输合同》系《海商法》中规定的航次租船合同，是双方的真实意思表示，依法成立并有效，被告环某运输作为出租人负有在合同约定的卸货港卸货的法定义务。本案中，因东某海运与船舶期租出租人之间的租金纠纷致使航次租船合同未能全面履行，并不能免除环某运输在该合同项下对新某铸管的违约责任。新某铸管另行支付的运费系其为履行贸易合同而产生的合理费用，是因环某运输违约所致，环某运输应予偿付，且利息损失亦应予赔偿。

原告与被告东某海运存在提单运输合同关系，原告作为托运人享有对（无船）承运人东某海运的提单项下请求权。但因原告已经选择依据航次租船合同向出租人环某运输行使权利，而东某海运并不是案涉运输的实际承运人，且无证据表明环某运输与东某海运之间存在其他法律关系，因此，原告主张东某海运承担连带责任并没有事实和法律依据。

依照《民事诉讼法》第130条、《合同法》第107条的规定，判决如下：一、被告环某运输偿付原告运费损失345 000美元及自2007年4月26日起至本判决确定的应付之日止的银行同期贷款利息；二、驳回原告对被告东某海运的诉讼请求。

【法官后语】

本案是一起航次租船合同纠纷案件，在案涉海上货物运输中，原告与第一被告之间签订了航次租船合同，双方成立航次租船合同关系；第二被告又作为承运人向原告签发了提单，则原告与第二被告之间又形成了海上货物运输合同关系（提单运输关系）。由此，原告同时成为航次租船人和托运人，并对航次出租人（第一被告）和海上货物运输承运人（第二被告）同时提起诉讼，要求二被告依据不同的合同关系承担连带责任。原告在诉讼中最终选择了航次租船合同关系，其两项诉讼请求能否都得到支持？

在海上货物运输过程中，会存在不同的甚至是复杂的法律关系，如海上货物运输合同关系（包括提单运输合同关系）、航次租船合同关系、定期租船合同关系、光船租赁合同关系以及各种代理合同关系，租船合同关系和代理关系甚至会存在几重关系并形成关系链。面对这样复杂的关系群，当事人起诉时，首先需要将各种关系梳理清楚，并且选择其中一种合同关系向合同相对方主张权利。在选定一种合同关系后，其他合同关系的相对人便不再承担该种合同关系下的权利和义务；在法律没有明确规定的情况下，也不承担连带责任。本案中，在原告选择航次租船合同关系后，承担责任的应当是第一被告航次出租人。

关于第二被告应不应当承担连带责任的问题。依据《海商法》第63条的规定，实际承运人也负有赔偿责任的，应当在此项责任范围内同承运人承担连带责任。因此，只有在第二被告是案涉海上货物运输中的实际承运人，且其对原告的损失存有过错、应当承担责任时，其才会承担连带责任。但本案中，第二被告并不是实际承运人，而只是案涉船舶的定期租船人，法律并没有定期租船合同的出租人与航次租船合同的出租人向航次租船合同的承租人承担连带责任的规定。因此，本案中，第二被告不应与第一被告承担连带责任。

【相关法条】

1.《中华人民共和国民事诉讼法》(2007年10月28日修正)

第一百三十条　被告经传票传唤，无正当理由拒不到庭的，或者未经法庭许可中途退庭的，可以缺席判决。

第二百二十九条　被执行人未按判决、裁定和其他法律文书指定的期间履行给付金钱义务的，应当加倍支付迟延履行期间的债务利息。被执行人未按判决、裁定和其他法律文书指定的期间履行其他义务的，应当支付迟延履行金。

对应新法：

《中华人民共和国民事诉讼法》(2023年9月1日修正)

第一百四十七条　被告经传票传唤，无正当理由拒不到庭的，或者未经法庭许可中途退庭的，可以缺席判决。

第二百六十四条　被执行人未按判决、裁定和其他法律文书指定的期间履行给付金钱义务的，应当加倍支付迟延履行期间的债务利息。被执行人未按判决、裁定和其他法律文书指定的期间履行其他义务的，应当支付迟延履行金。

2.《中华人民共和国合同法》(2021年1月1日废止)

第一百零七条　当事人一方不履行合同义务或者履行合同义务不符合约定的，应当承担继续履行、采取补救措施或者赔偿损失等违约责任。

对应新法：

《中华人民共和国民法典》(2021年1月1日施行)

第五百七十七条　当事人一方不履行合同义务或者履行合同义务不符合约定的，应当承担继续履行、采取补救措施或者赔偿损失等违约责任。

承办人：宋俊文

编写人：宋俊文　郭俊莉

48. 河北骄某船务有限公司诉德州开某进出口有限公司航次租船合同纠纷案
——航次租船合同项下代位权的行使

【合规提示】

本案系一起出租人（债权人）诉船舶次承租人（次债务人），要求代位承租人（债务人）向次承租人（次债务人）主张运费和其他费用的案件。双方对代位权是否成立以及所应代位行使的债权金额产生了争议。相较于《合同法》及其相关司法解释，我国现行的《民法典》对代位权的客体范围、判断标准、法律效果等均作出了大幅修正。对出租人（债权人）而言，应根据《民法典》的相关规定及时行使代位权，同时应注意因债权人自身不必要的行为所致的损失，不应计算在代位求偿权的债务数额范围之内。对于次承租人（次债务人）而言，应按照法律规定或者合同约定及时将欠付承租人的债权金额支付给出租人。

【案件信息】

1. 裁判文书字号

（2007）青海法海商初字第 116 号

2. 当事人

原告：河北骄某船务有限公司

被告：德州开某进出口有限公司

3. 关键词

民事　航次租船合同　代位权　滞期费　留置货物

【裁判要旨】

法院应严格依据案件事实、合同及法律来认定代位权的债权金额，对于因原告自身不必要的行为所致的滞期费损失，不应计算在代位求偿权的债务数额范围之内。

【基本案情】

在河北骄某船务有限公司诉德州开某进出口有限公司航次租船合同纠纷一案中，青岛海事法院查明案件事实如下：2007年1月22日，东方某瑞有限公司（以下简称东方某瑞）作为出租人与作为承租人的被告签订了"河北××"轮航次租船合同。2007年2月2日，原告将"河北××"轮租给东方某瑞，并签订了航次期租合同。合同还约定因合同引起的所有纠纷应提交伦敦仲裁，并适用英国法。"河北××"轮从中国岚山港装载货物之后，于2007年2月22日启航前往意大利。

2007年3月2日，原告的代理人北某船务有限公司传真通知被告及有关方，由于东方某瑞未按照航次期租合同约定支付任何租金，原告依据双方合同的约定宣布留置船载货物和转租运费，要求被告将运费直接付给原告。同日，原告以东方某瑞为被申请人向本院申请诉前财产保全，请求冻结、查封或扣押东方某瑞190万美元的财产，法院受理后向被告发出协助执行通知，要求被告停止支付给东方某瑞运费1 900 000美元。

2007年3月7日，被告发传真给原告，表示按法院通知暂停支付运费给东方某瑞，并将按照原告与东方某瑞之间达成的最终和解协议、生效的仲裁裁决或法院裁决来支付运费；同时要求原告负责履行被告与东方某瑞之间的航次租船合同，将货物安全运抵目的港卸货；在原告与东方某瑞之间的纠纷没有最终解决之前，如果原告坚持要求被告向原告支付运费，则应该承担被告对东方某瑞的全部法律责任，被告也只能在原来确定的运费范围内支付，但如东方某瑞欠原告的租金低于被告应付的运费，则被告仅支付原告的租金。

对于被告应付给东方某瑞的运费，依合同约定的费率每吨30美元，按实际装货63 310.9吨计算为1 899 327美元，对此被告予以确认。

2007年3月26日，"河北××"轮抵达意大利，但此时船长根据原告指示拒绝卸货。2007年3月29日，"河北××"轮船长代表原告委托意大利律师向当地法院提出留置船载货物申请，要求被告、意大利收货人及东方某瑞为欠付的租金等费用提供250万美元的担保。意大利第里雅斯特法院于2007年4月3日作出裁定，准许"河北××"轮将货物卸到仓库，并指令收货人看护货物。而后，"河北××"轮才将货物卸载完毕。原告确认，到本案审理时货物尚在仓库未被处理，在意大利法院的诉讼也尚未开庭。

原告在意大利法院申请留置货物的同时，又以被告为被申请人分别于2007年4月6日和4月16日向法院提出诉前财产保全申请及追加保全金额的申请，请求冻结被告银行存款250万美元或查封、扣押其他等值财产。法院裁定准许原告的诉前保全申请，冻结了被告相应银行存款及查封了被告所属的房产，同时要求原告作为申请人应于裁定书送达之日起30日内向法院起诉或提起仲裁，后原告提起了本案诉讼。

在本案审理过程中，原告、被告双方均明确同意本案适用中华人民共和国法律。

另查明，原告就东方某瑞航次期租合同项下欠付的租金和费用，于2007年3月15日在英国伦敦对东方某瑞提起了仲裁。独任仲裁员威廉先生于2007年7月19日出具了仲裁裁决书，裁决东方某瑞立即向原告支付2 429 355.98美元及自2007年4月15日起至东方某瑞实际付款之日止按照年利率7%计算的利息，并且每三个月计算一次复利。该裁决书在英国进行公证认证后已提交给法院，被告对此不持异议。同时，被告确认东方某瑞到本案审理时未对其提起诉讼或依据航次租船合同中的仲裁条款提起仲裁。

还查明，原告在本案中要求被告偿付的费用包括运费1 899 327美元和船舶滞期费332 990.63美元（卸港滞期费341 137.50美元扣减装港速遣费8146.88美元）。

原告计算卸港滞期费时所依据的第一卸港卸货准备就绪通知书的递交时间是2007年3月26日15：30，而非装卸事实记录中载明的2007年4月5日14：06。

原告诉称：原告将"河北××"轮租给案外人东方某瑞，并签订了航次期租合同。2007年2月15日，"河北××"轮于岚山港装货完毕后，由日照某集装箱船务代理有限公司代表船长签发了托运人为被告的提单。由于东方某瑞一直未交付任何租金和船油款，原告依据与其订立的航次期租合同留置了提单项下的运费和货物，要求被告将运费直接付给原告，东方某瑞同意原告该项要求，但被告拒绝履行。根据最终的租金结算，东方某瑞欠付原告租金、运河费、卸货港费用及其他费用等共2 429 355.98美元。根据我国《合同法》第73条的规定，原告可以代位东方某瑞向被告主张运费和其他费用，因此，原告起诉要求被告支付运费、滞期费 2 349 540.59 美元及其利息。

被告辩称：（1）原告与被告之间并无运输合同关系，无义务向原告支付任何运费和滞期费；（2）原告已在意大利申请扣押全部船载货物，此时仍然对被告采取诉前保全措施是没有法律依据的，应赔偿被告因此受到的全部损失；（3）滞期和延误均由原告自身造成，与被告无关；（4）本案在意大利法院已进入诉讼阶段，青岛海事法院应中止本案诉讼。被告认为，原告的代位权在法律上尚未成立，也不符合中国法律所确定的代位权生效的要件；被告在 2007 年 3 月 7 日的传真中谈到的支付是有条件的，因原告没有在目的港卸货导致损失扩大，被告有权不予支付；原告与东方某瑞之间的裁决书不能约束被告，其有权申请执行。被告请求驳回原告的全部诉讼请求。

【裁判说理】

争议焦点：（1）原告的代位权是否成立；（2）被告对东方某瑞的到期债务额。

青岛海事法院认为：

一、关于原告的代位权

应根据《合同法》第 73 条第 1 款及《最高人民法院关于适用〈中华人民共和国合同法〉若干问题的解释（一）》第 11 条、第 13 条、第 20 条的规定确定原告的代位权是否成立。原告按照合同的仲裁条款向东方某瑞提起仲裁，伦敦仲裁裁决判定东方某瑞应向原告支付 2 429 355.98 美元及相应利息。被告对此并无异议，法院予以认定。东方某瑞和被告双方之间订有航次租船合同，东方某瑞对被告的运费和可能产生的滞期费债权均已到期。对于被告应付给东方某瑞的运费 1 899 327 美元，各方均无异议，法院予以确认。但对于滞期费，原告、被告双方存在争议，有待于进一步分析认定。

东方某瑞不履行其对原告的到期债务本金达 2 429 355.98 美元，又未以诉讼方式或仲裁方式向被告主张其享有的在航次租船合同下的上述已到期债权，直接导致了原告在连环租船合同情形下的同类到期债权不能实现。据此可以认定，东方某瑞怠于行使其对被告的到期债权的行为已经对原告造成了损害。因此，原告对被告提起的代位权诉讼，符合《合同法》规定的条件，其代位权成立，有权要求被告履行清偿义务。

二、关于被告的到期债务额

第一,根据《最高人民法院关于适用〈中华人民共和国合同法〉若干问题的解释(一)》第21条的规定,原告行使代位权的请求数额应限于被告对东方某瑞所负的债务额。运费数额双方均已认可,但对于原告、被告双方存在争议的滞期费的计算,应当以查明的事实为依据,根据被告与东方某瑞之间的航次租船合同中有关滞期费条款的约定予以合理认定。依合同约定的不同的卸货率计算,"河北××"两港可调剂使用的卸货时间为7.53天。两卸港实际使用时间共6.82天,少于合同约定的可用时间7.53天,船舶未发生滞期。第二,原告留置货物所致卸货延误的滞期损失不应由被告承担,其船舶滞期损失系因自身不必要的行为所致。根据《海商法》及其他相关法律的规定,东方某瑞就被告欠付的租金等费用享有对船载货物的留置权,但东方某瑞并未行使,其亦即不享有航次租船合同下因留置权的行使而对被告的滞期费请求权。第三,原告仅有权针对东方某瑞主张其留置货物期间的船舶滞期损失。原告与东方某瑞之间的航次期租合同约定在伦敦仲裁并适用英国法律,原告据此提起的全部仲裁请求已得到仲裁裁决的支持,包括其在卸港留置货物所致的船舶滞期费,其可依法要求东方某瑞履行债务。因此,被告的到期债务为其应付的运费1 899 327.00美元。原告代位主张的卸港滞期费债权不能成立。

三、关于原告的其他主张

原告还主张被告按其承诺亦应承担偿付责任。被告于2007年3月7日向原告表示将按照原告与东方某瑞之间达成的最终和解协议、生效的仲裁裁决或法院裁决支付运费,但这是以原告负责履行被告与东方某瑞之间的航次租船合同并将货物安全运抵目的港卸货为条件的,可以视为系被告为解决三方合同履行事宜欲与原告缔结协议而提出的要约。而原告指令船抵目的港后拒绝卸货以及申请留置货物等后续行为表明,其并无意接受被告提出的条件。因而,被告的意思表示不构成承诺,原告的该项主张无事实和法律依据。

青岛海事法院于2008年4月28日作出(2007)青海法海商初字第116号民事判决书,判决被告德州开某进出口有限公司偿付原告河北骄某船务有限公司1 899 327.00美元。

【法官后语】

该案是一起典型的涉外、涉港代位权诉讼案件，法律适用问题涉及两个不同层次：判断原告的代位权是否成立的准据法系基于原告与被告的共同选择而确定适用我国内地法律，而被告作为次债务人所负的到期债务的认定问题是根据被告与案外人（债务人）之间订立的航次租船合同的约定确定适用中国法律。代位权纠纷案件审理的难点在于审查代位权是否成立。相较于《合同法》及其相关司法解释，我国现行的《民法典》对代位权的相关规定作出了大幅修正，法官在审理该类案件时应多加注意。主要表现在以下几个方面：

1. 代位权客体范围的扩张。《合同法》及其司法解释规定代位权的行使条件为"两个到期债权"，而《民法典》第535条和第536条对代位权的客体范围进行了扩张，不再要求债务人对次债务人的债权必须到期，亦不再限制债权人必须在其对债务人的债权到期后才可行使代位权。《合同法》第73条未明确规定代位权的客体是否包含了担保物权等从属性权利，《民法典》明确规定了代位权的权利客体包含了担保物权等从权利。

2. 行使代位权的必要性判断标准。《合同法》第73条确立了"对债权人造成损害"的判断标准，而《民法典》第535条将其修改为"影响债权人的到期债权实现"。这主要是因为《民法典》对代位权的客体进行了扩张。

3. 新增代位保存行为的规定。《民法典》第536条系新增条文，对保存行为的代位作出了规定。该条款适用于债权人债权到期前的情形，判断标准亦为"影响债权人的债权实现"。保存行为的方法包括申报债权、中断诉讼时效等，并以"作出其他必要的行为"作为兜底表述。

4. 代位权法律效果的修正。《民法典》第537条前半句规定："人民法院认定代位权成立的，由债务人的相对人向债权人履行义务，债权人接受履行后，债权人与债务人、债务人与相对人之间相应的权利义务终止。"该条规定采纳了"直接受偿规则"，包括两个方面的含义：其一，债权人自身有权向次债务人主张清偿，无须主张抵销即可直接取得受清偿的权利，该权利并非来自债务人，而是来自法律授权；其二，法院认定代位权成立，判令次债务人向债权人给付的，则发生禁止次债务人向债务人履行的法律后果，也发生禁止债务人处分和收取的法律后果，但是并不发生债务人债权转移的法律后果。

📚【相关法条】

《中华人民共和国合同法》（2021年1月1日废止）

第七十三条　因债务人怠于行使其到期债权，对债权人造成损害的，债权人可以向人民法院请求以自己的名义代位行使债务人的债权，但该债权专属于债务人自身的除外。

代位权的行使范围以债权人的债权为限。债权人行使代位权的必要费用，由债务人负担。

第一百零七条　当事人一方不履行合同义务或者履行合同义务不符合约定的，应当承担继续履行、采取补救措施或者赔偿损失等违约责任。

对应新法：

《中华人民共和国民法典》（2021年1月1日施行）

第五百三十五条　因债务人怠于行使其债权或者与该债权有关的从权利，影响债权人的到期债权实现的，债权人可以向人民法院请求以自己的名义代位行使债务人对相对人的权利，但是该权利专属于债务人自身的除外。

代位权的行使范围以债权人的到期债权为限。债权人行使代位权的必要费用，由债务人负担。

相对人对债务人的抗辩，可以向债权人主张。

第五百七十七条　当事人一方不履行合同义务或者履行合同义务不符合约定的，应当承担继续履行、采取补救措施或者赔偿损失等违约责任。

承办人：宋俊文

编写人：庄雪莉

49. 烟台市某工商总公司诉姜某光船租赁合同纠纷案
——船舶租赁合同的融资性质认定

【合规提示】

本案系一起光船租赁合同纠纷案件，双方对船舶租赁合同的融资性质认定存在争议。本案发生时，法律并没有对融资租赁合同作出专门的规定，只能依据《民法通则》的规定进行判断，现在涉及融资租赁合同的主要规定是《民法典》合同编第十五章"融资租赁合同"、《最高人民法院关于审理融资租赁合同纠纷案件适用法律问题的解释》（以下简称《融资租赁司法解释》）、原中国银行业监督管理委员会《金融租赁公司管理办法》以及中国银行保险监督管理委员会《融资租赁公司监督管理暂行办法》等。从上述规定可以看出，融资租赁合同的核心条款在于合同主体、租赁物明细、租赁期限、租金构成及其支付期限和方式、租赁物的交付地点和方式及其检验方法、租赁期限届满租赁物的归属、违约责任、争议解决等，双方在签订融资租赁合同时，也是以上述的核心条款去逐一进行甄别和约定，比如合同主体方面，双方要对对方的资质信用做好调查，而在合同约定方面则要尽量对核心事项进行详细的约定，最大限度地避免出现纠纷。

【案件信息】

1. 裁判文书字号

（1999）青海法烟海商初字第 62 号

2. 当事人

原告：烟台市某工商总公司

被告：姜某

3. 关键词

民事　船舶租赁合同　融资租赁合同　出租人　承租人　租赁物所有权

【裁判要旨】

融资租赁合同，是指出租人根据承租人对租赁物的特定要求和对供货人的选择，出资向供货人购买租赁物，并租给承租人使用，承租人按约定币种支付租金，在租赁期满时，按约定的办法取得租赁物所有权的协议，此类案件往往同时具有买卖、租赁、借款三种合同的特征及部分功能。

【基本案情】

1992年8月1日，原告与被告姜某、朱某1、朱某2签订一份"租赁合同"，约定原告投资20万元在被告所在地由被告等负责组织建造大马力渔船两艘及其捕捞网具等，产权归原告所有，并实行对外租赁；租期内实行股份经营，自负盈亏；租赁期限暂定为五年，自1992年8月1日起至1997年7月30日止；总租赁费为32万元，其中，第一年为24万元，后四年每年2万元。具体还款时间为1992年12月30日前还清3万元，1993年7月30日前还清10万元，1993年12月20日前还清11万元。余额在后四年中还清，每年2万元，1997年7月30日前交齐，不得拖欠，否则每日加交千分之五的违约金。以上款项交齐后，原告将所购船只的全部产权转移给被告。如果原告方想继续合作，双方另行协商。双方在合同中对履行合同的担保、租期内有关费用的负担、船舶和人员的保险等也进行了具体约定。该合同由原告方签字并加盖原告公章和法定代表人本人章，承租方由被告、朱某1和朱某2签字。

合同签订后，原告、被告登记开始购买材料造船。为保证投资用于造船，原告将约定的20万元投资款付至第三者陈某某账户，由被告等根据购料情况随时支用。原告购料支出也依约从该投资中列支。在造船过程中，被告负责采购材料、施工及雇佣造船人员，朱某1等也参与施工。1992年11月，两条船建造完毕。造船及办证费为206 971.84元（不含造船人工费）。造船人工费用及超过原告投资的部分由被告支付。船舶证书由原告方、被告及朱某1三方共同在烟台市经济技术开发区渔船渔港监督管理站办理。该站于1992年11月13日为两船颁发了《渔业船舶登记证书》及《捕捞许可证》。船名为

"鲁烟开渔1××5／1××6",船舶所有人名称为"开发区某经济发展公司",后朱某1、朱某2两人于1992年11月23日书面向原告申请解除合同。该船即由被告租用。1993年9月19日至1996年2月1日,被告共向原告支付租船费28万元,其中1993年付13.5万元、1994年付6.2万元、1996年付8.3万元。因被告未依照合同于1992年12月30日前付清3万元,故原告除交给被告捕捞许可证外,其他证书一直未交给被告。1995年12月,被告将船舶转卖。"鲁烟开渔1××5／1××6"船舶的实际船舶所有人应为原告,原告将该对船舶挂靠在烟台开发区某发展公司,并以该公司的名义进行船舶登记。

原告诉称:其于1992年8月1日将船舶租赁给被告及朱某1、朱某2三人。合同履行期间,朱某1、朱某2与原告解除合同,由被告继续承租。被告在租赁船舶过程中,只向原告交付了部分租赁费,余额至今未付。请求法院判令被告支付租赁费余额、违约金,并判令被告返还船只。

被告辩称:原告、被告曾签订租赁合同,但该合同并未履行,因为合同中约定以房产证作抵押,而原告并未向被告索要房产证。原告出资20万元,被告也进行了出资,因此本案应属个人合伙关系或借贷关系而非租赁关系。

【裁判说理】

争议焦点:原告、被告所签订的船舶租赁合同如何定性。

青岛海事法院认为:原告、被告签订的租赁合同不同于一般的船舶租赁合同。双方签订合同时,租赁标的物并不存在。依照该合同,原告投资造船、购买网具时,其所有权归原告,被告依照合同在一定期限内支付租金后该财产归被告所有。根据该合同的内容,该合同应属具有融资性质的船舶租买合同,是一种特殊的光船租赁合同。该合同由双方自愿签订,其内容并不违背法律,属合法有效合同。

原告、被告及朱某1等签订合同后,朱某1、朱某2二人书面申请解除合同,原告表示同意,该合同对其已不具有约束力。被告未提出书面申请,并继续占有、使用该船舶,同时不断向原告支付费用,应当视为被告愿意继续履行合同,该合同对被告具有约束力。被告主张,合同的担保条款未实际履行,因而双方也已解除合同;原告投资属于被告借款。其理由不能成立,原因如下:第一,被告未提供其已解除合同的充分证据,也未提供借款合同或证明为借贷关系的任何证据;第二,担保条款履行与否仅影响债权人的债权是否能够如期实现,不影响双方的其他权利义务关系,因而不是该合同成立的必要条件;第三,从船舶证书及法院调查的情况来看,没有任何证据证明该船舶属于被告,所以原告投资属于被告借款一说不成立。被告主张双方系合伙关系,虽然被告在造船期间支付了人工费和部分造船费,但这不足以证明双方构成合伙关系:其一,双方签订的合同是租赁合同而非合伙合同;其二,依照合同约定,原告投资20万元建造船舶及购买网具,产权归原告所有,而非双方共有,被告应交付给原告的费用为"租赁费"而非股金红利;其三,从合同的其他条款来看,也不能说明该合同具有合伙合同的性质;其四,被告未提供证明存在合伙关系的任何证据。

青岛海事法院以判决方式结案,判决被告应付清尚欠原告的租赁费4万元,以及未按合同约定付清租赁费所应支付给原告的违约金。原告返还船舶的主张与其合同约定不符,不予支持。

【法官后语】

融资租赁合同,是指出租人根据承租人对租赁物的特定要求和对供货人的选择,出资向供货人购买租赁物,并租给承租人使用,承租人按约定币种支付租金,在租赁期满时,按约定的办法取得租赁物所有权的协议。此种合同在我国1999年3月15日公布的《合同法》中才明文规定,在其施行之前,1996年5月27日公布的《最高人民法院关于审理融资租赁合同纠纷案件若干问题的规定》提供了一定审理依据。按照其解释精神,融资性租赁具备买卖、租赁、借贷这三个合同的特征及部分功能,且依当事人的不同有广义与狭义的理解。广义的融资租赁,由卖方、买方(租赁公司)、承租方三方当事人参加的两个法律关系组成。在这两个法律关系中,买卖合同的目的是履行后一个租赁合同,租赁合同的成立又必须以买卖合同为前提,对此,1999年3月15日公布的《合同法》予以采纳,确立了三方当事人的法律地位。狭义的租赁合同是指后一个合同,虽也称为租赁,但与传统财产租赁合同截然不同,如出租人不必然承担租赁物的交付义务,标的物毁损灭失的风险由承租人承担,合同履行期限届满后,标的物所有权转移给承租人等,尤其是标的物所有权的转移是其本质区别。比如在本案中,尽管原告、被告间签订的合同表面来看是租赁合同,但原告是为了在一定期限内,通过被告交付租金

（承包费和利息）收回全部资本和利润（高于银行贷款的利息）。被告之所以愿意付高租金给原告是因为其可先取得使用权，再取得所有权。该案同时具有买卖、租赁、借款三种合同的特征及部分功能，原告为出租人，被告为承租人，乃租赁物的使用人和直接受益人，且在五年租赁期满后享有所有权，故符合融资租赁合同的特点。

【相关法条】

《中华人民共和国民法通则》(2021年1月1日废止)

第一百零六条第一款　公民、法人违反合同或者不履行其他义务的，应当承担民事责任。

第一百一十三条　当事人双方都违反合同的，应当分别承担各自应负的民事责任。

对应新法：

《中华人民共和国民法典》(2021年1月1日施行)

第五百七十七条　当事人一方不履行合同义务或者履行合同义务不符合约定的，应当承担继续履行、采取补救措施或者赔偿损失等违约责任。

第五百九十二条　当事人都违反合同的，应当各自承担相应的责任。

当事人一方违约造成对方损失，对方对损失的发生有过错的，可以减少相应的损失赔偿额。

承办人：黄永申
编写人：林　丹　褚　茜

50. 中央某株式会社诉陕西某进出口公司航次租船合同纠纷案
—— 滞期费金额认定

【合规提示】

本案系一起因滞期费引发的航次租船合同纠纷案件。滞期费在法律上没有明确的定义，国际上一般都是援引《1993年航次租船合同装卸时间解释规则》的规定，将滞期费解释为"不是出租人的责任造成的，超过装卸时间产生的船舶延迟而付给出租人的约定金额"。滞期费作为当事人约定的特殊费用，属定赔偿，其金额的计算方式、计算标准及免责事由等均由双方当事人签订的合同约定。在实践中，由于有些船舶和货物被滞留的原因并不十分明确，可能会给承租人的举证带来一些困难。因此，企业在签订航次租船合同时应当采取审慎的态度，在合同中专门针对滞期费列明相关条款，例如装卸时间、费用计算、免责事由等，以确保发生争议时有据可依，最终实现解决问题和平衡双方利益的双重目标。

【案件信息】

1. 裁判文书字号

（1997）青海法海商初字第239号、（1998）鲁经终字第460号

2. 当事人

原告：中央某株式会社

被告：陕西某进出口公司

3. 关键词

民事　航次租船合同　滞期费　不可抗力

【裁判要旨】

1. 双方签订的航次租船合同系双方真实意思表示，在不违背法律法规强制性规定的情况下，合同有效。

2. 航次租船合同中关于不可抗力导致的船舶滞期，承租人免于承担滞期费之约定，合法有效。但承租人需要承担该免责事由发生的举证责任。

【基本案情】

1996年1月25日，原告、被告双方签订航次租船合同，约定由被告租用原告所属"A"轮自日照港承运14 100吨至16 000吨散装水泥至孟加拉国吉大港；装港的装货率为每连续24小时晴天工作日3500吨，星期日和节假日除外，除非已经使用；卸港的卸货率为每连续24小时晴天工作日1500吨，星期五和节假日除外，除非已经使用；滞期费为每天4500美元或按比例支付，速遣费为每天2250美元或按比例支付，装卸港的滞期费、速遣费应在双方同意的装卸时间计算书制作后30天内以美元电汇；装卸时间的起算，如装卸准备就绪通知书于中午前递交，装卸时间以当日下午1时起算，如于下午递交，装卸时间于次日上午8时起算，不论船舶靠泊与否、通关与否、检疫与否，除非装卸时间立即起算；如装卸时间已起算，除非船东为便利装港在泊位装货而移泊，移泊费由租方承担，并计入装卸时间（第37条）；不可抗力条款规定，任何一方对由于人力不可抗力的原因而不能全部或部分履行合同或阻碍、延迟合同任何条款的履行而造成损失均无责任，不可抗力包括国内动乱、洪水、火灾等任何其他为承租人和船主无法控制的原因（第46条）。

"A"轮于1996年1月31日15时在日照港锚地递交装货准备就绪通知书，16：05靠泊装货泊位；2月1日（星期四）21：30开始装货；2月3日20：30至22：30，由5号泊位移至8号泊位；2月4日星期天，未作业（等待装货）；2月6日3时至4时，自8号泊位移至6号泊位，15：25继续装货；2月8日15时装货完毕。该轮实际装货13 520吨，装港移泊费用3240.71美元。

卸货事实记录载明："A"轮于1996年2月23日14：10（星期五周假日）到达吉大港外锚地，2月23日14：10递交就绪通知书，4月13日10：30接受就绪通知书；船舶卸货计时为1996年4月13日20：45，船舶完成卸货时间为1996年4月25日17时，允许用时为11天6小时24分钟，实际用时为7天18小时18分钟，节约用时3天12小时6分钟。该记录备注还载明：1996年2月20日至2月23日是政府节假日（其中，1996年2月23日是周五，是穆斯林星期日），1996年2月24日至3月2日20时各政党发起全国范围内的政治罢工运动，1996年3月9日6时至3月29日6时各政党发起全国范围内的不合作运动。

此外，1996年2月24日至3月2日及1996年3月9日至3月27日由于在孟加拉国全国范围内发生的国内骚乱、动乱及反对党发起的不合作运动，包括吉大港在内的全国所有地区的正常活动在上述期间内均已停滞。1996年2月24日至3月2日及1996年3月9日至3月27日这两段时间内由于孟加拉国全国性的政治运动，导致吉大港口不能正常运作，虽然"A"轮于1996年2月23日到达外锚地，但于4月13日才正常依次靠泊卸货。

原告中央某株式会社诉称：被告作为租船人负有依约支付上述款项的义务，但经多次催要未果，故向法院起诉要求被告偿付该款项及利息16 795.16美元。

被告未答辩。

【裁判说理】

争议焦点：（1）原告、被告之间签订的航次租船合同效力；（2）被告是否应当承担在装、卸货港产生的滞期费。

青岛海事法院认为：

1. 原告、被告之间签订的航次租船合同效力。1996年1月25日本案当事双方签订的航次租船合同系双方真实意思表示，且不违背法律规定，因此为有效合同。

2. 被告是否应当承担在装、卸货港产生的滞期费。在装货港，因被告原因造成了船舶滞期、移泊，因此被告应按照合同的约定向原告支付相应的滞期费及移泊费。当事双方对本次运输在装港的滞期、移泊没有争议，因此对由此产生的装港的滞期费10 935美元及移泊费3240.71美元，本院予以确认。

在卸货港，根据船方及收货方共同签章确认的卸货事实记录，在卸货港的卸货过程中并未产生滞期，因此原告要求对方依据合同支付卸货港的滞期费缺乏事实依据，并且考虑到自1996年2月24日至4月13日孟加拉国发生罢工、动乱造成港口瘫痪，船舶积压及动乱结束后船舶须依次靠港，即使在上述期间由于上诉人原因造成船舶滞期，按照租船合同第46条关于不可抗力的约定，被告亦应对此予以免责。

1998年5月21日，青岛海事法院作出（1997）青海法海商初字第239号民事判决书，判决：被告陕西某进出口公司赔偿原告中央某株式会社滞期费、移泊费计201 600.71美元及其相应利息损失（该利息自1996年4月26

日起至判决生效之日止，依银行同期存款利率计算）。

陕西某进出口公司不服一审判决，向山东省高级人民法院提起上诉。经审理，山东省高级人民法院认为，本案当事双方签订的航次租船合同系双方真实意思表示，不违背法律规定，为有效合同。由于上诉人（租方）原因造成的船舶滞期、移泊，上诉人陕西某进出口公司应按照合同的约定向中央某株式会社支付相应的滞期费及移泊费，由于当事双方对本次运输在装港的滞期、移泊没有争议，因此对装港的滞期费10 935.00美元及移泊费3240.71美元，本院予以确认。在卸货港，根据船方及收货方共同签章确认的卸货事实记录，在卸货港的卸货过程中并未产生滞期，因此被上诉人中央某株式会社要求对方依据合同支付卸货港的滞期费缺乏事实依据，并且考虑到自1996年2月24日至4月13日孟加拉国发生罢工、动乱造成港口瘫痪，船舶积压及动乱结束后船舶须依次靠港的情况，即使在上述期间是上诉人原因造成船舶滞期，按照租船合同第46条不可抗力的约定，上诉人陕西某进出口公司亦应对此予以免责。综上所述，上诉人上诉有理，本院予以支持。但对于上诉人在一审审理中无正当理由拒不出庭，造成一审查证事实不清，上诉人亦要负相应责任。依据《民事诉讼法》第153条第1款第3项之规定，判决如下：一、撤销中华人民共和国青岛海事法院（1997）青海法海商初字第239号民事判决；二、上诉人陕西某进出口公司支付中央某株式会社装港滞期费、移泊费共计14 175.71美元及相应利息。

【法官后语】

滞期费在法律上没有明确的定义，国际上一般都是援引《1993年航次租船合同装卸时间解释规则》的规定，将滞期费解释为"不是出租人的责任造成的，超过装卸时间产生的船舶延迟而付给出租人的约定金额"。滞期费的计算方式就是超过约定装卸期限滞期的时间乘以合同约定的滞期费率。滞期费作为当事人约定的特殊费用，属意定赔偿，当承租人未能在合同约定的装卸时间内完成装卸作业时，无论出租人是否有实际损失，也无论承租人是否存在过错，承租人都必须按照合同约定的数额向船舶出租人支付滞期费。滞期费作为一种特殊的责任承担形式，其并不具备约定违约金的特征。

此外，除船东有过错需承担责任或合同约定了中断计算滞期费条款的情况下，否则，一旦滞期永远滞期，滞期费一旦起算就不会中断。滞期时间的计算可以扣除的因素有两点：（1）因出租人的过错导致装卸迟延，且出租人的过错与装卸迟延具有直接关联性。比如，因出租人错误拒绝装货、在卸货港错误留置货物、船舶设备故障无法起锚等导致的船舶装卸迟延，应从装卸时间中扣除。（2）航次租船合同中明确约定有装卸时间中断计算的条款。在出租人不存在过错，且租船合同中未约定装卸时间计算的除外条款的情况下，无论何种原因（港口机械故障、码头工人短缺或者罢工行为、恶劣天气以及港口当局的政令等）导致船舶的延误，均应计入装卸时间，由承租人承担。

滞期费作为一种意定赔偿，其计算方式、计算标准及免责事由等均由合同约定。一般来说，只有出租人存在过错或合同中约定的免责事由发生时，承租人才不需要承担滞期费。根据"谁主张，谁举证"的原则，依赖免责条款的承租人需要承担举证责任。本案中，双方当事人在航次租船合同中明确"不可抗力"为滞期费免责的一种事由，当发生不可抗力导致货物装卸延误产生滞期费时，正是因为作为承租人的被告向法院提交了充分且有效的证据证明卸货地系因不可抗力因素导致卸货滞期，才得以免除部分赔偿责任。但在实践中，由于有些船舶和货物被滞留的原因并不十分明确，可能会给租船人的举证带来一些困难。因此，在签订航次租船合同时，应在合同中列明专门针对装卸时间和滞期费的免责条款，确保发生争议时，实现解决问题和平衡双方利益的双重目标。

【相关法条】

1.《中华人民共和国民法通则》（2021年1月1日废止）

第一百零六条第一款　公民、法人违反合同或者不履行其他义务的，应当承担民事责任。

对应新法：

《中华人民共和国民法典》（2021年1月1日施行）

第五百七十七条　当事人一方不履行合同义务或者履行合同义务不符合约定的，应当承担继续履行、采取补救措施或者赔偿损失等违约责任。

2.《中华人民共和国海商法》（1993年7月1日施行）

第九十八条　航次租船合同的装货、卸货期限及其计算办法，超过装货、卸货期限后的滞期费和提前完成装货、卸货的速遣费，由双方约定。

承办人：宋俊文

编写人：刘　昭

51. 青岛正某航务公司诉莱阳市某贸易公司航次租船合同纠纷案
——航次租船合同效力认定及滞期费计算规则

【合规提示】

本案是一起航次租船合同纠纷案件，主要涉及航次租船合同效力的认定及滞期费的计算问题。航次租船合同，又称"航程租船合同"，为海上货物运输合同的一个特殊类型。从事航次租船运输业务，一般应当取得《水路运输许可证》。对于船舶承租方，按照相关法律规定取得《水路运输许可证》，有利于后续业务的开展和法律对其进行保护。但是，如果没有取得《水路运输许可证》，也不必然导致签订的合同无效。对于承租方而言，若其经营的业务范围并未超出交通部为其颁发的《水路运输服务许可证》及企业法人营业执照的经营范围，且与出租方就运输事项达成一致，不损害社会公共利益和第三方的合法权益，则法院一般也会认可合同的效力。对此，出租方不能简单以承租方未取得《水路运输许可证》而主张合同无效。同时，计算航次租船业务涉及的滞期费用是根据合同的约定进行的。对此，出租方和承租方应当在合同签订时明确相关事项，以明白无误的用语予以固定，避免后续纠纷的发生和自身权益的损失。

【案件信息】

1. 裁判文书字号

（1996）青海法海商初字第188号

2. 当事人

原告：青岛正某航务公司

被告：莱阳市某贸易公司

3. 关键词

民事　航次租船合同　合同效力　滞期损失　滞期费

【裁判要旨】

1. 国际海上货物运输中，未取得《水路运输许可证》从事租船运输业务并不必然导致航次租船合同无效。如果在《水路运输服务许可证》及企业法人营业执照规定的经营范围内，自国外租船从事国际海上货物运输且经双方协商一致签订的航次租船合同应认定为有效。

2. 滞期费的计算方法，应当根据航次租船合同的约定。合同中未明确约定"一旦滞期，永远滞期"及"两港装卸时间可合并使用"条款的，滞期费应根据实际装卸用时扣除合同约定用时和除外时间计算，且应分开装卸两港单独核算，其他应计为滞期的时间依合同确定。

【基本案情】

原告青岛正某航务公司因与被告莱阳市某贸易公司的航次租船合同纠纷诉至法院，请求法院判令被告赔偿因违反航次租船合同造成的滞期费等损失73 680美元及相应利息，后原告依"一旦滞期，永远滞期"原则，变更诉讼请求，将索赔额增至86 788美元。

被告在庭审中辩称：原告只是一个水路运输服务企业，无水路运输许可证，在国际海上运输中，不具备作为转租出租人的主体资格，原告、被告之间签订的航次租船合同为无效合同，索赔滞期费不受法律保护。即使合同有效，原告索赔亦系不实际、不合理。（1）星期六和下雨天不应计入装卸时间；（2）原告船舶在新加坡加油的时间，不应作为等待支付运费的延滞时间；（3）原告船舶在卸港FAIR-WAY浮标停船系等潮水而非等运费，且被告已于11月17日付清全部运费，原告无理由继续停船；（4）11月29日卸下4000吨货后，原告以索要滞期费为由停卸所造成的损失应由其承担主要责任；（5）在卸港因更换船代争议所造成的延滞损失与被告无关。

经审理查明，原告青岛正某航务公司持有中华人民共和国交通部颁发的《水路运输服务许可证》及企业法人营业执照，其经营范围之一系租船、揽货代理服务。1995年10月4日，原告自朝鲜某航运公司以程租形式租入"S"轮，同日，原告又以船东身份与被告莱阳市某贸易公司签订了航次租船合同。合同约定，承运货物为7000+200T袋装水泥；装卸港为龙口港至孟加拉国MONGLA港；装卸率分别为1200吨/日和900吨/日，晴天工作日，星期天、节假日除外，除非已经使用；滞期速遣费率3000/1500美元；装卸时间的起算，如准备就绪通知书在上午的工作时间递交，则自下午13:00开始，如下午递交，则自第二天8:00开始；全部运费如在船舶抵达新加坡前仍未支付，船东可停船直至收到运费，停船时间依滞期费率计算损失；如滞期费在卸港卸下4000吨货物时仍未收到，则可停止卸货直至收到滞期费；装卸两港由船东指定代理人；其他条款依1976年金康合同文本。金康合同第15条普通罢工条款规定："承租人和船舶所有人对由于罢工或停工而阻碍或延误履行本合同规定的义务所引起的后果，概不负责。"

"S"轮实际装货7028吨。据龙口外代《装卸时间事实记录》记载，该轮1995年10月17日16时到达龙口港锚地，船长递交准备就绪通知书；10月24日13:30开始装货，其中，10月22日系星期天，10月23日12时至20时下雨；10月27日（星期五）7时装货完毕。11月6日11:20至11月8日10:00，因原告未收到运费船停在新加坡。11月14日6:30，船抵卸港MONGLA FAIR-WAY浮标；11月21日13时，原告收到被告于11月17日付出的全部运费，后船舶于11月22日11:15抵MONGLA港外锚地。此后几天，因在卸港船舶代理的争议，船于11月25日始抵驳卸锚地。根据卸港卸货时间事实记录，11月26日下午递交准备就绪通知书；同日（星期天）21时开始卸货；11月28日20:30至11月29日7:00，4号舱因工人骚乱未工作，其他三个舱继续卸货；11月30日（星期四）7时卸完4000吨货物后，船方因未收到滞期费而停止卸货；12月16日（星期六）20:45始继续卸货；12月17日（星期天）7时至24时，工人换班及驳运工人罢工未工作；至12月18日19时仍因工人罢工而停卸；12月21日6:30卸货完毕。

【裁判说理】

争议焦点：（1）未取得《水路运输许可证》是否导致航次租船合同无效；（2）滞期费如何计算。

青岛海事法院认为：原告青岛正某航务公司虽未持有交通部颁发的《水路运输许可证》，但其在《水路运输服务许可证》及企业法人营业执照规定的经营范围内，自国外租船从事国际海上货物运输并未为我国现行法律所禁止，双方在协商一致的基础上签订的航次租船合同应认定为有效。原告依合同约定索赔滞期费应予支持。

对于滞期费计算方法，因合同中未明确约定"一旦滞期，永远滞期"及"两港装卸时间可合并使用"条款，滞期费应根据实际装卸用时扣除合同约定用时和除外时间计算，且应分开装卸两港单独核算。其他应计为滞期的时间依合同确定。

合同中约定的"晴天工作日，星期天、节假日除外，除非已使用"条款，依国际航运界的通常理解，不应包括星期六，装卸时间中星期六（除非雨天）不能扣除。依合同中引用的金康合同标准文本中的"普通罢工条款"，对由于装卸工人罢工或停工造成的装卸停止时间应作为除外时间扣除。

在装货港，原告于1995年10月17日16时递交准备就绪通知书，装货时间自18日8时起算，至27日7时装货完毕，实际装货用时8.96天，扣除合同约定用时5.86天（装货7028吨，装货率1200吨/天）及除外时间1.33天（22日为星期天及23日12时至20时下雨），装港滞期为1.77天，滞期费5310美元。

在新加坡停船1.95天及船抵卸港FAIR-WAY浮标停行至收到全部运费止的7.26天，因被告未付清运费违约在先，无论原告是否利用该时间加油或有其他原因，均应依合同约定按滞期费标准计算损失，两项合计为27 630美元。

船舶抵达卸货港港外锚地后，由于船舶代理的争议致使船迟延进港，依照租船合同"两港代理由船东指定"的约定，原告根据当时的情形合理安排或更换代理系其应承担的合同义务，故由此造成的船舶延滞损失不应由被告承担。

在卸货港，原告于1995年11月26日下午递交准备就绪通知书，依合同约定卸货时间自27日8时起算。原告于11月30日7：00起至12月16日20：45止，因未收到滞期费而停卸造成的时间损失，因合同没有约定而不能依滞期费标准向被告索赔，要求被告赔偿滞期损失亦无法律根据。在卸港的实际卸货用时，自11月27日8时起至11月30日7时止，连同12月16日20：45起至12月21日6：30止，共计7.37天；除外时间包括12月17日（星期天）7时至12月18日19时因工人罢工而停卸的时间1.5天，及11月28日20：30至11月29日7：00因4号舱工人骚乱而停卸的时间0.11天（因其他三个舱未停工，计总时间的1/4），共1.61天；依合同约定的卸港规定用时为 7.81 天（卸货 7028 吨，卸货率 900 吨 / 天），与前两项相抵，产生速遣 2.05 天，依费率 1500 美元 / 天计，速遣费为 3075 美元。

本案以判决方式结案，判决被告应赔偿原告滞期费损失 29 865 美元及其相应利息损失。

【法官后语】

本案主要涉及航次租船合同效力的认定及滞期费的计算规则。

关于航次租船合同效力的认定。航次租船合同，又称"航程租船合同"，是指船舶出租人和承租人签订的关于船舶出租人按一个或几个航次将船舶租给承租人而由承租人支付约定运费的书面协议。根据我国《海商法》的规定，航次租船合同为海上货物运输合同的一个特殊类型。从事航次租船运输业务，一般应当取得《水路运输许可证》。但是，未取得该许可证也不必然导致航次租船合同无效，还应当充分考虑租船从事海上货物运输一方的实际经营业务以及合同双方当事人是否协商一致等情况。本案中，原告虽未取得《水路运输许可证》，但其经营的业务范围并未超出交通部为其颁发的《水路运输服务许可证》及企业法人营业执照的经营范围，且其与被告就本案运输事项协商一致。原告的行为并未被法律所明确禁止，且双方协议事项也没有损害社会公共利益和第三人合法权益。承认原被告双方签订的航次租船合同有利于维护各方权益，也是诚信原则的具体体现。因此，在该种情况下，就不宜简单根据原告未取得《水路运输许可证》而径行否定合同效力。

关于滞期费的计算规则。在航次租船合同有效的前提下，滞期费的计算具有了合同效力的保障。合同有约定的，应当按照对合同内容的一般和惯常理解计算滞期费。如本案合同约定的"晴天工作日，星期天、节假日除外，除非已使用"条款，依国际航运界的通常理解，就不应包括星期六，装卸时间中星期六（除非雨天）不能扣除。而诸如本案中原告提出的"一旦滞期，永远滞期"原则，因合同未明确约定，则不应当根据该原则计算滞期费，而是应当根据实际装卸用时扣除合同约定用时和除外时间计算。此外，在计算滞期费时还应充分考虑双方的义务履行情况。本案中，在新加坡停船 1.95 天及船抵卸港 FAIR-WAY 浮标停行至收到全部运费止的 7.26 天，因被告未付清运费违约在先，无论原告是否利用该时间加油或有其他原因，均应依合同约定按滞期费标准计算损失。

【相关法条】

1.《中华人民共和国民法通则》(2021年1月1日废止)

第一百零六条第一款　公民、法人违反合同或者不履行其他义务的，应当承担民事责任。

对应新法：

《中华人民共和国民法典》(2021年1月1日施行)

第五百七十七条　当事人一方不履行合同义务或者履行合同义务不符合约定的，应当承担继续履行、采取补救措施或者赔偿损失等违约责任。

2.《中华人民共和国海商法》(1993年7月1日施行)

第九十八条　航次租船合同的装货、卸货期限及其计算办法，超过装货、卸货期限后的滞期费和提前完成装货、卸货的速遣费，由双方约定。

承办人：宋俊文
编写人：余晓龙

52. 福建省惠安县长某航运有限公司诉中国某工业品进出口公司青岛办事处、中国某工业品进出口公司定期租船合同纠纷案
——实际租船日期的认定

【合规提示】

本案是一起定期租船合同纠纷案件，原告诉被告要求支付尚欠的租金及利息。原告与被告承租人就原告交船时间以及被告还船时间的认定之间存在争议。租船合同项下，合同约定的交船、还船时间未必与实际一致，若双方主张的实际租船期和交还船日期不一致，对租方是否欠付租金存在争议，海事法院将依据当事人提交的有关证据进行认定。

【案件信息】

1. 裁判文书字号

（1995）青海法海商初字第 87 号

2. 当事人

原告：福建省惠安县长某航运有限公司

被告：中国某工业品进出口公司青岛办事处、中国某工业品进出口公司

3. 关键词

民事　定期租船合同　延期租船

【裁判要旨】

原告、被告在履行租船合同和延期租船协议期间，对实际租船期主张不一致，应按合同及协议约定的租期确认；双方对交、还船日期存在争议，出租方交船时没有办理交接船手续，则按承租方已确认的实际接船日期起算；承租方还船时没有办理还船交接手续，应以出租方确认的实际还船日期为止。租期确认后，租金按合同约定的月租金数额计算。

【基本案情】

原告福建省惠安县长某航运有限公司（以下简称长某航运）诉称：原告与第一被告于1994年2月17日签订租船合同，合同约定，第一被告期租原告所属"海发××号"轮，租期暂定三个月，自1994年2月20日到5月25日，月租金为人民币58万元整，在每月5日前汇入原告账户。后经双方商定，将合同租期延长三个月，即租期共六个月，应于1994年8月25日租期届满。合同签订后至被告于1994年8月29日终止租船，被告应付租金348万元，被告实际付租金256.7万元，尚欠租金91.3万元及利息损失157 766元。为维护原告的合法权益，特向贵院起诉。

第一被告辩称：被答辩人在诉状中隐瞒了事实真相，双方终止租船时间并非1994年8月29日而是1994年6月1日。答辩人与被答辩人因其合作比较满意，将原租船合同延续三个月（1994年5月25日至8月25日），但答辩人在租期内于6月1日突然接到青岛港监电话通知，"泰安××号"轮（原"海发××号"轮）船员证书不适合二类海区，必须立即换成合格的证书，否

则将扣船。接到通知后，答辩人立即与在上海的被答辩人经理郭某炎联系，通知他青岛港监的意见，郭在电话中答复说，船员合格书在8月才能配齐。鉴于此情况，答辩人明确提出解除合同。郭讲让我方为此揽货渡过难关，我方同意。因此，终止合同日期应为1994年6月1日。诉状上称"被告实际缴纳租金256.7万元"与实际不符，答辩人实付1 370 337.20元，加各种费用正好为三个月租金。答辩人应付三个月租金为174万元，分5次汇款给被答辩人共计1 370 337.20元。根据合同约定，1994年4月，该轮在青岛上柴油80吨计费用172 000元，5月被答辩人直接向货主收取运费117 700元，该轮在租期内停修3天，扣租金1万元，依合同约定从租金中坐支船舶试用费67 962.80元，共计人民币174万元。综上所述，被答辩人所诉事实与实际相违背，诉讼理由无法律依据，答辩人通知被答辩人解除合同后，该轮一直在被答辩人控制下从事营运。答辩人不付续期租金是应当的。为此，请法院依法驳回被答辩人的起诉，以维护答辩人的合法权益。

第二被告在法定期限内未作书面答辩。

经审理查明，原告长某航运于1994年2月17日同第一被告签订租船合同，租用原告所属的"海发××号"轮（现名为"泰安××号"轮），租期三个月，即从2月25日起至5月25日止，租金每月人民币58万元整，原告于1994年2月25日把该轮在上海港交给第一被告使用。船中的费用在青岛由第一被告代付。待后以原告结算扣回运费。第一被告必须在每月5日前把租金汇入原告账户。该轮在返航时，原告可以协找货源，但运价必须经第一被告方同意。船中货物保险由第一被告负责，船舶保险由原告负责。1994年5月23日，原告与第一被告双方在原合同下角空白处又续签租船合同，具体内容为"另注：双方经友好协商，同意按以上合同延期三个月"。双方均已盖章签字，对两次合同内容均无异议。但该合同对租期不足一个月或多几日的，如何计算租金，没有特别约定，违约责任条款没有约定。合同签订后，原告船"海发××号"轮于1994年2月27日12：50在吴淞口锚地抛锚，28日17：30开航至青岛，3月2日6时抵达潮连岛，8时进青岛港。原告称交船时间为1994年2月28日，在青岛港将该轮交给第一被告，但没有书面交船手续。第一被告称，原告是于1994年3月1日交的船，船凌晨4点到青岛港22号锚地，上午10时开始计算租期。第一被告又称，6月1日电话通知原告，在青岛港8号码头还船，租期三个月。理由是6月1日第一被告突然接到青岛港监电话通知,"泰安××号"轮船员证书不适合二类海区,必须立即换成合格的证书,否则将扣船。接到通知后,答辩人立即与在上海的被答辩人的经理郭某炎联系,通知他青岛港监的意见,郭在电话中答复说,船员证书在8月才能配齐。鉴于此情况,答辩人明确提出解除合同。郭讲让我方为此揽货渡过难关,我方同意。因此,终止合同日期应为1994年6月1日。但第一被告没有为此提供青岛港监要扣船之说的相关证据和原告同意解除合同的书面证据。还船时也没有办理还船手续。原告称,第一被告至1994年8月29日卸下最后一票货物为止,没有办理任何还船手续,在泉州后诸港接到船。该轮航海日志记载:8月25日抛小坠口引航锚地,12:40开航,14:30抛秀涂锚地,28日16:40开航,17:40抵靠后诸港码头卸水泥,29日没有记载,8月31日6:30离开后诸港码头,7:30抛秀涂锚地。第一被告只承认付给原告租金三个月合计为174万元,与租船合同一致。但从被告提交的证据看,其中五笔汇款合计137万元,均是世某航运有限公司青岛办事处通过中信实业银行汇出付给原告的,汇款用途为运费,均无付租金款项。另有一笔为原告直接向收货人收取的运费117 700元,其余款因被告垫付各项费用而坐支冲抵。而原告确认第一被告已付租金256.7万元,租期六个月,应付租金348万元,尚欠租金91.3万元。从原告提交的各项收付款单证看,也都是收的运费,均没有收付租金的款项。

另查明,原告船"海发××号"轮于1994年2月24日由上海来青岛装货,因船长、大副、二副均持有C类二等船员适任证书(证书签注航线为上海—泉州—广州)超船员适任证书规定的航区和吨位,二位轮机长和二位轮机员都持有B类三等船员适任证书(证书规定主机马力1020匹以下)超主机马力(主机马力2056匹),违反了中华人民共和国海船船员考试发证之规定,构成违章。1994年3月3日,中华人民共和国青岛港务监督作出处罚通知书,对"海发××号"船舶所有人处罚款人民币2000元整。第一被告对该轮受处罚正是在接船后租船使用期内发生的一切情况全都知道,但被告并没有提出任何解除合同的意向和表示,而是继续租用该轮营运,且在租船合同期满前夕,又续签延期租船三个月的协议。1995年9月6日,岚山港务监督出具证据证明"'海发××号'轮于1994年6月13日来岚山港装水泥,经我督检查,该轮船员适任证书不符,违反了有关规定,对此我们给予口头警告,并责其船长写出检查"的处理,与被告6月1日主张解除合同没有直接因果联系。

又查明，原告持有中华人民共和国交通部批准的水路运输许可证，其货运区域和航线为福建省与广东、浙江、上海沿海及长江下游间的货物运输。

还查明，第一被告中国某工业品进出口公司青岛办事处（以下简称某工驻青办）不具有企业法人主体资格，他的企业法人是第二被告中国某工业品进出口公司（以下简称中国某工）。两被告均没有交通部批准的水路运输许可证。在租用原告"海发××号"轮营运期间，应按水路运输许可证准许的货运区域或航线经营运行。

【裁判说理】

争议焦点：原告交船时间以及被告还船时间的认定。

青岛海事法院经审理认为：原告持有交通部核发的水路运输许可证，与被告签订的租船合同和延期租船协议，双方当事人均无异议，符合法律规定，该合同与协议有效，对原告、被告均有约束力。原告、被告在履行合同及协议中，对原告交船与被告还船时间主张不一致，又未办理书面的交、还船手续；应以被告确认的实际接船时间1994年3月1日为交船日，以原告确认的实际接船时间1994年8月29日为被告还船日期；租期六个月，租金按月租额计算。原告船在青岛港受处罚，是在被告租船合同履行开始后发生的，被告明知该轮存在问题，没有任何表示，照常租用；而6月1日突然接到青岛港监电话通知要扣该船的说法无相关证据证明，岚山港务局的证明与被告某工驻青办6月1日主张解除合同没有直接因果联系。因此，被告以此为由证明与原告于6月1日解除合同，理由不充分，证据不足，本院不予支持。原告要求两被告给付拖欠部分租金及利息损失的主张，基本事实清楚，证据属实，本院予以支持。被告中国某工是被告某工驻青办的企业法人，应对其行为负责，承担给付租金和利息的民事责任；应按国家银行同期存款利率的规定计息，计息时间从1994年9月6日起至本判决生效后付款期日止。依照《民法通则》第106条、第111条的规定，判决如下：

被告中国某工应付给原告长某航运租金91.3万元及利息（按国家银行同期存款利率的规定计息，计息时间从1994年9月6日起至本判决生效后付款期日止）。

【法官后语】

定期租船合同项下，合同约定的交船、还船时间未必与实际一致，若双方主张的实际租船期和交还船日期不一致，应如何认定？租方是否欠付租金，如何认定？解决上述问题的依据是当事人提交的有关证据。

本案原告、被告对双方签订的租船合同及延期租船协议均确认无异，即双方两次约定的租期总共为六个月。被告对实际租期提出异议，只承认租期三个月，而后三个月没有租用，并称原告实际是1994年3月1日在青岛港22号锚地将"泰安××号"轮交给被告的（航海日志可以证明），还船日期是1994年6月1日，地点在青岛港8号码头，理由是青岛港监的电话通知称，"泰安××号"轮船员证书不适合二类海区，必须立即更换，否则扣船。被告立即电话通知在上海的原告经理郭某炎，说明此事，并提出解除合同。电话中原告表示同意。但被告对此主张均未提交有关的证据予以证明。原告主张被告还船不是在1994年6月1日，而是1994年8月29日在泉州后诸港，证据是该轮航海日志、租船合同与协议。双方合同没有约定交、还船地点，但原告对租期、还船日期的主张和事实证据相符合。为此，法院根据我国《民事诉讼法》关于"谁主张，谁举证"的规定，在认定事实上，对原告在交船时因没有办理交接船手续，就以被告承认的实际交船日期为原告的交船日期；被告还船时也没有办理交接手续，应以原告确认的实际接船日期为被告的还船日期。

双方交、接船的日期确定后，被告承租原告"泰安××号"轮的租期也同时确定。被告是否欠付租金的问题，双方之间的权利义务关系及其民事责任承担问题都随着租期的确定迎刃而解。原告的主张得到法院判决的支持，被告因没有提交充分有力的证据，而承担败诉的民事责任。

【相关法条】

《中华人民共和国民法通则》（2021年1月1日废止）

第一百一十一条 当事人一方不履行合同义务或者履行合同义务不符合约定条件的，另一方有权要求履行或者采取补救措施，并有权要求赔偿损失。

对应新法：

《中华人民共和国民法典》（2021年1月1日施行）

第五百七十七条　当事人一方不履行合同义务或者履行合同义务不符合约定的，应当承担继续履行、采取补救措施或者赔偿损失等违约责任。

承办人：薛九江
编写人：杨　俊　原浩洋

53. 青岛远某运输公司诉中国新某建筑材料进出口公司航次租船合同纠纷案
——航次租船合同出租人的识别及运费、滞期费的认定

【合规提示】

本案是航次租船合同引起的船方主张运费、亏舱费、滞期费等费用的纠纷。因本案原告、被告提供的《租船确认书》略有不同，虽然双方在合同履行完毕后交涉费用结算时对相关费用予以了确认，但不一致的合同依据，仍成为被告抗辩的一项事由。因此，合同成就前，双方一定要确认并完善合同内容，或在事后签署确认时，对可争讼事项予以综合说明，以避免发生不必要的纷争。

【案件信息】

1. 裁判文书字号

（1995）青海法海商初字第130号、（1996）鲁经终字第333号

2. 当事人

原告：青岛远某运输公司

被告：中国新某建筑材料进出口公司

3. 关键词

民事　航次租船合同　运费　滞期费

【裁判要旨】

1. 因该租船业务由原告的下属子公司作为租船经纪人先后两次签订了《租船确认书》，出租人分别为租船经纪人、船东，因此首先需识别航次租船合同的出租人。

2. 关于运费计算，因本案系整船运输，且《租船确认书》对亏舱费作出明确约定，在船方完成运输合同义务后，有权按约收取实际载货量的运费、亏舱费。

3. 关于滞期费的计算，应当根据相关证据综合进行核算审查。

【基本案情】

1995年1月4日，青岛汇某船务公司（以下简称汇某船务）通过租船经纪人荷兰泛某伦中国有限公司以传真形式与中国新某建筑材料进出口公司（以下简称被告）签订《租船确认书》，双方约定租方为被告，船东为汇某船务；装货港为中国日照港，卸货港为印尼泗水港；装货量最少20 000吨袋装水泥，可由租船人选择增加5%；受载期为1995年1月5日至10日；装/卸货率分别为每晴天工作日装港2000吨/卸港1000吨，星期天、节假日除外；滞期费5000美元/天，速遣费2500美元/天；合同细节以船东提供的参考合同为准；合同其他条款按照金康租船合同。但被告提交的《租船确认书》对该航次运费和佣金条款的约定略有不同，其中，汇某船务的为"每吨15.50美元，船东不负担装卸费、积载费及平舱费，基于1港装1港卸"，"佣金为3.75%"；被告的为"每吨17.00美元，船东不负担装卸费、积载费及平舱费，基于1港装1港卸"，佣金数目则空白。

1995年1月5日，汇某船务将其租船参考合同传真给被告，被告于1月6日通过其指定的代理人中国外运山东某公司向汇某船务提出了补充修改意见，双方经过磋商，同意由汇某船务的上级单位青岛远某运输公司（以下简称原告）作为出租方，由被告作为租船人，原告、被告双方于1995年1月7日传真签订了《"伊某海"航次租船合同》，并签字盖章。其中，明确约定"运费率每吨15.50美元，FIOST条款，一港装一港卸"。

"伊某海"轮于1995年1月9日11：50抵达山东日照港锚地并递交了装货准备就绪通知书；1月19日10：30开始装货；2月11日23时装货完毕。2月12日，中国某外轮代理公司作为代理签发了中国远某运输公司编号为R2-××1、R2-××2的两套正本已装船运费预付指示提单，共装货18 535.577吨。

1995年2月22日20：43，该轮抵达卸货港印尼泗水港锚地并递交了卸货准备就绪通知书；4月5日16时开始卸货；4月25日4时卸货完毕。

装港实际使用时间31天11小时10分，扣除合同允许使用时间9天6小时26分，滞期22天4小时44分。卸港实际使用时间57天5小时，扣除合同允许使用卸货时间18天12小时52分，滞期38天16小时8分。

就有关运费、亏舱费及装卸两港滞期费的具体数额及计算依据，原告均及时电传给被告，被告在合同约定期限内既未提出异议，也未向原告支付上述款项，后经原告多次催要，被告分别三次向原告及汇某船务传真答复，因银根紧张，无法在合同规定期限内支付，并承诺在一定期限内支付。

原告诉至法院，请求依法判令被告支付海运费310 000美元，装卸两港滞期费304 347美元及滞纳金。

被告辩称：原告所诉被告拖欠其运费及滞期费与实际情况不符。"伊某海"轮航次租船合同是1995年1月4日汇某船务与被告订立的；有关日照港至印尼泗水港的水泥是由汇某船务承运的；关于运费等费用的结算，均是由汇某船务与被告交涉的，原告从未向被告索要过运费。综上所述，被告从未与原告发生过事实上的合同法律关系，原告也未承运过被告的水泥。原告要求被告支付其运费及滞期费的要求，没有事实和法律依据。请求法院依法驳回原告的诉讼请求。

【裁判说理】

争议焦点：（1）航次租船合同出租人的识别；（2）运费计算标准；（3）滞期费的认定。

青岛海事法院认为：原告、被告双方于1995年1月7日通过租船经纪人荷兰泛某伦中国有限公司传真签订的航次租船合同合法有效，原告已按该合同约定完成了其应履行的义务，原告要求被告支付运费、亏舱费及滞期费等费用的诉讼请求，理由正当，符合法律规定，应予支持。被告作为本合同的租船人，有义务按合同约定支付包括运费、亏舱费及滞期费在内的上述费用。被告关于租船合同是与汇某船务所签订，请求法院驳回原告诉讼请求的主张，缺乏事实根据和法律依据，不予支持。依照《海商法》第 69 条第 1 款、第 98 条之规定，判令被告支付运费 287 301.44 美元、船舶亏舱费 22 698.56 美元、装卸两港滞期费 304 347 美元，共计 614 347 美元，并承担迟延支付上述款项的利息 26 226.55 美元。

青岛海事法院以判决形式结案。被告提出上诉未交上诉费，山东省高级人民法院裁定按自动撤回上诉处理。本案一审判决生效。

【法官后语】

一、关于航次租船合同的出租人的识别

本案中，1995 年 1 月 5 日汇某船务通过租船经纪人与被告签订的《租船确认书》约定船东为汇某船务。但事后经磋商，原告、被告于 1995 年 1 月 7 日传真签订了《"伊某海"航次租船合同》，该合同明确船舶出租人为原告，且原告、被告双方最终执行的亦为此合同。因此，虽然汇某船务一直为该航次租船合同对接业务，进行签署《租船确认书》、沟通本航次运输及索要费用等工作，但其并非本航次租船合同的主体。被告称合同相对人为汇某船务的抗辩理由不能成立。

二、关于运费计算标准

我国《海商法》第四章第七节航次租船合同的特别规定中第 92 条规定："航次租船合同，是指船舶出租人向承租人提供船舶或者船舶的部分舱位，装运约定的货物，从一港运至另一港，由承租人支付约定运费的合同。"本案原告、被告双方在《"伊某海"航次租船合同》中明确约定运费率每吨 15.50 美元。原告如约完成整船运输义务后，有权按约收取实际载货量的运费、货物重量与约定不符的亏舱费。

三、关于滞期费的认定

我国《海商法》第 93 条规定："航次租船合同的内容，主要包括出租人和承租人的名称、船名、船籍、载货重量、容积、货名、装货港和目的港、受载期限、装卸期限、运费、滞期费、速遣费以及其他有关事项。"第 98 条规定："航次租船合同的装货、卸货期限及其计算办法，超过装货、卸货期限后的滞期费和提前完成装货、卸货的速遣费，由双方约定。"本案原告、被告双方在《"伊某海"航次租船合同》中明确约定了装卸两港的滞期费与速遣费。合议庭在综合审查相关证据后核算，装港实际使用时间 31 天 11 小时 10

分，扣除合同允许使用时间 9 天 6 小时 26 分，滞期 22 天 4 小时 44 分；卸港实际使用时间 57 天 5 小时，扣除合同允许使用卸货时间 18 天 12 小时 52 分，滞期 38 天 16 小时 8 分。被告应按约定承担装卸两港共计 60 天 20 小时 52 分的滞期费。

【相关法条】

《中华人民共和国海商法》(1993 年 7 月 1 日施行)

第六十九条　托运人应当按照约定向承运人支付运费。

托运人与承运人可以约定运费由收货人支付；但是，此项约定应当在运输单证中载明。

第九十二条　航次租船合同，是指船舶出租人向承租人提供船舶或者船舶的部分舱位，装运约定的货物，从一港运至另一港，由承租人支付约定运费的合同。

第九十三条　航次租船合同的内容，主要包括出租人和承租人的名称、船名、船籍、载货重量、容积、货名、装货港和目的港、受载期限、装卸期限、运费、滞期费、速遣费以及其他有关事项。

第九十八条　航次租船合同的装货、卸货期限及其计算办法，超过装货、卸货期限后的滞期费和提前完成装货、卸货的速遣费，由双方约定。

承办人：崔文忠

编写人：郭彦滨　宋　萍

54. 塞某航运有限公司诉嘉某士航运有限公司航次租船合同纠纷案
——船舶适航、适货的认定

【合规提示】

"出租人交付船舶时，应当做到谨慎处理，使船舶适航。交付的船舶应当适于约定的用途"是通行的国际航运惯例。自1993年7月1日起施行的我国《海商法》第47条规定："承运人在船舶开航前和开航当时，应当谨慎处理，使船舶处于适航状态，妥善配备船员、装备船舶和配备供应品，并使货舱、冷藏舱、冷气舱和其他载货处所适于并能安全收受、载运和保管货物。"因此，承运人必须在船舶开航前和开航当时，尽到谨慎处理使船舶适航、适货及船员适任的法定义务。

【案件信息】

1. 裁判文书字号

（1988）青海法海商字第6号

2. 当事人

原告：塞某航运有限公司

被告：嘉某士航运有限公司

3. 关键词

民事　定期租船合同　船舶适航　船舶适货　海事声明　拍卖船舶　债权分配

【裁判要旨】

1.按照山东省进出口商品检验局《检验证书》的"发现货舱不洁污染，舱底积有黑色铜矿和污水，据此我局认为上述货舱不适合装载袋装花生米"

的结论，承运人违反"出租人交付船舶时，应当做到谨慎处理，使船舶适航。交付的船舶应当适于约定的用途"，应承担相应的责任。

2.因海事债权纠纷，原告在诉前扣船后起诉，案件转入诉讼程序。又因被告不提供担保，原告申请变卖船舶清偿债务。"拉某"轮成为全国首个依照《最高人民法院关于强制变卖被扣押船舶清偿债务的具体规定》变卖的船舶。

【基本案情】

1988年3月15日，塞某航运有限公司（以下简称原告）与嘉某士航运有限公司（以下简称被告）在南朝鲜汉城签订了一航次期租合同，双方约定原告租用被告所属巴拿马籍"拉某"轮一个航次，该航次始于南朝鲜仁川港，装货港为中国青岛港，目的港为印度尼西亚雅加达，每天包干租金2000美元，提前15天预付，油料由租方负担。船东保证装载3800~4000吨农产品。双方还约定被租用船舶在交船时必须各方面坚固，适合于装货。3月27日，该轮抵达青岛港。经中华人民共和国山东省进出口商品检验局检验，3月28日出具报告，认定该船不适于装运约定货物袋装花生米。

4月23日，原告向青岛海事法院申请诉前扣押当事船舶。4月25日，法院下达（1988）海商字第3号准予扣押船舶民事裁定，并责令被告限期提交10万美元的现金或银行信用担保。当日，该轮在青岛港锚地予以扣押。5月16日，原告提起诉讼，请求判令被告赔偿其经济损失228 354.82美元，案件转入诉讼程序。

因被告未提交担保，5月24日原告提交卖船申请。当日，法院下达准予变卖船舶的民事裁定。青岛海事法院组成变卖委员会，于6月9日依法公开拍卖了该轮，最终以30万美元的价格变卖成功。6月20日，在青岛港锚地依法办理了该轮的移交事宜。

被告未予答辩。

1989年3月3日，应"拉某"轮船长等17名船员关于工资的申请，青岛海事法院作出民事裁定，先行给付17名船员劳动报酬1万美元。

1990年12月12日，法院召集全部八方债权人，主持召开债权人会议，经协商一致达成债权分配协议结案。

【裁判说理】

争议焦点：（1）船舶的适航与适货；（2）诉前扣船与变卖船舶。

青岛海事法院认为：原告在被告违反租船合同后，为保全其海事请求权的行使，向本院申请扣押、变卖被告所属"拉某"轮是正当的。被告作为承运人应依约提供适航的船舶，被告须承担因其违约行为给原告造成的经济损失。

【法官后语】

1. 关于船舶的适航与适货。本案中，原告、被告双方的租约对船舶的适航与适货作出了明确约定，提供适航与适货的船舶既是被告的约定义务，又是航运惯例的要求。判断船舶适航与适货要遵从国际通行的航运惯例，即"出租人交付船舶时，应当做到谨慎处理，使船舶适航。交付的船舶应当适于约定的用途"。基于1988年3月28日中华人民共和国山东省进出口商品检验局出具的《检验证书》明确述明的"上述货舱于装货前1988年3月28日受检。发现货舱不洁污染，舱底积有黑色铜矿和污水，据此我局认为上述货舱不适合装载袋装花生米"，可以认定交船时船舶不适货。

2. 关于诉前扣船与变卖船舶。本案是基于海事债权，由原告申请诉前扣船后起诉转入诉讼程序的，因被告不提供担保，原告申请变卖船舶清偿债务。青岛海事法院依照最高人民法院1987年8月29日发布的法〔经〕发〔1987〕22号《最高人民法院关于强制变卖被扣押船舶清偿债务的具体规定》，裁定变卖该轮，成为全国首例变卖船舶案件，为海事法院扣押拍卖船舶规定的后续完善提供了实践参考。

3. 关于诸海事债权的分配。船舶拍卖期间，该轮的相关债权人进行了登记，本案审理过程中，法院对登记的债权逐一进行了审查，并召集全部八方债权人，召开债权人会议。在法院主持下，经协商一致达成债权分配协议结案。经司法实践的不断完善，现行的《海事诉讼特别程序法》对债权登记及其审查更加严格与规范，并增加了确权诉讼的篇章，以更好地保护中外当事人各方的合法权益。

📚【相关法条】

《最高人民法院关于强制变卖被扣押船舶清偿债务的具体规定》(1994年7月6日废止)

一、强制变卖船舶

（一）船舶被扣押后，船舶所有人在三十天内拒不提供充分、可靠的担保，或者看管船舶的费用很大，或者船舶本身及其机件、设备不宜继续扣押的，法院可以应申请人的申请予以强制变卖。

（二）申请人申请强制变卖船舶，应向扣押船舶的法院提起诉讼，并提交强制变卖船舶申请书。

（三）受理法院收到强制变卖船舶申请书后，应对申请是否有充分理由和依据进行审查，及时作出准予或者不准予强制变卖的裁定。裁定须经法院院长批准。

被申请人或者申请人对裁定有异议的，可以申请复议一次。

（四）因申请错误造成损失的，申请人应当负责赔偿。售船期间的一切费用，由申请人垫付。

（五）受理法院裁定强制变卖被扣押船舶后，应在《中国日报》、《人民日报》（国内、海外版）上连续刊登变卖船舶公告三日。公告应包括下列内容：

1. 变卖船舶的理由和依据；
2. 成立变卖船舶委员会负责变卖船舶事宜；
3. 买船人的条件和购买船舶资料、察看船舶现状的办法；
4. 变卖的方式、时间、地点和联系办法；
5. 与该船舶有关的债权人应自公告之日起六十天内向受理法院办理债权登记；逾期不登记的，视为放弃在本次变卖中受偿的权利。

（六）变卖委员会由受理法院指定本院执行员、会计师、验船师三至五人组成。变卖委员会的任务是：组织对船舶进行鉴定、估价；主持变卖，并负责与买方签署变卖成交确认书；变卖成交后，办理船舶移交手续，签署船舶移交完毕确认书，并出具船舶所有权转移证明书。

（七）债权人登记债权，应提交书面申请和享有债权的证据。受理法院经过审查认为符合登记条件的，发给接受申请通知书。申请人收到通知书后，应向法院提交法定代表人身份证明书和委托代理人的授权委托书，缴纳登记费人民币五百元。

（八）买船人应在规定的期限内向变卖委员会登记，并在变卖前交验本人或者本企业法定代表人的身份证明、委托代理人的授权委托书和支付外汇能力的银行证明。

（九）变卖船舶的底价由受理法院确定。底价不得公开。

（十）变卖船舶采用公开拍卖的方式进行，以底价以上的最高报价成交。如报价低于底价，可进行第二次公开拍卖或者以其他方式变卖。

（十一）变卖成交后，由变卖委员会与买方签署变卖成交确认书。买方须当即交付船价百分之二十至二十五的定金，并在成交之次日起七天内付清全部价款。买方翻悔的，定金不予返还。变卖所得价款及利息一并参加清偿。

（十二）变卖委员会应在买方付清全部价款后之次日起五日内，于船舶停泊地以售船原状办理移交手续，与买方签署船舶移交完毕确认书，并出具船舶所有权转移证明书。

（十三）法院在移交船舶的同时，发布解除扣押船舶命令。

（十四）强制变卖船舶结束后，受理法院应在前述报纸上刊登公告，说明船舶业经变卖委员会公开拍卖给买方，船舶所有权自移交时起已经转移，买方对船舶在移交以前所负的债务不承担任何责任，船舶原所有人应自动向原登记机关办理注销登记。

二、船舶强制变卖后，受理法院应对起诉的案件及时审理，确认原告的债权及其数额，并确定该项债权将与其他债权人的债权一并以卖船价款按清偿顺序、按比例受偿。

三、债务清偿

（一）债权登记期满后，由受理法院主持召开债权人会议。全体债权人通过协商，根据清偿顺序提出船舶变卖所得价款的清偿方案，签订清偿协议，经受理法院裁定予以认可。协商不成的，由受理法院裁定。

（二）清偿顺序。各项债权的受偿顺序如下：

1. 在船舶营运中因人身伤亡产生的赔偿要求，船长和其他在船任职人员根据劳动法或者劳务合同追索拖欠的劳动报酬；

2. 国家税收、港务费和其他港口费用；

3. 海难救助的报酬和共同海损分摊；

4. 因船舶碰撞或者其他海损事故产生的赔偿请求，包括与操纵船舶有关的损坏港池、助航设施或者其他港口建筑、设施所产生的赔偿请求；

5. 已登记的其他债权。

船舶抵押权与上述债权发生重叠时，其受偿顺序位于上述第 4 项请求之后和第 5 项请求之前。抵押权有数个时，按抵押权设立的先后顺序受偿。

属于同一顺序的请求，不分先后，按比例受偿；但第 3 项请求，后发生的优先受偿；同一事故产生的数个请求视为同时发生的请求。

但是在按上列顺序清偿前，诉讼费用、为债权人的共同利益支付的费用和强制变卖船舶所发生的一切费用，应当先予扣除。

（三）清偿债务后的余款，归还被告。

对应新法：

《中华人民共和国海事诉讼特别程序法》（2000 年 7 月 1 日施行）

第二十九条　船舶扣押期间届满，被请求人不提供担保，而且船舶不宜继续扣押的，海事请求人可以在提起诉讼或者申请仲裁后，向扣押船舶的海事法院申请拍卖船舶。

第三十条　海事法院收到拍卖船舶的申请后，应当进行审查，作出准予或者不准予拍卖船舶的裁定。

当事人对裁定不服的，可以在收到裁定书之日起五日内申请复议一次。海事法院应当在收到复议申请之日起五日内作出复议决定。复议期间停止裁定的执行。

第一百一十一条　海事法院裁定强制拍卖船舶的公告发布后，债权人应当在公告期间，就与被拍卖船舶有关的债权申请登记。公告期间届满不登记的，视为放弃在本次拍卖船舶价款中受偿的权利。

第一百一十三条　债权人向海事法院申请登记债权的，应当提交书面申请，并提供有关债权证据。

债权证据，包括证明债权的具有法律效力的判决书、裁定书、调解书、仲裁裁决书和公证债权文书，以及其他证明具有海事请求的证据材料。

第一百一十四条　海事法院应当对债权人的申请进行审查，对提供债权证据的，裁定准予登记；对不提供债权证据的，裁定驳回申请。

第一百一十五条　债权人提供证明债权的判决书、裁定书、调解书、仲裁裁决书或者公证债权文书的，海事法院经审查认定上述文书真实合法的，裁定予以确认。

第一百一十六条 债权人提供其他海事请求证据的,应当在办理债权登记以后,在受理债权登记的海事法院提起确权诉讼。当事人之间有仲裁协议的,应当及时申请仲裁。

海事法院对确权诉讼作出的判决、裁定具有法律效力,当事人不得提起上诉。

第一百一十七条 海事法院审理并确认债权后,应当向债权人发出债权人会议通知书,组织召开债权人会议。

第一百一十八条第一款、第二款 债权人会议可以协商提出船舶价款或者海事赔偿责任限制基金的分配方案,签订受偿协议。

受偿协议经海事法院裁定认可,具有法律效力。

承办人:蒋连新

编写人:郭彦滨 娄雅灵

后 记

从初秋到盛夏，300多个伏案的朝暮，近8万件案例的回顾，482个精品案例的研究审定，在敲下最后一个标点时，这项跨过40年光影的历程就画上了句号。时间仿佛从未走开，一次次置身于那紧张而严肃的法庭，法官们的思虑与见解犹在眼前。

透过书页，今天的我们见证了青岛海事法院40年的艰辛和坚守。1985年留置船载货物纠纷案发出"中国海事法院的首次判决"，1987年受理首例海事行政处罚强制执行案，1992年审理首例海事赔偿责任限制案，1994年判决首例海岸侵蚀损害赔偿案，2000年作出首个海事强制令；从我国自主研发的首座大型全潜式深远海智能养殖装备"深蓝一号"案，国内首艘无人驾驶自主航行系统实验船"智腾"轮案，到首起因船舶碰撞导致重大海洋污染刑事案；从"明昕"轮、"大安吉"轮成功解救被困船员，到"尼莉莎"轮带着新名字"尊重"驶向远方。一个个鲜活的案例，印刻了青岛海事法院走过的光辉历程，也见证了中国海事司法40年的发展脉络。

山东省高级人民法院和青岛市委、市政府高度重视涉外涉海企业营商环境建设。山东省高级人民法院党组书记、院长、二级大法官霍敏就文库编写工作提出明确要求并撰写序言。青岛市委常委、政法委书记程德智，青岛市委常委、副市长耿涛高度重视文库编撰及相关课题研究，给予了大力支持。山东大学政治学与公共管理学院充分发挥人才和技术资源优势，成功中标"海事审判典型案例应用导则建设项目"并积极开展研究。青岛海事法院深入挖掘典型案例资源，深度参与典型案例编写。青岛市商务局、财政局全力推动落实，项目成果得以问世。

　　本丛书的编辑出版是有关各方共同努力的结果。感谢山东省高级人民法院副院长吕涛，二级高级法官刘义生，研究室主任刘念虎、副主任冯艳楠，民事审判第四庭庭长张传毅、副庭长康靖、董兵法官、冯玉菡法官、刘福贵法官。感谢青岛市商务局党组书记、局长王志俊，党组成员、副局长于浩，对外贸易处处长吕坤、吕静博，山东大学政治学与公共管理学院程小花博士、边琦博士，青岛海事法院办公室副主任王建军、王洪飞，人民法院出版社副总编辑陈建德、教普编辑部副主任李安尼、责任编辑赵芳慧。感谢各位作者为撰写丛书付出的辛勤劳动和智慧！感谢山东法官培训学院对于本书给予的大力支持！感谢人民法院出版社教普编辑部对案例体例格式、目录编制、内容审校、版式设计等提出的宝贵意见！

　　浩渺行无极，扬帆但信风！诚望广大读者提出宝贵意见，使丛书得以不断完善。

海事司法文库"合规指引与风险防治"课题组
2024 年 6 月